지방교회의 실체

The Local Church
of Watchman Nee & Witness Lee

지방교회의 실체

초판 1쇄 발행 2021년 4월 30일

지은이 정동섭
발행인 이요섭
기획 박찬익
편집 박형광, 강성모
디자인 권현정
제작 이인애
영업 김승훈 이대성 정준영

펴낸곳 요단출판사
등록 1973. 8. 23. 제 13-10호
주소 07238)서울특별시 영등포구 국회대로 76길 10
기획문의 (02)2643-9155
영업문의 (02)2643-7290
FAX (02)2643-1877
구입문의 요단서적 (02)593-8715 / 대전서관 (042)255-5322

ⓒ정동섭 2020

값 23,000원
ISBN 978-89-350-1881-9

이 책의 한국어판 출판권은 요단출판사에 있고, 저작권은 저자에게 있습니다.
출판사의 사전 승인 없이 책의 내용이나 표지 등을 복제, 인용할 수 없습니다.

지방교회의 실체

The Local Church
of Watchman Nee & Witness Lee

정동섭 지음

JORDAN PRESS

차례

추천의 글들   06
들어가는 말   33
내가 이 글을 쓰는 이유   37

I부   지방교회의 역사와 현황

1. 지방교회의 약사(略史)   53
2. 지방교회의 교리: 지방교회는 무엇을 믿는가?   87
3. 이단(heresy)이란 무엇인가?   100
4. 지방교회 지도자들: "성경적 지적 해준다면 겸손히 따르겠다?"   111
5. 워치만 니(Nee)와 위트니스 리(Lee)의 신학적 배경   115

II부   지방교회의 신학과 교리

1. 신론: 삼일 하나님(Triune God) vs 삼위일체 하나님(Trinitarian God)   145
2. 기독론: 그리스도에 대한 가르침   174
3. 인간론: 인간의 구조와 죄   184

4. 구원관: 인간은 어떻게 구원을 받을 수 있는가?	270
5. 신인합일사상(神人合一思想: 神化思想: Deification Theory)	302
6. 교회관: 무엇이 교회인가?	322
7. 4위1체라는 해괴한 교리를 만들어낸 위트니스 리	362
8. 종말론	371

III부 지방교회의 열매

1. 지방교회를 오랫동안 경험하고 탈퇴한 분들의 증언	387
2. 지방교회 지도자들의 부도덕한 열매	396

IV부 지방교회에 어떻게 대처할 것인가?

1. 결론: 지방교회는 영지주의적, 도덕폐기론적 이단이다	415
2. 지방교회 대처 노하우: 우리는 지방교회에 어떻게 대처해야 하나?	431
참고문헌	443

추천의 글들

한국교회에는 크게 4가지 계열의 이단이 있다. 김백문 씨에 뿌리를 두고 있는 통일교 계열의 이단(문선명, 정명석 등)과 천부교 계열의 이단(박태선, 에덴성교회 이영수, 신천지 이만희 등), 그리고 지방교회(회복교회, 위트니스 리)에 뿌리를 두고 있는 두 개의 이단 즉, 구원파 계열의 이단(권신찬과 유병언, 박옥수, 이요한)과 귀신파 계열의 이단(김기동, 류광수, 이명범, 이초석 등)이다. 위 세 가지 위에 하나를 더 첨가한다면 신비주의 계열의 이단인데 그 뿌리 역시 이 지방교회 사상에 뿌리를 두고 있는 경우가 많다는 점이다.

이런 상황 속에 『지방교회의 실체』라는 책을 정동섭 목사님께서 쓰셨다는 점이 교회사적으로 그 의미가 매우 크기에 본인은 기쁜 마음으로 온 맘 다해 이 책을 추천하는 바이다.

최삼경 (『교회와신앙』 편집인; 빛과소금교회 담임 목사)

한국교회는 밖으로는 안티 기독교의 공격과 안으로는 이단 기독교의 침투로 몸살을 앓고 있다. 한국 주요 교단에서 이단으로 규정한 집단은

100여 개에 이르며, 이단에 빠진 성도들이 200만에 가깝다고 추정하기도 한다. 한국의 이단 중에는 국내에서 자생한 이단도 있지만 외국에서 도입된 이단도 적지 않다. 이 중에 선교사 딕 욕(Dick York)에 의해 도입되어 권신찬, 유병언, 박옥수, 이요한파를 형성한 구원파의 실상을 폭로하는 일에 앞장섰던 정동섭 교수가 위트니스 리와 워치만 니의 이단 사상을 도입한 지방교회(Local Church)의 교리를 분석하고 비판한 귀한 저술을 내었다. 예장통합측이 76차 총회(1991)에서 지방교회의 '신론, 기독론, 인간론, 교회론'에 대하여 연구한 후, "위트니스 리의 사상은 워치만 니 사상과 함께 한국교회의 많은 이단들(김기동, 권신찬, 이명범, 류광수 등)을 낳게 하는 모태가 되는 명백한 이단이다"고 규정한 바 있는데, 지방교회의 신론, 기독론, 인간론, 삼위일체론, 그리고 교회론의 핵심 내용을 자세히 분석하고 비판한 이 책이 한국교회의 이단 대처의 또 하나의 디딤돌이 될 것으로 믿는다.

허호익(전 한국조직신학회 회장; 대전신학대학교 은퇴교수)

우리나라 이단의 계보는 크게 박태선 계열, 통일교 문선명 계열, 그리고 지방교회 계열로 분류됩니다. 정동섭 교수님께서 지방교회에 대하여 이렇게 탁월하고 방대하며 세밀하게 분석해 주심으로써 우리나라 이단의 한 계보를 이루는 지방교회를 정확하게 파악하게 되는 쾌거를 이루어 주셨습니다.

구원파와 다락방 같은 이단은 그 피해가 심각하면서도 문제점을 정확하게 파악하기가 쉽지 않습니다. 구원파와 다락방은 그 뿌리가 되는 지방교회의 사상과 교리를 알면 그 이단성이 쉽게 드러납니다. 지방교회뿐만 아니라, 구원파와 다락방의 이단성을 알고자 하시는 분에게는 이 책을 꼭 필독하실 것을 권해드리며, 또 현재 구원파나 다락방에 속해 있는 신도들도 이 책을 읽으면 진실을 분별하는데 큰 도움이 되리라고 확신합니다.

이 책은 우리나라 이단 연구의 폭과 깊이를 한 차원 높여 주신 것으로 여겨지며, 정동섭 교수님의 수고에 깊이 감사드립니다.

김성한 목사(대한예수교장로회 합신 이단사이비대책위원장)

여기 정동섭 교수님의 큰 수고로 '지방교회'의 이단적 실체가 잘 드러나는 책이 우리에게 선물로 주어졌습니다. 구원파가 왜 이단인지를 잘 드러내어 주신 정 교수님께서 이번에는 지방교회가 왜 이단인지를 아주 명확하게 제시해 주셨습니다. 이단을 먼저 경험하신 정 교수님께서 지금도 이단에 속해 있는 많은 분들이 바른 가르침으로 돌아와서 바른 교회에 속하기를 원하시는 마음으로 이 책을 써 주신 것입니다. 특히 구원파에 속해 계실 때 워치만 니의 『영에 속한 사람들』 1, 2, 3 (생명의말씀사 간)을 번역하여 많은 사람에게 영향을 미치신 것에 대한 안타까움이 작용하여 이 작업을 하신 것으로 압니다. 부디 바라기는 이 책을 통해서 워치만 니의 제자가 되는 위트니스 리에 의해 나타난 지방교회의 영향을 받은 사람들이 지방교회가 왜 잘못된 이단인지를 명확히 깨달고 바른 가르침으로 돌아올 수 있기를 바랍니다. 또한 아직도 중국과 우리나라에 영향력을 크게 미치고 있는 워치만 니의 사상의 문제점을 모든 사람들이 잘 깨닫고, 특히 그가 강조한 인간 구성에 대한 삼분설적인 이해와 이에 근거한 구원론이 모두 청산되는 계기가 되었으면 합니다. 이 일을 하기에 정동섭 교수님은 가장 잘 준비된 학자이시기에 이 책을 모든 분들에게 추천합니다.

이승구(합동신학대학원대학교 조직신학 교수)

한국 사회와 교회에서 여러 면에서 소용돌이를 일으켰고 지금도 구석구석에서 교회를 어지럽히는 '구원파'와 '지방교회'와 관련된 것을 그 배경부터 상세하게 기술한 책입니다. 실제로 필자는 거의 8년 이상 구원파에 속해서 활동했기 때문에 이 책은 이단에 관한 단순한 이론이 아니라 깊이 체험하고 그들의 잘못을 깨달은 후에 쓴 것이므로 내용이 매우 구체적입니다. 독자들 가운데 한국 자생의 이 두 집단에 대해서 막연하게 알고 있던 이들에게는 이단의 속성과 그들의 교묘한 계략에 대해서 보다 광범위하게 아는 기회가 될 것입니다. 위조지폐가 많다는 것은 진짜 지폐가 귀하다는 것과 같이, 이단이 판을 치는 것은 진정한 복음이 우리에게 있다는 것을 역설적으로 말해주듯이, 이제는 건전한 신학과 바른 성경해석을 통하여 건강하고 견고한 신앙의 뿌리를 가져야 하겠습니다. 필자의 노고에 격려를 보냅니다.

미국 캘리포니아에서 **박광철** 목사(전 펠로우십 교회 담임목사)

상담학자와 가정사역자이시면서 이단 경계 사역을 쉼 없이 감당하시는 정동섭 박사님께서 이번에 또 '지방교회'에 대한 책을 출간하셨다는 소식을 듣고 호주에서 이민 목회를 감당하고 있는 목사로서 감사의 마음을 전합니다. 현재 한국교회뿐 아니라 세계의 교회들이 이단들로 하여금 복음의 본질이 혼돈 속에 빠졌다 해도 과언이 아닌 이 시대에 소리 없이 약진해 가는 지방교회의 이단성에 대해서 잘 정리된 책을 출판 하시게 되었다는 것은 고무적인 일이 아닐 수 없는 일입니다. 구원파로부터 수 없는 소송을 당하고 이겨 내시면서도 오로지 한국교회와 성도들의 건강한 구원관과 내세관의 신앙을 위해서 이번에 출판하시게 된 책이 많은 성도들에게 읽혀지게 되기를 기대해 봅니다. 끝없이 개량되어져 가는 이단들의 특성처럼 한국에 정착된 지방교회 역시 양태론, 삼중구원, 신인합일설, 삼분설 등의 주장뿐 아니라 지금도 변형을 계속해 가고 있는 것으로 압니다. 이러한 이단 집단으로부터 한국교회가 위기를 맞이하고 있는 시점에 정동섭 박사께서 집필해주신 책은 그만큼 귀하다는 생각을 갖게 합니다. 지방교회를 바로 분별할 수 있는 책을 저술해 주셔서 감사합니다.

장경순 목사

(시드니 예수마을 촌장; 알파쿠루시스 대학교 교수;
시드니 교역자협의회 이단대책위원장; 시드니 작은 자 교회 담임목사)

정동섭 목사님은 한국교회의 귀한 자산입니다. 정 목사님은 사랑과 진리에 목말라 유병언측 구원파, 몰몬교, 지방교회 등 이단을 전전하는 잘못된 선택을 한 과거가 있습니다. 그러나 사랑의교회에서 옥한흠 목사님의 골로새서 강해를 듣고 비로소 거듭난 그리스도인이 됐습니다. 그 후 정 목사님은 이단 단체의 비진리성과 부도덕함을 밝히기 위해 한 치 물러섬 없이 싸워 왔습니다. 한편으로 그리스도인들의 신앙생활의 가장 중요한 기초인 가정을 회복하는 일에도 인생을 걸어 왔습니다. 요즘 한국교회 강단에는 '나는 죽고 예수로 살아야 한다'는 메시지가 넘치고 있습니다. 저는 정 목사님의 책을 통해 그리스도인들이, 하나님께서 나란 존재 자체를 얼마나 소중히 여기시는지, 그리고 그가 지으신 우리의 육체가 얼마나 존귀한 것인지 눈을 뜨며 바른 전인적 인간론을 세워 가길 기대합니다. 책을 쓰는 일은 매우 힘들고 고통스런 일입니다. 그럼에도 한국교회 앞에 지방교회의 실체를 밝히는 귀한 책을 내놓으신 정 목사님의 노고에 경의를 표합니다.

정윤석(기독교포털뉴스 대표기자)

지방교회와 관련된 국내외의 논란이 꾸준하다. 특히 최근에는 중국에서 시작된 기독교 이단으로 활발하게 한국 진출을 시도하고 있는 전능신교(동방번개) 문제와 관련해 지방교회의 이름이 빈번하게 거론되고 있다. 이는 미국 내에서 새로운 변화를 시도하는 한편, 한국에서도 적극적인 변증에 나서고 있는 지방교회에게 적지 않은 부담으로 작용되고 있으며, 이로 인해 지방교회는 국내외의 부정적 언론 보도들에 대해 민

감하게 대응하고 있다. 1991년 통합과 고신 교단에 의해, 신론, 기독론, 인간론, 교회론을 근거로 이단으로 결의된 후, 지방교회는 예장통합 측의 이단 규정에 대해 재심 요청을 하는 등 적극적인 해결 의지를 보여 오고 있다. 이러한 시기에 구원파 연구의 최고 전문가인 정동섭 교수님이 지방교회에 대한 종합 연구서를 출간한 것은 의미 있는 일이다. 지방교회 관련 논란에 대한 본격적인 문제 제기와 분석을 시도하고 있는 이 책의 일독을 권한다.

탁지일(부산장신대학교 교수; 현대종교 이사장 겸 편집장)

　이단 자체가 문제이기는 하지만 이단들에게 영향을 주는 사상이 더 문제라고 봅니다. 이에 지방교회에서 퍼트린 오염된 사상으로 인해 한국교회에서 문제가 있음으로 규정을 하여 경계하고 있는 곳이 있다면 대표적으로 세칭 구원파나 전능신교(동방번개) 등이 있습니다. 이로 인해 얼마나 많은 사람들이 진리에서 멀어지게 함과 함께 피눈물을 흘리게 하였으며, 사회적 물의를 일으켰거나 현재 진행 중이기도 합니다. 이러한 지방교회 사상은 은연중에 목회자들에게도 물들게 하여 분별력을 흐리게 하고 있음으로 지방교회에 대한 명확한 분별력을 줄 수 있는 지침서가 있었으면 하는 소망이 있었습니다. 이러한 차에 상담학자이시면서 함께 구원파에 몸담고 계시다가 잘못된 것을 깨닫고 나오신 정동섭 박사님은 이제 한국교회에 필요한 이단 사역자로서 파수꾼의 사명을 감당하고 계신 분이십니다. 저와 같이 이단 사역을 감당하시는 그 현장에서 만남을 가질 때에 지방교회를 연구하신다는 소식을 듣고 많은 기대를 가졌습니다. 그러한 귀한 결과물을 받아보고 명확하게, 그리고 이해하기 쉽게 분석하여 쓰신 것을 읽고 나서 매우 좋았으니 그것은 저의 갈증을 해결해주는 것 같은 느낌을 받았기 때문입니다. 이제 이 책은 이단사역을 하는 본인과 같은 사역자들만이 아니라 모든 목회자들도 필독할 수 있는 필요한 지침서요 나침판과 같은 역할을 줄 수 있음을 기대하면서 기쁜 마음으로 추천합니다.

강경호 목사(한국이단상담목회연구소 대표)

정동섭 교수님은 상담학자이시자 이단 전문가이십니다. 탁월한 이단 전문가, 이단 연구가가 되려면 이단에 대하여 잘 아는 것이 가장 중요합니다. 정동섭 교수님은 구원파, 몰몬교, 지방교회 등 여러 이단을 두루 경험하여 이단에 대하여 교리적인 부분뿐만 아니라 현상적인 부분까지 잘 알고 계시는 분입니다. 특히 지방교회에 대하여는 정 교수님은 그 안에 직접 들어가서 체험하셨고 지방교회에서 자랑하는 워치만 니의 대표작 『영에 속한 사람』 1, 2, 3권을 번역하신 분이십니다. 정동섭 교수님은 누구보다 지방교회를 정확하게 잘 알고 계신 분이라고 할 수 있습니다. 지방교회의 최고 전문가이신 정동섭 교수님의 쓰신 이 책은 지방교회의 실체를 정확하게 잘 알 수 있는 귀한 자료입니다. 목회자, 신학생, 이단을 연구하시는 분들에게 추천합니다.

진용식 목사(한국기독교 이단상담소 협회장; 세계한인기독교이단대책연합회 회장)

한국교회 안에서 오랫동안 혼란과 논란의 중심이 되었던 구원파의 발생 배경과 지방교회의 이단성에 대해서 시대적 배경과 더불어 신학적 배경을 잘 설명해 주었기 때문에 독자들은 이 집단의 형성과정을 더 쉽게 이해할 수 있게 되었습니다. 시대적으로 어떻게 성장하고 발전했는지 역사적 관계를 증명했을 뿐만 아니라 어떻게 대처해야 하는지 기술해주고 있어서 이 집단에 대처하는데 도움이 되리라 사료됩니다. 저자는 오랜 시간 구원파에 속해서 사역했던 과거에 대해, 그리고 『영에 속한 사람』을 번역한 것에 대해 속죄하는 마음으로 이 책을 저술했다고 밝히고 있는데, 이전의 잘못된 신학과 신앙을 바로 잡고자 독자들을 바른 교훈(교리)으로 인도하고 싶어하는 저자의 결단에 격려의 박수를 보냅니다.

이도원 목사(하트 미니스트리 대표)

정동섭 교수 내외분을 신학교에서 만난 것은 나의 삶에 큰 축복이었다. 미국 트리니티복음주의신학교(Trinity Evangelical Divinity School)에서 신학과 교육학, 상담심리학을 연구하시는 정 교수 부부께서 이제 갓 유학 온 신학생인 우리 부부에게 이단의 세상에 대해 눈을 뜨게 해주셨다. 실제 구원파에 빠져 있다가, 정통교회로 돌아오셔서 복음적인 신학을 공부하신 후에 한국으로 돌아가 사역하시면서, 이단들과의 법정소송과 위협을 감내하시면서 복음의 진리를 전파해 오셨다. 사도 바울께서 '다른 복음'(갈 1:6-7)을 전파하여 그리스도의 복음을 왜곡시키고

(pervert), 교회를 교란시키는(confusion) 이단들을 경고하신 것처럼, 현시대 이단의 정체를 구체적으로 드러내어, 교묘한 가르침에 미혹되지 않도록 제시하는 나침판 같은 저술을 내신 것에 대해 깊이 감사드린다. 미국 목회 중에 이단들의 가르침에 미혹되어, 개인과 가정까지 무너지는 모습을 목격하며, 정 교수님의 책을 교인들에게 나누어 주며, 신앙 훈련 교재로 사용하기도 했다. 탁월한 학문적 배경, 예리한 관찰과 자신의 경험이 융합되어, 출판된 정 교수님의 책이 널리 전파되어, 많은 분들이 어두움에서 빛으로, 거짓에서 참된 복음으로 인도받기를 기도한다.

권오돈 목사(텍사스 휴스턴, 샘물침례교회 담임)

  이단에 속한 사람을 진리의 길로 인도하기 위해서는 이단에 속한 사람보다 더 깊이 더 자세히 그 이단의 교리를 알지 못하면 결코 건져낼 수 없다는 것을 이단 상담 현장에서 깊이 느끼고 있습니다. 저 역시 한때는 지방교회의 이단성을 알아보기 위해 나름대로 중고서점까지 뒤지며 지방교회와 관련된 자료를 모으기에 힘썼던 적이 있습니다. 그러면서 지방교회의 교리와 사상을 명확히 분별하고 비판할 수 있는 마음에 드는 지침서가 없음을 안타깝게 생각하고 있었습니다.
  그러던 차에 정동섭 교수님이 지방교회의 실체를 알 수 있는 책을 쓰신다는 소식을 듣고는 큰 기대감을 가지고 있었습니다. 지방교회의 이단 사상이 많은 이단들의 뿌리가 되는 사상이라고 여겨집니다. 지방교회의 실체와 교리를 정확히 안다면 다른 많은 이단 사상들은 쉽게 분별이 되리라고 확신하며, 이단을 연구하는 모든 분들에게 적극 추천하는 바입니다.

정운기 목사(예수교대한하나님의성회 이단사이비대책위원장,
한국기독교이단상담소협회 대전상담소장)

미주 한인교회에도 이단은 심각한 수준으로 침투해 있습니다. 이단은 힘들게 살고있는 이민 신자들에게 교묘하게 접근하고, 순진하고 연약한 사람들의 마음을 훔치는 데 프로들입니다. 구원파나 신천지와 달리 형제교회 혹은 회복교회로 불리는 지방교회는 이름 자체에서 이단성이 없어 보이고 거부감이 들지 않고 오히려 정감 있게 느껴져 겉보기만으로는 사람들이 혹하기 쉬운 이단입니다. 영혼을 좀먹고 파괴적이기까지한 지방교회의 잘못된 교리가 일반 그리스도인들에게는 너무도 잘 알려지지 않은 것이 안타깝기 그지없었는데 이번에 정동섭 교수님께서 시원하게 확실하게 또 포괄적으로 지방교회의 실체를 밝혀 주셨습니다. 진심으로 감사드리며 적극 추천합니다. 교수님의 글을 읽으시면 지방교회뿐만 아니라 이단 사상에 대한 전반적인 흐름을 감 잡게 되고 자연히 우리가 믿는 정통 교리에 대해서도 견고히 다지게 되는 큰 유익을 얻게 될 것입니다.

김중규 목사(새크라멘토 한인침례교회)

91년도에 충청도에서 직장생활을 하며 낯선 곳에서의 기독교인들과의 만남은 기쁜 일이었습니다. 그러나 그들은 지방교회 교인이었고 "오 주 예수여"라는 기도문을 외우며 "오 주 예수여"를 부르면 구원을 얻는다는 그들의 말에 주님의 이름을 부른다는 것은 오직 주님만이 나의 유일한 구세주가 되심을 인정하며 구원을 위해 오직 예수님을 믿고 간절히 부르짖는다는 의미를 가지고 있는 것이지 무조건 주문 외우듯이 부른다는 의미가 아니라고 심방의 자리에서 이야기했습니다. 그 후 지방교회 교인인 직장 내 상사를 통해 그 사람들에 의해 직장에서 큰 어려움을 당하고 사택에서 왕따를 당하며 얼마나 많은 고난을 겪었는지 모릅니다. 그때 만약 이런 책이 있었다면 얼마나 좋았을까 하는 생각이 듭니다. 지방교회와 구원파의 이단 계보와 배경설명 등을 책 속에서 읽으며 구원파와 지방교회가 삼위일체론과 구원론과 인간의 구조를 경직되게 분류하는 삼분설, 그리고 교회론 등에서 어떻게 신학적으로 탈선했는지를 알게 되었고 구원파와 지방교회에 빠져 그들의 영혼을 저당 잡히고 살아가는 사람들에게 참 복음과 구원에 대해 명쾌하게 쓰여진 이 책을 통해 참 자유를 얻게 하고 바른 복음 가운데로 인도할 수 있는 책이라는 생각이 듭니다. 구원파에서의 방황의 시간을 마치고 정통신앙으로 돌아오신 후 20여 차례나 이단과의 소송에 시달리며 영적 전쟁을 치르시고 또 이단에 빠진 사람들에게 도움을 주시고자 책을 출판하신 정동섭 교수님의 결단과 노고에 감사를 드립니다.

김정순 전도사 (한빛교회 담임목회자)

중국 가정교회 목회자와 삼자교회 목회자 상당수가 중국 기독교가 선구자처럼 모시는 니투성(倪柝生) 워치만 니의 교리를 따르고 있습니다. 저는 중국 서안에서 십여 년 목회하면서 교회 교인들이 이상한 신앙을 가지고 있음을 발견했습니다. 그들과의 대화를 통하여 그들이 워치만 니의 영향을 깊이 받았음을 발견했습니다. 그들은 교리를 별로 중요시하지 않습니다. 반면에 기적과 환상을 좋아하며 영적인 성경해석을 특별히 좋아합니다. 그들은 신앙의 근거를 환상을 보거나 방언을 하거나 영적인 계시에서 찾습니다. 죄에 대하여서는 너무 무관심합니다. 그 근본문제는 잘못된 신론(양태론적 일신론)과 인간론(삼분설)입니다. 잘못된 신론과 인간론은 반드시 잘못된 구원론을 낳게 됩니다. 저는 이런 잘못된 신학체계가 교인들의 신앙에 반영된 결과라는 것을 발견하게 되었습니다. 중국에서 워치만 니를 이단이라 하면 그가 이단이 되기에 저는 이단이란 말을 한 번도 하지 못했습니다. 마침 정동섭 교수님께서 지방교회의 실체를 밝힘으로써 중국교회가 다행이라 생각합니다. 중국의 많은 목회자들과 성도들에게 많은 도움이 되리라고 확신합니다. 이 책을 적극 추천합니다.

황승학 목사(C국 서안지역 선교사)

나는 한때 지방교회에서 나온 책들을 수십 권 읽은 적이 있었다. 그러나 읽을수록 내 마음에는 평안보다 긴장과 두려움이 더했다. 워치만 니로부터 시작한 삼분설이 내 정신을 분열 상태로 만들기도 했고 그로 인해 나는 20대 심각한 우울증을 앓기도 했다. 나는 위트니스 리를 추종하기도 했었다. 그러나 그의 설교집을 읽으면 읽을수록 나는 그간 배운 신학을 모조리 버려야 할 것만 같은 느낌을 받았다. 그게 다 혼적인 것이었을까? 위트니스 리의 영, 혹은 영적이라는 말은 전적으로 성경적인 것이 아니라 위트니스 리 자신의 개인적 신앙체험에서 나온 의미로서의 "영적"이라는 말이다. 그의 주장대로라면 신학도 성경 배경도 언어의 의미도 무색해진다. 오직 영적인 실체만 있는데 그 실체는 매우 주관적인 것이다. 위트니스 리는 자기만의 신앙을 간증하는 간증자로 끝냈어야 했다. 그로 인해 수많은 사람들이 위트니스 리적인 성경해석을 받아들인 후 기성교회를 배척하거나 기존의 신학에 대해 배타적이 되었다. 왜 리의 성경해석이 문제가 있는지 조목조목 그 이유를 체계화시킨 책은 정동섭 교수의 이 책이 유일할 것이다. 이 중요한 책이 중국어와 영어로도 번역이 되어 위트니스 리에게 맹목적으로 심취한 수많은 지방교회 교인들에게 자신들이 믿는 신앙을 정통 신학과 비교할 수 있게 되는 계기가 되길 바란다. 기독교의 진리를 지키기 위해 긴 세월 홀로 고군분투하시는 정동섭 교수의 열정에 늘 감사하며 모든 기독교인들에게 일독을 추천한다.

변상규(대상관계연구소 소장; 총신대 외래교수)

제가 정동섭 교수님을 처음 만나 뵌 때는 1995년경이었습니다. 그때 정 교수님은 구원파 교주인 유병언에 대해 명예를 훼손하였다는 이유로 기소되어 1심에서 무죄, 2심에서 유죄를 선고받고, 정 교수님이 무죄를 주장하면서 대법원에 상고를 한 상태였습니다. 제가 정 교수님의 변호인으로 대법원에서 변론을 하였습니다. 당시 쟁점은 이단을 비판하는 것이 종교의 자유의 범주에 포함이 되는지, 이단의 교주에 대해 사적인 신상을 적시하는 것이 명예훼손죄에 해당하는지가 큰 쟁점이었습니다. 대법원은 1996. 04. 12. 그 사건에 대해서 파기환송을 하면서 우리의 주장을 모두 받아들였습니다. 결국 정교수님은 무죄 선고를 받았습니다. 당시 대법원 (1996. 04. 12. 선고 94도3309 판결은 지금까지도 이단 비판이 명예훼손죄가 되는가에 대한 이정표적인 판례로 남아 있습니다. 신학대학교의 교수가 출판물 등을 통하여 종교단체인 구원파를 이단으로 비판하는 과정에서 특정인을 그 실질적 지도자로 지목하여 명예를 훼손하는 사실을 적시하였으나 비방의 목적에서라기보다는 공공의 이익을 위하여 한 행위라고 판단한 사례입니다. 지방교회에 대해서도 같은 동기로 저술한 것이 확실합니다. 추천 부탁을 받고 문득 그 때의 일들이 생생하게 저의 기억에 떠오릅니다. 용기와 전문성이 없으면 이단을 비판하기가 쉽지 않습니다. 정 교수님은 이단을 비판하기에 필요한 용기와 전문성을 갖춘 분이라는 생각이 듭니다. 한국교회에 이런 분이 계시다는 것이 자랑스럽습니다. 필자의 노고에 경의를 표하면서 이 책을 적극 추천합니다.

주명수 목사(법무법인 정담 대표 변호사; 종교전문변호사)

지방교회는 위장에 아주 능한 이단이다. 필자는 그들과 더불어 '크리스찬 투데이'(미국) 및 '교회와 신앙'을 통해 1년간 치열하게 지상 논쟁을 벌여 보았기 때문에 체험적으로 또한 확신 있게 이 말을 할 수 있다. 지방교회는 아들은 아버지라고 말했고, 이 때문에 양태론이라는 비판을 받자, 자신들은 성부와 성자와 성령 삼위의 하나님을 믿는다고 응수했다. 그러나 이 둘을 동시에 주장하는 것은 명백한 논리적 모순이라고 반박하자 삼위일체 진리는 신비라고 얼버무렸다. 정통교회는 구별된 인격을 가지신 삼위의 하나님이 본질상 한 분이시라는 사실을 신비라고 인정한다. 그러나 아들과 아버지를 동일한 분이라고 말하며, 동시에 삼위의 하나님이 계시다는 지방교회의 말은 성립될 수 없는 분명한 논리적 모순이며, 변명의 여지가 없는 비성경적 주장이다. 지방교회는 명백한 논리적 모순을 신비라는 단어로 덮어 버리고, 성경적 관점이나 정통교리 입장에서 볼 때 결코 용납할 수 없는 이단 교리를 믿음으로 수용해야 한다고 어리석게 강변한다. 지방교회의 이런 허튼소리와 교리적 사기술은 삼위일체 교리뿐 아니라 그들의 교리 전반에 걸쳐 나타난다. 이 책은 이러한 위장과 가면을 벗겨내어 지방교회의 참된 실상을 적나라하게 보여준다. 이 책을 읽는 독자들은 지방교회가 위장술에 능한 거짓되고 간교하며 매우 유해한 이단임을 분명히 이해할 수 있을 것이다.

김홍기 목사, Ph.D., D.Min.(캐나다 Pilgrim Global Fellowship 대표)

정동섭 교수님과 저는 구원파 교회에 몸담았다 나왔습니다. 정 교수님은 유병언 개인 통역 8년, 저는 박옥수 교회 차량 봉사를 7년 했습니다. 여러 이단 교회를 전전하다 정통교회로 돌아온 정 교수님은 이후 미국에서 신학을 공부해 바른 신앙을 확립하셨습니다. 저는 박옥수 구원파 교주의 거짓된 실체를 파악한 후 2015년 5월부터 그 교회 앞에서 2년간 50여 회의 비판 집회를 하였습니다. 당시 박옥수 교주의 축재와 가짜목사 등 가면을 벗기고, 여신도 성폭행 의혹을 과감히 드러냈습니다. 박옥수 교주는 저를 수차례 고소하였지만 모두 검찰에서 무혐의 처분을 받았습니다. 당시 구원파와 싸운 기록을 정리해 『박옥수 구원파 교주, 양의 가면 벗기기』 제목의 800여 쪽 자료집 2권을 발간한 바 있습니다. 이후 방황하던 저는 하나님의 은혜로 정 교수님을 만나서 같은 침례교회를 다니게 되었습니다. 금번 『지방교회 실체 밝히기』 원고를 읽어보니, 구원파의 사상적 뿌리가 워치만 니의 지방교회임을 잘 알 수 있었습니다. 결국 구원파와 지방교회는 겉만 비슷한 또 다른 복음입니다. 이 책을 읽고 지방교회에 몸담고 계신 분들은 정통교회로 돌아오고, 무관한 분들은 더욱 이단을 멀리하는 계기가 되길 바랍니다.

김한성(구원파 개혁비상대책위원회 위원장)

한국의 많은 이단 집단들이 교회 속에 침투하고 기존 성도들을 미혹하여 영혼뿐만 아니라 가정과 교회를 파괴하고 있는 현실이 너무나 안타까울 따름입니다. 이러한 상황 가운데 금번에 정동섭 교수님께서 "지방교회"의 이단성과 그 실체를 명확히 밝혀 드리는 책을 집필하시고 출간하게 되어 무엇보다 기쁘며 집필하신 정교수님의 노고에 진심으로 경의와 감사를 표합니다. 특히 정 교수님께서는 유병언 측 구원파에서 8년간 활동하였고 그 이후 구원파에서 탈퇴했음에도 불구하고 몰몬교 지방교회 등 여러 이단 집단을 배회하며 참된 구원을 갈망하고 있었습니다. 그러한 와중에 사랑의 교회 옥한흠 목사님의 설교를 통해 인격적으로 예수님을 만나 구원의 회심을 체험하게 되었습니다. 진리와 거짓을 두루 체험하신 후 신학을 공부하신 분입니다. 이번에 출간하는 "지방교회의 실체 밝히기"라는 저서를 통해서도 한국뿐만 아니라 일본 그리고 전 세계교회 목사님과 성도님들에게 다시 한번 지방교회의 이단성과 잘못된 교리와 성경 해석에 대해 주의를 환기시켜 드리고 싶어 이 책을 저술한 것으로 압니다. 한국교회 목사님과 성도님 그리고 해외 한인 선교사님과 성도님, 현지인 목사님과 성도님들께서 반드시 일독하시길 권하며 기쁜 마음으로 추천합니다.

한재국(일본동맹기독교단 시미즈성서교회 담임목사;
세계한인기독교이단대책연합회 일본대표)

여러 해 동안 정동섭 교수님은 기독교 이단, 특히 지방교회 관련 이단들에 대해 많은 글을 썼지만 본서는 특히 구원파와 같은 지방교회 관련 이단들의 뿌리와 교리에 대해 가장 심층적인 비판을 한 책이라 생각된다. 끝부분에서 지방교회의 잘못된 교리가 단순한 교리로서만 남아있지 않고 구체적으로 어떻게 나쁜 열매를 맺는가 하는 것을 소개한 것은 일반 성도들이 지방교회의 이단성을 분별하는데 큰 도움이 될 것이라 생각한다. 필자도 20대 학생 시절에 정 교수님이 번역하신 『영에 속한 사람』 1-3권을 비롯하여 현대 지방교회의 뿌리라고 할 수 있는 워치만 니의 저서들 중 번역된 책들을 모조리 탐독했던 경험이 있다. 또한 본서에서 여러 차례 언급한 한국 지방교회의 대표격인 이희득의 서울교회 집회에도 친구를 따라 몇 번 참석한 적이 있었다. 필자가 약간 떨어져서 오랫동안 그들을 관찰하면서 발견한 지방교회의 가장 큰 문제는 언뜻 보기에 그들이 매우 성경적인 듯이 보인다는 점이다. 내면을 깊이 살펴보기 전에는, 그것도 기본적인 신학적 소양을 가지고 살펴보기 전에는, 그들의 신학적 뿌리에서 나온 삶의 열매들을 확인하기 전에는 지방교회의 이단성을 감지하기가 쉽지 않다. 본서는 지방교회의 역사적 뿌리에 더하여 인간에 대한 삼분설에 근거한 인간론, 구원론의 문제를 잘 지적하고 있다. 하지만 본서의 백미라고 한다면 역시 지방교회의 교회관에 대한 비판이라고 할 수 있다. '지방교회'라는 이름이 보여주듯이 이 단체의 가장 중요한 특징이 그들의 교회관에 있기 때문이다. 기성교회와의 마찰도 그들의 잘못된 교회관 때문에 비롯되었다고 할 수 있다. 정 교수님은 단순한 이단 연구가가 아니다. 본인이 그 속에 깊이 빠진 경험이 있는 분이기 때문에 본서가 제시하고 있는 지방교회 비판은 단순한 문헌 비판이 아니라 존재론적 깊이가 느껴지는 비판이다. 아무쪼록 본서가 교회에 대한 근래 여러 사회적 비난들의 틈새를 비집고 독버섯처럼 번지고 있는 지방교회와 같은 교회론적 이단들을 분별하는데 기여

하기를 기대한다.

양승훈(캐나다 VIEW 대학원 원장)

　지방교회에 대한 비평서로 이보다 더 명확하고 뛰어난 저술은 지금까지 보지 못했습니다. 이 책을 통해 이단의 피해자로서, 그리고 이제는 사명자로서 거짓 선지자들과 이단에 대한 위험으로부터 교회와 성도들을 지키기 위해 마지막까지 사명을 감당하는 귀한 선지자의 모습을 보는 듯합니다. 체계적이고 구체적으로 지방교회의 배경과 지방교회의 교리들과 비슷한 교리를 가진 이단들의 잘못된 신학적 오류들을 이처럼 이해하기 쉽고 명쾌하게 지적하고 정리한 정동섭 교수의 이 책은 한국교회의 이단 분류에 결정적 역할을 할 것으로 기대됩니다.
　평생 많은 저술과 번역, 강의와 교수 사역을 통해 한국교회에 가정사역과 상담사역의 문을 활짝 열고 가정과 교회를 건강하게 세우는데 결정적 역할을 감당할 뿐 아니라 오랜 기간에 걸친 구원파의 이단 정죄에 이어 지방교회에 대한 너무도 분명하고 확실한 이단 교리들을 정리한 이번 책은 한국교회의 모든 지도자들과 성도들에게 믿음을 분명하게 세우고 거짓된 믿음과 이단을 분별하는데 결정적 역할을 할 것으로 확신합니다.
　탁월한 가정사역자와 기독교상담자요, 신학자와 교수와 저술가요, 이단 전문가로서 정동섭 교수에게 한국교회는 많은 은혜를 입었고 또한 많은 빚을 졌습니다. 한국의 교회들과 이민교회들을 대신해 이단과 마지막까지 싸우며 저술을 통해 사명 감당하며 하나님의 말씀의 진리의 빛을 밝히는 정동섭 교수의 가정과 사역과 안전과 건강과 보호를 위해 한국교회가 기도해 줄 것을 추천과 함께 간절히 부탁하고 싶습니다.

오광복 목사(미국 가족성장상담센터 소장; Midwest University 기독교상담학 겸임 교수)

    정동섭 교수님은 한국 침례교단뿐만 아니라 한국교회에 보배와 같은 분이십니다. 이단 문제에 적극 대처하여 구원파 전문가로 '구원파 저격수'라는 별명을 얻을 정도로 탁월하신 정 교수님은 구원파에 몸담았던 아픈 경험으로 인해, 더욱 이단에 대한 경각심과 사명감으로 사역을 하고 있습니다. 정 교수님은 남들이 꺼리고 주저하는 이단 사역에 앞장서 활동하시고, 이단·사이비 종교의 피해를 당한 분들을 위한 사역을 감당하고 있습니다.

    저는 한국의 군소 유사종교 단체의 모체가 되고 있는 지방교회의 이단성을 밝히는 책을 출판하신다기에 기쁨으로 추천과 응원을 보내드립니다. 지방교회의 사람이 신이 된다는 신인합일의 이단 사상은 어느 기준으로 보아도 성경에서 벗어난 불건전한 주장입니다. '상처 입은 치유자'인 상담학자 정동섭 박사님은 저에게는 개인적으로 신학교 은사님이신데, 이단을 연구하시는 그분의 삶에서 아픔이 사명이 되어 전해지는 간절함이 마음에 와 닿습니다. 하나님이 만드신 가정과 교회를 보호하는 일에 관심 있는 모든 분들에게 필독서로 추천합니다.

이정훈 목사(침례교이단연구회; 침신대출판부 편집장)

'정동섭 교수'는 구원파 이단과 싸우면서 진리를 사수하는 사역에 헌신하시는 분이다. 추천사를 쓰는 본인도 이단에게 고소를 당하고 피고가 되어 수사를 받는 고역은 이루 헤아릴 수 없이 자존심에 상처를 받는다. 정동섭 교수님은 이런 고역을 수없이 겪으셨던 분이다. 그럼에도 바른 진리를 사수하겠다는 사명 때문에 흔들림 없이 영적 전쟁을 지속하는 일에 경의를 표한다. 구원파에게 말도 안되는 고소를 당하면서 오늘까지 한국교회와 진리를 위해 헌신해 오셨다. 보이지 않게 얼마나 많은 교회와 목회자들이 도움을 받았겠는가? 진심으로 감사를 드린다.

그런 와중에 이번에는 한국교회가 이단으로 규정하고 경계하는 지방교회의 정체를 책으로 연구 발표하는 일을 하시게 되었다. 지방교회는 자신들은 어떤 경우도 이단이 아니고 이단성이 있는 내용들을 변명하며 정통교회를 공격해 오고 있다. 자신들의 비성경적 주장들을 지적하면 고치고 바로 서겠다고 하는 것이 아니라 문제가 없다고 변명하고 거짓말을 늘어놓는데 탁월한 모습을 보인다.

정동섭 교수님의 이번 작품이 그들의 거짓이 더욱 드러나게 되기를 바라며 회개하기까지 희망을 품어본다. 한국교회와 목회자들에 무슨 내용인지 모르고 과거에 지방교회가 주장하는 내용을 수용한 부분도 일부 있었다. 정동섭 교수님은 이번 지방교회에 대한 책에 대하여 엄청난 반격을 있으리라 각오하고 쓰셨다고 했다. 마음이 아프면서 감사한다. 아무쪼록 이번 작품이 이단 사설로부터 한국교회를 지키는 큰 반향이 있기를 희망한다. 진리를 위한 전쟁의 선두에 있는 목회자와 신학자,

그리고 성도들까지 필독해 보시기를 감히 권해 본다.

서영국 목사

(고신총회 이단대책 연구소장; 한국장로교총연합회 이단대책위원장; 생명샘 교회 담임)

지방교회는 우리 기독교와 동일한 용어를 사용하지만, 그 의미는 전혀 다릅니다. 또한 지방교회는 기독교를 사단, 음녀라고 표현합니다. 그럼에도 불구하고 지방교회에 대한 심각한 교리를 정확히 파악하고 있는 사람이 우리나라에 많지 않습니다. 또한 적지 않은 교회와 목회자들이 지방교회에 직접 간접으로 영향을 받고 있습니다. 그런 의미에서 정동섭 교수님의 지방교회에 대한 비판은 큰 의미를 가지며, 아무쪼록 정동섭 교수님의 지방교회에 대한 책이 한국교회를 위한 귀중한 자료가 되기를 바랍니다.

이인규 권사(평신도이단대책협의회 대표)

이단 구원파로부터 20여 차례 피소되고 재판정에 불려가는 일들로 오랜 시간을 보냈음에도 불구하고 또 다른 이단의 정체를 밝히려는 정동섭 목사님의 사명감에 존경을 표한다. 지방교회의 실체를 일반인들이 잘 알지 못함은 물론이고 일부 목회자들조차도 지방교회의 출판사(한국복음서원)에서 출판된 많은 책들에 영향을 받고 있음을 생각할 때 본 책의 출판을 환영한다. 정동섭 목사님의 각고로 쓰여진 이 책을 통하여 한국교계에 뿌리 깊은 워치만 니, 위트니스 리의 잘못된 사상과 지방교회의 이단성이 분명하고 확실하게 밝혀지기를 바라며 이 책이 모든 목회자들의 손에 들려지기를 추천한다.

현문근 목사(한국교회연합 바른신앙수호위원회 이단대책전문위원)

지방교회는 중국에서 나온 이단이지만 한국사회의 이단 발생에 있어 적지 않은 영향을 미쳤고 한국교회를 혼란스럽게 해 왔다. 정동섭 교수는 구원파에서 직접 몸담고 있다가 회심하여 정통교회로 돌아온 이후에 이단 사역에 헌신하면서 지방교회의 원 뿌리였던 워치만 니의 책을 번역하였던 당사자로서 책임감을 느끼고 지방교회의 이단적 사상에 대하여 그대로 방관할 수 없다는 인식하에 이렇게 지방교회의 정체를 드러내는 책을 발간하게 되어 정말 다행스럽게 생각한다. 정 교수는 자신이 공격을 받을 각오를 하면서 이 책을 발간한다는 데 격려를 보내지 않을 수 없다. 이 책을 통하여 많은 교회와 사역자들이 지방교회의 이단적 사상과 그 실체를 밝히 보게 되고, 이 책으로 말미암아 이 집단의 미혹성을 밝히 깨닫게 되기를 바라마지 않는다.

박형택 목사(대한예수교장로회 합신 이단상담연구소장)

세월호 참사의 배경에는 구원파 교주의 탐욕의 손길이 깊이 숨겨졌던 사실을 온 국민 앞에서 TV를 통해 실시간 밝혀 준 정동섭 교수님을 바라보며 그때 확신했습니다. 하나님은 창세 전부터 정동섭 교수를 준비하셨다는 사실에 놀랐고, 이단의 활동이 사회 속에 그처럼 치밀하게 침투해 있다는 사실에 경악했습니다. 이 책은 지방교회가 월터 마틴의 '특정 지도자의 잘못된 성경해석을 중심으로 형성된 종교집단'이란 또 하나의 이단의 실체를 명확하게 증명해준 책입니다. 또한 '지방교회는 세상에서 가장 교조주의적이고 분열적인 집단이다'란 사실에 주목합니다. 억지로 사사로이 성경을 해석하여 자신의 사익을 추구하는 Lee와 그 아들의 부도덕성과 부패한 생활의 열매는 이단들의 전형적인 멸망의 증거입니다. 이 책은 도덕률폐기론과 144,000명이란 숫자놀음에 무식하게 미혹 당하여 사회와 교회와 가정을 파괴시키는 어리석은 영혼들을 구원할 구명조끼이며 재앙의 신호탄이자 비상벨입니다. 정동섭 교수님의 순교자적인 결단에 깊은 감사와 격려를 드리며 이 책을 추천합니다.

우금자 목사(한국기독교장로회 목사)

대학교 캠퍼스 선교사역을 했던 나는 청년들이 건강한 그리스도인이 되길 소망한다. 그러나 캠퍼스는 기독교 이단으로 몸살을 앓는 상황이다. 누구든지 캠퍼스에 신천지가 있다는 것은 알지만 COC를 아는 사람은 거의 없을 것이다. COC는 지방교회 청년조직이다. 그만큼 우리에게 지방교회는 생소한 기독교 이단이다. 정동섭 박사의 저서 『지방교회의 실체 밝히기』의 출판 소식을 듣고 저자를 통해 일하시는 하나님의 경륜을 느낄 수 있었다. 본서를 천천히 읽어가면서 저자가 평소에 가지고 있던 영적 부담감이 무엇인지 조금 더 이해할 수 있게 되었다. 또 탁월한 가정사역자요, 기독교상담학자인 저자가 외롭고 척박한 변증상담의 길을 걷는 이유를 알게 되었다. 금번 책은 한국교회의 큰 자산이며, 보고이다. 그 이유는 본서가 지방교회뿐만 아니라 그들의 영향을 지대하게 받은 여러 이단들의 오류가 어디에서부터 시작되었는가를 분명하게 제시하기 때문이다. 본서가 지방교회를 이해하는 길라잡이를 뛰어넘어, 자신도 모르게 이단성에 물들어 있는 그리스도인들에게 거울과 같은 역할을 할 것이라고 확신한다. 귀한 책을 쓴 정동섭 박사에게 감사하며 이 책을 기독교의 본질에 고뇌하고 길을 묻는 모든 이들에게 강력하게 추천한다.

김주원 목사(기독교한국침례회 주원교회 담임)

오늘날 책은 홍수같이 출판되고 있으나 미디어 시대에 들어와서 점점 우리 손에서 멀어지고 있는 것은 사실이다. 그러나 책장을 넘겨 가면서 읽어가는 것이 우리에게 더 큰 도움이 된다는 것을 우리는 알고 있다. 사람은 자기의 관심사에 대한 글들은 많이 본다. 그러나 신앙을 하는 기독교인이라면 이단에 대해서 무관심할 사람은 아무도 없다. 여기에 또 한 권의 책이 세상에 나온다. 바다를 설명하는 자들 중에 책을 보고 말하는 사람, 여름 피서 가서 체험으로 아는 바다를 소개하는 사람, 그리고 바다 밑을 탐험하고 설명하는 사람의 바다는 각각 다를 것이다. 구원파, 형제교회, 몰몬교, 지방교회를 두루 탐험한 후에 부끄러운 과거를 성화시켜, 특히 이단도 유명세를 타는 이단도 있는데 묻혀버리기 쉬운 그러나 중요한 지방교회의 실체를 펴내는 정동섭 교수님 노고에 치하를 드리며 누구나 읽으면 지방교회에 대해서 소상하게 알 수 있게끔 출간된 책이라 독자들에게 적극 추천합니다.

황수석 목사(대한예수교장로회 통합측 전 이단사이비대책위원장)

들어가는 말

지금 세계의 자연 생태계는 잦은 지진과 쓰나미, 화산폭발, 대형 산불, 눈 폭풍, 모래 폭풍, 홍수와 태풍 등의 이상기후로 몸살을 앓고 있다. 높은 자살률과 이혼율, 저출산, 고령화는 사회 생태계가 무너지고 있음을 보여주고 있다. 그러나 무엇보다 21세기 우리 사회가 주목해야 할 것은 신천지, 안상홍증인회, 구원파, 베뢰아, 만민중앙교회, 지방교회, 신사도운동 등 갖가지 사이비종교와 이단들의 출현으로 영적 생태계가 혼란 속에 빠져들고 있다는 것이다.

현재 우리나라에는 한국에서 자생적으로 생겨난 이단과 외국에서 들어온 이단이 혼재하고 있다. 천부교, 통일교, 신천지, 안상홍증인회, JMS(정명석), 만민중앙교회(이재록), 은혜로교회(신옥주)는 우리나라에서 생겨난 이단이다. 몰몬교와 제7일 안식교, 여호와의 증인은 미국에서 들어온 이단이다. 오대양 사건과 세월호 사건의 배후로 알려진 구원파도 형제교회 출신의 미국인 자칭 선교사 딕 욕(Dick York)에 의해서 도입된 이단이라 할 수 있다. 반면에 구원파와 사상적(신학적) 맥을 같이 하는 지방교회(the local church: 회복교회)와 전능하신 하나님의 교회

(동방번개)는 중국에서 들어온 이단이다.

사도 바울은 일찍이 변질된 복음과 그 파급력을 경계했다. "만일 누가 가서 우리가 전파하지 아니한 다른 예수를 전파하거나 혹은 너희가 받지 아니한 다른 영을 받게 하거나 혹은 너희가 받지 아니한 다른 복음을 받게 할 때에는 너희가 잘 용납하는구나(고후 11:4)." 故 옥한흠 목사님 또한 이단은 행위로 부인하기 전에 사상, 교리, 신학으로 먼저 예수님을 부인한다고 진단했다. 저들은 예수님의 이름으로 사도들이 전했던 복음과 본질적으로 다른 '다른 복음'(different gospel), '다른 예수'를 전하고 있는 것이다.

종교는 인간의 궁극적인 관심사(ultimate concern)다. 우리는 어디서 와서 무엇을 위해 살다가 어디로 가는가? 나는 누구인가? 어떻게 살아야 하는가? 어떻게 죽을 것인가? 당신은 세계관, 우주관, 인생관, 인간관, 구원관, 국가관, 생사관, 사회관, 자연관, 역사관, 가치관 등이 하나로 잘 정리되어 있는가? 우주가 존재하는 이유와 내가 사는 이유와 내가 죽는 이유와 우리의 역사가 나에게 던져주는 의미와 대한민국이 나에게 던져주는 의미와 내가 목숨을 걸고 내세워야 할 가치가 확실하게 정립되어 있는가?(최홍순, 1997). 기독교는 이러한 질문에 다른 어떤 종교보다 가장 만족스러운 해답(세계관)을 제시하고 있다. 지방교회(Local Church)도 비록 이단으로 규정되어 있지만 이러한 궁극적 질문에 체계적으로 답을 시도하기 때문에 넓은 의미에서 '기독교의 한 분파'라고 할 수 있다.

위트니스 리(Witness Lee)의 지방교회는 스스로 초대교회의 모습을 회복한다는 의미에서 "회복교회"(recovery church)라고 주장한다. 하지만 지방교회는 "그리스도의 몸", 즉 하나님의 교회에 기생하면서 건강한 세포를 소리 없이 파괴하고 있다. 더 큰 문제는 어느 누구도 이런 암세포의 위험성에 대해 별로 관심을 두고 있지 않다는 것이다.

사이비 기독교 이단들은 여러 방면에서 파괴적인 위협을 가하고 있다. 교인들의 신체적, 심리적 및 영적인 안녕에 위협을 가하고 있을 뿐만 아니라 기독교 교회 전반에 위협을 가하고 있다. 많은 이단들은 특히 젊은이들과 무지하고 순진한 계층을 대상으로 서식하고 있다. 우리가 이들을 무시하고 모른 체한다면 우리 자신과 하나님의 교회에 큰 피해를 자초하는 결과를 가져올 뿐이다.

지방교회는 단순한 이단이 아니다. 그들은 대외적으로 정통 기독교와 동일한 복음주의 신학을 가지고 있는 것처럼 자신들을 위장하고, 대내적으로는 기독교 자체를 처음부터 끝까지 모두 부정하는 심각한 이단 집단이다. 그런데 그들에게 미혹되어서 지방교회에 동조하거나 지지하는 목사들이 나오는 상황이 전개되고 있다. 성경은 진리의 영과 미혹의 영(spirit of deception: 사기의 영)이 있다고 말하고 있다. 한국교회는 지방교회가 미혹의 영에 속한 이단이라고 판단하고 있다. 우리는 지방교회의 정체를 똑바로 직시하여야만 한다. 나는 지금부터 지방교회가 전하는 '복음'이 왜 사도들이 전했던 복음이 아닌지, 왜 미혹(거짓)의 영에 속하는 것인지, 왜 "다른 복음"(different Gospel)에 해당하는지를 차례로 밝히려고 한다.

내가 이 글을 쓰는 이유

 필자는 보수적이고 개혁주의적이며 복음주의적인 침례교인이고, 성경의 핵심적인 진리를 공유하는 분들과 폭넓게 교제하며 협력하는 사역자이며, 한국교회를 사랑하고 섬기는 개신교 목사 중 하나이다. 독자들에게 알려진 바와 같이, 1980년 합동측 장로교회인 사랑의 교회에서 회심하기 전에 구원파와 형제교회, 몰몬교, 지방교회를 두루 경험한 바 있다. 이단에서 정통신앙으로 돌아온 후 침례신학대학교 대학원과 미국 트리니티복음주의신학교(Trinity Evangelical Divinity School)에서 신학과 교육학, 상담심리학을 연구한 바 있다.

 2002년까지 18년간 한국침례신학대학교에서 가정생활, 상담심리, 이단학을 강의했으며, 2010년까지 캐나다 VIEW대학원에서 가정사역을, 2014년까지 한동대학교 교육대학원에서 기독교상담학을 강의하였다.

 2010년까지 한국기독교총연합회 이단사이비대책위원회 부위원장을 역임하였으며, 현재는 사이비종교피해대책연맹(종피맹) 총재, 세계한인이단대책연합회(세이연) 상임위원, 그리고 한국교회총연합회(한교총) 종교문화쇄신위원회 전문위원으로 한국교회를 섬기고 있다.

2014년 세월호 참사가 일어났을 때, 젊은 시절에 구원파에 빠져 8년 동안 유병언의 통역비서 역할을 한 적이 있기 때문에, 여러 종편 TV와 라디오에 출연하여 구원파 교주 유병언의 실체에 대해 석 달 동안 증언하기도 했다.

이단에서 방황하다가 정통신앙으로 돌아온 후, 하나님께서는 필자에게 두 가지 은사를 허락하셨다. 하나는 가르치는 은사이고 다른 하나는 영 분별하는 은사다. 여러 이단을 경험한 배경으로 인하여 진리의 영과 미혹의 영을 분별하는 은사를 주셨다고 믿는다. 그래서 지금까지 상담학자와 가정사역자로서 한국교회 안에서 상담학과 가정생활을 가르쳐 왔고, 2002년 이후 가족관계연구소장으로 한국교회를 섬기고 있다. 또한 이단을 다양하게 경험한 배경 때문에 사이비종교피해대책연맹 총재로 한국교회를 섬기고 있다.

나는 지방교회의 교주 위트니스 리(Witness Lee)를 비롯해 어느 지도자에게도 개인적인 감정을 가질 이유가 없으며, 다만 이 집단의 가르침이 어떻게 신학적으로 정통신학을 탈선하고 있는지를 알려주어야 한다는 책임감 때문에 이 책을 썼음을 밝힌다. 나는 하나님의 교회를 사랑하는 이단 전문가의 한 사람으로서 정통교회를 이단의 거짓된 가르침으로부터 보호할 목적으로, 공공의 이익을 위해 이 책을 저술했다. 이는 하나님에 대한, 그리고 그리스도의 교회에 대한 사랑의 표현이기도 하다.

필자는 34세까지 영적인 진리와 마음의 평안을 찾아 방황을 거듭했다. "고향을 떠나 유리하는 사람은 보금자리를 떠나 떠도는 새와 같으니라"(잠 27:8). 구원파에서 나온 후 몰몬교, 형제교회, 지방교회를 거치면서 진리를 찾아 영적 방황을 계속했다. 이단을 국제적으로 경험했다고 할 수 있다. 그러던 중 1980년 필자는 서울 사랑의 교회에서 故 옥한흠 목사의 도움으로 예수님과의 인격적 만남을 통해 회심함으로 정통교회로 전향, 바른 교훈으로 돌아왔다. 영지주의적 깨달음을 통한 구원이 아닌 회개와 믿음을 통해 참된 구원을 받게 되었다.

나는 두 번 '구원'을 받았다. '거짓 구원'과 '진짜 구원'이다. 거짓 선지자 권신찬의 설교를 듣다가 로마서 8:1에서 "그리스도 안에 있는 자에게는 정죄함이 없나니"를 '깨달음'으로 죄사함을 받는 영지주의적 구원(상태적 구원), 즉 거짓된 구원을 받았다. 하지만 옥한흠 목사의 설교를 듣다가 내가 "아내를 사랑하지 않고 괴롭힌 죄인"(골 3:19)이라는 것을 통감하고 "하나님 앞에서 회개하고 주 예수 그리스도를 믿음"(행 20:21)으로, "진짜 구원"(authentic salvation)을 받았다. "네가 만일 네 입으로 예수를 주로 시인하며 또 하나님께서 그를 죽은 자 가운데서 살리신 것을 네 마음에 믿으면 구원을 얻으리니 사람이 마음으로 믿어 의에 이르고 입으로 시인하여 구원에 이르느니라"(롬 10:9-10). 내가 참 구원을 받아 인격이 바뀌고 삶이 변화된 것은 성령이 증거하고 나의 아내가 증거한다!

예수님을 믿고 인격적으로 만난 후 나의 일생을 그분에게 의탁함으로 구원을 받은 나는 지리한 혼돈으로부터 탈출할 수 있었다. 나는 드디어 "하나님의 사랑받는 아들"이라는 정체감을 소유하게 되었다. 그 후 침례신학대학교와 미국 트리니티(Trinity)복음주의신학교에서 신학과 교육학, 상담학을 공부하면서, 구원파의 신관, 죄관, 인간관, 구원관(회심관)이 역사적 정통교회와 신학적으로 어떻게 다른지를 명확히 분별할 수 있게 되었다.

2014년 세월호 사건이 발생한 후, 많은 구원파 교인들이 지방교회로 전향한다는 제보에 따라 여러 이단 전문가들과 지방교회의 신학을 재평가하려고 시도한 적이 있었다. 그 과정에서 지방교회가 위트니스 리(Witness Lee)의 통제하에 더욱 더 변질되고 교리적으로 부패하였으며 역사적 기독교에서 멀어지고 있음을 확인했다.

몇 년 전 필자의 아내가 지방교회 사람들의 정체를 모른 채 그들과 독서 모임을 가지면서 일 년여 동안 그들과 교제를 나눈 적이 있었다. 이를 통해 나는 그들이 25년 전보다 더 나아진 것이 없었음을 확인했다. 모든 것을 영적으로 해석하는 신학, 삼위일체를 부인하는 언행, 위트니스 리(Witness Lee)의 말이 곧 교리가 되는 저서들, 교주 우상화가 조금도 변하지 않았음을 확인했다. 그들의 상태는 매우 심각하였고 사람을 낚으려는 그 수법도 매우 교묘하게 발전한 것을 확인했다.

믿음은 우리의 영원한 운명을 좌우하는 무엇보다 중요한 덕목이다. "믿음이 없이는 (하나님을) 기쁘시게 못하나니 하나님께 나아가는 자는 반드시 그가 계신 것과 또한 그가 자기를 찾는 자들에게 상 주시는 이심을 믿어야 할찌니라"(히 11:6). 한국의 주요 교단과 국내외 많은 이단 전문가들은 위트니스 리의 가르침이 "멸망케 할 이단"(destructive heresy)에 해당한다고 분별(판단)하고 있다.

이단 JMS(정명석)에서 부총재로 있다가 탈퇴해 정통신앙으로 돌아온 김경천(2019) 목사는 "선제적으로 이단의 교리를 예방 교육을 통해서 배우게 된다면 그 사람은 절대로 그 이단에 대해서는 빠지지 않는다. 이미 이단에 빠진 사람을 빼내기는 예방 교육으로 빠지지 않게 하는 것보다 100배 더 힘들 것이다. 그래서 아예 빠지지 않게 하는 것이 상책"이라고 했다.

사실 나는 지방교회를 비판하지 말라는 여러 차례의 경고를 받았었다. 하지만 지방교회의 실체를 밝혀 사람들이 이 이단 집단에 미혹되는 것을 막아야 한다는 사명감 때문에 이 글을 쓰게 되었다. 그래서 나는 지방교회의 실체를 세상에 알리기도 결심했다. 지방교회와 관련된 많은 책들을 모았고, 이 집단을 경험하고 나온 여러 분들의 증언을 들었으며, 그동안에 국내 신학자들이 지방교회와 벌였던 지상 논쟁을 검토해 보았고, 그들이 말하는 것이 과연 무엇인지 하나하나를 되짚어 보았다.

마침 2019년 대만신학교에 특강을 하러 가는 길에 대만의 지방교회 상황도 점검할 수 있었다. 대만 교회 지도자들도 지방교회가 이단으로 지탄받고 있음을 확인해 주었다. 2019년 말에는 흑룡강성을 방문하여 중국의 종교문화교류중심 관리들과 종교지도자들로부터 호함파와 동방번개에 대한 현지 정보를 얻을 수 있었다. 중국에서 활동하고 있는 이단 전문가 송요한(2010) 선교사와 현지 목회자들이 제공한 정보가 특히 위트니스 리의 호함파와 조유산의 동방번개의 관계를 이해하는 데 많은 도움을 주었다.

구원파와 지방교회 총신대 김정우 교수는 '깨달음'을 강조하는 구원파는 기독교를 '불교화'한 이단이라고 지적한 적이 있다. 구원파가 기독교의 복음을 회개와 믿음이 없이 '깨달음으로 구원받는다'하여 '상태적 구원'으로 변질시켰기 때문이다. 그들은 죄사함의 비밀을 깨달음으로 구원을 받으면 '영원히 구원받은 경지'(state: 상태)에 들어간다고 확신하는 것이다.

빌리 그래함 목사의 은사가 되는 밴스 하브너(Vance Havner: 1986) 목사는 말한 적이 있다. "어떤 사람들에게는 기독교가 지식적인 논쟁거리(argument)이다. 많은 사람들에게 기독교는 연기거리(performance). 소수의 사람들에게 기독교는 하나의 개인적 경험(experience)이다." 지방교회와 구원파 교인들에게, 기독교는 영지주의(지식적인 깨달음)의 문제처럼 보인다.

구원파의 세 계파(系派)(유병언, 박옥수, 이요한)가 전하는 구원은 역사적 기독교가 전하는 구원이 아닌 '다른 구원'이다. 예를 들어, 1973년 빌리 그래함(Billy Graham) 목사가 여의도에서 100만 명 전도 집회를 인도했을 때,(김장환 목사가 통역한) 설교를 들은 권신찬은 "그래도 빌리 그래함은 구원받은 줄 알았는데, 이 사람도 구원을 받지 못했구나!"하고 탄식했던 것을 나는 생생하게 기억하고 있다. 빌리 그래함이 구원받지 못했으면 누가 구원을 받았을까! 유병언은 나에게 한경직 목사도, 김충기 목사, 김준곤 목사, 곽선희 목사, 조용기 목사도 구원을 받지 못했다고 단언했었다. 구원파는 기성교회에는 구원의 복음도 구원받은 사람도 없다는 믿음을 갖고 있다. 구원관이 다르기 때문이다.

폐쇄적인 형제교회의 딕 욕(Dick York)의 영향을 받았던 구원파의 두 지도자 권신찬과 유병언은 기성교회에는 구원받은 사람이 없다는 믿음을 공유하고 있었던 것이다. 1976년 필자가 주한 영국대사관 직원으로 영국을 방문했을 때, 권신찬은 내가 출국하기 전에 "영국에 가면 교회 건물들은 남아 있겠지만 구원받은 그리스도인은 하나도 남아 있지 않을 것이다"고 납득시켰었다. 그래서 나는 권신찬의 간증이 담긴 전도지를 영어로 번역해 런던에서 뿌리기도 했었다. 구원파밖에는 구원이 없다는 것이 구원파가 공유하고 있는 기본 전제이다.

유병언의 통역 비서로 활동하던 시절, 나는 구원에 강박적 관심을 가지고 매일 누구누구는 구원을 받았고, 누구는 구원을 못 받은 것 같다며 교주 앞에서 '구원 노이로제 환자'처럼 다른 교인들의 구원을 재단했었다. 그러던 나에게 유병언은 "유대인은 예수를 영접함으로 구원을 받지만, 우리 이방인들은 죄사함을 깨달음으로 구원받는다"고 그의 영지주의적 구원관을 말해주었다. 장로교, 감리교, 침례교, 성결교, 순복음 등 기존 정통교회에는 구원이 없다고 믿는 것이다. 폐쇄적 형제교회의 세대주의 신학에 영향을 받은 구원파는 '다른 복음', '다른 구원'을 전하는 이단이다.

54년간 주체사상과 북한체제를 경험했던 태영호 공사가 망명 후에 『3층 서기실의 암호』(2018)라는 증언록을 출간한 것처럼, 나는 침례신학대학원에서 기독교교육학을 공부한 후에 8년간 경험했던 구원파의 실체를 『구원파(기독교복음침례회)와 미남침례회의 비교연구』(1984)라는 논문을 통해 세상에 알리게 되었다. 이 논문은 1986년부터 월간 〈현대종교〉에 연재되었다. 이를 계기로 나는 교주 유병언으로부터 1990년부터 2018년 최근까지 20여 차례나 피소되는 수난을 겪었다. 언론 보도를 통해 독자들이 알고 있는 대로, 나는 구원파가 제기해 온 명예훼손, 신용훼손, 손해배상, 출판금지 가처분, 정정 보도 요청 등 재판에서 한 번도 패소한 적이 없었다.

6년간 계속된 명예훼손 재판에서 1996년 대법원은 "개인 신상의 사적인 사실을 적시하여 사회적 평가를 절하시켰더라도 공공의 이익을 위한 것이라면 명예훼손죄가 되지 않는다. 비록 피고인이 강연이나 기고문을 통해 구원파 목사인 유병언의 행태를 비판하긴 했지만 이는 기독교신자들에게 자신이 구원파를 떠나게 된 배경을 설명하는 과정의 하나였고 당시 사회적으로도 물의를 빚은 구원파를 경계하기 위한 공공의 이익을 위한 목적으로 보여진다"며 무죄선고의 이유를 밝혔다.

나는 한국과 미국에서 신학을 공부하며 구원파의 이단성을 분별하게 되면서 사람들이 "멸망케 할 이단"에 미혹되는 것을 막아야 한다는 사명감에 『그것이 궁금하다』, 『어느 상담심리학자의 고백) (IVP), 『구원파를 왜 이단이라 하는가』(죠이선교회 간), 『구원개념 바로잡기』(새물결 플러스 간)라는 책을 차례로 저술한 바 있다.

지방교회와 구원파는 유사한 공통점을 지니고 있다. 두 집단의 교주가 모두 사망했다. 삼분설에 입각한 영지주의적 인간론에서 유사성을 지니고 있다. 이단 종교 전문지 『현대종교』(2019)는 지방교회와 같이 교주가 사망했으나 안정적으로 유지되는 이단들은 "교주를 내세우기보다 교리가 매력적인 경우 교주 사망 이후에도 안정적이다...이 단체들은 나름 교리가 탄탄하다. 성경해석이 잘못되어 이단으로 결의되었으나, 교리가 논리적이고 역사도 길다... 이단 신도들이 정통교회와의 성경해석의 논쟁도 가능할 정도로 자부심이 있다. 그것은 비록 잘못된 말씀해석이라도 그들만의 논리로 이해가 가능하기 때문이다."

지방교회나 구원파는 이단이지만 나름의 체계적 신학 체계가 있다. 오대양 사건이나 세월호 사건으로 실망한 구원파 교인들 상당수가 지방교회로 교적을 옮기는 것을 보면, 두 집단이 기본적으로 비슷한 신학적 전제를 공유하고 있음을 알 수 있다. 이단 전문가 원세호(2002) 목사는 권신찬, 유병언, 박옥수, 이요한을 지방교회의 워치만 니(Watchman Nee)의 사상적 제자들이라고 진술하고 있다.

이 책은 독자들이 궁금할 수 있는 지방교회의 역사적 배경과 그들의 교리적 문제점을 주로 다루지만, 독자들은 그 지도자들의 윤리적인 열매에 대해서도 많은 정보를 얻게 될 것이다. 독자들은 이 글을 다 읽고 나면 지방교회의 실체를 알게 될 뿐 아니라 왜 한국의 여러 교단에서 지방교회를 이단으로 규정했는지를 확실히 분별할 수 있게 될 것이다. 진리는 보편타당한 것이다. Lee의 가르침은 역사적 정통 기독교의 가르침에서 많이 탈선하고 있다. 이 책은 필자 개인의 독선적인 평가가 아니다. 독자 제위께서는 본서가 한국 정통교회는 물론 미국을 비롯한 국내외 신학자들의 전반적인 평가(concensus)를 반영하고 있음을 알 수 있을 것이다.

내가 이 책을 쓴 주목적은 정통교단에 속한 목회자들이나 성도들이 이단 지방교회의 그릇된 사상에 현혹되어 넘어가는 일이 없도록 그들을 이단 사상으로부터 보호하는 데 있음을 거듭 밝혀 둔다.

대학에서 영문학을 전공한 필자는 대학 시절부터 빌리 그래함 목사의 『불타는 세계』, 『하나님과의 평화』를 번역했었다. 예수님과의 인격적 관계가 없었지만 대학 졸업 후 1970년 대 초에는 『영에 속한 사람』(The Spiritual Man)(1, 2, 3권)을 번역해 한국에 소개한 바 있다.(『영에 속한 사람』은 워치만 니가 친필로 저술한 유일한 책이다). 나는 이 책을 1968년부터 8년간 이단 구원파에 충성하고 있을 당시에 생명의말씀사의 요청에 따라 번역했었다. 이 책은 지금까지 30쇄 이상 재판되면서 한국교회에 꾸준히 영향을 미치고 있다. 하지만 하나님과의 인격적 관계를 무시한 채 '깨달음'만을 강조하는 구원파의 영향 아래에서 했던 이 번역 작업에 대해 나는 깊은 회한과 책임감(sense of accountability)을 느껴왔다.(그 당시까지 기독교는 필자에게 인격적 경험의 문제가 아니고 지성적 추구의 대상이었다).

1980년 회심하여 정통신앙으로 돌아온 후 한국침례신학대학원과 미국 트리니티(Trinity Evangelical Divinity School) 복음주의 신학교에서 신학과 교육학, 그리고 기독교상담학을 공부하면서 워치만 니와 위트니스 리의 신학적 오류를 분별하게 되면서, 나는 한국교회 앞에 지방교회가 어떻게 잘못되었는지 '교통정리'를 해야겠다는 부담감을 갖게 되었다. 늦은 감이 있지만, 이제라도 지방교회의 실체를 밝히게 된 것을 다행으로 생각한다. 지금부터는 지면 관계상 워치만 니(Watchman Nee)는 Nee로, 위트니스 리(Witness Lee: 중국이름 李常受)는 Lee로 표기하겠다.

Nee의 전기작가 앵거스 키니어(Angus Kinnear, 1973)는 『영에 속한 사람』을 소개하면서, 성서심리학을 다룬 이 책이 지나칠 정도로 자세하게 신자의 구원을 영과 혼과 몸의 차원에서 다루고 있다고 소개하고 있다. 동시에 저자는 서문에서 이 책을 자기분석을 위한 도구로만 사용한다면 그리스도 안에서 '자신을 상실하는 일'이 방해를 받을 수 있다고 경고하고 있다. Nee 자신도 독자들의 삶에 미치는 부정적 영향을 염려해 이 책이 다시 재판되는 것을 원치 않았다고 전해지고 있다.

칼빈이 해석한 기독교가 장로교이며, 웨슬리가 해석한 기독교가 감리교라 한다면, 지방교회는 Nee와 Lee가 해석한 기독교라고 할 수 있다. Nee와 Lee의 '해석(생각)의 틀' 즉 그들의 전제와 기본가정은 여러 면에서 잘못되었다. 그런데 많은 사람들은 이들의 전제를 아무 의심 없이 무비판적으로 받아들이고 있다. '전제'(presupposition: premise)는 이미 깔려있는 모든 생각의 판단기준이다. 그들의 신학적 대전제는 사람은 영과 혼과 몸으로 이뤄져 있다는 삼분설과 삼일 하나님, 신인합일설, 그리고 한 지역(locality: 도시)에는 지방교회가 있을 뿐이라는 신념이다.

이단전문가 김홍기(2019) 박사는 한국의 많은 독자들에게 다음과 같이 대변한다.

"필자는 40여 년 전 '생명의말씀사'를 통해 연속적으로 출판된 Nee의 책들을 부지런히 탐독하며 부정적인 것보다 긍정적인 것을 더 많이 보았다. (7, 80년대에 Nee의 책을 읽지 않은 그리스도인이 몇 명이나 되겠는가!) 그러나 현대의 지방교회, 즉 Nee의 제자들의 지극히 의도적이고 조직적이며 간교하고 파렴치한 교리 사기 문서들을 지속적으로 접하면서 Nee를 부정적으로 재평가하게 되었다. Nee의 글은 한국교회에 많은 영향을 준 것으로 평가된다. 이제 한국교회 안에 있는 Nee의 독자들은 Nee의 제자들의 교활한 교리 사기 문서들을 주의 깊게 살펴보면서 Nee를 재평가해야 할 때가 되었다. 나는 수 없는 시간을 소비하면서 지방교회 측의 잘못된 교리를 인식시켜주기 위해 인터넷을 통하여 정말 많은 시간 노력해왔고 많이 소통하였다. 결국 나는 그들이 진실하게 대화하는 태도가 없음을 발견하였다. 지금도 그들과의 교리 논쟁이 인터넷에 광범위하게 게재되어 있다. 그들을 여러 차례 상대해보면서 오죽하면 나는 그들에 대하여 하나의 이해를 갖게 되었는데, 그들은 진리에 대하여 진정으로 진실과 오류를 찾아 탐구하려는 사람들이 아니요, 필요할 때마다 말을 바꾸고 어찌하든 자신들을 정당화하기 위한 논리만을 전개하는 교리 사기꾼들 이라는 판단을 하기에 이르렀다"(김홍기, 2019).

이 책은 지방교회의 실체에 대한 종합적 평가다. 책 후미에 나오는 참고도서 목록을 보면 알 수 있겠지만, 나는 지방교회 평가과정에서 나의 주관적 선입관을 최대한 배제하려고 노력했다. 이단은 지도자와 그의 가르침, 그리고 추종자로 이루어져 있다. 따라서 나는 이 책에서 Lee와 그의 가르침, 그리고 집단이 보이고 있는 집단적 징후를 평가했다.

특히 그동안 지방교회를 연구 분석한 이단 전문가들과 많은 대화를 나누었고 지방교회로 인해 이혼당한 분들의 탄식을 들었다. 나는 한국교회 여러 교단, 미국과 영국, 그리고 한국의 여러 신학자, 지방교회 피해자들의 증언에 기초해 Nee와 Lee의 가르침, 그리고 그들의 추종자들의 행태를 종합적으로 평가했다. 나는 개인적으로 지방교회로부터 어떤 피해를 입은 적이 없다. 따라서 어떤 보복심리를 가지고 비판하는 것이 아님을 밝혀둔다. 정통교회를 지방교회의 이단적 가르침으로부터 보호할 목적으로 비판하는 것임을 거듭 밝혀둔다. 하나님 앞에서 최대한 선입견이나 편견에 치우치지 않고 객관적 시각을 반영하려 노력할 것이다.

I부

지방교회의 역사와 현황

지방교회는 어떻게 생겨났으며 현재 어떤 상황에 있는가?
지방교회로 인해 생겨난 이단에는 어떤 집단이 있는가?
지방교회의 개략적 역사를 살펴보도록 하자.

1. 지방교회의 약사(略史)

지방교회의 창설자는 워치만 니(Watchman Nee: 1903-1972)이고, 이 집단의 실제 교주는 위트니스 리(Witness Lee)이다. 지방교회는 Nee의 가르침을 이어받은 Lee의 그릇된 성서해석으로 세워졌다. 작은 무리(Little Flock), 지방교회(Local Church) 또는 '회복교회' 등으로 알려진 이 모임은 그의 영어 이름인 워치만 니(지금부터 Nee로 표기함)에 의해 중국에서 시작되었다. Nee는 그의 할아버지가 회중교회 목사이고 그의 부모들은 신실한 감리교회 신자들인 중국인 그리스도인 가정에서 태어났다. 본명이 니 수추(Ni Shu Tsu)인 그는 1903년 중국 푸저우에서 태어났고 '하나님을 위하여 사람들을 깨우는 목적을 가진 징치는 자'라는 것을 자신에게 끊임없이 생각나게 하려고 이름을 니토솅(징치는 자)으로 바꾸었다. 9남매 중 셋째로서 18세에 복음을 접하고 헌신하게 되었으며, 열렬한 전도자가 되었다. 청년 시절에 심한 폐결핵을 앓고 있는 것으로 진단되어 시골에서 요양 생활을 하며 깊은 영적 검토와 신학적 명상의 기간을 가졌다. 회복기에 들어서면서 Nee는 26세에 그의 '성화의 신학'을 『영에 속한 사람』(The Spiritual Man)이라는 방대한 책으로 저술했다. 이 책에서 그는 인간의 본성을 영과 혼과 몸으로 나누어 이해하는 삼분설을 주장하기 시작했다.

중국의 공산화와 함께 작은 무리 운동(Little Flock Movement)은 박해의 대상이 되었다. 상해에서 15년형을 선고받고 복역 중 형기만료 되었으나 문화대혁명 관계로 5년 더 수감되었다. 1972년 4월 출감했으나 6월에 사망했다. 그의 아내는 Nee의 출감 1년 전에 사망했다(이병길, 1990).

Nee가 지방교회를 세운지 10년도 못 되어 중국 각 지방에 600여 개의 교회가 세워졌고, 공산당 치하에서 2,000명의 신도들이 순교하였다. 공산당이 중국대륙을 점령하자 Nee의 동역자인 Lee가 대만으로 건너가면서부터 대만에서 지방교회가 시작되었다.

Nee는 기독교 가정에서 자랐으며, 어렸을 적에 회중교회와 감리교회를 체험했다. Nee의 초기 신앙에 크게 영향을 미친 이는 영국 선교사 마가렛 바버(Miss Margaret Barber)와 중국내륙선교회(China Inland Mission)의 엘리자베스 피쉬배커(Miss Elizabeth Fishbacker)였다. Nee는 1934년 채리티 장(Charity Chang)과 결혼했다. Nee는 매우 배타적이고 폐쇄적인 영국의 플리머스 형제교회(Plymouth Brethren)의 존 다비(John Darby)의 영향을 받았다. 생애 초반에 Nee는 독립적인 영국의 복음주의 전통을 경험한 바 있고, 결국에는 배타적인 플리머스 형제회와 관계하다 그들의 배타성과 폐쇄성에 실망해 교제를 단절하고 케직 사경회(Keswick Convention)에 참석하기도 하였다.

형제교회는 기독교를 파멸될 경륜으로 보았으며, 기성교회는 결국 와해되고 파멸될 것이라고 보았다. 자신들의 형제단 모임만을 실제적인 교회의 나타남으로 보았다. 이와 같은 다비의 형제회 사상을 그대로 이어받아 나간 것이 Nee의 지방교회다. 따라서 그의 교회관은 매우 배타적이며 기존 교회를 부정하는 태도로 가득하다(베스, 1993).

Nee는 케직 사경회 참석 후 덴마크를 방문하여 집회를 인도하기도 하였다. 그때 발표한 내용을 모은 것이 후에 『정상적인 그리스도인의 생활』로 출간되었다. 지방교회는 그들의 교리를 대부분 플리머스 형제회에서 직접 따왔다고 해도 과언이 아니다(제이 멜튼, 1995).

케직 사경회는 1875년부터 영국 북부 케직에서 시작된 신령한 생활의 심화를 목적으로 시작된 경건운동이다. 성경 지식을 전하는 것을 목표로 하는 것이 아니라 패배적이고 비능률적인 그리스도인들을 영적 건강으로 회복시키는 것을 목표로 모이는 초교파적 성격의 성회였다. 모임은 대개 일정한 순서를 따라 진행되었는데, 첫날에는 죄와 죄가 신자에게 미치는 영향을, 둘째 날에는 죄책과 죄의 능력을 다루는 십자가, 셋째 날에는 전적인 헌신, 넷째 날에는 성령 충만한 삶, 마지막 금요일에는 그리스도인의 봉사와 선교를 주제로 다루었다. 강사들은 주로 존 스토트(John Stott), 허드슨 테일러(Hudson Taylor)와 같은 영국인들이었지만, 도널드 반하우스(Donald Barnhouse), F.B. 마이어(F.B. Meyer), R.A. 토레이(R.A. Torrey)같은 미국인들도 초대되었다.

1920년대 후반 26세 젊은 나이에 Nee는 그의 첫 작품이자 주목할 만한 책인 『영에 속한 사람』(the Spiritual Man)의 저술을 끝내고 상해로 옮겨 그의 독립적인 운동을 시작했다. 지방교회의 행정은 각 지방별 단위로 독립적이며, 서로를 형제자매로 부른다. 지방교회에 형제교회와 다른 점이 있다면, '한 지방 한 교회'라는 원칙을 옹호한다는 것과 몇 가지 경건한 실행들 - 기도로 말씀 읽기(pray reading the Bible) 등 - 을 갖고 있다는 것과 신언(prophesy), 연합(mingling)과 같은 고풍의 용어들을 쓰고 있다는 것이다. 지방교회는 형제교회와 같이 교파 형성을 원치 않으며, 일반교회가 가지고 있는 목사 등 교회 직분을 배제한다. 신도들은 서로를 형제, 자매라고 부른다.

지방교회(회복교회)는 Nee의 가르침을 이어받았다고 자부하는 중국인 Lee(이상수: 1905-1997)가 1950년대에 독자적인 교회를 개척함으로 새로운 계기를 맞았다. Nee와 Lee는 엄격한 의미에서 모두 평신도이다. 지방교회의 모든 사상과 교리는 Nee와 그의 후계자로 자처하는 Lee의 개인적 견해와 사사로운 성경해석을 따르고 있다. Nee는 좀 더 총론적인 글을 쓰는 편이었으나, Lee는 주로 성경해설자로 나타났고 특징적으로 성경을 한 장 한 장 가르치는 데 집중했다. 오늘날의 지방교회는 사실상 'Lee가 해석한 기독교'라고 할 수 있다.

지방교회는 2007년 말 현재 세계 약 3,000여 개 교회가 있고 우리나라에는 '집회소'가 대략 100여 곳에 산재해 있는 것으로 알려져 있다.

---

1) 사진 출처: https://upload.wikimedia.org/wikipedia/commons/1/19/W_Nee.jpg
2) Angus Kinnear. *Against the Tide: The Unforgettable Story of Watchman Nee*,

▲ 워치만 니,[1]
▶ 위트니스 리[2]

세계적으로 약 30여만 명의 신도(중국 본토 제외)가 있고, 미국에 40,000여 명, 우리나라에 약 2만 5천여 명이 있는 것으로 보고되고 있다.

Nee에게는 두 명의 절친한 동역자가 있었는데, 한 명은 1997년까지 전 세계 지방교회를 이끌어온 Lee(중국명 李常受: 1905-1997)이고, 다른 한 명은 미국 동부지역에서 활동한 스티븐 강(Stephen Kaung)이었다. Kaung은 미국 동부에 정착해 그의 뛰어난 영어 실력으로 Nee의 저서들

CLC, 1973. p. 119.

을 영어로 번역하여 미국 내에 보급했다. 공산당이 중국 대륙을 점령하자, Lee가 대만으로 건너가면서 대만에서 지방교회가 시작되었다. 이후 Lee는 1962년 LA에 미국 최초의 지방교회를 설립했다. 지방교회에서는 이 사건을 '주님의 새로운 이동'이라고 부른다.

지방교회는 "우주적인 면에서는 그리스도의 한 몸이요, 인간사회에서 나타날 때에는 한 지방, 한 교회로 나타나기 때문에, 각 교회는 지방 이름을 붙여 ○○교회라고 해야지 어떤 교파별 명칭을 갖는 것은 죄"라고 여긴다. Lee의 교회들은, 그리스도의 몸은 각 도시에 있는 신자들의 모임을 통해서만 표현된다는 '지방 입장'(ground of locality)에 기반을 두고 있다. 이러한 가르침을 사람들은 흔히 '지방성'(locality)이라고 지칭하는데, 여기서 '지방교회'(local church)라는 말이 유래되었다.

지방 입장(ground of locality)

Nee는 교회가 지방보다 크거나 작아도 안 된다고 교회의 경계를 지방으로 한정했다. 교회를 세우려면 지방의 경계를 반드시 지켜야 한다고 했다. '한 지방에 한 교회'(one church in one locality)가 그의 주장이었다. 그것은 초기에 중국과 주변 여러 나라에서 큰 반향을 불러일으켰고 수많은 교회들이 생겨났다. Nee는 오늘 우리가 사는 도시나 지방에서 그 지방을 입장으로 하는 교회 외에는 절대로 세울 수 없다고 주장했다.

Nee는 '성령의 권위'와 '지방의 경계' 두 가지를 성경적인 지역교회의 근거로 보았다. 이 신학에 근거해 그는 중국 내 상해를 비롯해 여러 성을 다니며 교회를 세웠고 1925년부터 50년까지 Lee와 교제를 계속했다. 1924년 말레이시아 페낭을 방문해 첫 번째 교회를 세운 후, 1938년까지 일본, 프랑스, 영국, 싱가폴, 필리핀, 덴마크, 노르웨이, 스위스, 인도와 홍콩을 차례로 방문했다. Nee는 중국이 공산화되면서 50세 되던 해 국가안전보위부에 의해 체포되기도 했으며, 1956년에는 중공대법원에서 중노동을 포함한 15년의 감금이 선고되었다. 1972년 4월 12일 20년간의 복역을 마치고 나와 그해 6월 1일 69세를 일기로 세상을 떠난 것으로 전해진다.

1950년 Nee는 그의 유력한 동역자 Lee와 함께 홍콩에서 대대적인 특별집회를 인도했다. 그는 평신도로서 지도자적 위치에서 복음을 전했고, 『영에 속한 사람』(The Spiritual Man)을 비롯해 많은 저서들을 남겼다.(이 책 이외에 Nee의 이름으로 출간된 수많은 책들은 녹취한 노트를 중심으로 편집돼 출간된 것으로 알려지고 있다).

지방교회는 스스로를 종교개혁에서 시작하여 죠지 폭스(George Fox)와 퀘이커교(the Quakers), 진젠도르프(Zinzendorf)와 모라비안교(the Moravians), 웨슬리(Wesley)와 감리교로 계속돼 다비(Darby)와 플리머스 형제회까지 이른 성서적인 기독교 회복(복원)의 역사의 한 부분으로 보고 있다. 교파주의와 성직제도를 거절하면서 다비(Darby)는 안수받지 않은 장로들이 이끄는 지방 회중의 교통을 선택했다. Nee와 Lee는 배타적인 형제교회(Exclusive Brethren)와 교제하면서, 자주 교파나 교파주의 그리고 다른 교회들에 대한 호된 비평의 생각들을 나누게 되었다(Melton, 1995). 기성교회가 예배를 드리는 것과 달리 가정 집회, 소그룹 집회, 주일집회, 만찬집회, 신언집회, 기도집회, 사역집회 등을 갖는다.

현재 지방교회는 미국을 비롯하여, 캐나다, 일본, 브라질, 영국, 호주, 뉴질랜드, 태국, 말레이시아, 인도네시아, 싱가폴, 독일, 홍콩, 스위스 등의 나라에 퍼져있다. 초대교회가 그 지역을 따라 이름을 붙인 것처럼 (예: 예루살렘교회, 안디옥교회 등) 오늘날도 그렇게 해야 한다고 주장하며 (예: 서울교회, 대전교회 등), 자기들의 교회를 '지방교회'(Local Church)라고 부른다. 그리고 모이는 장소를 '집회소'(Assembly Hall)라고 부르는 것으로 유명하다.

지방을 근거로 교회를 세워야 한다는 것은 하나의 가설이지 진리가 아니다. 교회가 진정 가설 위에 세워졌다면, 그 자체가 허상이다. 지방 입장은 한 거짓 선지자가 주장한 가설일 뿐이지 성경적 진리가 아니다 (Newton Maloney). 그러나 Lee와 그의 추종자들은 지방 입장이 성경적 진리라고 믿고 있다.

미국 LA의 애너하임 교회는 세계본부로 간주되고 있는데, Lee는 그의 사망 전까지 이곳에서 세계 여러 나라에 산재해 있는 교회를 주재했다. 생명의 흐름사(Living Streams Ministry)는 이 운동의 출판담당부서로서 역시 애너하임에 있다. 세대주의의 시조라 할 수 있는 존 다비(John Darby)의 번역에 Lee가 주해를 붙이고 수정한 성경 사역본을 '회복역 결정성경'이라는 이름으로 발간하고 있다. 한국에서는 한국복음서원이 Nee와 Lee의 책을 집중적으로 출간하여 배포하고 있다.

중국에서의 지방교회

중국에서 활동하고 있는 송요한 선교사는 중국 중앙판공청에서 명시한 사교조직 중에 호함파(呼喊派: 외치는 무리)는 Lee(李常受)가 1962년에 미국에서 창립한 사교 집단이라고 소개하고 있다. 2018년 11월 『현대종교』는 중국 내의 이단에 대해 아래와 같이 보도하고 있다.

필자는 2019년 가을 중국 흑룡강성 종교문화교류중심의 초청으로 하얼빈 지역을 순회할 기회가 있었는데, 현지에서 다음 보도내용이 사실에 부합한다는 것을 확인하였다.

지방소회(地方召會)라고도 하며 1979년에 우리나라에 침투했으며, 1983년 20개 성, 자치구의 360여 개 현과 시에서 약 20만여 명을 속임수로 끌어들여 믿게 했다. 최근 몇 년 동안, 이 조직은 점차 분화되어 '상수교,' '중화대륙행정집사참,' '피립왕,' '주신교,' '능력주,' '동방번개'로 활동하고 있다.

중국에서는 어떤 Lee 파(소위 호함파 - 후한파이: 주님의 이름을 부르는 파라고 함)가 산에 올라가서 혹은 이곳저곳에서 '주 예수'를 부르는 것이 아니라 '이상수'를 외쳐 부른다. 그 조직의 간부들은 공개적으로 당과 정부를 공격하면서 "교회를 조직하여 공산당과 정부에 끝까지 대항하자"고 외쳤다.

호함파는 Lee의 가르침을 그대로 따르는 단체로
① 성부, 성자, 성령, 교회를 사위일체라고 가르친다.
② 반드시 이상수를 믿어야 구원받는다고 가르친다. 자신만이 구세주이며, 상수주를 경배, 찬미하여야 한다. 성도가 하나님이 되어야 한다.
③ 70세가 되었을 때 이전에 전한 십자가의 도를 전면 부인하고 성경의 권위를 격하하였다.
④ 그리스도는 창조되었다. 그리스도 육체 안에 죄가 있고 사탄의 성정이 있다. 사탄과 그리스도가 함께 십자가에 못 박혔다.
⑤ 영적으로 침체될 때 여러 번 침례를 받는 것이 도움이 된다.
⑥ 천가(天家: 천국에 있는 집)는 없다. 천가는 교회라고 가르친다. 이 세상에는 진실한 천국이 없고 이 세상에 유일한 하나님의 집(그리스도의 몸)이 있는데, 그곳이 바로 교회라 하였다(현문근, 2014).

안후이 호함파의 간부 왕영민 등 위법자들은 '중화대류 행정집사참'을 조직했다. 그리고 "세상을 때려 부수고, 왕권을 만들고, 사탄 정권을 빼앗자"고 외쳤다. 이 조직은 신도들을 선동하여 교회와 모임을 점령하고 국가기관 직원들을 집중 공격하여 당정기관을 소란케 했다. 왕영민은 신도 1,000명을 조직하여 크고 작은 도시에 동시다발적으로 가서 이상수의 '폭발뉴스'를 보내 반동 선전을 일삼았다. 일부 간부들은 종교라는 미명하에 부녀자를 강간하고 금품을 사취하는 등의 불법을 자행하고 있다…1995년 11월 중앙판공청, 국무원판공청에서는 〈공안부가 금지하고 단속하는 호함파 등 사교조직의 현황과 업무 의견통지문〉 하달을 통해 호함파(상수주)를 포함하여, 중화대륙행정집사참, 능력주, 실제신(동방번개) 등의 분파를 사교조직으로 규정했다.

Nee는 1923년 작은 무리 운동(Little Flock Movement), 소군파교회(小群派教會)라는 경건주의 신앙 운동을 시작했다. Nee의 가르침을 따르는 소군파는 중국에서 많은 가정교회와 마찬가지로 이단시되고 있지 않다. 복음에 대한 열정으로 말미암아 중국교회에 끼친 공로가 지대하지만, 그의 인간론(삼분설)과 교회론에는 개선해야 할 부분이 적지 않다고 평가된다. 교파주의를 배격하고 성경을 너무 비유적으로 해석하는 것이 문제점으로 지적되고 있다. 중국에서는 Nee의 소군파는 정통파로 분류되고 있다(송요한, 2010).

현재 중국내에서 활동하는 주요 이단은 '호함파'(呼喊派; 이상수 李常受, 위트니스 리: Witness Lee) '동방번개'(東方閃電) '중생파'(重生派, 곡파 哭派; 서영택 徐永澤) '삼반복인'(三班僕人) '부름받은 왕'(被立王: 피립왕파) '육신성도'(肉身成道) '제자회'(문도회 門徒會; 허삼贖부부) '사도신심회'(使徒信心會) '영영교'(靈靈敎) '모든 물건 통용파'(凡物公用派) 등이 있으며, 이외에도 한국에서 들어간 통일교와 세계엘리야복음선교회(한농복구회), 구원파(박옥수) 등도 사교 명단에 포함되어 있다.

호함파(지방교회)

중국종교문화교류중심(2019)에서는 호함파를 다음과 같이 소개하고 있다.

1978년 호함파는 홍콩과 대만을 거점으로 삼고 광주를 발판으로 국내 소군파 골간분자들을 기초해 국내 주요 성, 시, 자치구를 향하여 전면적으로 침투 활동을 전개함으로 아주 급속도로 발전하였다. '호함파'는 기독교 내에 숨어있는 반동조직이다. 그의 두목은 '소군파' 7대 사도 중의 하나인 이상수이다. 종교의 망토를 쓴 이상수는 정치적으로 반공반인민의 활동을 벌였다. 1949년 4월 상해가 해방되기 전, 이상수는 형벌을 피하기 위하여 대만으로 도피하였다. 1962년, 그는 미국 LA로 이민하여 미국 국적을 취득하였다. 60년대 말 이상수는 미국 LA에서 '호함파' 운동을 시작하였으며, 외치기를 '진리의 시대'는 이미 지나갔고 영의 시대가 도래하였다. 그들이 예배를 드릴 때 주요 특징은 모두 집체적으로 크게 반복적으로 "오 주여, 아멘, 할렐루야" 등을 외친다. 그리하여 '호함파'라고 칭함을 받게 되었다.

이상수는 기독교 교리를 왜곡되게 해석하며, "그리스도는 나이며, 나는 그리스도이다"고 가르쳤으며, 성경의 "주님의 이름으로"를 '호함'으로 부르며, 신도들로 하여금 예배를 드릴 때 '상수주'라고 부를 것을 요구했다. 또한 그는 외치기를 "기독교에 혼란을 일으키자"라고 하였다. 본 조직의 지도자들은 공개적으로 당과 정부를 공격하였다. 공개적으로 중국에 '하나님의 나라'를 세운다는 구호를 외치며, 공산당의 지도를 무너뜨리고 사회주의 중국을 뒤집을 음모를 꾸몄다.

　1983년 전국 양회회의가 상해에서 열렸다. 회의 중심은 "견결하게 이상수의 이단사설을 저지하자"였다. 그리고 회의가 끝나자마자 종교사무국에서 각지에 있는 이상수의 호함파를 저지하기로 통보하였다. 그리하여 많은 호함파 지도자들이 붙잡히게 되었다. 그들은 해외 이상수의 조종과 지지 아래 조직적으로 침투와 연계활동을 펼치고 있다. 2002년 중국기독교잡지 〈천풍〉 7기에 "어떤 사교들은 기독교의 옷을 입고 사교활동을 진행하며 기독교의 이미지를 엄중하게 파괴하는 영향을 미쳤다"라고 기록되어 있다. 호함파는 기독교를 빙자한 사교로 규정되어 정부로부터 저지를 받고 있다.

　한국 등 해외에서는 Nee와 Lee가 같은 사상을 가진 것으로 묶여 있지만, 중국에서는 사뭇 다르다. 오늘날 Nee의 소군파와 Lee의 호함파는 서로 다른 노선을 걷고 있다. 이상수가 중국에서 활동을 재개한 이후 중국 내에서 비약적인 성장을 하였다. 중국에서 가장 큰 이단이며 교세는 현재 수백만 명에 이르는 것으로 추산된다. 중국 남방의 한 성(省)은 기독교 인구가 500만 명에 이르는데, 그들 중 1/3이상이 호함파라는 말도 있다. 이상수는 1950년 교인들을 이끌고 독자적으로 교회를 개척하였다. 이후 1962년 미국으로 건너가 LA에 최초의 지방교회를 설립하였다. 집회 중에 "아, 주, 아멘, 할렐루야"를 반복하여서 '호함파'라 불리운다. 평상시에는 성령 충만을 위해 "오 주 예수여"를 외친다. "오 주 예수여"를 세 번 외치면 구원을 얻는다고 가르치며, 1950년대 이후에는 '신인합일'(神人合一)이라는 자신의 독특한 사상을 전개하고 있다(송요한, 2010).

1983년 이후 중국 정부는 호함파에 대해 타격과 금지명령을 여러 차례 내렸다. 호함파는 중국 내에서 세력이 크게 약화되었다. 호함파는 동방번개를 비롯해 영생교, 피립왕, 제자회 등 다른 사교조직을 창출하였다.

전능신교(동방번개)

사교조직 전능신교(Eastern Lightning Cult)는 Lee의 호함파(지방교회)에서 파생된 이단이다. 조유산(趙維山: 1951년생)은 호함파의 열광적인 신도였으나, 1989년 호함파를 이탈하여 '영존하는 근본교회' 그리고 후에 '참 하나님의 교회'를 세웠다. 1990년대부터 본격적으로 왜곡된 교리를 가르치기 시작한 그는 1992년 양향빈을 만나 그녀를 중국에 재림한 여(女)그리스도로 세워 오늘에 이르고 있다(조믿음, 2019).

전능신교는 이미 중국에서 사회적 암적 존재로 규정돼 있다. 사교로 규정된 전능신교는 다른 이단과 마찬가지로 가출, 이혼, 학업중단, 직장포기, 폭력을 부추기고 있다. 날로 교세가 커지고 있고 현재 중국에서 가장 우려할만한 사교이다. 조유산은 실제 창시자이며 조종자로 알려져 있고 전능하신 하나님, 여자 그리스도 양향빈은 정부로부터 수배당하다가 여권을 위조해 2001년 미국에 망명해 뉴욕에 거주하고 있는 것으로 알려져 있다.

동방번개는 시대를 율법시대, 은혜시대, 국도시대, 세 가지로 분류한다. 국도(國到)는 나라가 임하였다는 뜻이다. 특히 하나님에 대해서 율법시대는 여호와였고, 은혜시대는 예수였지만, 국도시대는 전능자라고 주장하며, 또 그 강림 방법에 대해서 율법시대는 영으로 오셨으나, 은혜시대는 남자로 오셨고, 국도시대는 여자로 오셨다는 것이다. 또 그 모습에 대해서는 율법시대는 육신이 없는 영이었으나, 은혜시대는 유대인의 모습이었고, 국도시대에는 중국인의 모습으로 왔다고 주장한다. 결론적으로 여자 그리스도는 중국에서 사람으로 오신 전능하신 하나님 양향빈이라는 것이다.

동방번개 창시자 조유산은 이상수와 같이 뛰어난 조직 능력을 가지고 있으며 인사관리 능력이 뛰어난 것으로 알려져 있다. 전능신교의 조직체계의 등급은 삼엄하고 책임이 명백하고 매우 위해적이다. 그 조직체계는 위에서 아래로 "여자 그리스도," "대제사장," "성령께서 사용하는 사람," "성급 리더," "구급 리더," "도시와 농촌 리더," "적은 패 리더," "세포 순모임 리더" 등이다.

전능신교의 교주는 조유산보다 20세 연하인 양향빈(楊尙彬)이라는 여자다. 조유산은 전처 부운지와 이혼하고 양향빈과 재혼해 그의 배후 인물로 활동하고 있다. 실제 리더는 조유산이고 양향빈은 아무 권력이 없다. 조유산이 실권자로 그의 아내이자 여자 그리스도인 양향빈을 배후에서 조종하고 있다.

이 집단은 신천지와 마찬가지로 위장과 거짓말로 유혹하고, 화장품, 핸드폰, 냉장고, TV 등 주거나 빚을 갚아주는 물질자극책을 쓰거나, 미인계로 유혹하기도 하며, 마지막 단계로 자기들 말을 듣지 않으면, 감금, 폭행, 저주, 협박을 사용한다. 믿음을 버리고 나가는 이탈자에게 가혹한 보복을 가하는 것으로 유명하다. 남녀관계를 못하게 하는 것으로도 유명하다. 가족관계를 끊어야 입교할 수 있다는 전능신교는 본래 지방교회에서 파생된 사이비 종교집단인데, 중국에서 수입된 이 이단은 위장 난민으로 들어와 우리 국내에서 심각한 사회문제를 일으키고 있다. 전능신교 동방번개파의 핵심교리는 다음과 같다:

(1) 삼위일체를 부정한다. 신부변자(信父變子), 자변영(子變靈)(아버지〉아들〉성령). 삼위일체 하나님은 근본적으로 존재하지 않으며, 삼위일체론은 사람들의 전통적 관념이고 잘못된 인식에서 비롯된 것이다. 성부가 변하여 성자가 되고, 성자가 변하여 성령이 된 것이지 삼위일체가 아니고 일위일체를 주장한다. 양태론적 삼위일체론을 주장한다.

(2) 예수의 신성과 인성을 부인하며 십자가 구속을 부인한다. 자칭 도성여신(道成女身) 여성 그리스도가 도래했다고 주장한다. 그녀는 "나는 인류의 하나님이고 조물주다"라고 한다. 초림주는 남자로 죄사함을 위해 오셨고, 재림주는 여자로 구원과 영생을 위해 왔다고 주장한다. 초림주가 못한 구원 사역을 재림주의 여 그리스도가

최종적으로 완성한다는 것이다.

(3) 새 천년시대가 이미 도래했음을 선포한다. 첫 시대: 율법시대로 하나님의 이름은 여호와; 두 번째 시대: 은혜의 시대이고 하나님은 예수; 세 번째 시대: 하나님 나라의 시대(국도시대), 하나님의 이름은 "번개"라고 가르친다. 은혜시대가 지나고 지금은 국도(國度)시대다. 말씀의 시대는 지나갔고 그 영의 시대가 임하여 길을 회복하는 것이라고 한다. '구주'는 이미 '흰 구름'을 타고 다시 돌아왔다고 주장한다.

(4) 교주의 새 계명을 통해 구원을 받는다. 이신칭의를 인정하지 않고, 구원을 얻기 위해 계명을 지켜야 할 것을 강조하다. 전능신교의 하나님 양향빈은 율법시대와 은혜시대를 지나 국도시대에 새롭게 나타난 "전능하신 하나님" 양향빈에게 순종해야 구원을 받는다고 주장한다. 오직 전능신교에 속하여 그들의 교리를 믿고 여 그리스도에게 순종해야 구원을 얻을 수 있다고 주장한다. 신도들이 부모, 형제, 처자, 육신의 정, 즉 가족관계를 모두 단절할 것을 요구한다.

(5) 요한계시록 5:1에 오른손에 있는 책이 동방번개의 경전이고 요한계시록 14:6의 영원한 복음이 여 그리스도가 기록한 "말씀이 육신으로 현현하다"라는 책을 가리키는 것으로, 이 책은 여 그리스도가 강림함으로 실현되었다고 주장한다. 교주의 축복과 저주로 운명이 결정된다. 그리스도가 이미 여성의 몸으로 중국 땅에 재림하였으며, 그녀가 곧 전능신교의 여교주라고 한다. 이사야 41:2의 동방

은 중국을 지칭하는 것으로 해석하고 있다.

(6) 성경을 폄하하고 교주의 가르침만 추종한다. 성경은 시대가 지난 유물이며, 역사책이고 가치가 없다고 본다. 성경은 새로운 전능신교의 사업을 방해하는 걸림돌이다.

(7) 교회의 예배와 성례를 부인한다. 은혜시대에 속하는 교회의 성례, 떡과 포도주를 먹고 마시는 일, 침(세)례를 받는 것, 집회는 낡은 것이며, 여 그리스도에 의해 마감되었다고 주장한다. 가짜 이름과 주소를 사용한다.

(8) 치밀한 내부정탐과 사전공작으로 포교한다. 작은 관심과 사랑으로 사람의 마음을 유인한다. 일반인보다 기성교회 목사나 지도자를 넘어뜨리려 한다. 금전과 미인계를 써서 유혹한다. 여색, 거짓말, 구타, 유괴, 감금 등으로 포교한다. 신학적으로 논할 가치가 없을 정도로 왜곡된 사이비 사교 집단이지만 전도방법이 매우 집요하고 악랄하여서 크게 주의해야 할 대상이다(송요한, 2010).

동방번개파는 누가복음 17:25과 마태복음 24:27 "번개가 동편에서 나서 서편까지 번쩍임 같이 인자의 임함도 그러하더라"에서 '동편'은 바로 '중국'이라고 해석한다. 또한 이사야 41:2a "누가 동방에서 사람을 일으키며"에서 '동방'은 곧 중국을 지칭하는 것으로 해석하고 있다. 이들은 교주인 여 그리스도는 구속 사역의 완성을 위해 재림한 예수라고 주장한다.

전능교, 동방성전, 국도복음, 칠영파, 참빛파, 재림구주파, 여그리스도파, 전능한 하나님파 등 여러 이름으로 불리우고 있다. 중국당국은 동방번개를 사교(邪敎)로 규정하고 2015년 1,000명 이상을 체포했다. 교세는 200-300만 명으로 본다. 동방번개는 2012년 12월부터 중국 정부로부터 공식적인 활동을 금지 당했다. 이 단체는 '예수 그리스도의 교회'라는 이름으로 2013년부터 홍콩과 대만의 주요일간지에 10여 차례 광고를 실었으며, 한국에서도 2015년 이후 동아, 조선, 중앙 등 주요 일간지에 660회에 걸쳐 수십억을 투자해 신문광고를 한 바 있다. 캐나다에도 [월드 저널]지에 전면광고를 싣기 시작했다. 2012년 미국의 대형매체들, 곧 뉴욕타임즈, 월스트리트저널 등이 이 중국 이단이 세계 종말에 대한 유언비어를 퍼뜨린다며 대대적으로 보도하기도 했다.

조유산은 호함파에서 침례를 받을 때 받은 영적 이름 '능력주'를 내세우면서 추종자들에게 '상수주'라고 외치던 것을 '능력주'라고 고쳐 부르라고 명령했다. 매일 수십 번씩 기진맥진하도록 말이다.

> "오! 능력주여! 당신은 전능하시고, 완전히 부활하시고, 완전히 유일한 참 하나님이시고, 이긴 대왕이시나니 당신의 보좌를 세세무궁토록 추켜들리라! 우리는 모두 당신의 장자입니다. 아멘!"

이런 외침뿐만 아니라, 신도들더러 한 사람씩 자신의 사타구니 밑으로 빠져나가게 하고 오직 그렇게 하여야만 구원을 받을 수 있으며 이것이야말로 '능력주를 치켜드는 것'이라고 가르쳤다.

구원을 받을 수 있는 은혜의 시대는 마감되었기 때문에 전도나 선교는 더 이상 필요 없게 되었다고 주장한다.

"일단 사람이 어떤 이단 집단에 빠지게 되면, 신도들은 자신들만이 참 진리를 소유했다고 믿는 동시에 진리를 방해하는 세력은 마귀일 뿐이라고 믿게 된다. 가족도 예외가 아니다"(조믿음, 2019).

이런 사고방식을 가진 동방번개 신도들이 서울 구로, 강원도 횡성, 충북 보은 등지에 자리 잡았고 여러 대도시에서 포교 활동을 펼치고 있다. 전능신교를 연구한 린청신 목사는 "중국과 홍콩의 '전능신교' 신도들은 일부 기독교회에 침투하여 감금, 협박, 회유, 성적 유혹, 심지어 암살 등 위법수단으로 '전능신교'를 믿도록 기독교도와 전도인을 미혹한 적이 있는데, '전능신교'는 반사회, 반정부적이며, 행위가 극단적인데, 폭력적 경향과 위험성이 있다"고 폭로했다(종교와 진리, 2019).

지방교회는 교리적으로 전능신교와 많이 다르다. 그래서 지방교회에서는 전능신교가 자신들과 무관하다고 주장하기 위해 『진리 변증: 전능하신 하나님 교회: 이단을 인식함』이라는 소책자까지 발간한 바 있다. 교리신학적 공통점은 많지 않으나, 전능신교가 중국 호함파(지방교회)에서 파생되었다는 것은 부인할 수 없는 역사적 사실이다. 지방교회와 전능신교의 관계는 마치 제7일안식교와 하나님의교회 안상홍증인회의 관계에 비유할 수 있을 것이다.

한국의 지방교회

지방교회가 한국교회에 문제로 등장한 것은 바로 권익원(王重生)이 사망한 1980년대라 할 수 있다. 지방교회는 그 확장방법에서 주로 기성교회 교인들을 포섭한 뒤 그들의 독특한 교리를 가르쳐 마침내 기존 교회를 등지게 함으로 정통교회들과 끝없는 마찰을 빚어오고 있다. 그래서 이단 전문가 허호익(2016) 교수는 지방교회를 '교회론적 이단'으로 분류한 바 있다.

한국에서의 지방교회는 Nee의 직계제자라 자처하던 왕중생(王重生: 한국명: 권익원)씨에 의해 1966년 대전에서 시작되었다. 중국군의 육군 소장까지 진급했던 왕중생은 '회복의 복음'을 조국에 전파할 각오로 귀국하여 열정적으로 전도에 힘썼다. 그러나 폐쇄적이고 권위주의적인 왕씨의 성향은 외국의 지방교회와 교류를 어렵게 하였는데, 왕씨의 사망 후 자연스럽게 Lee의 지방교회와 교류가 활발해지면서 한국의 지방교회는 육군 중위 출신 이희득씨의 지도 아래 오늘에 이르고 있다. 서울 서초구에 본부교회에 해당하는 서울교회 집회소가 있고 전국적으로 90여 개 정도의 집회소가 있다. 신도 수는 1만여 명을 상회하고 있다.

예배는 주일 대예배만 있고 이때 전 신도가 참석한다. 좌석 배치는 신도들이 원형이나 ㄷ자 형태로 앉고 설교자는 그 앞에서 설교를 한다. 통성기도로 예배를 시작하여 찬송을 부르는데, 기성교회에서 사용하는 찬송가 대신 지방교회에서 제작한 찬송가를 사용한다. 설교 후 신도들 가운데 은혜받는 사람들이 '신언'이라는 이름으로 간증을 한다. 여자들은 머리에 하얀 미사포를 쓴다.

경기도 용인시 기흥읍 보라리에 〈진리사역원〉을 두고 성경 교육을 하며 성남에 있는 출판사 한국복음서원을 통해 Nee와 Lee의 저서를 번역 출간하고 있다. 대표적인 팟캐스트 채널 '팟빵'의 경우 종교 카테고리의 상위권에 중국계 이단인 지방교회가 있다(조민음, 2019).

Nee에 의해 시작되고 Lee에 의해 계승, 발전된 지방교회는 목사를 세우지 않으며, 성직자와 평신도의 구분을 폐지하고, 주님의 상(table)을 중심으로 한 예배 등을 특징으로 하고 있다. 지방교회들은 각 지방에 90년 동안 존재했다. 특히 삼분설에 입각한 인간관, 신인합일사상과 삼일하나님을 주장하는 양태론(modalism: 하나님은 한 분이시지만, 각 상황에 따라 여러 가지 양태로 나타난다는 이론)을 가르친다는 의혹 때문에 1991년 장로교의 두 교단(고신측과 통합측)을 비롯해 한국의 여러 교단으로부터 이단으로 규정되었다.

이단 전문가 탁지일(2014) 교수는 다음과 같이 지적한다.

> "이단 교주들은 필요한 사회 교육과 신학 교육을 받지 못한 경우가 대부분이다. 이는 아마도 교주들의 창의적이고 자의적인 성서해석이 가능한 이유일 수 있다. 이러한 교주를 따르는 핵심 신

도들은 대부분 고학력 전문가들인 경우가 많다. 이들은 교주의 비성서적인 주장을 교리화하고 체계적인 교육과정을 구축해 일반 신도들을 세뇌한다. 저학력(uneducated) 교주와 고학력(well-educated) 핵심 신도들의 조합이 한국의 이단 단체들에게서 보편적으로 나타난다."

초등학교 출신의 교주 정명석을 대학과 대학원 학력의 신도들이 추종하고 있는 기독교복음선교회(JMS: Jesus Morning Star)가 대표적인 예라 할 것이다.

한국의 지방교회를 대표하는 이희득(1982)씨는 지방교회가 "하나님의 본래의 뜻을 회복"하고 있음을 다음과 같이 진술하고 있다.

"교회는 여러 세기에 걸친 역사를 통해 타락하였기 때문에 하나님의 뜻대로 회복되어야 할 필요가 있다...하나님의 회복이 시작된 날짜는 편의상 종교개혁 이후로 정한다. 종교개혁 이후 회복은 몇 단계를 거쳐, 보헤미아 지방의 진젠돌프를 주동으로 한 교회 생활의 부분적인 회복이 있었다. 이어서 플리머스 형제회(Plymouth Brethren)로 말미암아 성경의 귀한 진리들이 밝혀졌으며, 그 후 주안에 있는 생명을 실제로 체험하게 되었다. 현 단계에 이르러서는 그리스도의 몸의 참 표현인 지방교회가 세워졌다."

Lee는 1978년 중국에서 활동을 전개하면서 이미 타계한 Nee와 결별을 선언하였다. 중국에서 Lee는 자기를 일컬어 상수주(常受主)라 하였고 예수는 다시 올 수 없고 자기가 세상 사람들을 구원할 것이라고 선포했다. 또한 '주 예수여'를 세 번 외치면 구원을 얻는다고 했다. Lee(이상수)는 1997년 미국 남 캘리포니아에서 92세를 일기로 사망했다.

한국 등 해외에서는 Nee의 사상을 Lee가 그대로 받아들여 지방교회를 창립한 것처럼 홍보하고 있다. 그러나 Nee의 사상 중에서 인간론과 교회론을 차용했을 뿐, 가장 문제가 되는 삼위일체론, 기독론, 구원론, 신인합일 등은 Lee의 독자적인 주장이다. 물론 세대주의를 배경으로 하는 Nee의 사상에서도 더러 문제가 발견되지만, Lee는 그것을 더욱 과격하게 해석하여 교리를 변질시키고 부패시킨 측면이 있다고 할 것이다(송요한, 2010). (Nee의 전기작가이며 교회 역사가인 영국의 앵거스 키니어(Angus Kinnear)는 1976년 그를 찾은 필자에게 "체계적인 신학 배경이 없이 자생적으로 시작된 복음운동은 그 순수성을 15년 이상 유지하지 못한다"고 말했었다).

1980년대에 와서 왕중생씨가 세상을 떠나자 한국의 지방교회는 미국을 비롯한 각국의 지방교회와 교류의 물꼬를 트는 한편 문서 활동을 통한 교세 확장에도 박차를 가하고 있다. 지방교회가 한국교계에 문제로 등장한 것은 바로 이 시기라 할 수 있다. 지방교회는 그 확장방법으로 주로 기성교회 교인들은 포섭한 뒤 그들의 독특한 교리를 가르쳐 마침내 기성교회를 등지게 하므로 기존교회와 끝없는 마찰을 빚어오고 있다(심창섭 외, 1997).

1991년 예장 통합측은 가음과 같이 규정했다.

"지방교회는 신론, 기독론, 인간론, 교회론의 문제가 있어 Nee와 Lee 사상과 함께 한국교회의(김기동, 권신찬, 이명범 등) 많은 이단들을 낳게 하는 모태가 되는 이단이다"

지방교회는 2006년 통합측에 이단 결의 철회를 요청한 적이 있다. 이때 이들은 다음 신앙고백을 삭제해 줄 것을 요청했다.

"우리는 역사적이며 조직적이며 제도적인 기독교에 속하지 않고 분리되어 있습니다. 왜냐하면 우리는 기독교를 비성경적인 가르침들과 실행들이 많이 섞여 있는 조직이라고 여기기 때문입니다. 성경에 계시된 교회 생활의 참된 회복을 위하여 주님의 이름 안에서 각 지방의 참된 '하나'의 입장을 위하여 모입니다."

이것은 지금도 이들의 입장을 잘 대변하는 고백이다. 최근 지방교회는 인터넷이란 매체를 통하여 활발하게 지방교회를 알리고 선전하고 있다. 그들의 홈페이지는 상당히 많으며, 교육을 받은 전문운영자들이 조직적으로 활동하고 있다. 물론 그들은 일사분란하고 일률적이다. 그들 만큼 교리에 충실한 사람들이 없을 정도로 100명이면 100명의 생각이 모두 동일하다. 그럼에도 불구하고 자신들은 교리주의가 아니라고 주장한다. 이런 의미에서 지방교회는 Nee와 Lee가 나름대로 성경을 사사로이 '억지'(벧후 3:16)로 해석한 사이비기독교 집단이라 할 수 있다.

지방교회 또는 회복교회, Lee에 대해서는 많은 사람들이 정보가 어두운 편이다. 지금도 종종 "지방교회가 이단인가요?"라는 질문이 성도들에게서 나온다. 물론이다. 1991년 예장 고신과 통합에서 이단으로 규정됐고 기독교대한성결교회가 '이단성' 단체로 규정했다. 이단으로 규정한 지방교회와의 첫 만남은 대다수가 서적을 통해 이뤄진다. 그것도 기독교 서점에서인 경우가 적지 않다. 아직도 많은 수의 기독교 서점에서 지방교회 측 출판사인 '한국복음서원'의 책자들을 진열하고 있다.

최근 2019년 6월 월간 〈종교와 진리〉는 "하바사"(하나님만을 바라는 사람들) 공동체가 메시아닉 공동체로서 세대주의와 신사도운동 그리고 지방교회 신학의 영향을 받아 생겨났음을 다음과 같이 소개한 적이 있다.

> "교주 박찬빈은 지방교회와 마찬가지로 양태론적 삼일 하나님, 인간이 하나님처럼 될 수 있다는 신인합일주의, 하나님과 인간이 영합되는 것, 곧 '하나님-사람'이 되는 것을 구원이라고 주장하는 구원론, 성경 진리보다 체험을 더 중요시하는 성경관, 기성교회의 조직과 직분, 제도와 규율 등을 부인하는 잘못된 교회론, 특히 아무의 지배나 간섭도 없이 성령의 인도 아래서 행한다고 말하지

만 자의적이고 임의적인 성경해석과 행동은 많은 위험을 안고 있다…박씨는 지방교회의 교리를 답습하고 있다."

Lee의 이단 사상은 계속해서 다른 이단을 파생시키고 있다.

재판에서 승소한 지방교회

1970년대 후반, 성경출판으로 유명한 토마스넬슨(Thomas Nelson)사는 Lee의 신앙관을 오해하여 비판하는 한 권의 책을 출판한 적이 있었다. 그러나 지방교회 측의 강력한 항의로 토마스넬슨사는 지방교회를 이단으로 정죄한 것을 공식사과하고 문제의 책을 미국 내 전 서점에서 회수한다는 광고를 83년 4월 10일자 미국 내 18개 주요 일간지에 게재한 바 있다(이승원, 1999, p. 60). 한편 1982년에 발행한 기독교 월간잡지(H사) 창간호는 "워치만 니와 지방교회는 이단인가?"라는 제목으로 미국에서 재판 중에 있던 문제의 책자인 *The God-Men*(하나님-사람들)과 *Mind Benders*를 번역 게재하여 특종으로 낸 바가 있다. 그 후 지방교회 측은 저자 닐 더디(Neil Duddy)를 상대로 캘리포니아주 상급법원에 정식재판을 하게 됐다. 5년간 오랜 재판 결과 1985년 지방교회 측이 승소하여 재판부는 원고인 지방교회 측에게 1,190만 달러를 지불하도록 판결했다. 그러나 피고인 IVP와 닐 더디(Neil Duddy)는 파산신청을 하여 책임을 회피하였고 지방교회는 이단 논쟁에서 벗어나게 되었다(교회성장신문, 2009, p. 98).

재판에서 패소한 지방교회

지방교회는 미국의 유명한 복음주의 지도자들인 존 앵커버그와 존 웰든 및 하비스트 하우스(Harvest House)를 상대로 제기한 1,650억 원 규모의 소송에서 완전하고 참담한 패배를 맛보았다. 물론 패소한 측에서는 아쉬움이 있겠지만 미국의 최고 법정들에서 치열하게 세 번 싸워 세 번 모두 완패했으면 깨끗하게 패배를 인정하는 것이 정정당당한 자세이다. 게다가 판정을 내린 사람들이 다름 아닌 미국의 최고 법정의 최상의 베테랑 법관들이 아닌가! 텍사스주 항소법원 (한국의 고등법원에 해당됨)과 텍사스주 대법원 및 미국 연방대법원의 판사들은 법률적 지식과 판단력에 있어서 지방교회 사람들이나 그들의 옹호자들과 가히 비교될 수 없다. 소송과 관련된 지방교회의 일방적인 또한 시시콜콜한 이야기들을 액면 그대로 다 받아들이는 것은 어리석고 쓸모없는 일이다. 법정은 피고측의 손을 들어주면서, '종교적인' 논쟁을 판결하지 않는다고 선언했다. 미국의 최고 법관들은 수년간 양측의 모든 주장을 충분히 다 듣고 난 후에 지방교회에게 패소를 언도한 것이다.

지방교회와 기존 교회를 대표하는 저자들 사이에 수차례 재판이 오간 것은 널리 알려진 사실이다. 그러나 세상 법정은 어느 집단의 이단성 여부를 판결하지 않는다. 정통과 이단을 판별하는 것은 기독교 교단총회이다.

1996년 이후 최근까지 지방교회측은 이단 전문가 최삼경 목사, 이인규 권사, 그리고 김홍기 목사와 『교회와 신앙』을 통해 공개 진리 토론을 벌인 바 있다. 지방교회 측에서는 자기들이 토론에서 승리했다고 주장할지 모르지만, 정통교회를 대표하는 이단 전문가들의 진리 주장을 거짓 교리가 이길 수가 없었다. 따라서 예수교장로회 고신(1991), 통합(1991), 합신, 합동은 지방교회를

(1) 신인합일주의를 가르친다.
(2) 양태론을 가르친다.
(3) 예수님의 인성에 변화가 있다고 본다.
(4) 삼분설에 근거해 사람의 영이 타락하지 않았다고 한다.
(5) 기성교회를 그리스도가 없는 바벨론 음녀라고 한다는 이유로 이단으로 규정한 바 있다.

미국 내에서 지방교회의 교리를 놓고 교리 논쟁과 법리 논쟁이 있었던 것은 이미 널리 알려져 있다. 이단연구가 행크 해네그래프(Hank Hanegraaff) (CRI)와 그레첸 파산티노 코번(Gretchen Passantino Coburn), 그리고 세 명의 Fuller 신학대학 교수들이 지방교회의 가르침과 그 회원들의 행실은 모든 본질적인 면에서 참된 역사적, 성경적 그리스도인의 신앙을 나타낸다"고 선언했다(2006년). (지방교회는 Fuller 신학교 리처드 마우 총장이 지방교회를 이단이 아니라고 했다고 대대적으로 선전을 했다. 그러나 리처드 마우는 몰몬교가 이단이 아니라고 말한 적도 있고, 이제는 힌두교

와 불교도 예수를 영접하지 않고 천국에 갈 수 있다고 주장한다).

2009년, CRI(Christian Research Institute: 크리스천연구소)는 70여 명의 세계의 복음주의 지도자들이 지방교회에 보낸 공개 항의서(An Open Letter To the Leadership of Living Stream Ministry and the "Local Churches")를 조목조목 비판하고 지방교회를 철저하게 옹호한 글(We Were Wrong: 우리가 틀렸었다)을 발표했다. 이에 대해 현존하는 최고의 조직신학자이며 변증학자로 알려져 있는 노먼 가이슬러(Norman Geisler) 박사와 론 로즈(Ron Rhodes) 박사는 70여 명의 복음주의 지도자들을 대표하여 CRI의 입장을 철저하게 반박한 글(A Response to the Christian Research Journal's Recent Defense of the "Local Church" Movement)을 발표하게 된다.

가이슬러, 웨신 하우스, 고든 루이스, 론 로즈, 바이스너, 제임스 화이트 등 7개국의 60명이 넘는 복음주의 기독교학자들이 Lee의 비정통적인 진술들을 철회하도록 요청하는 전례 없는 공개서한에 서명했던 것이다. 행크 해네그래프 등 지방교회를 옹호한 글(We Were Wrong)을 철저히 반박했다.

2019년 7월 서거한 가이슬러(2008) 박사는 지방교회 측을 변호한 CRI측에 대해 장문의 반박문을 보내고 다음과 같이 실망감을 드러냈다.

CRI는 저렇게 일탈한, 회개할 줄 모르는 단체를 '견고하게 정통적'이며 많은 점에서 '본이 되는 그리스도인 단체'라고 말하면서 [지방교회를] 거의 전면적으로 정당화시키는 일을 재고할 필요가 있다. 실로 그들의 모든 노력은 자기 고백(self-confession)이라기보다는 자기 정당화(self-justification)인 것이다. 나의 친구들이자 그렇지 않았다면 좋은 이단 대항 연구가들(엘리엇 밀러와 그레첸 파산티노 콜번)이 자신들이 한때는 비정통적이라고 믿었던, 그리고 대부분의 이단 대항 학자들(most countercult scholars)이 여전히 그렇게 [비정통적인 것으로] 믿고 있는 한 무리를 과도하게 방어하는 일에 그들의 훌륭한 재능들을 사용하도록 어떻게 설득이 되었는지를 설명해야 하는 수수께끼가 여전히 우리에게 남겨져 있다. 게다가 우리는 이 나라[미국]의 이단 대항 단체들 중 가장 유명한 단체 하나가 이 일탈한(aberrant) 또한 이단적인(cultic) 단체를 거의 절대적으로 정당화하는 작업을 하면서 그 단체의 이전의 높은 신뢰성을 희생시킬 수 있음을 지켜보며 매우 실망하고 있다.

지방교회의 이단성을 지적하는 신학자들이 더 많다

미주의 대부분의 신학자들은 지방교회의 이단성을 지적한다. 2007년 달라스(Dallas) 신학교의 대럴 복(Darrell Bock); 덴버(Denver) 신학교의 명예교수 고든 루이스(Gordon Lewis), 사우스웨스턴(Southwestern)

침례신학교의 페이지 패터슨(Paige Patterson) 전 총장; 그리고 웨스턴(Western) 신학교의 전 총장 얼 라드마허(Earl Radmacher) 등 60명의 복음주의 지도자들은 지방교회 측에 Lee의 논쟁을 불러일으키고 있는 교리들을 철회하라고 요구하는 공개서한을 발표한 적이 있었다.

지방교회는 기독교 자체를 처음부터 끝까지 부정하면서 자신의 정체를 숨기고 복음주의 단체로 위장한다는 점에서 다른 이단들보다 더 사특하고 위험하다. 우리나라에서도 친(親)이단 성향의 인사들 중에 예○○, 강춘○, 김경○ 등이 지방교회 집회나 세미나에 참석하여 축사와 격려사를 해준 적이 있다. 이들 친이단적 인사들은 안식교와 같은 다른 이단들에 대해서도 비슷한(우호적) 태도를 보이고 있다.

지방교회는 미국에서 있었던 명예훼손 소송을 이용하여 "미국의 어느 출판사가 자신을 이단이라고 발표하였다가 명예훼손으로 벌금을 냈다"고 선전한 적이 있다. 그러나 앞서 말한 것처럼 세상 법정은 어느 단체나 교회가 이단인가 아닌가를 판결하지 않는다.

또한 저명한 이단 전문가 노먼 가이슬러(Norman Geisler)와 론 로즈(Ron Rhodes)는 Lee의 삼일 하나님 교리와 신인합일설 등의 교리가 이단 사상에 해당한다며 지방교회의 이단적 교리를 수정, 철회할 것을 공개적으로 요구한 바 있다. 지방교회 지도자들은 "지적해 주면 고치겠다"고 기자회견을 한 적도 있지만, 지금까지도 지방교회측은 만족스러운 답변을 제시하지 않고 있으며 자신들은 이단이 아니라고 항변하고 있다.

"이단들이 고칠 생각은 하지 않고 계속 변명하며 명예훼손 소송으로 국법을 악용하는 사례는 결코 이단을 면하는 방법이 아니며 이는 스스로 이단인 것을 자인하는 증거일 뿐이다"(원세호, 2002).

지방교회는 기성교회를 바벨론, 음녀의 교회, 심지어 "천주교는 마귀적이고, 개신교에는 그리스도가 없다"고 표현할 정도로 기성교회에 대해 배타적이고 적대적이며 비판적이다. 이 때문에 기존 교회와의 마찰이 심화되고 있다. 한국에서는 예장통합측이 76차 총회(1991)에서 지방교회의 '신론, 기독론, 인간론, 교회론'에 대하여 연구한 후, "Lee의 사상은 Nee 사상과 함께 한국교회의 많은 이단들(김기동, 권신찬, 이명범, 류광수 등)을 낳게 하는 모태가 되는 명백한 이단이다"라는 결론을 내린 바 있다. 이단전문가 원세호(2002) 목사는 권신찬, 유병언, 이복칠, 박옥수를 Nee의 사상적 제자라고 기술하고 있다. 이 외에도 지방교회의 영향을 받은 사람들 중에는 이현래(대구교회), 오성삼(전 한우리교회), 주종철(서울 주안교회) 등이 있다.

믿음을 위한 싸움(forthetruth.or.kr)은 지방교회 측의 이단 시비에 대한 반론을 펼치는 일종의 변증의 장이다. 이 공간을 통해 지방교회는 그간에 있었던 *God-Man, Mind-benders* 등에 대한 재판 과정을 소개하고 있다. 전문가들의 증언을 통해 자신들의 단체가 정당함을 피력하고 있다.

많은 인터넷 홈페이지를 개설해 두 지도자의 생애와 활동을 소개하고 있고 그들의 교리를 이해하기 쉽게 도표화하여 알리고 있다. 라이프스터디(lifestudy.or.kr)에서는 Lee가 저술한 성경 66권 주석을 쉽게 접근할 수 있도록 유도하고 있다.

이들은 미국과 한국 등에서 '지방교회'라고 알려져 있으나, 중국에서는 '호함파'로 알려져 있다.

중국 중앙 판공청과 국무원 판공청이 지정한 사교명단 중에서 호함파가 제일 첫 자리를 차지하고 있다. 중국 현지에서 호함파와 동방번개를 연구한 고바울 목사(2018)는 다음과 같이 말한다.

> "호함파는 동방번개와 교리상으로 밀접한 관계를 갖고 있는 이단으로 중국교회와 한국교회 나아가서 세계교회에 많은 피해를 끼친 이단이다. 상수주를 교주로 하는 호함파의 사상을 종합하여 볼 때 신학적 오류가 심각하며, 성경의 자의적 해석이 지극히 왜곡되어 있는 이단인 것이 분명하다."

2. 지방교회의 교리:
   지방교회는 무엇을 믿는가?

　성경은 기독교의 유일하고 완전하고 최종적인 무오의 계시의 하나님의 말씀으로서 신앙과 행위의 기준이다. 정통과 이단의 차이는 성경의 권위를 인정하지 않는데 있는 것이 아니다. 이단은 성경을 억지와 임의로 사사로이 해석하면서 발생하는 것이다. 지방교회는 Nee와 Lee에 의해 해석된 기독교라 할 수 있다.

　기독교 신학의 주요 주제는 하나님(신론), 인간과 창조된 우주(인간론), 예수님과 구원(기독론), 성령과 그의 사역(성령론), 그리스도의 제자들이 교제를 나누는 교회(교회론), 종말 혹은 하나님의 창조계획의 완성(종말론)을 다루고 있다. Nee의 인간론, 특히 삼분설은 다음과 같은 지방교회의 기본적 교리에 유기적 영향을 미쳤다. 특히 양태론적 신론(삼일하나님론), 신인합일설, 인간론(삼분설), 죄론, 구원론, 교회론, 종말론에 두루 영향을 미치고 있다. 지방교회의 교리는 모두 Nee와 Lee의 개인적 주장과 독자적인 성경해석에 의존하고 있다고 할 수 있다(벧후 3:16).

　1970년대부터 생명의말씀사를 통해 번역 소개된 Nee의 책자들은 성경 진리를 기초로 하되 대부분 자신이 주님께 직접 받은 계시와 주관적 체험을 다루고 있어, '신령한 생활'을 추구하는 그리스도인들 사이에 큰 공명을 일으켰다. 그러나 그 당시 Nee의 책을 읽는 독자층은 일정 범위 내로 제한되어 있었다고 할 수 있다.

한국복음서원은 1974년에 세워진 지방교회 대표 출판사로 하나님의 경륜, 생명 되신 그리스도, 지방 입장, 교회, 새 예루살렘 등의 주제를 담은 Nee와 Lee의 책자들을 대량으로 번역 소개하고 있다. 인터넷 홈페이지 한국복음서원(kgbr.co.kr)에는 "성경에 대한 탁월한 이해와 풍성한 사역의 말씀으로 전 세계 그리스도인들에게 크나큰 영향을 미쳐온 Nee와 Lee의 저서들을 전문적으로 출판하고 있다"고 홍보하고 있다. 전 세계 그리스도인들에게 광범위한 영향력을 미친 저술가, 성경연구가, 선견자, 사역자로 이 두 사람을 홍보하고 있다.

지방교회는 Nee에 의해서 시작되었지만, 오늘날 지방교회의 이단성은 대부분이 그의 주장이나 사상이 아니다. Nee의 사상이나 가르침만을 가지고는 그 이단성을 규명하기 어려운 것이 사실이다. 많은 이들은 Nee의 가르침에 신학적 오류가 있었지만 그를 이단으로 평가하지는 않는다. 오히려 그의 후계자를 자처하는 Lee의 주장에서 뚜렷한 이단성이 발견되고 있다(심창섭 외, 1997).

지방교회의 두 지도자는 체계적인 신학교육을 받은 적이 없다. 역사신학, 조직신학, 성서해석학 등을 배운 적이 없다. Nee와 Lee는 부자 관계와 같이 마음과 뜻이 같았다고 전해지며, Nee에게도 교회론, 인간론,

구원론 등에서 심각한 신학적 오류가 발견된다고 교회 역사가들은 지적하고 있다.

Nee는 "하나님의 모든 진리는 성경에 묻혀 있고 사람들에게 감추어져 있다. 그 진리는 때에 따라 새롭게 발견되어야 한다."라고 말했다. 이러한 가르침은 그의 추종자들로 하여금 지나치게 성경을 영해하게 만든 원인이 되었다. 새롭게 발견되는 진리를 실천할 때 그것을 '하나님의 회복'이라고 가르쳤다.

특히 Nee는 인간을 영과 혼과 몸(육)으로 분리시켜 영에는 하나님이 거하고, 육에는 사단이 거하며, 혼에는 인격이 거한다는 장소적인 삼분설을 주장하였기에 지방교회는 구원파와 베뢰아, 다락방 등 다른 많은 이단을 만들어내는 촉매제 역할을 했다.

Nee를 통해서 (현재의) 지방교회를 보면 지방교회의 실상이 제대로 보이지 않는다. 지방교회의 실상을 제대로 파악하려면 그들의 현재의 적나라한 모습을 봐야 한다. 그러면 지방교회의 적나라한 모습을 어디에서 찾아볼 수 있는가? 그것은 지방교회의 현재의 말과 행동, 특히 그들이 그들의 비판자들과 더불어 치열한 토론을 할 때 가장 잘 드러난다(김홍기, 2017).

『현대종교』는 2018년 11월호에서 다음과 같이 보도한다.

> "Lee(이상수)는 기독교 교리를 왜곡해 '그리스도는 나요 나 또한 그리스도다'라고 칭했다. 성경에서 '주의 이름으로 기도합니다'를

호함이라고 바꾸었고, 집회 중에는 신도들에게 상수주(常受主)를 크게 외치게 한다. 그 조직의 간부들은 공개적으로 당과 정부를 공격하면서 '교회를 조직하여 공산당과 정부에 끝까지 대항하자' 고 외쳤다"

지방교회의 모든 교리와 사상은 Nee와 Lee의 개인적인 견해와 사상을 절대적으로 추종하고 있으며 그들을 '사도'라고 부른다(지방교회 내에서는 위트니스 리를 Brother Lee라고 부른다). 그들은 대외적으로 말할 때 성경대로 따른다고 하지만, 막상 Lee의 개인적 주장을 그대로 따르고 있을 뿐이다. Lee가 Nee의 가르침을 다르게 변질시킨 것은 사실이지만, 문제는 Nee 또한 교회론과 인간론, 구원론 등에서 심각한 이단성의 문제가 발견되고 있는 것도 사실이다(이인규, 2017).

호함파(呼喊派: 후한파)의 Lee는 원래 Nee와 '작은 무리 운동'에서 동역했다. 그러나 80년대 하은걸(何恩杰)을 통하여 상수主(주)라고 불리우게 되었다. 하은걸은 83년에 사형당했다. 상수주교 호함파는 그 당시 50만의 신도로 성장했다. 그들은 집회에서 큰소리로 외치는 것으로 인해 호함파라는 이름을 갖게 되었다. 호함파의 판단기준은

(1) 주 예수님의 이름을 부르는 것이고,
(2) Lee의 서적을 읽는 것이다(지방교회 측에서는 호함파가 자신들과 하등의 관계가 없다고 주장하고 있다).

상수주파(常受主派)는 무엇을 믿는가?

삼위일체를 부정하며 Lee(이상수)를 구주로 주장하며, 천국은 없으며 그들의 교회가 천국이라 주장한다. 예수 그리스도를 피조물로 인정하며, 성경의 계시는 이미 지나간 과거사로 인정한다. 수많은 가정을 파괴하는 사교로 지목되고 있는 창시자 조유산(趙維山)과 여 그리스도 양향빈(楊向彬)의 동방번개파가 바로 호함파에서 파생된 것으로 보고되고 있다(고바울, 2017).

지방교회는 2007년 〈결정성경〉이라는 이름으로 한국어 회복역(Recovery Version) 신약성경을 출간했다. 한국 지방교회 대표 이희득(2007)은 다음과 같이 주장한다.

> "마르틴 루터가 독일어로 성경을 번역한 이래 주님께서는 점진적으로 더 많은 빛과 진리를 회복해 왔다. '신약성경 회복역'이라고 명명한 것은 바로 이 본문과 각주가 이러한 진리들과 체험들의 대부분을 결정화(結晶化)했기 때문이다"

지방교회는 "성경 말씀을 기도와 섞어서 읽는다"(pray-reading), 예언을 "신언(prophesying: 주일 날 모든 성도들이 하나님의 말씀을 말해내는 것)한다"고 하며, 목사(pastor)를 '목자'(shepherd)라고 번역하여 부르며, 기도, 헌금 등을 실행한다, 예배는 주일 대예배만 있고, 이때 전 신도가 참석한다. 주중에 여러 형태의 집회가 행해지고 있다. 문제는 이들이 성경을 영해하고 체험을 성경보다 중시한다는 것이다.

> "오늘날 우리는 영 안에서 새로운 것으로 산 주님을 섬기는 것이지 기록된 성경의 낡은 것을 따르는 것이 아니다…내 안에는 나의 영이라고 불리우는 것이 있다는 것을 아무도 말해주지 않았다. 그러나 수년 후에 나는 체험을 통하여 은혜가 나의 영과 함께 있음을 배웠다"(Lee, 그리스도냐? 종교냐?).

『조유산과 동방번개의 실체』라는 책을 써 사교 집단 동방번개가 중국의 호함파(지방교회)에서 파생되었음을 폭로한 故 고바울(2017) 목사는 지방교회의 이단적 교리를 다음과 같이 14항목으로 요약해 소개한 바 있다. 고 목사는 중국 현지에서 지방교회를 연구한 조선족 목사였다.

지방교회의 교리는 언뜻 보면 정통인 것 같다. 그러나 자세히 살펴보면 거짓이 너무 많다(유사종교연구회, 1994; 원세호, 2002). 우선 지방교회는 우리가 소유한 성경이 아닌 '회복역'(Recovery Version)이라는 경전을 가지고 있다. 마치 여호와의 증인이 '신세계역'(New World Translation)을 이용하듯이 지방교회는 이미 자신들의 교리와 주장에 맞게 성경도 번역하여 사용하고 있다. 이들은 1992년 '새 복음찬송'을 발행하여 정통 기독교와 다른 찬송가를 부르고 있다(150곡 중 107곡은 낯선 가사로 되어있다).

1. 삼일 하나님론은 기성교회가 정죄한 양태론적 표현이다. 하나님의 세 인격이 하나의 영으로 한 영 안에 있는 삼일 하나님(Triune God)이 되었다고 한다. "삼위일체의 삼위는 하나님의 경륜의 과정에서 세 가지 연속적인 단계가 된다."

2. 하나님은 아버지였는데 아들이 되었다가 성령이 되었다. 성령이 교회가 되어가고 있다. 성령이 교회가 되어가고 있다면서 신인합일사상을 강조하고 있다. 하나님이 사람을 창조한 목적이 하나님 자신을 사람 속에 넣어서 사람과 연합하여 하나님과 같이 되게 하기 위해서였다고 한다. 하나님 자신을 대량으로 생산할 것을 계획하시고 자신을 제품으로 생산하는 것이라고 한다(하나님의 경륜, p. 10).

지방교회는 하나님과 사람의 혼합, 연합을 주장한다. 그런데 '하나님과 사람이 혼합된다, 하나된다, 섞여진다' 등의 표현과 이것이 성령인지 사람의 영인지 말하기 어렵다 등의 표현은 참으로 놀라운 말이다. 이러한 말은 사람이 반신반인의 존재가 되었거나 하나님의 일부가 되었다는 말이다. 이것은 성도의 신격화를 말하는 것이다.

3. 하나님의 독생자에게는 신성만 있고 하나님의 아들로 인정된 인성이 없었다. 그러나 부활함으로 예수는 신성과 인성을 다 지닌 하나님의 맏아들이 되었다(그러나 성경은 그리스도께서 완전한 신성과 인성을 지닌 거룩한 분임을 말한다: 빌 2:5-7; 마 17:5).

4. "사단의 화신인 죄를 멸하신 예수님을 영으로 모시고 살기 때문에

I부 지방교회의 역사와 현황

회개할 필요를 느끼지 않는다"고 함으로써 도덕폐기론적 사상을 주장한다. 하나님의 형상과 모양으로 창조된 인간은 하나님의 외향과 내형이라면서 하나님은 인간과 똑같다고 해석하고 신인합일 사상으로 신자의 신격화를 주장한다.

5. Lee는 신학교나 신학대학교에 가서 성경을 연구하거나 종교적인 교육을 받아야 한다고 생각하지 말라고 한다(이것은 폐쇄적인 '형제교회'의 입장과 일치한다: 형제교회는 신학을 공부하는 것은 영적으로 타락하는 길이라고 믿고 있다).

"우리는 우리가 받은 자양분으로 그의 양들을 칠 수 있다. 이것은 절대적으로 종교와 관계없다. 신학교나 신학대학에 가서 성경을 연구하거나 종교교육을 받아야 한다고 생각지 말라. 신약의 경륜에 있어서 주님에 대한 봉사는 지식이나 교육에 속한 것이 아니다"(그리스도냐, 종교냐?).

6. 그리스도는 하나님의 화신이며, 죄는 사탄의 화신이며, 또는 사탄이 구체적으로 표현된 것으로 본다. 원죄(타락)는 사탄과 영합한 것이다. 인간의 타락은 불순종이 원인이 아니다. 아담이 사탄을 몸 안에 받아들였기 때문에 타락이 왔다고 한다. 몸이 사탄의 거처가 되어 심히 부패한 육이 되었다고 한다. 이 사상은 Lee의 이단 사상의 출발점이라 할 수 있다.

7. 거듭나는 것은 신인이 되는 것, 하나님 자신과 우리의 영이 혼합되는 것이다. 삼중 구원 즉, 영 안에서는 구원을 받았으며, 혼 안에서

는 구원을 받고 있으며, 몸 안에서는 구원을 받을 것을 주장한다. 육은 악하고, 혼은 하나님을 거부하며, 영은 선하다고 한다. 인간 삼분설을 주장하면서 삼위일체 하나님의 형상은 인간 삼위일체(영, 혼, 몸)에 있다고 주장한다. 하나님은 성전의 지성소와 같은 인간의 영 안에 계신다고 주장한다. 영, 혼, 몸 삼분설을 취하면서 인간의 타락은 육적인 것으로만 이해하고 영은 타락하지 않았다고 하여 전인격적인 타락을 부정한다. "범죄하는 영은 죽을지라"(겔 18:20)는 성경 말씀과 다르다.

8. 천주교처럼 여자는 머리에 수건을 써야 한다고 가르친다.
9. 지방교회는 사람이 타락한 것과 꼭 같은 방법으로 구원을 받는다고 한다. 인간은 사탄이 그와 영합했을 때 타락했고, 하나님이 먼저 예수 안에서 그리고 그리스도인이 되는 각 사람 안에서 자신을 영합시켰을 때 구원받았다고 한다. 따라서 이 교리는 신자의 신격화로 발전하게 된다. 불신자는 '오 주 예수여'를 세 번 부르면 구원을 받는다고 주장한다. 하나님이 예수님 안에서, 그리스도인 안에서 자신을 영합시켰을 때 구원을 받는다고 한다.
10. 천당은 북극에 있다고 주장한다.
11. 인간 삼분설을 주장한다. 사람이 세 부분, 영과 혼과 몸으로 되어 있다고 가르친다. 이러한 인간관은 헬라철학에서 나온 것이다(살전 5:24; 히 4:12에서 영과 혼과 육에 대하여 말한 것은 사실이나 이것은 사람이 세 부분으로 되었다는 것을 말하는 것이 아니고, 단

순히 전인(entirety)을 염두에 두고 속사람을 강조하기 위하여 혼 혹은 영으로 구성되어 있다는 것이 인간구조에 대한 통상적인 견해이다). 인간의 영은 선하고, 몸과 육은 악한 성향을 지녔다는 이원론을 주장한다.

12. 지방교회만이 유일한 참 교회라고 주장한다. 모든 교파는 종교이며 바벨론 음녀이기에 그곳에서 나오라고 한다. 교파는 죄이며, 교회는 지방적인 것이다. 지방교회 안에 있지 않으면 구원을 받을 수 없다고 가르친다. 모든 조직, 제도, 직분, 규율을 부인하고 필요 없는 것이라고 한다. 성례를 규모 없이 함부로 행한다. 교파는 주님이 헐라고 하는 것이라고 주장한다.

(1) 교파는 성서적인 것이 아니며, 교파의 결과는 부패이다.
(2) 중국교회는 자립하여야 하며 외부의 지배를 받아서는 안 된다.
(3) 중국교회는 성서의 말씀대로 순종하고 사도의 본분으로 돌아와야 한다. 체험을 중시함으로 성경을 경시하고 무시한다. 성경은 연구할 필요가 없다고 한다.

그러면서도 "우리는 천주교 안에, 교파들 안에, 독립된 단체들 안에 피로 씻음 받고 그리스도 안에서 영으로 거듭난 참된 믿는 이들이 많다고 인정하며, 그분들은 주님 안에 있는 형제자매로 믿는다"(이승원, 1999, p. 47)고 하여 기성 교인들을 회유하고 있다.

13. 하나님은 성전의 지성소와 같은 인간의 영 안에 계신다고 주장한다.

14. 생명에는 육신의 생명, 혼 안에는 혼적인 생명, 영 안에는 하나님의 생명이라는 세 종류의 생명이 있다고 한다. 이는 영, 혼, 육 이라는 삼분설에 기초한 육적 구원, 혼적 구원, 영적 구원 등 3중 구원론에 맞춘 것이다.

한국에서는 Lee가 Nee의 사상을 그대로 받아들여 지방교회를 창립한 것처럼 홍보하고 있다. 그러나 Nee의 사상 중에서 인간론과 교회론을 차용했을 뿐 가장 문제가 되는 삼위일체관(삼일 하나님), 기독론, 구원론, '신인합일,' 등은 Lee의 독자적인 주장이다(송요한, 2010).

Nee의 신학적 사고에 영향을 미친 것은 무엇인가? Nee의 신학 사상 형성에 가장 큰 영향을 준 사람은 영국성공회 선교사 마가렛 바버(Miss Margaret Barber)이다. Nee는 바버의 서재에 드나들면서 하나님의 뜻과 영의 세계에 관하여 깊은 인식을 하게 된다. 그는 신학적 틀에서 무엇보다 다비(John Darby)의 세대주의 신학에 영향을 받았다. 따라서 폐쇄적인 형제교회(Brethren)와 케직(Keswick) 사경회의 영향을 받는 것 외에도 C.I. 스코필드(C.I. Scofield), 로버트 영(Robert Young), 사무엘 트레겔스(Samuel Tregelles), T. 오스틴-스팍스(T. Austin-Sparks), F.W. 그랜트(F.W. Grant), 헨리 알포드(Henry Alford), B.F. 웨스콧(B.F. Wescott), J.B. 라이트풋(J.B. Lightfoot)의 저서를 많이 탐독한 것으로 알려져 있다(Roberts, 1980).

Nee는 체계적인 신학을 공부한 적이 없지만, 그의 신학적 사상은 주로 세대주의와 형제교회, 그리고 케직 사경회의 영향을 받아 형성되었음을 알 수 있다. 그에게 주로 영향을 미친 것은 기존 교회를 부정하고 편향된 영성을 추구하는 가운데 은혜를 강조하고 율법준수를 무시하는 세대주의 신학이었음을 주목할 필요가 있다.

　Nee는 복음에 대한 열정으로 말미암아 중국교회에 끼친 공로가 지대하지만, 그의 인간론과 교회론에는 개선해야 할 부분이 적지 않다고 평가된다. 인간 삼분설에 입각해 영과 혼과 몸을 극단적으로 나누어 생각하는 경향이 있는데 이런 사상은 영지주의적일 뿐 아니라 귀신파 이단 형성에 이론을 제공하는 측면이 있다. 성경을 너무 비유적으로 해석하는 것도 단점이다. 또한 교회가 한 도시에 하나씩만 있어야 한다고 하는데 이것은 억지적인 측면이 강하다. 소군파를 통해 교파주의를 배격한다고 하지만 이것도 모순이다.

　우리나라에는 Nee 계통의 지방교회는 없다. 단지 Nee로부터 신학적, 행정적으로 영향을 받았으나 그의 관행으로부터 이탈해서 이단적 사상을 가르치는 Lee의 지방교회가 대만, 홍콩, 미국, 한국 등지에서 문제를 일으키고 있을 뿐이다(송인규, 1990, p. 23). 지방교회는 너무나도 비성경적인 이단설을 주장하고 있다. 신앙이 관념적이고 이론적이다. 그들은 너무나도 교묘하게 정통신앙을 주장하고 영적인 것을 강조하기 때문에 순진한 성도들이 현혹당하고 있는 실정이다.

　이들의 문제점은 양태론적 삼위일체, 사람이 하나님과 같이 된다는 신인합일주의 신화사상, 예수님이 인성으로는 하나님의 아들이 아니었다는 그리스도의 양성의 분리, 자신들만이 유일한 참 교회라는 배타성

등으로 예수교장로회(고신, 1991)와 기독교대한성결교회 등에서 이단성 단체로 규정되었다(정윤석, 2017).

지방교회는 하나님과 그리스도, 인간, 죄, 구원, 교회, 종말 등에 관한 교리에 대하여 역사적인 정통 기독교의 가르침과 거리가 먼 '다른 교훈'(false doctrine: 거짓된 교리)을 가르치고 있다. 지방교회는 교리적으로나 구조적으로 이단적이다(Martin, 1980).

3. 이단(heresy)이란 무엇인가?

종교 심리학적으로 볼 때, 정통신앙, 즉 건강한 신앙은 믿는 성도의 삶에 다섯 가지 좋은 기능을 한다. 건강한 종교는

(1) 삶에 의미와 목적을 제시한다. 어디서 와서 무엇을 위해 살다가 어디로 가는지에 대한 답을 제시한다.

(2) 종교는 사회적 지지를 제공한다. 종교는 소속되고픈 욕구, 포함되고 싶은 욕구를 충족시켜준다. 내세에 대한 확신과 소망을 준다.

(3) 종교는 심리적 성숙과 통합을 증진한다. 자기 이해와 성격 통합, 갈등 해소에 도움을 준다.

(4) 종교는 인생의 고통과 역경에 대한 독특한 대처방법을 제공한다. 공포(고통과 죽음)와 환란에 대처하게 도와준다. 질병과 비극, 사고, 고난은 왜 일어날까? 고통에는 뜻이 있다. 성경은 고통에는 세 가지 의미가 있다고 말한다. 하나님의 영광을 위해서 받는 고난이 있고, 자신의 범죄로 받는 고난이 있으며, 애매한(unfair) 고난, 즉 부당한 고난이 있다.

(5) 건전한 종교는 건강한 생활방식을 제시한다. 일상생활에서 해야

할 것과 하지 말아야 할 것들을 계율의 형태로 제시한다. 술, 담배를 덜 소비하게 한다. 또 건전한 신앙생활을 하는 사람은 매 순간 더 행복하고, 적극적이고, 사교적이며, 활기차고, 참여도도 높다(정동섭, 2016).

정통과 이단을 규정함에 있어서 가장 우선된 기준은 신구약 성경이다. 그 다음은 초대교회 4대 신조이다. 여기에 더하여 종교개혁의 전통을 계승하는가 여부가 이단 규정의 기준이 된다. 이단이란 정통을 전제로 한다. 이단이란 뜻은 "교회사를 통하여 성경적으로 검증되어온 정통 기독교의 교리를 거부하면서, 인위적이며 자의적인 성경해석을 스스로 취하는 단체나 분파"를 말한다(이인규, 2015). 즉 정통에 반하는 주장을 하는 것이 이단이다.

이단(異端)은 문자 그대로 다르거나 틀린 이야기를 하는 사람들이다. 사도들이 세운 교회의 가르침과 다른 거짓 교리를 주장하는 사람들이다(심창섭, 2008).

고린도후서 11:15에 "저런 사람들은 거짓 사도요 궤휼의 역군이니 자기를 그리스도의 사도로 가장하는 자들이니라. 이것이 이상한 일이 아니라 사단도 자기를 광명의 천사로 가장 하나니 그러므로 사단의 일꾼들도 자기를 의의 일꾼으로 가장하는 것이 또한 큰 일이 아니라"고 했다.

이단이란 기독교 진리의 표준인 신구약 성경과 그 성경에 입각한 교회의 전통적인 신앙과 정통교리를 임의로 변형 왜곡시켜서 사도들이

전하지 아니한 다른 예수, 다른 복음을 주장하는 개인과 집단을 의미한다(고후 11: 3-4; 갈 1:6-9; 김득진, 2001). 다시 말해서, 성경과 역사적으로 정립된 정통교리에 위배되는 비정통의 다른 복음을 주장함으로써 신자들을 미혹하는 잘못된 사람이나 집단을 말한다(이단사이비대책위원회, 2015).

이단 또는 사이비종교는 성경의 바른 교훈(sound doctrine)으로부터의 신학적 탈선이다. 기독교의 겉모양은 갖추고 있으나 본질적인 기독교의 정체성과 모순되는 모든 것을 일컫는다. 가정에 역기능적 가정이 있듯이, 이단은 역기능적 교회이다. 기독교의 본질과 상충되는 결함이 있는 기독교의 한 유형이라고 볼 수 있다. 이단이 성립되려면 그 특정한 사상체계를 용납할 수 없다는 판단이 필요하다(맥그래스, 2011).

세계를 보는 눈을 세계관(world view), 준거 틀(frame of reference), 전제(presupposition)라고 한다. 제임스 사이어(James Sire)는 세계관(world view)을 "우리가 우리 세계의 기본구조에 대해 의식적으로 또는 무의식적으로 가지고 있는 일련의 전제(presupposition) 또는 가설(assumption)"이라고 정의했다. 기독교 세계관은 궁극적 실재(하나님)에 대해, 인간에 대해, 구원에 대해, 교회에 대해, 종말과 죽음 후의 세계에 대해 합의된 전제를 가지고 있다.

세계관은 "한 사람이 사물들에 대해 가지고 있는 기본적 신념들(basic beliefs)의 포괄적 틀"(양희송, 2018)이다. 역사적 정통교회는 지방교회가 전통적인 기독교 세계관에 비해 교주 Lee가 근본적으로 다른 세계관을 제시함으로 기존 교회의 세계관으로부터 탈선한 '다른 복음'(different gospel)을 전하는 집단으로 전락한 것으로 평가하고 있다.

우리나라 이단연구와 규정에 모범을 보이고 있는 예수교장로회 통합측(2019)에서는 이단을 다음과 같이 정의한다.

> "이단은 파당을 이루어 기독교 신앙의 기본교리요 일치의 공통분모인 하나님, 예수 그리스도, 성령, 삼위일체, 성경, 교회, 구원, 종말에 대한 신앙 중 어느 하나라도 부인하거나 왜곡하여 가르치는 경우"

'이단'(異端)이란 "교회사를 통하여 성경적으로 검증되어온 정통 기독교의 교리를 거부하면서, 인위적이며 자의적인 성경해석을 스스로 취하는 단체나 분파"로서 "올바른 교리의 표준으로부터의 이탈"이라고 정의할 수 있다. '사이비 이단 종교집단'은 국제적으로 인정받는 종교의 교단총회가 사이비 이단으로 규정한 집단이다(조민음, 2019).

이단연구가 이원열(1991)은 이단을 다음과 같이 소개하고 있다.

> "이단(heresy)은 정통(orthodoxy)의 반대어이다. 또한 정통이 바른 의견의 뜻으로 사도신경에 구현된 모든 신조를 다 또는 문자적으로 수락하는 것임에 반하여, 이단이란 '다른 의견'의 뜻으로 그런 정통주의 신조에 이견(다른 의견)을 다는 것을 가리킨다…기독

교계에서 어느 사람이건, 어느 교파이건 성경에 없는 또는 성경에 어긋나는 내용, 주장, 교리를 가르친다면 이는 이단이다"(pp. 214-215).

미국의 탈봇신학대학원의 교회사 교수인 알란 곰즈(Allan Gomes, 1995)는 이단을 다음과 같이 정의한다.

"기독교의 이단은 자신을 그리스도인이라고 자처하면서, 성경 66권에서 가르치는 그리스도인의 가장 중요한 교리들(central doctrines) 중 하나 혹은 그 이상을 (명백하게 혹은 암시적으로) 부정하는 한 개인 혹은 한 무리의 지도자들 혹은 조직으로부터 배운, 어떤 특별한 교리체계를 신봉한다"(Unmasking the Cults, p. 7).

스위스의 사이비종교 전문가 위고 슈탐(Hugo Stamm, 1997)은 사이비종교를 "전통 교회나 종교에서 분파된 특수공동체 및 영적 착취 집단"이라고 넓은 의미로 정의하고, 좁은 의미의 사이비종교 개념은 "근본주의적이고 독단적으로 성경을 해석하고 그 창시자들을 예언자나 메시아, 또는 하나님의 대변인이나 신의 소식을 받은 사람으로 여기는 운동이나 모임"이라고 보았다.

정통교회는 "성경의 본문은, 문어적인 형태나 고안을 참작하여, 문법적이며 역사적인 석의(釋義)에 의해서 해석되어야 한다는 것과 성경은 성경으로 해석해야 한다"는 데 동의한다. 그러나 이단은 성경을 비유풀이로, 풍유적으로, 억지해석(eisegesis)하는 공통점이 있다.

미국 이단 전문가 월터 마틴(Walter Martin, 1985)은 이단을 다음과 같이 정의한다.

> "특정 지도자의 잘못된 성경해석을 중심으로 형성된 종교집단으로, 하나님이 예수 그리스도 안에서 인간이 되셨다는 사실을 포함한 기독교 신앙의 주요 교리들과 관련해 정통 기독교의 본질적 가르침에서 탈선한 것으로 특징지어지고 있다"(McDowell & Stewart, 1983).

이단은 지도자(교주)의 권위를 절대시하는 경향이 있다. 또한 자기 무리만이 하나님으로부터 새로운 특별한 계시를 받았다고 하거나, 성경해석에 있어서 성령의 특별하고도 절대적인 역사로 말미암아 구원의 참지식이 있다고 주장하는 까닭에 배타적 독선이 있다(나용화, 2016). "저희가 우리에게서 나갔으나 우리에게 속하지 아니하였나니"(요일 2:19). 자기들만이 그리스도 시대 이래로 유일하게 참된 하나님의 집단이라고 자처하며 배타주의를 지향한다(김득진, 2001). 따라서 한국교회의 주요 교단들은 지방교회를 Nee와 Lee의 그릇된 성경해석을 중심으로 정통 기독교의 기본적 교리에서 이탈한 사이비 기독교 집단이라 평가하고 있다.

이단 전문가 박영관 목사(1997)는 이단종파의 본질적 특성을 다음과 같이 요약한 적이 있다.

① 역사적 기독교와 교회 신조로부터 분리되어 유일하게 참된 하나님의 집단이라고 자처한다.
② 이단종파들은 비윤리적이요, 반사회적이다.
③ 이단종파들은 현실도피주의자들이다.
④ 이단종파의 발생모체는 기독교회다.
⑤ 이단종파들의 창시자나 교주, 그리고 조직자들은 대개 20세 전후에 신적인 계시를 받았다고 자처한다.
⑥ 이단종파들은 그들의 정경(正經)을 갖고 있다.
⑦ 이단종파들은 교주를 신격화(神格化)하고 있다.
⑧ 이단종파들은 특수 분야에 매력을 갖고 있다. 이 가운데 어떤 특징이 지방교회에 해당하는지 독자들은 스스로 분별할 수 있을 것이다.

신학자 김영한(1995)은 이단을 "사도적 교회가 믿어온 참 신앙과 정통 교리를 받지 않고 거짓 신앙과 교리를 주장하는 집단"이라고 단언한다.

"본질적인 것에서는 일치를 추구하고, 비본질적인 것에서는 자유를, 다른 모든 것들에서는 자비와 관용을 베풀라"는 말이 있다(Augustine). 기원 후 5세기에 활동했던 빈센티우스(Vincentius)라는 신학자는 이단과 정통을 판가름하는 세 가지 질문을 남겼다.

① 어디서나 그렇게 믿었는가?(Was it believed everywhere?)

② 항상 그렇게 믿었는가?(Was it always believed?)

③ 모든 사람이 그렇게 믿었는가?(Was it believed by everyone?).

진리는 보편타당한 것(universally valid)이다. 초대교회 교부 이레니우스의 말대로 진리는 '항상 모든 사람에 의하여 믿어진 바 된 것'이다.

교회사학자 해럴드 브라운(Harold Brown, 1984)은 이단은 같은 진영 내에서 나타난 반역자들이라고 말한 적이 있다. 신약성경에 멸망케 할 다른 복음을 전하는 이단들은 저주와 심판의 대상으로 등장하고 있다. 바울은 "우리가 너희에게 전한 복음 외 다른 복음을 전하면 저주를 받아 마땅하다"(갈 1:8)고 선언하고 있다.

> "저희가 우리에게서 나갔으나 우리에게 속하지 아니하였나니 만일 우리에게 속하였더면 우리와 함께 거하였으려니와 저희가 나간 것은 다 우리에게 속하지 아니함을 나타내려 함이니라"(요일 2:19).

정통은 온 세계에 널리 퍼져있고 초대교회 이후로 본질적으로 사도들이 전파했던 것과 동일한 복음을 전파하고 있지만, 이단은 지리적으로나 시기적으로 한정되어 있다. Nee와 Lee의 지방교회의 가르침들은 초대교회부터 사도들이 전했던 보편적 가르침에서 어떻게 떠나있는가? 이 책의 목적은 왜 정통교단에서 지방교회를 이단으로 규정했는지, 그 이단성을 밝히는 데 있다.

앞으로 확인하겠지만 지방교회의 신앙고백은 본질적인 면에서 역사적인 정통교회의 보편적인 신앙고백에서 탈선한 것으로 예장 통합이나 고신, 합신과 같은 한국의 주요 교단(1991)은 Lee의 신론, 기독론, 구원론, 인간론을 문제 삼아 지방교회를 이단으로 규정했다. 한편 대부분의 이단연구보고서는 지방교회(회복교회)를 여호와의 증인, 몰몬교, 안식교, 신사도운동, 전능신교와 함께 '외국에서 들어온 이단'에 포함시켜 소개하고 있다(허호익, 2016).

한국의 주요 교단과 미국의 이단전문가들에 의해 이단으로 규정된 지방교회

미국의 이단 문제 전문가 마틴(Martin)과 스팍스(Sparks)는 현대 기존 교회를 어지럽히고 있는 이단 집단 가운데 통일교와 지방교회를 지목하였다(Martin, 1985; Sparks, 1977). 1977년 스팍스가 쓴 *The Mind-Benders*로 인하여 미국 내에 이단 시비가 있었는데, 이 책을 출판했던 토마스넬슨(Thomas Nelson)출판사는 1983년 4월 10일자 〈LA 타임스〉, 〈워싱턴 포스트〉등에 사과 해명 광고를 내고 15만 불 손해배상을 함으로써 법정 소송은 지방교회의 승리로 막을 내렸다.

지방교회에서는 이것을 자신들이 이단이 아님을 입증하는 자료로 사용하기를 좋아한다. 그러나 어떤 종교집단이 이단인가 정통인가를 규정하는 것은 세상 법정에서 수행할 일이 아니다. 이단과 정통을 구분하는 것은 성서신학적 기준이지 민법이나 형법이 아니기 때문이다. 어떤 종교집단이 다른 교훈을 가르치는 이단인지 바른 교훈을 가르치는 정통인지를 분별하는 것은 '하나님의 교회'가 마땅히 담당할 일이다. 초대교회 기간에는 니케아 회의, 콘스탄티노플 회의, 에베소 회의, 칼케돈 회의 등에서 사도신조(Apostles' Creed)를 확인했다.

이단을 규정할 때 신학적 탈선에 초점을 맞추느냐 윤리적 탈선에 초점을 맞추느냐에 의문을 가질 수 있다. 이단 규정은 우선적으로 신학적인 작업이다. 물론 많은 이단들이 비윤리적인 모습을 드러내는 것이 사실이지만, 비윤리적이라는 이유만으로 이단이라 할 수는 없다. 그러나 잘못된 사상은 반드시 비윤리적인 행위로 그 열매가 드러나게 마련이다. 최근 이재록의 만민중앙교회, 정명석의 JMS, 김기동의 베뢰아 성락교회, 유병언의 구원파(기독교복음침례회)가 좋은 사례가 될 것이다. 그 언행이 비윤리적이라면 그 신학적 사상까지도 의심해볼 수 있을 것이다.

우리나라에서는 지방교회가 음성적으로 활동하여 오다가 1980년대 후반에 이르러 기존 정통교회를 정죄하고 배타시하는 그들의 의도를 노골적으로 드러냈다. 적지 않은 기존 교회 성도들이 지방교회에 미혹되어 지방교회의 독특한 행습을 따르고 있다. 배우자가 지방교회에 연루되어 이혼을 거론하는 가정이 부쩍 늘어나고 있다. 사도 바울이 지적한 것처럼, 이단은 말씀을 불순종하고 근거가 없는 헛된 말을 하며, 순진한 성도를 미혹해 가정을 파괴시킨다(딛 1:10-16). 이에 정통교회를 보호하려는 차원에서 대한예수교장로회(통합측) 제76차 총회는 1991년 9월에 지방교회를 이단으로 규정했으며, 대한예수교장로회 고신측에서도 1991년 9월 총회에서 이미 이 집단을 이단으로 규정한 바 있다.

4. 지방교회 지도자들:
"성경적 지적 해준다면 겸손히 따르겠다?"

지방교회 지도자들은 2010년 6월 10일 앰배서더 호텔에서 기자간담회를 통해 이 같은 사실을 밝히는 한편, "한국교회에서 우리에게 개선해야 할 점들을 성경적으로 지적해 주신다면, 우리는 겸손한 마음으로 기꺼이 따를 것"이라고 밝혔다. DCP Korea(한국에 있는 지방교회들 진리의 변호와 확증 위원회)가 개최한 기자간담회에는 미국 지방교회 측에서 다니엘 토무 씨와 크리스 와일드씨 등이 참석했다. 최근 미국 기독교계 내에서는 그간 이단 논란을 겪어왔던 지방교회에 대한 긍정적인 재평가가 잇따르고 있다. CRI, AIA, Fuller 신학대학 등이 그 같은 평가에 동참하고 있다. 미국 내뿐만 아니라 세계적인 권위를 가지고 있는 이들의 평가는 한국교회에도 적지 않은 영향을 미칠 것으로 보인다.

나는 지방교회 측의 이러한 발언에 근거해서 그들의 문제점을 차근차근 성경 진리에 근거해서 지적하고자 한다. 성경적으로 잘못된 것이 있으면 겸손히 배우겠다는 그들의 뜻을 존중하고 싶다. 이를 진심으로 생각하며 오랜 시간 기도하고 연구하면서 글을 쓰게 되었다. 따라서 무조건적 비판과 방어태세로 받아들이지 말고 신학자들이 지적하는 바를 진지하게 점검하고 교정할 수 있기를 기대한다. 교주가 사망한 만큼 지도자들이 결단하면 수정할 수도 있다고 믿는다. 하지만 지방교회의 생리상 교리 수정이 가능할지 의문이 드는 것도 사실이다.

지방교회의 교리에서 이단성은 거의 계시론, 신론, 기독론, 구원론, 교회론, 종말론 등 신학 체계 전반에 걸쳐 드러나고 있지만, 가장 중요한 요점은 신론과 기독론, 인간론, 구원론, 교회론에 있다. 대개 신론에서만 양태론으로 문제가 있는 것으로 알려져 있으나 그렇지 않다. 기독론에서도 인성과 신성을 분리시키는 심각한 이단성을 드러내고 있으며, 또한 인간론에서도(전인설과 이분설 대신) 삼분설을 주장해 영과 혼과 몸 세 개의 장소적인 개념으로 분리시키는 이원론적 인죄론을 주장하고 있다. 먼저 두 지도자가 왜 이런 비성경적 신학을 개발하게 되었는지 그 역사적 배경을 살펴보기로 하자.

이단 전문가 탁지일 교수(2018)는 소위 성공하는 이단 교주들에게는 일정한 특성이 있다고 지적한 적이 있다.

(1) 성경을 보는 눈이 무지해야 성공한다. 정통적인 성경관은 결여되어 있지만, 성경에 대한 문자적 집착과 해석은 아이러니하게도 성경에 대한 창의적인 해석을 가능하게 만든다.

(2) 자신 스스로를 신격화된 존재라고 믿고 받아들이는 자기 세뇌 과정을 거친 이단 교주들이 주로 성공한다. 중국에서는 Lee를 상수주(常受主)라고 부른다.

(3) 성경의 내용을 자의적이고 임의적으로 바꿀 수 있어야 성공한다. 성경의 보편적 가르침을 배타적인 자기중심적 교리로 적절하게 교체해 버린다.
(4) 배신에 능해야 성공한다. 이단 교주들의 후계자들은 대부분 배신의 아이콘들이다. 새롭게 독립한 이단 교주들이, 한때 자신이 따라다니던 '재림 그리스도'를 '침(세)례 요한'으로 폄하하는 현상들을 어렵지 않게 발견할 수 있다.(Lee는 그의 스승 Nee의 가르침을 더욱 부패시킴으로 전임 지도자를 신학적으로 배신하고 있다).
(5) 자신의 자리를 넘보는 남성 2인자들을 적절하게 견제하고 누를 수 있어야 성공한다. 최근 주요 이단들의 후계자가 대부분 여성들인 사실을 보면, 남성 2인자들에 대한 경계심의 결과로도 볼 수 있다.
(6) 돈을 버는 능력이 있어야 성공한다. 이단 교주들에게 경제적 부의 형성은 피할 수 없는 운명이다. 경제적인 능력이 있어야, 교주의 조직에 대한 통제력과 영향력이 효과적으로 발휘될 수 있기 때문이다.
(7) 이단 교주들은 혹세무민의 능력이 있어야 성공한다. 이단 교주들은 자신들이 죽어도 죽은 것이 아니며, 심지어는 죽지 않고 영원히 살 것이라고 주장한다. 안상홍이나 조희성처럼 사망한 이단 교주를 신도들은 여전히 불멸하는 영생불사의 존재로 신격화하기도 한다.

지방교회 교인들에게는 성경보다 Lee의 가르침이 중시되고 있다. 집회에서 신언(prophecy)한다고 하며 누구나 자유로이 이야기하는데, 어느 사람이 성경만 들고 말하고 Lee의 노선으로 말하지 않으면 제지되곤 한다고 한다. Lee의 가르침이 신적 권위를 지니기 때문이다. 성경보다 교주의 경전을 높이 두면 이단이다. 이러한 특징들이 지방교회에서 어떻게 나타나고 있는지 열린 마음으로 살펴보기 바란다.

5. 워치만 니(Nee)와 위트니스 리(Lee)의 신학적 배경

초대교회의 요한 베드로 바울 등은 성경을 기록한 사도들이고, 나무로 말하면 뿌리와 같다. 그러니 그 후에 아무리 탁월한 사역자들이 나온다 해도 그들은 초기 사도적 권위와 동등한 권위를 가질 수 없다. 이것이 분명히 규정되지 않으면 소위 '작은 무리 운동'의 창시자 곧 Nee와 Lee를 사도로 취급하는 이단적 주장이 나올 수 있게 된다.

이미 앞에서 언급한 것처럼 Nee는 큰 틀에서 존 다비(John Darby)의 세대주의 신학과 플리머스 형제단에 영향을 받았다. 다비는 대환난 전에 비밀 휴거가 있을 것을 가르쳤고, 성경에 기록된 하나님의 역사적 경륜은 세대라고 하는 시기들의 연속을 통하여 나타난다고 주장하였는데 그에 의해서 1820년대에 세대주의가 태동하였다(홍치모, 2006).

Nee와 Lee의 문제는 그들이 개혁주의, 언약신학의 전통보다 세대주의 신학을 따르고 있다는 것이고, 따라서 성경해석에서 오류를 범하는 데서 시작되고 있다. 종교개혁자 마틴 루터(Martin Luther: 1483-1546)는 성경의 가장 정확한 주석은 성경이라 하여 원리적인(문법적, 역사적, 신학적) 해석을 주장하였으나, 이단 종교는 대부분 은유적, 비유적인 해석(allegorical interpretation)을 시도하다가 지나쳐서 성경해석의 오류를 범한다(이수환, 2019). 지방교회는 자신들의 신학에 맞춰서 신구약 성경을 회복역이라는 이름으로 재해석하기도 하였다.

세대주의는 세계의 역사를 일곱 세대로 구분하여 각 세대는 단절이 있으며 하나님의 섭리로 움직인다고 주장한다. 세대주의 해석학은 성경을 문자적으로 해석하며 구약의 이스라엘에 관한 예언이 문자적으로 이루어진다고 믿는다. 다비의 형제교회는 당시 부패한 영국성공회에 대한 반발로 시작된 교회인데, 기존 교회를 인정하지 않는 배타성을 두드러진 특징으로 하고 있다.

Nee는 후에 배타적 형제교회와 교제를 단절하였지만, 기존 교회를 배척하는 태도는 세대주의 형제단에 영향을 받은 것이 분명해 보인다. 어쨌든 Nee가 시작한 지방교회는 현재 한국에서 Nee의 자취보다는 그의 가까운 동역자였던 Lee의 가르침이 주류를 이루고, 그들은 일반교회로 말하면 Nee를 원로목사로, Lee를 담임 목사로 하여 나아가는 모양새다. Lee가 그의 저술을 통해 한국 정통교회에 끼친 교리적 영향은 지대하다. 그래서 우리는 이 책에서 지방교회의 이단성을 말함에 있어 두 인물의 교리를 함께 고찰하되 Lee 쪽에 더 비중을 두었다.

Nee는 20세기 교회사에 특별한 자리를 차지하고 있다. 하나의 중국인 전도자이며, 교회개척자, 설교자, 신학자, 그리고 저술가로서 그는 중국 복음주의 운동의 역사에 유례를 찾아보기 어려운 인물로 지목되고 있다(King, 1986). Nee의 가르침에 문제점이 포함되어 있는 것이 사실이지만, Nee는 거짓 선생이 아니다(송인규, 1990). 심창섭 교수와 함께 『기독교의 이단들』을 집필한 김도빈(1997) 목사는 "Nee의 사상이나 가르침만을 가지고는 그 이단성을 규명하기가 어려운 것이 사실이다. 오히려 그 후계자를 자처하는 Lee와 그 아류들의 주장에서 뚜렷한 이단성이 발견되는 것이다"라고 쓰고 있다.

Lee는 다른 이단들처럼 성경을 비유적, 우화적으로 해석하기를 좋아한다.

> "가라지들은 거짓 그리스도인들을 의미한다. 큰 나무는 오늘날의 기독교계를 의미한다. 누룩은 이교도의 모든 관습, 세상적인 것, 죄 있는 것, 우상숭배를 의미한다. 여자는 로마 천주교, 심지어 기독교계까지도 의미하며, 악한 자는 사단 자신이다"(『왕국』, p. 265).

많은 악한 영들이 오늘날 기독교계 안에 깃들이고 있다. 가지들은 귀신들의 깃들이는 곳이 되었다. 이것은 우리에게 단지 교리가 되어서는 안 되며, 우리는 이것을 실질적으로 적용해야 한다(p. 256).

"창세로부터 종말까지 진리는 언제나 열려있지만 믿지 않는 자들에게는 감추어져 있을 뿐이다." "새로운 진리를 발견해야 한다"는 Nee의 가르침은 그의 추종자들로 하여금 지나치게 성경을 영해하게 만든 원인이 되었고, 그것이 오늘날 지방교회의 대부분의 이단적 교리를 만들어낸 배경이 되었다(심창섭 외, 1997).

지방교회 내부 가르침을 들어보면 사도는 50-100년에 한 번씩 나온다고 말한다. 그리고 현재는 Lee 형제가 사도이며 모두가 그의 학교를 다녔기에 다른 말을 하지 말고 그의 말을 말하고 전해야 한다고 했다. 그들은 바울같이 성경을 기록한 사도와 그 후의 사도를 명확히 구분하지 않았다. 그들은 루터와 칼빈과 귀용 여사, 웨슬리, 다비, Nee 등을 바울 이후의 시대적인 사도들로 분류하고 Lee를 마지막에 놓고 그를 마지막 계시를 완성한 자처럼 말했다. 그러기에 그들은 이 시대의 사도들인 Nee나 Lee를 'two W'라고 말했다. 또 Nee는 성경의 계시에 있어서 선견자이고, Lee는 계시의 건축자이고 모든 지방교회 신도들, 곧 따르는 자들은 그 완성된 계시를 다만 수행하는 자들이라고 외쳤다.

독자들이 주지하는 바와 같이 Nee는 소군교회(작은 무리들)라고 불리던 지방교회의 창시자였다. Nee에 대해서는 앞에서 이미 소개한 바 있다. 여기서는 지방교회의 교주라 할 수 있는 Lee에 대해 살펴보기로 하자.

Lee(위트니스 리: 李常受)는 누구인가? Lee는 1905년 중국 치프에서 출생하여 미국인 남침례회 선교사가 세운 초등학교에서 교육을 받았다. 1925년에 왕패진이라는 자매가 인도하는 집회 설교를 듣고 '구원'을 받았고 미국 장로교도들이 세운 영어로 교육하는 학교를 졸업했다. 첫째 부인과 사별 후 리 바오이(Li Baoyi)와 재혼했고 두 부인 사이에 8명의 자녀를 둔 것으로 알려졌다.

Lee는 치프의 형제회에 7년 반 동안 매주 다섯 번 그들의 집회에 출석하는 형제회 회원이었다. 그래서 Lee는 "과거에 나는 형제회에 많은 영향을 받았다. 형제회는 말씀을 쪼개는 데 아주 뛰어났다"는 극찬을 아끼지 않았다. Lee는 Nee의 요청에 따라 1946년에 중국 푸초로 가서 Nee와 합류해 20년 이상 동역했으며, 전기작가들의 주장과 같이, 동작이나 표현방식, 사용하는 용어들, 억양과 말하는 속도 등 모든 면에 Nee와 똑같았다. Lee는 Nee의 분신과도 같았다(이영호, 2016).

Lee 역시 이렇게 말했다.

> "나는 Nee 형제님을 따르기 위해 모든 것을 철저히 내려놓았다. 무엇이든 그가 말하는 것을 나도 말했고, 그가 가르치는 것을 나도 가르쳤으며, 그가 전하는 것을 나도 전했다. 나는 100% 그와의 동역 안에 있었다…그는 나의 교수였고, 나는 그의 학생이었다"

Lee가 Nee의 영도로 여러 교회에서 일하는 동안, 그는 교회 서열을 타고 올라와 마침내 상해와 필리핀, 그리고 대만을 담당하는 대표사역자가 되었다.

중국 본토가 공산화되면서, Lee는 57세가 되는 1962년에 미국 L.A.로 건너가 지방교회를 개척했다. 얼마 되지 않아 스티븐 강(Stephen

Kaung)과 갈등을 겪으면서 분열의 위기를 맞았다.

Lee는 형제교회 출신의 지도자 존 다비(John Darby)의 '그리스도와의 연합'이라는 체험 사상과 유사한 '신인합일의 거룩한 분배론'을 1980년부터 설파하다가, 1984년(79세)부터 '하나님의 경륜'을 설파하고, 1994(89세)년부터 1997(92세)년 사망할 때까지 약 4년간 신인합일의 결정론인 '신적 계시의 최고봉'(일명 이상의 최고봉)을 설파하다가 타계했다.

Lee의 성경해석

Lee의 성경해석은 주관적 경향이 많으며 매우 단정적이다. 자신의 해석 외에는 다 틀렸고 오류라는 식이다. 칼빈의 말처럼 성경해석자나 말씀의 종들은 성경의 제자 (a disciple of Scripture)가 먼저 되어야 한다. 제자의 태도는 모든 면에서 매우 조심하고 배우는 자세로 충만해야 한다. 성경의 선생처럼 가르쳐서는 안 된다는 뜻이고, 성경의 위에서 군림하는 자세로 가르쳐서는 안 되며, 더더욱 성경 말씀을 유린하는 자세는 매우 악한 것이다.

Lee는 자신이 쓴 책에서 '성경해석의 10가지 원리'를 밝히고 있다. 그 첫 번째가 "가능한 한 글자 그대로 해석해야 한다." 그는 이어서 "예언이나 비유를 글자 그대로 해석하는 것이 너무 터무니없고 부적절할 때에만 그것들을 영적으로 해석할 수 있다"(『성경을 해석하는 원리』, 1991)

라고 주장한다. Lee는 성경을 해석함에 있어서 한 방향으로 성경을 뚫기 시작해서 그 뒤를 같은 방향으로 통일시키는 특징이 있다. 자의적이고 매우 주관적이라는 뜻이다. 다른 세대주의 이단과 마찬가지로 마태복음 24:32의 '무화과나무'를 이스라엘이라고 해석해 1948년 이스라엘이 독립한 것으로 해석한다(『진리변증』, p. 103). 요한계시록 1장의 상징(sign)이라는 말을 가지고 요한계시록은 모두 상징으로 주어진 것이니 새 예루살렘도 물질적인 것이 없는 영적 상징물로 해석했다. 물론 성경을 상징으로 해석해야 하는 부분이 있으나 그것도 전체 성경의 흐름과 본문의 문맥을 따라 조심스럽게 해야 한다. 성경 유비, 곧 성경은 성경으로 해석한다는 대원칙을 잊어서는 안 되는 것이다.

계시록도 상징으로 해석할 부분은 마땅히 그러해야 한다고 본다. 그러나 그의 계시록 해석은 여러 면에서 문제를 야기한다. Lee의 해석에 의하면 결국 성도들의 영원한 소망인 새 예루살렘도 문자적 실체가 없는 영적 상징물이 된다. 즉 새 예루살렘은 그의 영적 해석을 위한 존재일 뿐이다. 성도들의 영원한 본향, 소망을 무로 만들어버린 것이다. 그럼 부활한 성도들의 몸도 추상적인 존재일 뿐이라는 말인가? 하나님과의 관계의 회복과 하나님과 사람의 영원한 거처요 장막이 그저 영적인 존재일 뿐이고 아무것도 없는 것이란 말인가? 첫 열매로 부활하신 주님을 보면 분명 만져볼 수 있는 몸을 가지셨고 음식을 드시기도 하셨다(영은 살과 뼈가 없으되 나는 있느니라, 눅 24:39, 42-43). 그럼에도 성도들의 영원한 거처는 아무것도 없는 것인가? 그냥 성도들은 장래 영으로 변화되어 영이신 하나님 안에 존재한다고 말하려는 것인가?

Lee의 성경해석을 보면, 알레고리적인 해석이 너무나 많다. 여느 이단들과 마찬가지로 성경을 근거로 하여 교리를 만든 것이 아니라, 교리를 먼저 만들어놓고 성경을 짜깁기를 하여 교리에 맞추기를 하고 있기 때문이다. Lee는 성경해석의 원리를 제대로 배운 적이 없기 때문에 억지해석(eisegesis)를 하고 있는 것이다.

예를 들어, Lee의 주장을 들어보자.

"가라지들은 거짓 그리스도인들을 의미한다. 큰 나무는 오늘날의 기독교계를 의미한다. 누룩은 이교도의 모든 관습, 세상적인 것, 죄 있는 것, 우상숭배를 의미한다. 여자는 로마 천주교, 심지어 기독교계까지도 의미하며, 악한 자는 사단 자신이다"(왕국, p. 265).

"많은 악한 영들이 오늘날 기독교계 안에 깃들이고 있다. 가지들은 귀신들의 깃들이는 곳이 되었다. 이것이 우리에게 단지 교리가 되어서는 안 되며, 우리는 이것을 실질적으로 적용해야 한다"(p. 256).

Lee는 나무가 오늘날의 기독교라고 했으며, 새가 깃드는 큰 나무가 사단을 의미한다고 했는데, 이것이 올바른 성경해석인가?

Lee는 예수님의 재림에 대해 특이한 해석을 하고 있다. 성경은 예수님의 재림에 대해서 뜻하지 않은 시간에 갑자기 온다는 의미로 "도적같이 온다"고 말하고 있다. 그런데 Lee는 "도적같이 온다"는 것을 다음과 같이 해석한다.

> "계시록 3장 3절은 주님이 무엇인가를 훔치시기 위해 도적같이 오실 것임을 가르친다. 우리가 그분을 알아차리지 못할 때, 그분은 쓰레기가 아닌 귀한 것들을 훔치러 오실 것이다. 생명 안에서 성숙되고 혼 안에서 변화된 사람들만이 주님이 훔쳐가실 만큼 귀한 것이다"(『왕국』, p. 558).

성경에서 주님이 도적같이 온다는 비유는 약속이 없이 갑작스럽게 온다는 것을 의미한다는 것은 주일학교 학생들도 아는 것이다. 그런데 Lee는 "훔쳐간다"는 의미에 초점을 맞추고 있다. 그야말로 황당한 성경해석이다. 그와 같은 황당한 해석을 하는 이유는 무엇일까? 지방교회의 양태론으로 보는 하나님 자신인 부활의 영은 지방교회 교인들에게 들어와, 성숙되게 자라나야만 한다고 주장하는데, 곧 사람이 하나님이 되는 그 상태를 지방교회는 재림, 부활이라고 부르기 때문이다. 그들이 재림, 부활이라는 용어를 사용한다고 하여, 그것을 일반 기독교의 것이라고 해석하면 큰 오산이다. 그들은 사람이 하나님이 되는 신인합일의 상태를 재림, 부활이라고 부르기 때문이다. 그래서 예수의 재림에 대한 성경해석을 "귀한 것을 훔친다"고 해석하고 있다. 자신들 지방교회의 신인합일을 '귀한 것'이라고 해석하기 위함이다.

> "거의 모든 신학 서적이 이런 식으로 말한다. 그러나 주 예수님은 하늘로부터 갑작스럽게 나타나심에 의해서가 아니라 생명의 성장에 의해서 오고 계신다"(『왕국』, p. 330).
>
> "주님의 오심은 갑작스럽게 일어나지 않을 것이다. 어느 날 주 예수님께서 오실 것이지만 여러분이 생각한 대로는 아닐 것이다. 주 예수님은 하늘로부터 오실 뿐만 아니라, 여러분 안에서부터 오실 것이다. 여러분은 그분이 갑자기 하늘로부터 내려오시기를 기대하고 있다. 그러나 여러분은 그분이 여러분으로부터 오실 것임을 깨달아야 한다"(『왕국』, p. 329).

그래서 Lee는 예수의 재림을 '생명의 성장'이라고 말하고 있고 '하늘로부터 오는 것이 아니라 여러분으로부터 오실 것'이라고 말하고 있다. 성경의 표현을 그냥 적당하게 변질시키고 왜곡시켜 해석하는 것이다.

성경은 예수의 재림을 어떻게 말하고 있는가?

> "이르되 갈릴리 사람들아 어찌하여 서서 하늘을 쳐다보느냐 너희 가운데서 하늘로 올리우신 이 예수는 하늘로 가심을 본 그대로 오시리라 하였느니라"(행1:11)
>
> "우리 생명이신 그리스도께서 나타나실 그 때에 너희도 그와 함

께 영광 중에 나타나리라"(골 3:4)

"그 때에 사람들이 인자가 구름을 타고 능력과 큰 영광으로 오는 것을 보리라"(눅 21:27).

"그 때에 인자의 징조가 하늘에서 보이겠고 그 때에 땅의 모든 족속들이 통곡하며 그들이 인자가 구름을 타고 능력과 큰 영광으로 오는 것을 보리라"(마 24:30).

"그 때에 인자가 구름을 타고 큰 권능과 영광으로 오는 것을 사람들이 보리라"(막 13:26).

이와 같이 많은 성경 구절을 무시하고, 여러분 안에서 온다고 주장하는 지방교회의 가르침은 성경에서 비롯된 것인가? 아니면 Lee라는 개인의 억지해석으로 말미암은 것인가?

Lee는 구원받은 사람도 형벌을 받는다고 한다.

"마태복음 25장 30절을 읽어보자. '이 무익한 종을 내어 쫓으라. 거기서 슬피 울며 이를 갊이 있으리라.' 여러분은 이것들이 주님의 말씀임을 깨달아야 한다. 이 구절에 있는 주님의 말씀에 따르면, 구원받은 사람이라도 어떤 종류의 어둠에 던져질 수 있다. 어떤 종류의 어둠이냐고 묻지 말라. 분명 그곳은 즐거운 곳은 아닐 것이다"(『왕국』, p. 520).

도대체 이것이 무슨 뜻일까? Lee의 황당하고 기가 막힌 성경해석이 또 시작된다. Lee는 내어 쫓겨서 슬피 울며 이를 가는 무익한 종도 구원을 받았다고 해석하는 것이다. 슬피 울며 이를 갈게 되는 쫓겨나는 무익한 종도 구원을 받는다고 주장하는데, 지방교회에서 구원을 받은 사람은 내어 쫓기기도 하며, 어둠에서 이를 갈면서 받는 구원인가? 그 어둠이 무엇인가? 묻지 말라고 한다! 어떠한 고통스러운 형벌이라고 말하며, 주님과 함께 다스리는 것을 놓칠 것이라고도 말한다.

'슬피 울며 이를 간다'는 표현은 마태복음 22:13; 24:51; 25:30; 누가복음 13:28 등에 언급되지만 모두 구원을 잃게 되는 표현을 말한다. 구원받는 사람들이 슬피 울며 이를 간다는 성경해석이 상식적으로 이해할 수 있는 성경해석이라 할 수 있는가? 하나님 나라에서 쫓겨나서 슬피 울며 이를 간다는 것을 구원받은 것이라고 주장하는 사람은 이 세상에 Lee라는 거짓 선지자 단 한 명뿐일 것이다.

사상 변화의 여러 단계들: 다단계적 사상의 변화

(1) **기초 사상**: Lee는 고향에서 7년 반 동안 있었는데, 삼분설에 근거한 구원이 Lee의 사상의 출발점이고 Nee 사상의 기초이기도 하다. 그는 집회에서 "당신은 구원받았습니까?"라고 물었으며, 당신이 이김을 얻은 날이 몇 년, 몇 월, 몇 일인가를 모든 사람이 기억해야 한다고 강조했다. 구원과 이김이라는 영적 체험이 주 관심사였다(『워치만 니 전집』, 1993).

(2) **1950년 변화의 계기**: Lee의 사상은 대만과 미국에서 변화가 있었다. 그는 "대만에 도착한 후 나는 또 다른 중대한 면 즉, 『그 영』에 대하여 보기 시작했다…나의 저서들을 자세히 살펴보면 지난 34년 동안 나의 저서들의 초점은 그 영이었음을 보게 될 것이다…1960년 말에 나는 미국으로 건너갔다…미국에서의 나의 말씀의 사역은 그 영에 초점을 맞춤으로 시작되었다"고 회고하고 있다(『장로들과의 실제적인 담화』, 1984).

(3) **변화된 사상**: Lee는 1950년부터 연합(mingling)에 대해 깨닫기 시작했다. 지난 수 세기 동안 내적 생명에 대한 가르침에서 하나님과 우리 관계를 나타내기 위해 사용된 단어는 합일(union)이라는 단어였고, 하나님과 우리의 관계가 다만 합일의 관계일 뿐 아니라 연합의 관계임을 깨닫고, '그 영'에 초점을 맞춘 그의 20여 년 사역의 결과는 '거룩한 분배'였다. 1980년부터는 '하나님의 경륜'에 대한 진리를 보기 시작했으며, 1994년부터 1997년까지는 "계시의 최고봉"을 설파했다.

Lee 중심사상의 다단계적인 변화를 연대별로 정리해 보면, 1922년의 회복은 실험단계, 1932년 형제회 교리를 기초로 하던 설교의 초점은 '내적 생명'으로 진보했고, 1949~1961년 미국으로 건너가기 전에는 '영적 체험'을 강조하다가 '그 영'을 깨닫고 1962년 미국으로 건너가 '그 영'에 대해 강조했으며, 1980년 '하나님의 경륜'에 대한 진리를 보기 시작해, 1984년 '하나님의 경륜'을 전하고, 그 뒤 '1993년 비로소 나는 거룩케 하심에 대한 온전한 내적인 의미'를 본 후, 1994년(89세)부터는 '계시의 최고봉'을 설파했던 것이다. 이와 같은 신인합일사상의 결정론(結晶論)은 1994년부터 신화 사상을 공식교리를 채택한 것(한국에서는 1984년 수원집회에서부터 설파하기 시작했다)이었는데, 이것은 또한 인도의 신비주의 사상과 유사한 것이고, 동양의 인내천(人乃天) 사상과 맥을 같이 하는 것이다(이영호, 2016).

Lee는 자신이 마태복음 25장의 기름을 파는 사람이라고 말했다. 혼인 잔치에 들어가기 위한 기름을 사려면 Lee에게 가야 한다는 뜻이었다. 그의 가르침은 자아도취 내지는 교만 그 자체이다. 설사 그가 정말 높고 풍성한 가르침을 가지고 있다 하더라도 어떻게 신성한 기름이 자신에게만 있는 것처럼 말할 수 있는가? 그의 태도는 계시록 2장에 나오는 '자칭 사도'라고 하는 자의 모습이라고 볼 수 있다(2절). 그는 또한 자기를 스스로 높였는데, 많은 경우 오직 자신만 성경 최고봉의 계시와 풍성한 진리를 가진 자로, 자신의 가르침이 신약의 계시를 가장 정확하게 전달하는 것임을 자랑스러워했다(『장로 훈련』 7권).

Lee의 새로운 계시와 깨달음은 2,000년 교회의 역사를 통틀어 보편타당성이 없는 것이 너무 많다. Nee의 인간의 구성에 대한 주장은 전 세계 교회에 특히 치명적이고 파괴적인 영향을 미쳤다.

Nee는 인간을 영과 혼과 몸으로 구성된 존재로 이해했으며, 영과 혼과 몸을 각각 분리된 장소적, 공간적 개념으로 소개한 것으로 유명하다. Nee의 삼분설은 한국교회에 부정적이고 파괴적인 영향을 끼쳤다. 경직된 삼분설에 입각한 그의 영성 신학은 그의 책을 읽는 이의 마음과 사고에 위험한 자양분을 공급해왔다. 삼분설이라는 인간론은 신론(삼위일체론), 구원론, 교회론에도 유기적 영향을 미쳐 우리나라에 류광수 다락방 운동, 유병언과 박옥수와 이요한의 구원파, 김기동의 베뢰아, 박철수의 영성훈련원, 이명범의 레마선교회, 이현래의 대구교회 등 여러 이단 종파를 만들어 내는 데 기여했다. Nee는 영성의 추구를 강조하는 가운데 혼과 몸을 열등한 것으로 취급하며 많은 경우 영과 혼은 갈등 관계에 있는 것으로 소개했다.

『영에 속한 사람 1권』이 1973년에 출판된 이후, Lee의 지방교회(한국복음서원)는 한국의 대표적인 교단인 통합측(1991), 고신측(1991), 합신측과 합동측으로부터 그들의 잘못된 신론(양태론)과 기독론, 인간론(삼분설), 교회론 등으로 인해 이단으로 규정되었다.

선교전략의 변화

(1) **교육정책의 변화**: Lee는 1970년 특별집회에서 "신학교나 신학대학에 가서 성경을 연구하거나 종교적인 교육을 받아야 한다고 생각지 말라. 그러한 것은 필요치 않다"라고 말했고(그리스도냐 종교냐), 1986년 장로 훈련에서도 "신학교를 세우는 것은 너무 지나친 것이다. 우리는 어떤 학교도 세울 부담이 없다. 지나치지 말라 우리는 졸업생들을 배출하는 실제의 교회학교를 세우기를 원치 않는다. 성도들을 훈련하기 위해 훈

련 집회를 갖는 것은 좋지만, 신학교를 세우는 것은 잘못된 것이다"라고 강도 높게 비판했다. 하지만 그로부터 18년이 되는 1988년 대만 대북집회에서는 종래의 주장을 뒤엎고 "나는 대학이나 대학원에 있는 형제자매들이 졸업 후 직장을 갖기 전에 적어도 1년이나 2년 동안 주님을 추구하기 위해 시간을 갖기 바란다"고 권면했다.

(2) **전신자 사역자 훈련원**: 위와 같은 Lee의 바람은 그로부터 8년 후 한국에서도 그대로 실천되어 미국의 애너하임, 중국의 대북, 러시아, 인도네시아에 이어 다섯 번째로 전신자 사역훈련원을 1996년 8월 5일 서울 강서구 화곡동 서울교회 제8집회소에서 시작하였는데, 성경진리사역원의 5가지 교육목표는 다음과 같다.

① 훈련생으로 하여금 최고봉의 계시에 이르게 함
② 훈련생으로 하여금 오늘날의 예루살렘 교회 안에서, 오늘날의 시온의 최고봉인 이기는 자가 되게 함
③ 훈련생으로 하여금 그리스도의 부활능력 안에서 그리스도의 죽으심을 본받는 생활을 삶으로 그리스도의 몸의 실제에 도달하게 함 (빌 3:10)
④ 훈련생으로 하여금 온전케 되어 전국 각지에 교회를 산출하게 함
⑤ 훈련생으로 하여금 온전케 되어 산출된 교회를 온전케 함에 있다.

(3) **옛길과 새길**: 이와 같은 정책에로의 선회는 1977년에 미국에서 발간된 *Mind-Benders*와 *God-Men*의 비판적인 반응 때문에 1980년도에는 완전히 침체된 선교상황에서 새로운 돌파구를 찾기 위해 나

온 것이었다(전문가들의 증언, 1996). 여기서 옛길은 다만 집회에 와서 메시지를 듣게 하는 것이고, 새길이라는 교육과 훈련을 통해 성도들을 온전케 하는 것을 말한다.

(4) **4단계의 새길**: "1984년 지방교회의 회복이 막다른 골목에 이르렀다는 것을 완전히 깨달았고, 우리들이 취해온 방법을 단지 계속해서 실행해 갈 길이 없었기 때문이라"고 밝히면서, (몰몬교나 여호와의 증인처럼) '문 두드림'을 통해 정규적이고 계획적으로 복음을 위해 사람을 접촉하러 나가야 한다고 말했다. '문 두드리기'를 통해 『인생의 비밀』이라는 전도 소책자를 무료로 주며 전도한다(이영호, 2016).

『인생의 비밀』은 무엇이 잘못되었는가?

이 소책자의 첫 번째 단락은 하나님의 창조, 두 번째 단락은 사람의 타락, 세 번째 단락은 그리스도의 구속, 네 번째 단락은 하나님의 분배하심으로 이루어져 있다. 저들은 이것을 '네 가지 열쇠의 비밀'이라고 부른다(속히 일어나 복음을 전하라, 1999).

『인생의 비밀』의 첫 번째 열쇠 [하나님의 창조]를 보면 "장갑은 손을 넣기 위해 만들어졌듯이 사람이 하나님의 형상대로 창조된 목적은 그 안에 하나님을 담기 위한 것"이라는 저들의 신인합일의 교리를 담고 있고, 두 번째 열쇠 [사람의 타락]을 보면, "영, 혼, 몸의 세 부분으로 이뤄진 사람은 죄로 말미암아 영은 죽어 하나님과의 교통이 끊어졌고, 혼은 하나님을 멀리 떠나 세상을 사랑하고, 몸은 죄의 지배를 받아 악한 욕심에 끌려가게 되었다"는 삼분성의 이단 교리를 담고 있고, 세 번째 열쇠 [그리스도의 구속]을 보면, "'하나님-사람'이신 그리스도는 하나님의 구속을 완성하기 위해서 세 가지 신분(어린양, 놋뱀, 밀알)으로 십자가에 못 박혀 죽으셨습니다"라는 비신학적인 표현으로 이루어져 있으며, 네 번째 열쇠 [하나님의 분배]는 "주 예수님은 십자가에 죽으시고 삼일 만에 부활하신 후 '생명 주는 영'이 되셨습니다. 그 영은 '생명주는 영'이므로 영원한 생명을 가지시고 그분을 믿는 자 안에 분배하십니다"라는 문제의 교리를 담고 있다. 지방교회가 전하는 복음은 비성경적으로 각색된 다른 복음이다.

Lee는 『聖經要道』(성경요도)에서 구원의 확신에 대해 말하고 있다.

"많은 사람이, 믿음은 현재의 일로, 구원은 장래의 일로 생각한다. 사람이 현재 믿으면 장래에 구원을 얻는다고 생각한다. 그러나 성경은 우리가 믿으면, '이미' 구원받은 것임을 분명하고도 정확하게 말해준다. 사람이 믿으면 장래에 구원받는 것이 아니라, '이미' 구원받은 것이다. 믿으면 이미 구원받은 것이지 장래에 가서야 구원받는 것이 아니다. 사람이 믿는 그때가 구원받은 때이다. 구원은 믿음 뒤에 따라오는 것으로서, 믿음과 시간적인 간격이 없다"(p. 284).

지방교회의 신학적 뿌리

지방교회의 창설자는 Nee이다. 여러 전기 작가가 시사하는 것처럼, 그의 신학의 뿌리는 영국 형제교회(Plymouth Brethren)와 케직(Keswick) 사경회이다. Nee의 인간관의 핵심은 그리스도인은 삼분설적 존재(trichotomous being)라는 것이다. 성령이 인간의 타락한 영을 살리면, 신자는 영과 혼과 몸의 연합이 된다. 각 요소는 각각의 기능을 지니고 있으며 영적 건강을 위해 감당해야 할 의무가 있다. 교회는 신령한 사람과 육신적 사람(carnal believer)으로 구성되어 있다. Nee의 영에 속한 사람에 대한 관념은 계시와 성경, 성화, 완전, 교회론, 그리고 종말론에 자료를 공급해주는 결정적 기초가 되었다…그의 가르침과 설교를 성경이라는 저울추에 비춰볼 때, Nee의 교리와 전제들은 의문을 갖기에 충분하다(Roberts, 2005).

Nee의 신학은 Lee에 의해서 더욱 부패하였지만, 나는 『영에 속한 사람 1, 2, 3권』의 번역자로서 이 책이 한국교회에 부정적인 영향을 미친 것에 대해 상당한 책임감을 느껴왔다. 신앙적으로 방황하던 시절에 지방교회를 잠시 거쳤고 비슷한 영지주의 집단 구원파에 속했던 사람으로서 Nee의 사상을 본의 아니게 한국에 소개한 사람이 되었다. Nee의 신학 사상이 어떤 점에서 문제가 있는지를 분별해주어야 할 의무감을 느끼던 차에 오늘에 와서야 나의 입장과 생각을 한국교회 앞에 밝히게 되었다.

필자는 1994년에 이미 『위트니스 리의 지방교회, 그것이 궁금하다』라는 제목의 책을 하나출판사를 통해 발간한 적이 있었다. 유병언의 구원파와 Lee의 지방교회가 왜 이단인가를 밝힌 책이다. 그 당시 지방교회는 필자에게 두어 차례 내용증명을 보내 더 이상 이 책을 보급하지 말 것을 요구해왔다. 당시 나는 구원파 유병언으로부터 명예훼손 혐의로 피소되어 재판에 대비하느라 고전하고 있었기 때문에, 두 집단을 상대로 영적 전쟁을 치르는 것이 버겁게 느껴졌다. 그래서 그 책은 4쇄 만에 절간되었고 책의 보급은 중단되었다. 이 책은 『그것이 궁금하다』의 수정증보판이라고 할 수 있다.

Nee의 전기를 쓴 대나 로버츠(Dana Roberts, 1980)는 Nee가 그의 거짓된 교리와 삼분설로 인해 The Way, The Children of God, The Alamo Foundation과 같은 이단에 신학적 밑거름을 제공하였다고 질책했다. 신령한 신자와 육적인 신자(carnal believer)의 구분에 자극을 받은 일부 신자들의 영적인 교만은 회중을 분열시키는 부작용을 낳기도 하였다고 지적했다. 너무 늦은 감이 있지만, Nee의 삼분설을 비롯해 지방교회의 교리적 문제점과 이단성을 한국교회 앞에 밝히게 된 것을 기쁘게 생각한다.

Nee의 사상체계에 휘말리게 되면, 영적인 것과 혼적인 것 사이의 갈등과 대립 관계에 시달려 불필요한 자아 성찰의 늪으로 빠져들기도 한다. 그리고 혼의 무용성 때문에 흔히 신자 편에서의 수동성이 장려될 뿐 아니라, 합리적 노력이나 상식을 대단치 않게 여겨 신앙생활에서의 적극성을 상실하게 된다. 신령한 생활을 추구하다가 지성과 감정과 의지로 구성된 혼(자아)의 활동을 마비시키게 됨으로써 비정상적인 절름발이 신앙생활을 하는 이들이 많다.

고린도의 거짓 선생들의 관행과 달리, 사도 바울은 "우리는...속임으로 행하지 아니하며 하나님의 말씀을 혼잡하게 하지 아니하고 오직 진리를 나타냄으로 하나님 앞에서 각 사람의 양심에 대하여 스스로 추천한다"고 하였다(고후 4:2). 사도 베드로 또한 "무식한 자들과 굳세지 못한 자들이...성경을 억지로 풀다가 스스로 멸망에 이른다"(벧후 3:16)고 경고하고 있다. 바울은 젊은 디모데에게 "진리의 말씀을 옳게 분별하기 위해 최선을 다하라"(딤후 2:15)고 권면하고 있다.

우리는 성경을 읽고 해석할 때, 저자가 '의도한 의미'(intended meaning)를 찾기 위해 노력해야 한다. 객관적 해석자는 저자의 의도한 의미를 발견하기 위해 노력해야 한다. 의미는 저자에 의해 결정되고(determined), 독자에 의해 발견될(discovered) 뿐이다. 우리의 목표는 석의(exegesis: 본문의 의미를 끌어낸다는 뜻)가 되어야지, 억지 해석(eisegesis: 해석자의 선입견이나 생각을 본문에 집어넣는다는 뜻)이 되어서는 안 된다. 정통교회는 사도들의 전통을 따라, 본문의 전체 문맥과 역사적 배경을 고려하여 성령의 도움을 받아 성경을 해석한다. 그러나 성경에 대한 이단적인 억지 해석은 '다른 예수'(another Jesus)와 '다른 복음'(another gospel)을 만들어내 추종자를 영원한 사망에 이르게 한다(Rhodes, 1994).

지방교회의 성경 해석

지방교회는 성경이 하나님의 감동 아래 경건한 사람들에 의해 기록된 것을 믿고, 성경의 정확성과 무과실성을 견지한다고 고백한다. 이단들의 특성은 대체적으로 역사성(historicity)과 보편객관성(universal validity)을 거부하고 소위 성경적, 추상적이라는 미명 하에 자의적 해석과 주관적으로 유일무이한 정의적 교리를 내세우기 때문에, 저마다 자신들만의 독특성과 특별성과 차별성을 갖고 있다. 대부분의 이단은 그들 내부에 은밀한 교리를 가지고 외부에 함부로 발설하지 않는 경우가 있으며, 다른 그리스도인들을 무지하게 생각하여 자신들의 안으로 끌어들여 그 사상을 주입해왔다. 즉 그들만이 유일한 교회요, 특별한 계시를 받은 자요, 성경대로 믿는 자들이라는 자부심에 사로잡혀 있는 경우가 대부분이다. 즉 다른 보편교회와 특화 내지는 차별화를 시도한다는 말이다. 그래서 성경을 아전인수적인 각도의 논리(arguing from a self-centered angle)로 자신들만의 독특한 해석체계를 갖는다.

Nee는 성서해석학을 배운 적이 없기 때문에, 하나님의 언약 역사에 나오는 실제 사건과 언어, 문화 그리고 사람들을 고려하지 않고 영적인 의미를 분별하는 데에 주로 초점을 맞추고 있다. 따라서 그에게는 본문의 역사적 상황이나 문법적인 문맥은 전혀 고려 대상이 아니다. 영적 생활을 추구한다는 좋은 의도로 편향된 해석을 하고 있다. 문법적, 역사적, 신학적 해석의 원리를 따르지 않고 있다. 본문을 해석할 때, 영해만

할 뿐, '저자가 왜 이 말을 하는가? 책 전체의 문맥에 비춰 어떤 의미를 지니는가? 본문의 역사적 배경은 나의 삶의 상황이나 교회 생활에 관계되는가?'를 묻지 않고 있다(Dana Roberts, 1980).

Nee와 마찬가지로 Lee도 영해를 좋아한다. Lee는 요한복음 14장의 해석에서, 거듭나고 변화된 신자들이 아버지의 집에 있는 여러 방들이라고 해석했다. 주 예수님은 이 처소를 예비하러 아버지께로 가신 것이 되며 이 처소가 예비 되면 제자들을 그리로(나 있는 곳으로) 데려가려고 다시 오신다고 하신 것이 된다. 즉 그는 자신의 영해로써 하늘의 천국을 부정했다.

그는 또 계시록 21, 22장의 새 예루살렘도 문자적으로 물질적인 성이 아니라, 하나님의 모든 구속받은 자들로 이뤄진 살아 있는 구성체라고 했으며, 그 성의 정금이나 벽옥이나 진주나 열두 기초석이나 모든 것을 성도들의 체험으로 얻을 수 있고 누릴 수 있는 영적인 것으로 해석했다. 그렇다면 성도들은 새 예루살렘같이 변화되어 하나님을 위한 거처를 만들어서 하나님과 함께 영원히 산다는 이야기인데, 과연 어떻게 어디서 하나님과 거하게 될지 매우 의문스럽다(『요한계시록 2권』. 위트니스 리. 1990, pp. 702-763) 즉 아버지의 집이며 새 예루살렘이며 다 지방교회 성도들의 영적 체험과 연결시킨 것이다.

Lee는 새 예루살렘의 모든 것들이 물질적인 것이 아니라 모두가 상징(sign)으로 되어 있다고 강조했다. 따라서 그날 영원히 신자들이 있게 될 영원한 소망인 새 예루살렘은 Lee의 영적 해설로만 남게 되었다. 즉 계시록 21-22장의 새 예루살렘은 Lee의 탁월한 해석을 위한 영성적 자료에 불과한 것이 되었다.

Lee는 『요한계시록 라이프 스터디』에서 새 예루살렘의 이상을 보기 원한다면 반드시 영 안에 있어야 하며 그 상황을 생각하기 위해 당신의 생각을 사용하지 말라고 했다. "당신이 영 안에 머무는 대신 생각을 사용한다면 이 네 이상은 보이지 않고 사라져 버릴 것이다"(『요한계시록 라이프 스터디』, 한국복음서원, 1988, p. 691).

"새 예루살렘 역시 하나의 상징(sign)이며 모든 것을 포함한 상징이다...혹자는 예루살렘이 실지로 정방형(정사각형)의 물질적인 성이라고 주장한다. 만일 우리가 이런 천연적인 관념을 갖고 있다면 우리는 하나의 상징으로서의 새 예루살렘을 이해할 수 없을 것이다...확실히 하나님의 영원한 건축은 물질적인 장소가 아니요, 그것은 살아 있는 것이다. 물질적인 성이기는커녕 그것은 그분의 신성한 생명으로 짜여진 하나의 실체이다."(『요한계시록 라이프 스터디』, 한국복음서원, 1988, p. 701).

아가서는 참되고 순결한 남녀 간의 사랑을 노래한 책이다. 그리스도와 그의 신부된 성도의 참 사랑의 아름다움을 노래한 것으로 해석하기도 한다. 그러나 Lee는 남녀 간의 사랑을 노래하는 아가서 본문을 강해하면서 계속 영과 혼을 분별할 필요가 있다고 쓰고 있다. 아가서 4장을 강해하면서 영과 혼을 분별함으로 승천 안에서 사는 것에 대해 말하고 있다고 쓰고 있다.

"우리는 세 부분으로 되어 있다. 우리에게는 영과 혼(자아)과 몸이 있다. 우리를 구원하시는 하나님의 경륜은, 첫째로 우리의 죽은 영 안에 그분 자신을 신성한 요소로 분배하심으로 죽은 영을 거듭나게 하여 우리 영을 새롭게 하는 것이다...우리 혼은 여전히 낡아 있다. 우리의 몸 또한 낡아 있다. 그러므로 속사람은 새로워지고 겉 사람인 몸은 매일 매일 후패할 필요가 있다"(『아가서』, 2008).

Lee는 말한다.

"마태복음부터 계시록까지 모든 가르침은 헌법이다. 그 헌법의 해석은 여러 가지로 나타날 수 있다. 이 나라에 삼권이 있는데, 가장 중요한 것이 바로 대법원이다. 그 대법원의 기능은 헌법을 해석하는 것이다."
"우리는 회복 안에서 Nee 형제님, Lee 형제님을 통해서 합당한 해석을 받았다. 우리의 헌법인 신약이 해석되었고 우리에게 열려있다. 올바르게 곧게 쪼개고 그 어떠한 삐뚤어짐도 없어야 한다. 우리 사랑하는 Lee 형제님에 의해 여러 해에 걸쳐 합당하게 해석된 성경이 있음을 감사드린다"(『신약사역의 핵심적 내용』, p. 215).

Lee는 성경을 해석하는 대법관으로 묘사되고 있으며 그는 이 집단에서 무오성을 지닌 교황과 같은 대우를 받고 있다.

성경보다 Lee의 해석이 우위에 있다

이단의 공통점은 교주의 성경해석을 성경보다 높이 평가한다는 것이다. 어떠한 단체든지 그들의 경전이나 창시자의 책을 성경보다 위에 놓는다든지 동등하게 놓는 것이다. 이를테면 몰몬교에서는 요셉 스미스 몰몬경, 즉 창시자가 계시를 받았다는 책을 성경으로 취급하고 있다. 여호와의 증인도 저들이 번역한 신세계성경을 사용하고 있다. 지방교회도 그렇다. 교주 Lee의 『라이프 스터디』나 『결정 연구』 등이 그들 내부적으로 성경보다 우위에 놓여 있음을 알 수 있다. 그들은 집회 시에 어떤 성도가 성경을 들고 신언(누구나 주님을 위해 말할 수 있다는 그들만의 특별한 용어)을 하면 은밀히 제지를 당하거나 많은 이들이 찬동하지 않는다. 대신에 위트니스 형제가 말하기를, 혹은 사역의 메시지에서 말하기를, 『라이프 스터디』 어디 어디에서 말하기를 하면 무게가 실리고 힘이 있게 전달된다.

지방교회 교인들은 "마음(혼)을 써서 생각하지 말라"고 가르침을 받으며, 가르침을 받은 내용에 의문을 품지 말 것을 배우고 있다. 지방교회는 개인적인 성경공부를 권장하지 않는다. 모든 공부는 Lee가 말하는 것과 완전히 조화되고 일치된다. 지방교회의 성경공부는 사실 그의 가르침에 대한 공부이며, 성경은 그의 가르침을 뒷받침하는 자료로 사용될 뿐이다. 성경을 공부하는 개인은 어떠한 연구 서적도 필요 없고, 어떠한 사고도 필요 없다. Lee는 우리가 성경을 대할 때 "우리의 마음을 닫아야 한다"고 말하고 있다(정동섭, 1993).

우리의 신앙의 기초는 어디까지나 성경이고 성도들은 성경으로부터 무한한 공급과 은혜를 얻을 수 있어야 한다. 성경에 대한 한 사람의 정의나 해석을 지나치게 존중하고 강조하여 가르치며 그것을 의지하고 흠모하게 만드는 것은 주님의 말씀의 권위를 떨어뜨리고 그 거룩한 말씀에 대한 순종의 마음을 약화시킨다. 왜냐하면 성경에 대한 한 사람의 해석이나 정의는 어디까지나 그 사람의 주관이 들어간 말이지 하나님의 말씀 자체가 아니기 때문이다. 이 부분에서 현 지방교회 교인들에게 이단적인 성분이 없다고 어떻게 변호하겠는가?

지방교회에서는 Lee의 교리와 사상, 자신들의 몸이라고 하는 단체를 다른 무엇보다 앞세운다. 한 단체가 그 창시자의 가르침을 성경보다 우위에 놓는 것은 심각한 일이다. 그들은 Brother Lee의 성경해석 외에는 더 이상 볼 것이 없다고 생각한다. 나중에는 Lee의 성경 요약을 아예 '결정(crystalization)연구'라고 이름을 붙였다. 결정(結晶)이 되어버렸으니 더 이상 다른 무엇이 있을 수 있겠나? 다른 사람의 가르침이나 말은 그것이 성경적이냐 아니냐를 떠나서 시시해서 못 듣는다. 그분이 마지막 사도라니 더 이상 누구에게 듣겠는가? Lee에 의해 성경은 이미 다 열려져, 더 열릴 것이 없고(그것만 연구해 읽고 또 읽어 통달하는 것이 그들의 유일한 원함일 것이다), 다른 사람들의 것은 다 낮은 것이나, 부패한 누룩으로 간주하니, Lee의 가르침 외에는 모두 유치한 것이 되어 버린다.

지방교회 교인들은 한 사람에게서 전수된 성경 지식을 습득하다 보니 사실상 성경 66권의 내용을 깊이 있게 알지 못하면서도 모든 성경을 다 아는 것처럼 착각하게 된다. Lee식으로 성경을 이해하는 것이 최고의 성경 해석이고 정답이라고 믿기 때문이다.

한국의 8개 교단이 이단으로 규정한 사랑하는교회의 변승우 목사가 2019년 계시록을 30분 만에 깨달았다고 하면서, 어거스틴, 칼빈, 로이드 존스의 해석은 쓰레기에 불과하다고 폄하한 것도 Lee의 태도와 다르지 않다.

성경은 말씀하고 있다.

"먼저 알 것은 경의 모든 예언은 사사로이 풀 것이 아니니 예언은 언제든지 사람의 뜻으로 낸 것이 아니요 오직 성령의 감동하심을 입은 사람들이 하나님께 받아 말한 것이니라"(벧후 1:20-21).

성경은 누구든지 기록된 하나님의 말씀에 더하거나 제하지 말라고 경고하고 있다(계 22:18-19).

II부
지방교회의 신학과 교리

이단은 언제나 강력하고 카리스마적인 지도자에 의해 시작된다. 카리스마가 있는 지도자 자신만이 신령한 체험과 영적 능력을 가진 하나님의 사자라고 자처한다. 이단들은 역사적 교회의 전통적 질서를 무시하고 신학교육제도를 무시한다. 이들은 성경학교나 신학교에서 체계적인 신학교육을 받은 적이 없으며 기존 교회의 신학교육을 '사단적' 혹은 '인학'(人學)이라고 무시하거나 비판한다.

지방교회는 공식적으로 "우리는 주요 신조들 안에서 발견되는 신앙고백서들을 존중한다. 우리는 교회 역사에 걸쳐 공교회가 그리했듯이 니케아 신조, 칼케돈 신조, 사도신경 등 주요 신조를 지지한다"(교회성장신문사, 2007)라고 주장한다. 그러나 이들의 문제는 선전이론과 실천이론이 다르다는 데 있다. 체계적 신학교육을 받은 적이 없는 Nee나 Lee에 의해 설파된 신학은 어떻게 바른 교훈(sound doctrine)에서 벗어난 다른 교훈(false doctrine)이 되었는가?

교의신학의 권위자 서철원(2006) 박사는 이렇게 주장한다.

"교리는 기독교의 핵심진리로서, 교리들은 교회의 서고 넘어짐의 조항들이다. 근본 교리가 부정되면 기독교는 해소되며 특히 삼위일체 교리와 기독론 교리가 부정되면 기독교는 기독교이기를 그친다"

복음주의적 기독교라고 자부하는 지방교회는 바로 삼위일체 교리와 기독론에서 역사적 정통 기독교 교리를 이탈하고 있다. 지금부터 지방교회의 신학과 교리를 구체적으로 살펴보기로 하자.

1. 신론:
삼일 하나님(Triune God) vs 삼위일체 하나님(Trinitarian God)

한 신학자가 이런 말을 한 적이 있다.

"삼위일체 교리를 부인하라. 그러면 당신은 구원을 잃게 될 것이다. 반면에 삼위일체 교리를 이해하려고 시도해보라. 그러면 당신은 제정신을 잃게 될 것이다."
"삼위일체를 완전히 알려고 하는 사람은 머리가 돌 것이다. 그러나 삼위일체를 부정하는 사람은 그의 영혼을 잃어버리게 될 것이다. 우리는 하나님이 신비스러운 분이기 때문에 그를 믿고 경배하는 것이다"(Lindsell & Woodbridge).

"나는 성부, 성자, 성령 하나님을 믿습니다"라는 고백보다 중요한 기독교 신앙은 없다. 하나님에 대한 삼위일체 개념은 세상의 다른 종교 전통들로부터 기독교를 구별시켜주는 가장 큰 요소이다. 따라서 삼위일체는 기독교 신학의 중심에 있다.

성경적 삼위일체론은 인간의 생각 너머에 있는 연구라서 하나님이 주시는 빛과 계시로서만이 분명히 깨달을 수 있다. 삼위일체 하나님은 본질에 있어서 하나이지만 삼위가 분명히 구분되어 존재하신다. 성경에 일체적인 면이 있지만 분명 성부는 성부, 아들은 아들, 성령은 성령의 전유(appropriation)가 존재한다. 즉 성부가 쓰여야 할 자리에 성자를 쓸 수 없고, 성자로 표현해야 할 자리에 성부를 쓸 수 없는 구절들이 존재하며, 성령을 대치하여 아들을 쓸 수 없는 구절들이 존재한다. 이와 같이 성 삼위 간에는 분명한 구별이 존재한다.

아타나시우스 신조 제3항은 "우리는 삼위일체이신 한 분 하나님과 하나 됨 가운데 계시는 세 위격의 하나님을 예배한다"고 하였다(we worship one God in Trinity, and Trinity in Unity). 4조는 '그렇다고 해서 페르소나(위격)를 혼동하거나 나누지 않는다.' 5조는 '페르소나는 성부의 페르소나와 성자의 페르소나와 성령의 페르소나가 따로 따로 있다'고 규정했다. 구속에 있어서도 하나님은 본질상 하나이시나 분명 아버지는 아들을 이 땅에 희생 제물로 보내셨고 아들은 우리를 대신하여 아버지의 진노를 담당하셨으며 성령은 이 복음을 듣고 믿는 신자들의 마음속에 들어오셨다.

> "하나님은 본질상 하나이나, 위격 상 셋이다. 이것은 삼위일체론의 공식 기본틀이다. 하나님은 본질에 있어서 하나이나 위격으로 보면 셋이라는 말이다. 이러한 삼위일체 교리는 기독교의 기

본 교리이며, 은혜 언약 교리 전체와 신관의 기초이다"(최훈배, 2016).

사도신경은 이렇게 시작하고 있다. "전능하사 천지를 만드신 하나님 아버지를 내가 믿사오며, 그 외아들 우리 주 예수 그리스도를 믿사오니, 이는 성령으로 잉태하사 동정녀 마리아에게 나시고…" 삼위일체 신앙은 정통 기독교의 중심 뼈대와 같다. 하지만 지방교회는 이를 거부하고 있다.

지방교회에서 주장하는 삼일론은 '하나님 = 예수 = 성령'을 한 인격으로 보는 양태론이며, 사람이 하나님(God-Man)이 될 수 있다는 신화 사상은 지방교회의 중요한 사상이다. 많은 이들은 삼일 하나님 양태론 교리가 Lee로부터 시작되었다고 생각하고 있다. 그러나 Lee 자신은 이 교리가 Nee의 가르침에 기초하고 있다고 다음과 같이 말하고 있다.

> Nee는 "17절에 있는 '그'(성령)는 18절에 있는 '나'(주)인 것이다"라고 단호하게 언급했다…Nee 형제는 찬송가 490장 5절에서 '주님, 당신은 전에 아버지로 칭함을 받으셨지만, 지금은 성령으로 칭함을 받으신다'라고 말했다. 그러므로 Nee는 그의 찬송에서 주님을 성령뿐만 아니라 아버지로도 칭했다."(Lee, *Concerning the Triune God—the Father, the Son, and the Spirit*, Chapter 1, Section 10)

위의 인용문이 보여주는 바와 같이, Nee는 아버지와 아들과 성령을 동일시하면서, 구별된 삼위가 아닌 구별되지 않은 삼위, 즉 '한 위격의 하나님'을 말하는 '일위일체론'을 주장하는 '양태론자'였다는 비판을 결코 비켜갈 수 없다. Lee는 여기서 자신의 삼위일체론은 자신의 것이 아니라 Nee의 것이라고 확고하게 주장했다. 그의 주장에 의하면, Lee의 삼위일체론이 정통이라면 Nee의 삼위일체론은 정통이 되고, 이와 반대로 Lee의 삼위일체론이 이단이라면 Nee의 삼위일체론은 이단이 된다. 이단연구가 서춘웅 또한 지방교회의 삼위일체론, 즉 Lee의 삼위일체론(Triune God)은 이단 교리(異端 敎理)인 '양태론적 삼위일체'임을 지적했다. 따라서 Nee는 '지방교회의 양태론 이단 교리(異端 敎理)의 창시자'이며, Lee 또한 '잘못된 교리의 계승자'라는 혐의에서 결코 벗어날 수 없다.

Lee는 이렇게 주장한다.

"등대에서 우리는 삼일 하나님을 갖게 된다...아버지는 본질이요, 아들은 체현이다. 성령은 전달이며 교통이다. 이것이 삼일 하나님이다"(하나님의 경륜).

"우리 하나님은 성육신으로 시작하여 인생과 십자가에 달리심을 거쳐 부활과 승천으로 끝맺는 길고 의미 있고 유익한 과정을 통과하셨다...성육신되기 전에 그는 단지 하나님이셨다. 그러나 이 긴 과정을 통과하신 후에 그는 하나님이실 뿐만 아니라 사람과 함께 한 하나님이시다. 사실상 그는 〈하나님-사람〉이시다. 이

〈하나님-사람〉에는 성육신되심과 인생과 만유를 포함한 십자가와 부활과 승천이 있다"(그 영과 몸).

"아버지는 본질이요, 아들은 체현이며, 성령은 표현이다. 그러므로 등대에는 본질이신 아버지와 체현이신 아들과 표현이신 그 영이 있다. 이것이 본질과 체현과 표현인 삼일 하나님이다"(그 영과 몸).

지방교회는 '경륜적 삼위일체'에서는, 즉 삼위가 역사(활동)하실 때는 삼위의 구별이 없어지고 삼위(三位)가 일위(一位)가 된다고 말한다. 달리 말해서 아들이 역사하실 때 '아들은 아버지도 되시고 성령도 되신다'는 것이다. 이 말은 결국 지방교회는 '경륜적 삼위일체'에서는 '일위일체'(一位一體) 즉 양태론을 믿는다는 말이다. Lee는 '기도하시는 아들은 기도를 들으시는 아버지이시다'(The Son who prays being the Father who listens)라는 제목의 글에서 다음과 같이 주장한다.

그[예수 그리스도]는 삼위일체 하나님의 제2위격만 되시는 것이 아니다. 그[예수 그리스도]는 하나님 전체이시기도 하다. 그[예수 그리스도]는 제1위격이신 아버지이시다. 그[예수 그리스도]는 제2위격이신 아들이시다. 그리고 그[예수 그리스도]는 제3위격이신 성령이시다(Lee, *Concerning the Triune God—the Father, the Son, and the Spirit*, Chapter 1, Section 12). 그리고 Lee는 '그는 아버지이시다'(He is the Father)라는 글에서 다음과 같이 주장한다.

아들은 아버지로 불린다. 그러므로 아들은 아버지이심이 틀림없다. 우리는 이 사실을 깨달아야 한다. 그분은 아버지로 불리시지만 참으로 아버지는 아니시라고 말하는 사람들이 있다. 그러나 그분이 아버지로 불리심에도 불구하고 어찌 아버지가 아니실 수가 있는가? 아무도 그분께 가까이 가지 못하는 곳에서(딤전 6:16) 하나님은 아버지이시다. 그분이 자신을 나타내기 위해서 오실 때 그분은 아들이시다. 그래서 한 아들이 주어졌다. 하지만 그의 이름은 "영원하신 아버지"로 불린다. 우리에게 주어진 바로 이 아들은 바로 그 아버지이시다(Lee, *The All-Inclusive Spirit of Christ*, Chapter 1, Section 1).

위에서 보듯이 Lee와 지방교회는 아버지와 아들을 구별하지 않는다. 아들과 성령을 구별하지 않는다. 삼위의 구별을 흐리고 혼동하며 구별하지 않음으로 삼위를 일위로 여기게 만든다. 반면에 위에 열거한 세 가지 견해를 가지고 있는 정통 신학자들 중 어느 누구도 지방교회처럼 삼위를 혼동해서 말하거나 삼위의 구별을 흐리거나 삼위(三位)를 일위(一位)로 만드는 사람은 없다. 오히려 그들은 삼위를 항상 구별한다. 심지어 '경륜적 삼위일체'를 논하면서도 삼위의 구별을 항상 유지한다.

정통 교리는 '삼위와 한 본질'을 주장하고, 양태론 이단 교리(異端 敎理)는 '일위와 한 본질'을 주장한다. 지방교회는 하나님과 관련하여 '하나'라는 수를 말할 때, 즉 '한 분'이라고 표현할 때는 하나님의 '위격'을 가리키는 것이어야 한다고 주장한다. 그리고 그들은 이것을 '한 인격'(a person) 혹은 '한 신격'이라고 표현한다. 이런 맥락에서 볼 때 지방교회는 분명히 '삼위일체론 이단'이다. 하나님과 관련하여 '하나'라는 수는 하나님의 '본성'을 가리키는 것이다. 하나님과 관련하여 '하나'라는 수를 하나님의 '위격'을 가리키는 것이라고 말하면, 지방교회처럼, 이단(異端)이 되는 것이다. 지방교회는 '겉으로는' 삼위를 말하지만, '실제로는' 일위를 주장한다. 그래서 지방교회가 실질적으로 일위일체론을 주장하는 양태론적 이단이라고 비판하는 것이다.

정통 신학자들은 '동일시'(同一視)와 '동일함'을 구분한다. 그러나 지방교회는 동일시(同一視)와 동일함을 같은 것으로 본다. 정통신학은 '위격의 경륜적 동일시'(同一視)를 말할 때 '위격의 동일함'을 말하지 않는다. 반면에 지방교회는 '위격의 경륜적 동일시'(同一視)를 말할 때 '위격의 동일함'을 말한다. 또한 비성경적인 개념들 즉 '위격의 진화, 위격의 탈바꿈, 위격의 전환' 등을 말한다. Lee의 삼일론은 양태론에 해당하는 것이 확실하다.

> 정통교회 신학자들은 지방교회의 삼일 하나님 양태론에 대해 어떤 평가를 하고 있는가? 1996년부터 98년까지 월간지 『교회와 신앙』의 발행인 최삼경 목사는 Lee 측과 벌인 논쟁에서 Lee의 삼위일체론을 변형된 양태론으로 규정한다.
> "필자는 최삼경 목사의 말에 동감한다. 그러면서도 필자는 Lee의

삼위일체론을 양태론이라고 말할 가치조차도 없는 것으로 생각한다. 양태론은 합리주의적 이해에서 출발하는 삼위일체 이해로 나름대로 전제와 논리성을 갖추고 있다. 그러나 Lee의 경우는 논리성을 결여한 채로 겁 없이 거룩하신 하나님께 전혀 부적합하고 불경스런 비유를 들면서 조잡한 설명으로 일관하고 있어서 신학적으로 논쟁할 가치조차 없음을 발견한다. Lee는 너무 많은 비유와 설명으로 일관하고 있어서 일일이 들어 말할 수조차 없을 정도다. 그럼에도 불구하고 일일이 대꾸하고 논쟁을 한 최삼경 목사의 노고를 치하한다"(김영재 교수).

개신교계의 저명한 신학자 차영배, 이종성, 그리고 김명용 교수가 모두 한결같이 Lee의 양태론을 전통적인 삼위일체론에서 벗어난 이단적 삼위일체론으로 평가하고 있다.

우리는 세 신을 믿는 것이 아니고, 세 신격으로 존재하시는 한 분 하나님을 믿는 것이다(김경수, 2001). 정통 신학자들의 이와 같은 주장을 지방교회에서는 삼신론이라고 비판하는 것이다.

지방교회는 물을 액체와 고체와 기체의 비유로 설명하기도 하며, 수박과 수박조각과 수박즙으로 삼위일체를 비유하기도 한다. 전형적인 양태론이다. 하나님은 유일무이한 존재로서 세상의 어떤 물질에 대한 유비와 비교할 수 있는 분이 아니다. 이들은 교묘하게 삼위일체 교리를 부정하고 있다. 뿐만 아니라 지방교회의 양태론은 결국 지방교회 성도들에게 들어온 성령이 곧 하나님 자신이며 예수이기도 하고, 예수를 '하나님-사람'(God-man)의 첫 샘플이라고 부르며, 성도들도 예수와 동일하게 신인(God-man)이 된다고 주장하며 이것을 하나님의 실재 또는 그리스도의 실재를 누린다고 한다(이인규, 2017).

　Lee는 삼위일체론을 말할 때 제법 양태론적(수박, 조각, 쥬스 등) 비유를 하면서도 명백하게 삼위양태론을 주장하거나 가르치지는 않았다. Lee가 삼위의 구별을 말하지 않은 것은 아니다. 그러나 그는 삼위를 한 인격, 세 가지 측면들, 세 가지 단계들(One person, three aspects, three stages) 쪽으로 가르쳤다. 삼위 간에 구별(distinction)을 말하긴 했지만 세 위격의 구별보다는 서로 다른 측면들(aspects)로 표현했다.

> "왜 그분의 경륜을 이루는데 하나님의 세 인격들이 필요한가? 아버지와 아들과 성령은 서로 다른 세 하나님이 아니라, 세 인격으로 나타난 한 분의 하나님이다"(『하나님』, p. 363)

　Lee는 한 하나님이 세 가지 양태로 존재한다는 양태론적 이단이다(허호익, 2016).

> "그러므로 아버지의 사랑과 아들의 은혜와 성령의 교통은 세 개의 서로 다른 것이 아니라, 우리가 소유하고 누리기 위한 한 가지의 세 단계이다. 마찬가지로 아버지, 아들, 성령은 세 하나님이

아니라 우리가 소유하고 누리기 위한 한 하나님의 세 방면이다. 예를 들어 얼음은 물이 되고 물은 수증기가 된다. 즉 한 실체가 세 가지 형태를 띠고 있다. 그 실체가 수증기의 상태에 이를 때에 우리가 호흡하는 데 유용하다. 그러므로 아버지께서 소유하신 모든 것은 성령이 받으며, 성령은 우리가 누릴 수 있도록 그분을 우리 안으로 가져다준다. 하나님은 그분의 삼일성 안에서 설명하고 묘사하는 데 도움을 줄 수 있는 많은 예들이 있다"(『하나님』, p. 297).

지방교회의 책을 읽어보면 Lee가 전형적인 양태론자라는 것에 대해서 별다른 입증이 필요 없을 것이다. 양태론이란 성부 성자 성령은 한 하나님이 자신을 나타내는 3가지 형식에 불과하다는 것이다. 성부 하나님이 직접 육신을 입고 성자 예수로 오고, 예수가 십자가에서 죽고 부활하여 살려주는 영으로 왔다는 세 과정과 세 단계를 말하고 있기 때문이며, 한 인격을 말하기 때문이다. Lee의 글을 읽고 지방교회가 양태론이 아니라는 사람이 있다면 그는 신학적으로 매우 무지한 사람일 것이다. Lee의 양태론은 하나님의 전능성에도 위배될 뿐 아니라 어제나 오늘이나 영원토록 동일하신 하나님의 불변성과 영원성을 무너뜨리는 이단 사상이 아닐 수 없다.

"그러므로 요한복음 3장 16절은 하나님이 세상을 이처럼 사랑하사 독생자를 주셨다고 말한다. 하나님은 자기의 아들을 주셨다. 이 아들이 하나님과 분리되어 있다고 여기지 말라. 우리에게 주신 바 된 이 아들이 바로 다름 아닌 그 하나님 자신이다. 당신이 아들을 영접할 때 그것은 바로 하나님을 영접하는 것이며, 당신의 기도에서 당신은 그분을 아들이라 부르지 않고 아버지라 부른다"(『하나님의 경륜 안에 있는 두 가지 큰 비밀』, pp. 18-19).

가증스러운 지방교회는 자신들이 양태론이 아니라고 거짓말을 하며, 그들을 비판하는 자들을 삼신론자라고 몰아세운다. 문제를 직시하지 않고 상대에게 투사하는 방어기제를 쓰고 있다. 그들이야말로 십자가에서 하나님을 죽이는 자들이다(이인규, 2018).

"삼위일체의 삼위는 하나님의 경륜의 과정에서 세 가지 연속적인 단계(three successive steps)가 된다. 아버지와 아들과 성령은 세 하나님이 아니고 우리가 소유하고 기뻐할 수 있는 하나의 하나님의 세 단계(three stages of One God)인 것이다"(Lee, 『신약성경 안에서 보는 놀라운 그리스도』).

"어떤 사람들은 나에게 아들이 아버지이고 주님이 그 영이라고 말하지 말라고 충고했다. 그러나 그들이 충고할수록 나에게는 성경이 말하는 것을 말할 힘이 더 생긴다. 나는 성경에 따라 아들이시고, 사람이 되셨고, 우리 죄를 위하여 십자가에서 돌아가셨고, 죽은 자들 가운데서 부활하신 우리 그리스도가 오늘 아들일 뿐 아니라, 아버지와 그 영이라고 말하는 것이다"(Lee, 『신약의 결론, 성령』, p. 42).

단일신성이 성부와 성자와 성령이라는 세 가지 양태(model)로 나타나고 사역한다는 단일신론을 말한다. 일신삼위(一神三位)가 아니고 일신삼역(一神三役)이라는 것이다. 그러나 성경은 한 분이신 하나님이 세 가지 가면을 쓴 것이 아니고 하나님 아버지와 하나님 아들과 성령을 별개의 인격체로 묘사한다. 지방교회가 삼위일체라는 말을 버리고 삼일 하나님이라는 말을 쓰는 것은 전통적인 삼위일체를 믿지 않는다는 증거이다(심창섭 외, 1997; 허호익, 2016).

삼위일체 하나님의 진리는 우리가 하나님을 만나고 예배하기 위한 것이다. 신자들이 배우는 모든 진리나 말씀은 하나님을 섬기고 예배하기 위한 것이다. 삼위일체도 마찬가지다. 우리가 기도를 드리는 것도 하늘에 계신 아버지께 드리는 것이다. 그리고 한 성령 안에서 예수의 이름으로 기도를 드리는 것이다. 그런데 Lee의 가르침 가운데 예배를 위한 그의 삼위일체론은 단일신론에 가까우니 양태론적이라고 말하지 않을 수 없다. 그들의 찬송에 잘 나타나 있다. "하나님은 아들 안에 아들은 성령으로 내 안에 있네" 즉 삼위의 구별이 매우 약하다. 영 안의 주님과 하늘 보좌의 주님과 하나라고 말하기도 하고...그들의 집회를 참여하면 그 어디서나 "하나님 아버지여, 하늘에 계신 하나님이여"라는 기도를 들을 수 없고 그저 언제나 "오 주 예수님" 외친다. 그들의 집회에서는 늘 제2격 외에는 없다. 그들은 주 예수만 부르면 아버지, 성령이 다 함께 오신다고 말한다. 매우 그럴듯하지만 단일신론이거나 양태론적이다.

이들의 신앙은 제2격 예수님에게 치우쳐 있다. 아버지가 없다. 아들은 언제나 우리를 그분을 보내신 아버지께로 인도했고 아버지를 위했다. 제자들에게 기도를 가르칠 때도 "하늘에 계신 우리 아버지"께 기도할 것을 가르치셨다. 성도가 믿어야 할 대상은 아들만이 아니라 아버지라고 가르치셨다. 그들의 실행은 "오 주 예수여, 오 주 예수여"할 뿐 아버지를 인식하여 부르는 것을 거의 보기 어렵다. 아쉽게도 이들의 예배와 신앙에서 아버지의 존재를 찾아보기 어렵다(Yu, 2009).

성경은 성부 하나님으로부터 성자 예수님이 보내심을 받고, 성령도 다른 보혜사로 보내심을 받았으며, 성자는 성부의 보내심을 받아 구속 사역을 완성시키시고 성령은 성부 하나님의 창조 사역을 인간에게 믿게 하시고 성자의 하나님의 아들 되심과 구속 사역을 증거 하게 하시는 역할을 하시는 것이나 언제나 사역에 있어서는 동등한 권위로서 사역을 하신다고 가르친다(마 28:19-20; 고전 12:5).

하나님께서 삼위일체로 계시되신 중요한 목적 중 하나는 우리의 구원이다. 즉 성부 하나님은 우리의 구원을 계획하셨다. 성자 하나님은 성부께서 세우신 구원계획을 실행하셨고, 성령 하나님은 성부와 성자께서 계획하시고 실행하신 것을 각 개인에게 적용하신다(김호성, 2016).

성부는 창시자(Originator)이시고, 성자는 계시자(Revealer)이시며, 성령은 완성자(Completer)이다. 성부는 성자를 통해 성령의 능력으로 행하신다. 하나님이 하시는 모든 일에 있어서, 성부는 행하시되, 성자를 통해, 성령의 능력으로 행하신다(엡 2:18; Stanley Grenz, 2000). 하나님은 일체이시지만, 삼위로 존재하신다는 사실을 선언하고 있다. 성부는 100% 완전한 하나님이시고 성자도 완전한 하나님이시고 성령도 완전한 하나님이시며 각 위격은 완전한 신성을 소유하고 계시다(피영민, 2018).

삼위일체론은 하나님에 대해 인간이 다 이해할 수 없는 신적인 신비의 영역에 속한 부분이다. 어거스틴은 "이해할 수 없으나 믿을 수 있는 진리"라고 했다. 하지만 이 하나님의 존재 양식을 쉽게 설명하려다 이단이 된 경우가 있다.

① 동태적 군주신론(Dynamic Monarchianism: 예수는 착한 인간이라서 하나님의 신적 능력이 인간 예수 안에서 다이나믹하게 나타났을 뿐 예수는 하나님이 아니라는 주장)

② 양태론적 군주신론(Modalistic Monarchianism: 사벨리우스(Sabellius) 주의라고도 하는데, 하나님이 구약에는 성부로, 복음서 시대에는 성자로, 교회 시대에는 성령으로 옷을 갈아입고 나타나셨다는 주장)

③ 아리우스주의(Arianism: 예수는 하나님도 아니고 인간도 아닌 중간적 존재라는 사상). 바로 이 아리우스주의로 인해 AD 325년에 니케아 종교회의가 열려 성자는 완전한 하나님이심을 교회가 공표하게

되었다. 삼위일체의 하나님은 삼위로 분할되는 것은 아니지만, 각 위격의 고유성을 가지고 있기 때문에 구별된다.

참고로 '삼신론'(Tritheism)이라는 것이 있는데, 성부와 성자와 성령이라고 하는 세 분의 신(하나님)이 각각 분리되어 계시다는 주장이다. 다시 말해, 세 분의 신을 믿는 이러한 주장은 삼신론이 되고 만다. 이러한 삼신론은 인격뿐만 아니라 본질도 셋으로 분리시키는 이단적 주장이다.

한 하나님이 구약에서는 성부로, 신약에서는 성자로, 십자가 이후로는 성령의 세 양태로 나타난다는 것이 양태론이다. 물이 얼음과 수증기로도 나타난다는 것이 바로 양태론이다.

"아버지와 아들, 성령은 세 하나님이 아니라 우리가 소유하고 누리기 위한 한 하나님의 세 방면이다. 예를 들어, 얼음은 물이 되고, 물은 수증기가 된다. 즉 한 실체가 세 가지 형태를 띠고 있다. 그 실체가 수증기의 상태에 이를 때에 우리가 호흡하는데 유용하다"(Lee,『하나님』, p. 297).

계속해서 Lee의 가르침을 들어보자.

"아버지는 온전한 수박으로 설명된다. 아들은 조각난 수박으로, 성령은 수박의 즙으로 설명되어진다. 이제 여러분은 요점을 알

수 있다. 아버지는 아버지일 뿐 아니라 아들도 된다. 그리고 아들
은 아들일 뿐만 아니라 성령이 되기도 한다. 바꿔 말하면 이 수박
을 먹기 위한 조각도 되고, 우리 안에 있는 즙도 된다"(『하나님의
경륜』, pp. 55-56).

지방교회의 신관은 누가 보아도 양태론에 해당한다. Nee와 Lee의 지방교회, 배타적이며 폐쇄적인 형제교회의 분파들, Nee의 사상에 영향을 받은 권신찬과 이요한의 구원파, 베뢰아 김기동 목사, 다락방 류광수 목사도 양태론자로 단일 인격의 세 양태를 주장한다(이인규, 2017).

지방교회의 양태론은 베뢰아 김기동(1988)의 신관에 다음과 같이 반영되어 나타나고 있다.

"성부는 하나님의 본질이요, 성자는 하나님의 본체이시고, 성령
은 하나님의 본영이다. 그러니까 본질로서는 아버지요, 본체 곧
형상으로서는 아들이라고 하고, 영으로는 성령이라는 것이다.
삼위의 각각 개체의 인격을 가지고 있는 것이 아니고 아버지와
아들과 성령은 장소에 따라 불리는 이름이 다르다. 이는 곧 세모
꼴이 어디서 보나 하나인 것과 같다. 서로 각각 인격을 가지고 있
는 것이 아니다…예수님의 겟세마네 동산의 기도는 자기가 자기
안에 있는 아버지에게 기도한 것이다"(베뢰아 9기생 강의녹음테이
프 9-2).

삼위일체를 믿지 아니하면 하나님에 대한 모든 신앙 행위와 고백이 빗나갈 수밖에 없다. 그러므로 이 진리를 부인하면, 결국 이단에 떨어지고 마는 것이다. 우리가 예수를 믿는다고 할 때, 하나님을 어떤 분이라고 믿는가, 무엇을 죄라고 믿는가, 그리고 무엇이 구원이라 믿는가 하는 것은 매우 중요한 의미를 지닌다. 우리의 영원한 운명, 천국과 지옥이 여기서 갈린다 해도 과언이 아니다.

성경은 하나님이 영(요 4:24)이라고 말한다. 하나님이 눈에 보이지 않고 시간과 공간을 초월하시는 분이라는 뜻이다. 하나님이 영이라는 것은 하나님이 인격적인 존재가 아니라는 의미가 아니다. 하나님은 인격적인 영이시다. 하나님은 인격자로서 우리의 생명의 원천이시다. 영으로서 세상과 관계하신다. 그러나 지방교회에서는 하나님이 영이기 때문에 육체를 가져야만 인격을 나타낼 수 있다고 주장한다. 만약 이 주장이 옳다면, 성령이나 귀신도 모두 인격이 아닐 것이다.

정통신앙은 하나님이 어떤 분이신가에 대해 공통된 신앙고백을 한다. 사도신경에 나오는 신관을 공유하고 있다. 우리는 무엇보다 하나님의 인격성을 믿는다. 하나님은 지정의를 갖추신 인격이시다. 따라서 하나님은 사랑이시고 거룩하시고 진리가 되심을 믿는다. 아버지와 아들과 성령으로 거하시는 삼위일체 하나님을 고백한다.

우리는 그리스도를 신뢰하고 믿고 의탁하기로 한다. 복음서들은 우리에게 제자들이 그리스도의 정체와 중요성에 관해 점차 더 많이 알아가면서 그들의 신앙도 성장하는 것을 보여준다. 맨 처음에 그들은 그분을 신뢰했다. 그리고 시간이 흐르면서 그분이 누구인지, 그리고 왜 그분이 중요한 인물인지를 깨닫게 되었다. 이미 신약성경에서부터 이 깨달음이 하나님과 그리스도에 대한 개인적인 신뢰로 이어지고, 그것이 두 분의 정체성에 대한 믿음의 내용, 즉 교리적 진술로 보충되고 있는 것을 볼 수 있다. 기독교는 신자가 하나님을 신뢰할만한 분으로 영접하는 일에 바탕을 둔 지극히 관계적인 신앙이라 할 수 있다(맥그래스, 2011).

신앙 신조와 교리적 틀은 나사렛 예수 안에서 또 그분을 통하여 하나님과 만나고 그분을 알게 되는 결정적인 경험을 이해하기 위하여 생겨난 것이다. 기독교 신학은 나사렛 예수의 삶과 죽음과 부활 안에 나타난 하나님의 계시와 활동에 대한 그리스도인의 경험 위에 일종의 보호망 역할을 한다.

이단은 교회의 순결을 오염시키고 더럽게 하는 오염물질에 비유되기도 한다. 교회 역사는 이와 같은 지적 오염이나 도덕적 불결함을 가져오는 인물이나 집단을 축출하려는 시도의 연속이라 할 수 있다.

삼위일체 하나님 vs 삼일 하나님

지방교회는 기독교의 삼위일체 하나님 대신 삼일 하나님(Triune God), 즉 양태론적 삼위일체를 주장한다. 역사적 기독교에서는 신론을 이해할 때 삼위일체라는 표현을 사용한다. 하나님께서 하나의 본질에 세 위격으로 계신다는 믿음이다.

성부의 구원계획, 성자의 구원 성취, 그리고 성령의 구원을 적용하는 사역은 전체적으로 하나의 통일성을 보여준다. 즉 성부가 계획하신 모든 구원계획은 성자를 통하여 그대로 성취되었고, 성령 안에서 실제로 완성되었다. 우리가 받는 구원은 삼위일체적 구원이다.

하나님은 유일하시며, 성부, 성자, 성령이 각각 하나님이시라는 것 그리고 각각 뚜렷한 별개의 인격이라는 세 가지 사실을 확증한다. 하나님은 그 본질, 인격, 의지 면에서 하나이지만, 위격, 특성, 사역 면에서 다양하게 나타난다. 그러나 삼위일체는 그 안에 담긴 내용 자체의 오묘함으로 풀이가 쉽지 않은 것이 사실이다. 한 분 하나님을 강조하게 되면 양태론으로 빠질 위험이 있고, 세 분의 인격을 강조하게 되면 삼신론으로 이해되기 쉽다.

양태론(modalism)이란 무엇인가? 『아가페신학사전』은 양태론을 이렇게 정의한다.

> "하나님께서 창조주로서는 성부로 나타나셨고, 구주로서는 성자 예수님으로 나타나셨으며, 성화의 주로서는 성령으로 나타나셨다는 것"

즉 양태론은 삼위일체가 아닌 일위일체를 주장하는 것이다. 양태론은 삼위일체 하나님이 각각 다른 세 인격체가 아니라 단지 모습, 즉 양태만이 다른 것이라고 보는 관점이다. 예를 들어, 어떤 사람이 가정에서는 가장이고, 학교에서는 선생님이고, 교회에서는 집사라는 식으로 하나님을 설명하는 것이다. 지방교회(호함파)는 양태론적 단일신론을 주장하는 것으로 유명하다.

Lee는 구약에서의 하나님에게는 신성만 있었으나 성육신의 과정을 통과하여 '사람과 함께 한 하나님', 즉 '하나님-사람'이 되었다가 부활을 통하여 인성을 포함한 영으로 변형됨으로써 '하나님의 세 인격은 세 영들이 아닌 하나의 영'으로 세 인격이 한 영 안에 있는 '삼일 하나님'이 되었다고 한다. '삼일 하나님'이란 하나님은 성육신의 과정을 거치는 단계를 통해 세 인격이 하나로 발전된 것이라는 말이다(Lee,『하나님의 경륜』;『그 영과 몸』).

구약에서는 하나님만이 사역하셨고, 그 하나님이 육신을 입고 직접 예수로 오셨다고 보며, 십자가에 달리신 분이 결국 육신을 입은 하나님 자신이라고 보며, 죽음과 부활 후에는 살려주는 영이 되었다고 주장한다. 이들이 말하는 삼위는 결국 하나님 자신이 거치고 변화되는 단계와 과정을 의미한다. 삼위 안에 구별이 없고 아버지 아들 성령은 단지 세 가지 모양의 나타남이라고 주장한다. "아들이 역사하실 때에는 아버지도 되시고 성령도 되신다"는 지방교회의 말은 '경륜적 일위일체론'(一位一體)을 말한다. 성경 여러 곳에서 아버지는 아버지이시고, 아들은 아들이시며, 성령은 성령으로 언급되는 데도, 지방교회는 "오 주 예수여, 오 주 예수여" 할 뿐 아버지를 인식하여 부르는 것을 거의 보지 못한다.

성자의 이름만 부르고 아들에게만 기도하며 모든 신앙 활동에 있어서 아들에 치중된 것을 보며 결과적으로 그들에게는 아들만 있고 아버지는 잊어버렸거나, 그들 신앙에서 아버지는 없는 것 같다. 자신들은 삼위 양태설을 부인하나 그 위험성이 존재함을 부인할 수 없다.

예수님께서도 제자들에게 기도를 가르치실 때, "하늘에 계신 우리 아버지"(마 6:9)에게 기도하라고 하셨다. 그러나 지방교회 교인들은 "아버지는 아들 안에 아들은 성령 안에"라고 하는 노래를 부른다. 어떤 것이 성경의 근거를 가진다고 해서 올바르다고 말해서는 안 된다. 구분의 면은 부족한 채 일치의 면을 강조하면 결국 양태설에 빠지게 되는 것이다.

아들만 있고 아버지를 신앙하지 않는 결과는 어떠한가? 그것은 신앙에 있어서 근본을 모르는 것이 되며, 아버지에 대한 근원적인 사랑과 경배와 경외가 부족하게 된다. 즉 아들을 통해 이루어주신 모든 것(은혜)을 누리는 것은 있어도 근본이신 아버지에 대한 사랑, 감사와 경배, 경외가 소홀하게 된다. 일반교회 성도들과 비교할 때 그 현저한 차이를 느낄 수 있다. 일반교회 성도들은 하나님에 대한 두려움이 있어 함부로 말하지 못하고 두려워하는 것을 지방교회 사람들은 거침없이 말하는 면이 많다.

구약은 많은 부분을 할애해서 하나님의 위엄과 광대하심, 위엄, 두려움을 가르친다. 신약에도 바울은 고후 5:11에서 "우리가 주의 두려우심을 알므로 사람을 권하노니"라고 하며 하나님의 두려우심을 가르쳤다. 그러나 지방교회 삼위일체론은 과정을 거쳐 만유를 포함한(다 보태어 하나 된), 삼일 하나님의 복합적인 영만 누리면 다 되는 것처럼 말하지 않는가! 그것이 삼위일체 신앙에서 정상적이라고 보는가?
정통교회에서 주장하는 삼위일체는 무엇인가?

"하나님이 삼위라는 말은 성부가 성자가 아니라는 말이다. 그들은 독립된 인격체이다. 또 성부는 성령이 아니라는 의미이다. 그들은 독립된 인격체이다. 그리고 성자는 성령이 아니라는 의미이다. 하나님의 자기 계시는 서로 상호작용 하고 있는 세 위격들 가운데서 각각 구별된 모습으로 나타난다"(Wayne Grudem).

Lee는 주장한다.

"하나님, 그리스도, 성령도 세 인격 안에 나타난 한 분 하나님이시다. 하나님은 근본이요, 그리스도는 하나님의 표현이요, 성령은 그리스도 안에서 하나님을 사람 안에 전해주는 것이다. 그러므로 삼일성의 세 인격은 하나님의 경륜의 과정 안에서 이어지는 세 단계가 된다"(Lee, 『하나님의 경륜』).

한편 Lee의 양태론에 영향을 받은 다락방 류광수는 영적인 인간이해에 따라 성령이 인간과 연합하는 신인합일주의를 가르치고 있다. 이 신비주의적 경향은 신과 인간의 존재론적 합일을 주장하는 범신론적 신비주의를 말한다. 이는 전통적 기독교가 주장하는 사랑의 신비주의적 기독교적 영교가 아니라, 신과 인간의 영합을 말하는 위험성이 있다(기독교대한감리회, 2014).

Lee는 성부와 성자와 성령을 삼위(three persons)가 아닌 세 가지 단계(three stages)라고 표현한다. 이러한 표현은 결코 성경이나 정통신학의 표현이 아니다. 그리고 삼위의 하나님이 '전환' 혹은 '진화' 혹은 '탈바꿈' 한다고 말한다. 물론 이러한 개념도 결코 성경적인 가르침이나 정통신학의 개념이 아니다. 이런 맥락에서 노먼 가이슬러(Norm Geisler)와 론 로즈(Ron Rhodes)는 다음과 같이 말한 것이다. "지방교회는, 한 분의 하나님이 세 가지 단계 혹은 세 가지 연속적인 단계로 자신을 표현하시는, 진행적인 형태의 양태론(a progressive form of modalism)을 가지고 있다는 주장이 제기될 수 있다. 즉 그리스도는 삼위이시고 삼위는 그리스도이시다. 일위(一位)가 삼위(三位)이며 삼위가 일위라는 말은 결국 양태론의 개념이다." Lee는 삼위와 그리스도를 동일한 분으로 간주한다.

예수 그리스도는 제1위격이신 아버지이시다. 그 '예수 그리스도'는 제2위격이신 아들이시다. 그리고 그 '예수 그리스도'는 제3위격이신 성령이시다. Lee는 삼위의 본질에 관한 것이라는 적절한 설명이 없이, 제2위격이신 아들이 제1위격이신 아버지이시며 또한 제3위격이신 성령이시라고 말한다. 이 말에는 삼위(三位)의 구별이 없다. 오직 일위(一位)가 있을 뿐이다. 이는 구별된 삼위와 한 본질의 하나님을 말하는 정통 삼위일체론이 아니라 양태론 이단 교리인 것이다!(*Concerning the Triune God—the Father, the Son, and the Spirit*, Chapter 1, Section 12)

아버지와 아들과 성령은 세 하나님이 아니라 우리가 소유하고 즐기기 위한 '한 하나님의 세 가지 단계'(three stages of one God)인 것이다. 예를 들면 얼음이 물이 되고 물이 수증기가 된다. 한 본질이 세 가지 형태를 취하는 것이다. 그것이 수증기 단계가 될 때 그것은 우리가 들이마실 수 있게 된다(Witness Lee, *Concerning the Triune God—the Father, the Son, and the Spirit*, Chapter 1, Section 14).

"우리가 또한 삼일적(三一的)으로 아들 그리스도의 실제화이신 그 영과 함께 살아야 한다. 당신이 '오 주 예수 그리스도여'라고 부를 때 당신은 주님을 누린다. 당신이 주님을 누릴 때 즉시 당신 안에 계신 주님은 그 영이시다. 주님은 그 영으로 실제화되신다. 주님을 더 부를수록 당신은 그리스도의 실제화(實際化)이시며 실제의 영이며 당신 안에 계신 그 영을 더 갖게 된다. 실제란 주로 삼일 하나님의 신성한 성분 안에 있는 존재 자체를 가리킨다. 그 영이 하나님의 실제이다"(Lee, 『새 예루살렘』, p. 396).

"그러므로 아버지의 사랑과 아들의 은혜와 성령의 교통은 세 개의 서로 다른 것이 아니라, 우리가 소유하고 누리기 위한 '한 가지의 세 단계'이다. 마찬가지로 아버지, 아들, 성령은 세 하나님이 아니라 우리가 소유하고 누리기 위한 '한 하나님의 세 방면'이다. 예를 들어 얼음은 물이 되고 물은 수증기가 된다. 즉 '한 실체가 세 가지 형태'를 띠고 있다. 그 실체가 수증기의 상태에 이를 때에 우리가 호흡하는 데 유용하다. 그러므로 아버지께서 소유하신 모든 것은 성령이 받으며, 성령은 우리가 누릴 수 있도록 그분을 우리 안으로 가져다준다. 하나님은 그분의 삼일성 안에서 설명하고 묘사하는 데 도움을 줄 수 있는 많은 예들이 있다"(Lee, 『하나님』, p. 297).

Lee가 주장하는 삼일 하나님은 과정을 거친 삼일 하나님으로 하나님께서 사람에게 자신을 분배하기 위해 과정을 거치셨다는 것이다. 그의 사상은 하나님의 전능성에도 위배될 뿐만 아니라 또한 어제나 오늘이나 동일하신 하나님의 불변성과 영원성을 무너뜨리는 잘못된 가르침이다.

Lee에게 삼위는 한 인격, 한 영에 포함된 성분과 같다. 아버지가 아들이 되었고, 아들이 성령이 되었기 때문에, 그 영에 아버지와 아들이 포함되어 있다는 것이다. 이것이 그들의 상호내재라는 변명의 실체다(이인규, 2015).

"예수 그리스도는 God-man의 첫 샘플이며, 지방교회 교인들도 그와 똑같은 God-man이 될 수 있다...아버지는 아버지일 뿐 아니라 아들도 된다. 그리고 아들은 아들일 뿐 아니라 성령이 되기도 한다. 아버지와 아들과 성령은 서로 다른 세 하나님이 아니라, 세 인격으로 나타난 한 분 하나님이다"(Lee, 『신약의 결론, 하나님』).

"하나님이 나사렛 예수에게 성령과 능력을 기름 붓듯 하셨으며"(행 10:37). 하나님과 예수와 성령이 동일한 실체라면 이를 지방교회는 어떻게 설명할 수 있겠는가? 하나님께서 자신 안에 있는 예수에게, 자신 안에 있는 성령을 부어주셨는가? 아니면, 부어주시는 하나님에게도 삼위가 상호 내재하고 있고, 부음을 받으시는 예수에게도 삼위가 상호 내재해 있으며, 붓는 성령도 삼위가 상호 내재하고 있다는 말인가? 자신이 자신에게 자신을 부어주었는가?

지방교회의 주장은 명백한 양태론이다. 어느 누가 보아도 양태론이 아니라고 할 수 없다. 정통 삼위일체는 본질로는 한 분이시지만, 인격으로는 셋으로서 서로 구별이 되며 상호교류가 가능하여야 한다. 그러나 지방교회는 한 인격과 한 실체를 주장하며, 한 인격이 세 과정과 세 단계를 거친다고 주장한다(이인규, 2010).

상호내재 삼일 하나님을 주장하는 지방교회에게 묻고 싶다. 예수께서 십자가에 운명하실 때, "아버지여 내 영혼을 아버지에게 부탁하나이다" 하였을 때, 자기 안에 있는 아버지에게 자기 영혼을 부탁했다는 말인가? 스데반이 '성령'이 충만하여 '하나님' 우편에 앉은 '예수님'을 보았다. 이 삼위는 모두 구별되지 않는 동일한 하나의 인격인가? Lee는 다음과 같이 어처구니없는 말로 이 질문에 그렇다고 대답한다.

> "어찌 주님이 기도하시는 아들과 그 기도를 들으시는 아버지가 될 수 없겠는가? 기도하는 것을 듣고 계시는 아버지는 기도하는 아들이시며, 기도하는 아들은 또한 그 기도를 들으시는 아버지이다"(Lee, 『신약의 결론, 하나님』, p. 323).

그들의 신관에 대하여 언급한 바가 있지만 삼위 하나님의 제2격에 치우친 기도를 드린다. 주 예수님은 제자들에게 기도를 가르치실 때 "하늘에 계신 우리 아버지여"라고 하며 아버지께 기도드리는 것을 가르치셨다. 요한복음 14:13~16에 보면 아버지와 아들이 구분되어 있음을 알 수 있다. 예수께서는 제자들에게 내 이름으로 무엇을 구하든지 내가 시행한다고 하셨다. 나는 이것이 성도들이 아버지께 간구할 때 아들의 이름으로 구하는 것을 일컫는 말씀이라고 믿는다.(구원파 지도자 권신찬과 유병언도 형식적으로 대표기도를 할 때 삼위를 구분하지 않고 '주님'께 '주님'의 이름으로 기도한다. 이단에서는 아버지께 예수님의 이름으로 한 성령 안에서 기도하는 것이 중요하지 않기 때문이다). 사도 바울은 하나님의 자녀들이 "예수 그리스도로 말미암아 한 성령 안에서 아버지께 나아간다"(엡 2:18)고 가르치고 있다.

게다가 지방교회 교인들은 예수를 먹고 마시기 때문에, 즉 영 안에 있기 때문에 죄를 회개하는 대신 "오 주 예수여" 하고 외치기만 하면 된다고 한다. 하나님은 인격이 아닌 영이라 가르치고 인간의 영에는 인격적 기능이 없다고 가르친다.

약간 입장 차이가 있을 수 있으나 영은 선하고 혼과 육은 악한 것이라는 이원론적이고 영지주의적 사고에서 일치하고 있다. 인격이라 함은 지(知), 정(情), 의(意)를 말하는 것인데, 영의 인격이 다르고 혼의 인격이 다르다고 주장하기도 한다. 삼분설에 의한 잘못된 신론과 인간론으로 말미암아 성경해석도, 삼위일체론도, 죄론도, 구원론도 성경과 정통신학과 거리가 먼 엉뚱한 방향으로 흘러가게 된다.

이단전문가 김홍기(2014) 박사는 지방교회와 교리논쟁을 마무리하면서 다음과 같은 결론을 내리고 있다.

"지방교회는 하나님의 본질과 위격을 혼동하는 삼위일체론 이단(異端)이다. 하나님의 한 본질을 하나님의 한 인격으로 혼동하는 이단인 지방교회, 그래서 그들은 삼위의 한 본질을 신봉하는 정통 삼위일체론을 삼신론으로 공격한다. 즉 이단 교리를 근거로 정통 교리를 이단 교리라고 몰아세운다(저들을 비판한 최삼경 목사를 삼신론자로 몰아붙인 적이 있다). 그리고 이렇게 하면서 정통 신학자들의 견해를 정반대로 왜곡하여 '새빨간 교리 사기'를 상습적으로 또한 전문적으로 자행한다. 무지하기 때문에 이런 짓을 하고 있다면 이런 선무당 같은 자들을 정당한 신학적 논의에서 배제시켜야 마땅하다! 그러나 알고 이런 짓을 하고 있다면 이런 새빨간 교리 사기꾼들을 정통 기독교로부터 퇴출시켜야 마땅하다! 지방교회의 간교한 양태론 이단 교리는 정통교회와 정통 삼위일체론을 교란시키고 위협하는 악성 암세포이다."

그래서 신학자 허호익(2016)도 Lee는 "세 인격이 한 영 안에 있는 '삼일 하나님'이 되었다"는 주장을 하고, 성부, 성자, 성령 하나님의 독자적 인격성을 부인하고 한 하나님이 세 양태로 존재한다는 양태론적 이단이라고 결론을 내리고 있다.

2. 기독론: 그리스도에 대한 가르침

예수는 누구인가? 그것을 공부하는 것이 기독론이다. 즉 예수는 하나님인가? 사람인가? 정통 기독론의 핵심은 세 가지이다.

(1) 예수는 '참 하나님'이다.
(2) 예수는 '참 사람'이다.
(3) 예수는 '참 사람이며 참 하나님'이다. 예수님은 100% 하나님이었으며, 100% 참 사람이었으며, 신적 의지와 인적 의지를 모두 갖고 계셨다. 예수님은 하나님이셨고 동시에 사람이셨지만 언제나 동일한 한 인격만을 갖고 있었으며 분리되지 않았다. "하나님은 한 분이시요 또 하나님과 사람 사이에 중보자도 한 분이시니 곧 사람이신 그리스도 예수라"(딤전 2:5).

정통 기독교는 예수 그리스도의 인성과 신성을 분리하지 않으며, 인성과 신성이 변화되지 않은 채 하나의 인격으로 연합되었다고 가르친다. 어느 성경에서도 예수님의 인성과 신성이 구별되거나 서로 대립한 적이 없었기 때문이다. 성경적인 내용으로 볼 때에 예수는 참 사람이었으며 참 하나님이셨다. 이것은 성경이 말하는 그대로의 내용을 요약한 것이다. 성경은 예수님이 두 인격과 두 품성을 가졌다는 성경적인 내용을 단 하나도 찾아볼 수도 없기 때문이다. 또한 성경은 그분이 우리와 동일한 참 사람이었으며, 동시에 태초부터 계신 참 하나님이셨다고 기록하고 있다.

지방교회의 입장

지방교회에서 그리스도는 누구인가? 그리스도는 하나님의 한 위격의 세 가지 측면 중 하나에 지나지 않는다. 그리고 그는 하나님과 사람의 혼합체이며, 인성은 부활 후 거룩해졌다고 말한다. 그리고 그들은 하나님의 말씀이 성육신하셨을 때, 그는 그의 두 가지 본성을 '혼합'해 사람도 하나님도 아닌 존재가 되었으며, 하나님과 사람의 혼합체(mixture)인 새로운 본성(nature)을 지니게 되었다고 가르치고 있다.

예수님의 인성에 변화가 있었다고 가르친다. 예수의 인성은 부활 전에는 사람의 아들이었으나, 부활 후에는 하나님의 아들이 되었다고 한다. "예수의 인성이 아들의 명분으로 태어나기 위하여 부활이 필요했다. 부활 이전에 그리스도는 그의 신성에 따르면 하나님의 아들이었으나 그의 인성에 따르면 하나님의 아들이 아니었다"고 하여, 인성을 입은 그리스도는 거룩하게 될 필요가 있었는데, 부활을 통해 완성되었다고 한다(『그의 영과 몸』).

"성육신을 계기로 하나님과 인간, 인간과 하나님이 융화된 새로운 세대가 시작되었다"(『부활의 하나님』).
"하나님의 독생자에게는 신성만 있고 하나님의 아들로 인정된 인성이 없었다. 그러나 부활 안에서 그는 신성과 인성을 다 지닌 하나님의 맏아들이 되었다"(『그 영과 몸』).
"아버지 안에는 하나님과 사람 사이의 간격을 좁혀 줄 어떠한 것도 없었다. 그러나 이제 그는 인간의 인성 안에 성육신 되셨다. 아버지는 아들 안에서 그의 신성과 인성을 혼합하기를 기뻐하셨다"(『하나님의 경륜』).

다시 말해서, 하나님은 그의 신성을 인간의 인성 안으로 들여와 신과 인간의 혼합체인 '하나님-사람'이 되셨다는 것이다. Lee의 기독론은 결국 사람이 하나님과 똑같이 될 수 있다는 신인합일사상에서 나온 것이다.

예수님의 인성은 우리와 동일한 온전한 인성이었으며, 희로애락을 동일하게 느꼈지만 죄는 없으셨다. 지방교회의 Lee는 예수의 인성과 신성을 분리시키며 양태론적 주장을 혼합하고 있다. 그들이 말하는 그리스도는 양태론적 성부 하나님 자신이며, 그 하나님이 예수에게 들어온 영이라는 것이다. 그들이 말하는 예수의 인성은 '육과 혼'의 부분이며, 그 부분은 하나님의 아들이 아니었다고 분리시킨다. 김도빈(1997) 목사는 Lee의 주장을 다음과 같이 해석한다.

"다시 말해서, 하나님은 그의 신성을 인간의 인성 안으로 들어와 신과 인간의 혼합체인 '하나님-사람'이 되셨다는 것이다. 따라서 영이신 본래의 하나님은 없어지고 그리스도로 성육신하신 '하나님-사람'만 있게 된 것이다. 그 하나님이 아버지도 되시고 아들도 되시는 것이다."

지방교회는 또한 예수의 인성은 무죄하나 거룩하지 않다고 주장하며, 부활 후에는 거룩하게 되었다고 한다.

"그리스도께서 사람으로 오셨을 때, 그는 인성을 입었다. 그러나 그 인성은 거룩하지 않았다...그의 성품에는 죄가 없었다...그러므로 인성을 입은 그리스도는 거룩하게 될 필요가 있었다. 이것은 그의 부활을 통해 완성되었다"(『그 영과 몸』).

비록 그분의 '인간의 부분'이 죽었지만, 죽지 않은 '그분의 신성한 부분'은 영원히 산다. 그리스도는 죽은 자 가운데서 부활하실 수 있었다. 왜냐하면 그분은 자신 안에 신성한 요소 곧 거룩의 영을 갖고 있었기 때문이다...그 분이 육체 안에 사셨을 때에 '그분의 한 부분'은 다만 사람, 곧 다윗의 씨였다. 그 부분은 하나님의 아들이 아니었다. 그러면 그 부분이 어떻게 하나님의 아들이 되었는가? 그것은 죽음과 부활을 거쳐 인정됨을 통해서이다(Lee, 『새 예루살렘』).

그러므로 그분의 부활 이전에 그분은 그분의 신성 안에서 하나님의 아들이었다. 그러나 그분의 성육신으로 그분은 인성 안으로 들어가셨고 그분의 존재의 부분으로 인간의 본성을 입으셨다. 그러나 그분이 인성은 그분이 부활할 때까지는 '아들화'되지 않은, 즉 하나님의 아들로 인정되지 않았다(Lee, 『그리스도』).

Lee는 성육신을 이렇게 주장한다.

"성육신 이래로 하나님은 주로 사람 안에서 움직이셨다…오늘날 하나님은 우리 안에서 성육신 되신다"(『사람 안에서의 하나님의 움직이심』, p. 12).

"그분은 우리와 같이 되셨다. 왜 그런가? 그 목적은 우리를 그분과 똑같이 되게 하기 위한 것이다. 오늘 여러분은 하나님의 생명을 가졌고 하나님의 성품을 가졌다. 그러므로 여러분은 하나님과 똑같은 것이다"(Lee, 『구약의 예표와 신약의 계시에서 본 하나님의 경륜』, p. 63)

"하나님의 성육신 안에서는 신성이 인성 안으로 들어왔고, 인성에 더해졌다. 이 하나님-사람의 부활 안에서는 인성이 신성 안으로 가져 가졌고 신성에 더해졌다. 이것은 놀라운 왕복 교통이다. 사람의 본성과 신성한 본성, 이 두 본성이 서로 더해졌을 뿐 아니라, 한 실제, 한 인격으로 제삼의 성분을 산출하지 않고 서로 연합되었다"(Lee, 『새 예루살렘』, p. 237).

"바로 그때 그들은 안팎으로 - 생명과 본성과 기질과 몸의 형태에서 - 하나님의 맏아들과 똑같게 될 것이다"(Lee, 『하나님의 경륜과 하나님-사람의 합당한 삶』, p. 14).

Lee는 성육신의 개념을 '하나님이 당신 안으로 들어오신 것을 의미한다'고 정의하였다. 성육신을 하나님이 당신 안으로 들어오는 것, 하나님을 사람 안으로 끌어오는 것으로 설명하고 있다. 지방교회는 그리스도께서 영화롭게 높여진 것이 그리스도의 썩을 몸이 썩지 않을 몸으로 변화된 것이며, 이것을 가리켜 지방교회는 그리스도의 인성의 높여짐이라고 말한다. 그러나 성경에는 이런 말씀이 없다. Lee는 예수의 인성과 신성을 분리시키며 이단적인 기독론을 주장한다. 그 이유는 지방교회 교인을 인성(혼+육)으로 분리시켜, 예수와 동일한 존재로 만들기 위함이다. 그래서 지방교회는 예수와 그리스도가 다르다고 말한다.

지방교회는 예수를 'God-man(하나님-사람)'의 첫 샘플이라고 보며, 사람도 '하나님-사람'으로서 똑같이 된다는 것이다. 성령은 양태론자들에게 하나님이며 예수가 되기 때문이다. 즉 그들의 이단적인 양태론과 기독론, 그리고 인간론 이 세 가지가 그들의 신인합일적 신화라는 과정을 만들게 되는 것이다(이인규, 2015).

예수는 인성과 신성이 분리되지 않는다. 결코 두 인격이 부딪힌 적도 없었으며 오직 하나의 인격만 갖고 있었을 뿐이다. 정통 기독교의 기독론은 100% 하나님과 100% 사람이 하나로 연합하여 하나의 인격으로 연합되는 것을 말한다. 예수의 인성과 신성은 분리되지 않는다. 그러나 지방교회는 예수의 신성을 그리스도라고 부르며, 인성을 예수라고 하는 인간의 혼과 육으로 보는 것이다, 즉 혼과 육을 가진 지방교회 교인들은 양태론적인 그리스도(하나님 자신)가 들어오게 되면 예수 그리스도와 동일한 성육신 '하나님-사람'이 되는 것이다.

초대교회의 영지주의는 헬라의 이원론에 영향을 받아 그리스도의 참된 인간성을 부인했다. 4세기 경 아리우스파는 인간을 영, 혼, 몸의 세 부분으로 구성되었다고 보고, 그리스도의 인성은 육체와 혼의 두 부분으로만 구성되었다고 주장하고, 신적 로고스는 영의 자리를 취하였다고 주장했다.

즉 예수의 인성은 사람의 '육 + 혼'으로 보고, 신성은 그리스도로 보아서 '영'으로 분리시키는 것이다. 오늘날 지방교회와 구원파, 다락방 같은 이단들이 이와 비슷한 주장을 하는데, "예수의 신성만이 하나님의 아들이었다"고 주장하거나 "예수의 영이 하나님이었다"고 주장한다. 그들은 그리스도와 예수가 다르다고 주장하기도 하는데, 그리스도는 신성, 예수는 인성이라고 말하며, 예수에게 그리스도가 들어왔다고 가르친다(이인규, 2015).

주문으로 사용되는 "오 주 예수여."

지방교회 교인들은 모일 때나 가정에서나 개인 생활을 할 때나 Lee의 가르침에 따라 "오 주 예수여"를 주문(mantra)처럼 반복한다. 이 문구는 극히 기독교적이다. 이단연구가 잭 스팍스(Sparks: 1977)가 관찰한 것처럼, 지방교회 교인들은 이 주문을 일정한 리듬에 맞추어 반복하게 함으로 이를 심리적인 기제로 사용하고 있다. 이 '주문'을 반복해서 외치는 동안 교인들은 '최면 상태'에 들어가는 듯하다. 이들은 밤이고 낮이고 이 문구를 반복한다. 그 내용이나 의미는 중요한 것이 아니다. Lee의 말을 들어보자.

> "언제든지 우리가 진심으로 '주 예수'를 말하면, 이는 당신이 '성령 안에' 있다는 뜻이다. 우리는 집회에서나, 가정에서, 그리고 하루에 수천 번씩 '오 주 예수'를 말하는 법을 배워야 한다. 우리는 모두 이 말을 해야 한다. 성내는 것이 문제인 사람은 "오 주 예수"를 말하라. 그러면 분노가 사라질 것이다. 나는 여러분에게 말한다. 여러분은 '주 예수'를 말함으로 거룩해진다. 여러분은 그 때 성령 안에 있는 것이다"(How to Meet, p. 84).

지방교회의 가장 큰 이단성은 그리스도의 몸이 부활을 통해 생명을 주는 영, 즉 성령으로 변형되었다고 가르치는 데 있다. "예수님이 몸으로 계시면 사람 안에 들어와 생명을 줄 수 없으므로 주님의 몸이 영으로 변형되어야 사람 안에 들어와 생명을 줄 수 있다"는 것이다.

"우리가 그분 안으로 믿고 '오 주 예수여!'라고 부름으로써 그분을 우리 안으로 영접하기 위하여 그분은 죽고 부활하셔서 그분이 생명을 주는 영이 되셔야 했다. 그리스도께서 부활하신 날 하나님의 영은 그리스도의 영이 되셨다"(『신성하고도 비밀한 영』, p. 46).
"그분은 육신 안에 계셨을 때, 우리 안에 생명으로 들어오실 수가 없으셨다…'오 주 예수여'라고 부르며 호흡하면 공기 같은 그 영이 들어와 생명을 주신다. 그분은 이제 공기와 같은 영이 되셨다. 여러분이 그분의 이름을 부르고 호흡을 들이마실 때 아버지와 아들과 그 영이 공기와 같은 형태로 들어와서 여러분에게 생명 공급이 될 것이다"(『고린도전후서 결정연구』, p. 190).

우리는 회개하고 예수님을 믿음으로, 주 예수를 영접함으로 구원을 받는다. 그러나 예수의 영을 입을 열고 마심으로 구원을 받는다는 교리는 교회 역사상 처음으로 Lee가 만들어낸 참람한 이단 교리가 아닐 수 없다!

물론 그들은 이런 관행의 근거를 성경에서 찾는다: "누구든지 주의 이름을 부르는 자는 구원을 얻으리라"(롬 10:13). "성령으로 아니하고는 누구든지 예수를 주시라 할 수 없느니라"(고전 11:3). 따라서 "오 주 예수여"를 사용하는 것은 기독교적이고 합당하고 필요하다는 논리이다. 그러나 지방교회 집회에 참석해 보면, 이것은 정상적으로 주의 이름을 부르는 것이 아님이 곧 명백해진다. 이 말은 일정한 리듬을 따라 수백 번

되풀이 되는데, 수백 명이 수 분 동안 같은 음성으로 이 주문을 외친다고 상상해 보라. 이는 참석자들에게 '변화된 의식상태'(state of altered consciousness)를 유발하게 된다. 이것을 그들은 "하나님을 들이마시고, 예수를 먹고 영으로 들어가는 길"이라고 가르친다.

　지방교회의 신앙과 실행은 주로 삼위 중 제2격에 치우쳐 있다. 물론 우리의 구주이신 예수 그리스도는 성경의 중심이며 성경은 그분에 대해 말하고 있다. 그러나 아들은 언제나 우리를 그분을 보내신 아버지께로 인도했고 아버지를 위하셨다. 제자들에게 기도를 가르칠 때도 "하늘에 계신 우리 아버지"에게 기도할 것을 가르치셨다. 사도 바울은 우리가 그리스도로 말미암아 한 성령 안에서 아버지께 나아간다(엡 2:18)고 가르치고 있다. 이들은 "오 주 예수여!"를 반복함으로 믿는 대상에 있어서 문제를 드러내고 있다. 아버지를 무시하고 아들만을 높이는 것은 이들이 양태론적 삼일 하나님을 믿고 있음을 보여주는 증거이기도 하다.

3. 인간론: 인간의 구조와 죄

사람은 어떤 존재인가? 무엇으로 구성된 존재인가? 이것을 다루는 것을 인간론이라고 한다.

지방교회의 인간론에서의 신학적 오류는 전 세계 하나님의 교회를 오염시키고 있다. 지방교회의 치명적 오류는 하나님은 인격이 아닌 영이라는 것이고 인간의 영에는 인격적 기능이 없다고 가르치는데 있다. 하나님은 영이시기 때문에, 인간은 영으로만 하나님과 교류할 수 있다는 사상은 멸망케 할 이단 사상에 해당하며, 지금도 구원파, 베뢰아, 다락방, 통일교, 신천지, JMS 등 여러 이단에 계속해서 영향을 미치고 있다.

인간의 본성을 어떻게 이해하는가 하는 문제는 전체 신학의 패러다임을 결정할 수 있는 중요한 시금석과 같다. 정통교단에서도 어느 교단은 이분설을, 어느 교단은 삼분설을 가르친다. 삼분설 자체는 이단 사상이 아니지만, 이 사상에서 많은 이단이 생겨났다는 것은 부인할 수 없는 사실이다.

영, 혼, 육 삼분설을 취하면서 인간의 타락은 육적인 것으로만 이해하고, 영은 타락하지 않은 것으로 취급하여 Lee의 가르침에 의하면 전인적인 타락이 부정된다.

Nee에 의하면, 몸은 혼의 외곽이고, 혼은 영의 외곽이다. 혼은 영과 몸이 합해져서 생긴 것이다.

> "영은 인격이 없다. 영은 단지 하나님과 교통하는 통로일 뿐이다. 영은 몸을 다스릴 수 없다. 영이 흙으로 둘러싸인 부분에 들어간 후 곧 혼을 산출했다"(『그리스도인의 생활과 영적 전쟁』, p. 46).

이분설을 따르는 이들이 더 많지만, 필자가 비판하고자 하는 내용은 살아있는 인간의 영과 혼과 몸을 각각 분리된 장소적, 공간적인 개념으로 보는 헬라철학적인 이원론에 근거한 삼분설이다. 헬라적 사상은 하나님과 사탄, 영과 육, 선과 악을 대결적 구도로 본다. 이원론은 영은 선하고 육은 악하다는 사상이다(조민음, 2019).

인간에 대한 지방교회의 공식적 고백은 다음과 같다.

"인간은 영과 혼과 몸을 가지고 하나님의 형상과 모양대로 창조되었다. 그러나 아담의 타락 이후로 모든 사람이 죄를 지어 하나님의 영광에 이르지 못하게 되었는데, 이것은 그들의 영이 죽고, 혼은 자아가 되고, 몸은 육체가 되었음을 가리킨다."

정통신학에서는 교단을 초월하여 인간을 전인적이며 총체적인 존재로 본다. 영혼이 육체를 떠난다는 것은 곧 죽음이기 때문이다. 사람을 통합된 전체로 이해한다면 삼분설을 이단이라고 할 수는 없다. 그러나 Nee로부터 시작된 인간론은 사람을 영과 혼과 육으로 분리시킨다. 문제는 인간의 영에는 양태론적인 하나님이 거하고, 인간의 육에는 사탄이 거하게 된다는 것이다. 그리고 인간의 혼에는 인격이 거하는데, 그 인간의 혼을 빼앗기 위하여 하나님과 사단이 싸운다는 이원론적인 주장을 하고 있는 것이다. 게다가 영은 죄를 짓지 않기에 죄가 없다고 말한다.

이러한 주장이 한국교회에 소개된 것은 Nee로부터 우리에게 전파되었다고 말할 수 있으며, 이러한 개념으로부터 숱한 이단들(지방교회, 구원파, 베뢰아, 다락방, 이현래의 대구교회 등)이 나타났다. 누가 누구에게 영향을 미쳤는지는 확인할 수 없지만, 우리나라의 대표적인 이단 문선명의 통일교와 정명석의 JMS, 신천지의 이만희도 경직된 삼분설을 기초로 그들의 이단 교리를 발전시켰다는 공통점이 있다. 육이 영을 덧입어야 한다는 신인합일설에서 지방교회와 신천지가 일치하는 것도 우연한 일이 아닌 것 같다!

성결교 이단전문가 이수환(2019) 목사는 신약성경에서의 이단 종교는 영지주의와 이원론의 형태를 띠고 있다고 지적하면서, "이단종교는 물질은 악하고 영혼만 선하다는 논리로 접근하여 신비주의적인 구원관을 소유하였다"고 진술하고 있다(p. 20). 오늘날 정통교회에서도 인간의 영과 혼과 몸을 따라서 분리되는 장소적, 공간적인 개념으로 간주하여 아래와 같은 이원론을 주장하는 목사들이 상당히 많으며, 또한 영성운동, 영성훈련이라는 이름으로 영과 육이 분리될 수 있다는 이단적인 주장도 많이 있다.

먼저 지방교회의 인간의 구조에 대한 가르침, 즉 삼분설을 다루고 후반에 인죄론, 즉 지방교회의 죄에 대한 가르침을 살펴보기로 한다.

인간의 구조: 인간의 구조(structure)에 대한 여러 가지 입장과 이론

사람이 영, 혼, 몸의 구조이냐 영혼과 육체의 구조이냐 아니면 전인적이냐에 대하여는 많은 논란이 있다. 역사적으로 인간의 구조에 대해서는 이 세 가지 입장이 공존해 왔다. 삼분설은 인간에게는 다른 요소로 환원할 수 없는 몸, 혼, 영이 각각 별개의 실체로 존재한다고 본다. 이분설은 인간의 가시적인 부분(신체/몸)과 비가시적 부분(영혼) 사이에 존재론적 구분이 지워진다는 것이다. 만일 '영'과 '혼'이 비가시적 실체의 서로 다른 양상(aspects)에 불과할 뿐 같은 실체를 지칭한다고 주장하면 이는 이분설이요, 반대로, '영'과 '혼'을 아예 서로 다른 구성 요소(elements)나 부분(parts)으로 간주한다면, 이는 삼분설의 핵심 주장이 될 것이다.

① 이분설(Dichotomism): 전형적인 기독교적 관점으로 인간은 두 실체(영혼과 육체)로 구성되었다고 보는 입장이다. 인간은 몸인 동시에 영혼이다. 즉, 인간은 물질과 비물질로 구성되었다는 입장이다. 이 견해는 혼(soul)과 영(spirit)을 나누지 않는다. 실제로 이 두 용

어는 서로 혼용되고 있으며, 병행어법에 강조적으로 사용되고 있다(마 6:25; 22:37; 눅 1:46-47; 10:27). 바울의 기록들도 2분설적이다(롬 8:10; 고전 5:5, 7:34; 고후 7:1; 엡 2:3; 골 2:5). "인간은 3층 빌딩이 아니라 2층 빌딩이다. 위층은 두 개의 창을 가지고 있어서 하나는 육체를, 다른 하나는 하나님을 향하고 있다"(Walter Conner, 1926)고 보는 것이다. 인간이 창조될 때 두 가지 요소, 즉 흙으로 만들어진 몸과 그 코에 생기를 불어넣어 생령이 되게 한 요소인 영혼(soul)으로 만들어졌다고 보는 것이다. 381년 콘스탄티노플 종교회의 이후, 인기가 증가하다가 교회의 보편적 믿음으로 사실상 굳어지게 되었다(Erickson, 1985).

② 삼분설(Trichotomism): 인간은 영과 혼과 육(몸)의 세 가지 요소로 구성되었다는 견해이다. 삼분설에 대한 주요 성경 구절로는 데살로니가전서 5:23과 히브리서 4:12가 있다. 영은 하나님과 교제하는 요소(God-consciousness), 혼은 자기를 의식하는 정신적인 요소(self-consciousness), 그리고 몸은 뼈와 살과 피로 이뤄져 있는 몸체로 세상을 의식하는 요소(world-consciousness)로 본다. 세대주의자로서 대표적인 3분설 주장자인 스코필드(C.I. Scofield)는 말한다: "사람은 영을 갖고 있기 때문에 하나님을 깨달을 수도 있고 하나님과 교제할 수 있다. 또한 사람은 육체를 갖고 있기 때문에 자기의 감각기관을 통하여 세계를 인식할 수 있다." 육은 악하고, 혼은 하나님을 거부하며, 영은 선하다고 본다. (그러나 인간은 영육으로 이

뤄져 있고, 다 같이 고루 타락하였다: 엡 2:1). 조직신학자 밀라드 에릭슨(Millard Erickson, 1983)은 영과 혼이 다른 실체가 아니고 성경에서 호환적으로 사용되고 있음에 주목하고 있다(마 6:25; 10:28; 전 12:7). 정통교단 일각에서도 3분설은 지지를 얻고 있는데, 특별히 세대주의적인 일부 침례교, 일부 감리교 및 오순절 교파 등에서 받아들인다. 동양에서는 Nee와 그에게 영향을 받은 구원파, 베뢰아, 다락방 같은 이단에서 3분설을 주장하고 있다.

③ 전체론(Holism): 일원론(Monism)으로도 알려진 견해로서 인간은 몸과 영혼으로 나누어질 수 없는 연합된 전체(a united whole)로 존재한다고 보는 입장이다. 인간은 결코 어떤 방식으로든 나누어질 수 없는 영육통일체(psycho-somatic unity)라는 주장이다. 구약에 나타난 인간의 구조이기도 하다. 성경이 가르치는 인간은 이분설이든, 삼분설이든 한 인격 속의 다른 기능을 말하는 것이다. 마음(heart)을 생명의 원천으로, 영혼(soul)과 심령(spirit), 의지(will)를 동일시하는 입장이다. 또한 소위 '마음의 월등한 기능(the higher function of the mind)'으로 알려진 뇌 기능에 대한 현대 신경과학의 연구가 이 견해를 과학적으로 지지하고 있다. 일원론적 인간 이해에서, 성경은 사람을 영, 혼, 몸으로 보지 않고, 단순히 자기(self)라고 본다. 인간의 부분을 구분하기 위해 사용된 단어들은 기본적으로 동일한 것으로 취급된다. 영혼과 육체가 합하여 전인(whole person)을 이룬다. 인간은 성경에서 이분설적 존재로 다루어지

고 있지 않다. 최근에 이 이론은 많은 지지를 얻고 있다(Erickson, 1985).

오늘날 정통교회에서는 2분설이나 전인설을 널리 받아들이고 있다. 3분설도 전혀 근거가 없다고 할 수는 없으나 많은 이단이 3분설을 취하고 있으므로 3분설을 받아들이려면 영의 인격성을 부인하는 이단적 주장과 합하지 않도록 주의해야 할 것이다(송요한, 2010).

정통교회는 사람을 물질인 몸(body)과 비물질인 혼(soul)과 영(spirit)으로 구성된 존재로 믿는다(살전 5:23). 라틴교부들이 지지하는 2분설은 물질의 영역인 '신체'와 비물질 영역인 '영혼'으로 구분하되, 헬라교부들이 지지하는 3분설은 성경에서 자주 등장하는데(살전 5:23; 히 4:12), 몸은 사람의 물질 부분이고, 혼은 다른 동물과 공유하는 정신기능이며, 영은 하나님과 관계하는 이성적인 부분으로 구분한다. 2분설보다 3분설에서 이단적 주장이 나오는 것은 육과 혼보다 영을 더 중요하게 여기기 때문이다(이단사이비대책위원회, 2015).

삼분설 자체는 이단적 사상이 아니다. 화란개혁교회의 앤드류 머레이(Andrew Murray), 영국침례교회 목사 F. B. 마이어(F. B. Meyer), 개혁주의 목사 아더 핑크(Arthur W. Pink), 침례교 목사 레만 슈트라우스(Lehman Strauss), 트리니티신학교의 글리슨 아처(Gleason Archer) 교수 등이 삼분설 주창자들이다. 다만 Nee와 Lee의 삼분설에서 비판을 받는 것은 영에는 죄가 없고 영에만 하나님이 거하신다는 주장이다. 영을 혼이나 육체에 비해 고귀한 것으로 보며 영의 일을 정신인 혼이 알 수 없다고 생각하는 관념을 가지고 있다. 따라서 영의 요소만 중시하는 영지주의나 신비주의적 태도를 취할 가능성이 상대적으로 크다.

트리니티신학교(Trinity Evangelical Divinity School)에서 수십 년간 조직신학을 가르쳤던 웨인 그루뎀(Wayne Grudem) 교수가 삼분설에 대해 다음과 같이 평가한 바 있다.

> "인간이 영과 혼과 몸 세 부분으로 구성되어 있다는 견해는 삼분설이라 불린다. 비록 이것이 대중적인 복음주의 진영에 퍼져있는 견해이긴 하지만, 오늘날 이 입장을 학문적으로 변호하는 이들은 흔치 않다. 교회사를 보면, 이분설을 지지하는 이들이 훨씬 더 많았고 오늘날 복음주의 학자들 가운데 훨씬 더 많이 퍼져 있는 것이 사실이지만, 삼분설을 지지하는 이들도 많은 게 사실이다."
>
> "비록 삼분설에 대한 논증이 어느 정도 힘을 지니고 있지만, 그 가운데 어느 것도 혼과 영이라는 단어들이 성경에서 자주 호환적으로 사용되고 있으며, 많은 경우에 동의어로 사용되고 있음을 보여주는 성경의 광범위한 증거를 극복할만한 결정적 증거를 제시하지 못하고 있다."

미국의 복음주의자들이 많이 참고하는 한 웹 사이트 자료(gotquestions.org)는 다음과 같이 조언하고 있다.

"인간의 삼분설 대 이분설, 어느 견해가 맞는가? 이 질문에 독선적 입장을 취하는 것은 지혜가 아닌 것 같다. 두 가지 이론이 모두 성경적으로 지지를 받을 수 있다. 어느 견해도 이단적이라 할 수 없는 것이다. 이것은 아마 우리의 제한된 인간의 이성(mind)으로 충분히 파악할 수 있는 문제는 아닌 것 같다. 우리가 확신할 수 있는 것은 인간의 본성이 몸과 혼(마음)과 영으로 구성되어 있다는 것이다. 혼과 영이 하나인지, 아니면 서로 다른 것인지는, 하나님께서 그의 말씀 가운데 충분히 명확하게 하기로 선택하지 않으신 주제인 것 같다."

인간의 구조를 이루는 각 영역은 상호적으로 영향을 미치며, 동시에 인간의 외부 영역(생태적 영역)과도 관계를 이루며 영향을 주고받는다. 우리의 삶에는 여러 측면이 있다. 선교신학자 펜테코스트(Pentecost, 1982)는 삶에는 종교적, 물질적, 심리적, 사회적, 교육적 측면이 있다고 진단했다.

영(spirit)과 혼(soul)은 히브리어나 헬라어로 보더라도 상호 호환되는 용어이며 다양한 개념을 갖고 있다. 또 인간의 구성요소를 혼과 영과 육, 이와 같이 세 부분으로 구별할 수는 없으며, 영혼을 영과 혼의 두 부분으로 나눌 수도 없다. 또한 생명이 있는 한 영혼은 육체와 분리되지 않는다.

다만 우리가 영과 혼을 구분할 때에는 오직 의미나 개념상의 구별을 할 수 있는데, 영은 인간의 정신적인 면을 하나님과의 관계에 있어서 말할 때에 부르는 용어로 보며, 이에 대해 인간의 정신면을 인간 자체에 있어서만 생각하는 때에 그것은 혼이라 부른다.

현대 심리학은 영성(spirituality)을 강조하여 상담에 적용하는 추세다. 그러나 심리학에서 추구하는 영성은 기독교에서 말하는 영성과 다르다. 기독교의 영성은 하나님의 중재가 포함되어 있지만 심리학의 영성은 신적 중재를 배제하기 때문이다. 즉, 심리학의 영성은 '신성의 중재를 거치지 않는' 개인의 체험 또는 경험을 의미한다. 그러므로 심리학의 영성은 결코 영원성을 내포할 수 없다.

역사적으로 볼 때, 삼분설(trichotomy)을 처음으로 주창했던 것은 이레니우스(Irenaeus)와 아폴리나리우스(Apollinarius)였고, 19세기에는 프란츠 델리취(Franz Delitzsch)와 J.B. 허드(J.B. Heard)가, 그리고 보다 최근에는 워치만 니(Watchman Nee), 찰스 솔로몬(Charles Solomon) 그리고 빌 가써드(Bill Gothard) 같은 이들이 있었다. 그리고 이 삼분설은 스코필드주석성경(Scofield Reference Bible)을 통해 보급되었다. 치유사역자 켄 해링턴(Harrington, 2018) 같은 이도 삼분설적으로 인간을 이해하고 있다. 삼분설 자체는 이단적 사상은 아니지만 Nee와 Lee의 영의 인격성을 부정하는 삼분설은 비성서적인 인간관으로 거부해야 한다.

성경은 영·혼·육을 각각의 주체로 인정하지 않고 '일체설'(통일설: 전인설)을 강조한다. 즉, 영혼만 죄를 짓는 것이 아니라 인간이 죄를 짓는 것이고, 몸만 죽는 것이 아니라 인간이 죽는 것이다(창 2:7; 유기적 통일성). 따라서 육체는 악이고 영혼은 선이라는 이중 기준으로 판단하는 것은 옳지 않으며, 전인적인 하나님의 형상이라는 성경적 기준을 따라야 한다.

세계교회사에 나타난 이단 논쟁을 종합적으로 연구한 정행업(2000) 박사는 "3분설을 주장하는 자들은 신비주의자들에게서 많이 찾아볼 수 있다"고 하면서 "영적 요소와 혼적 요소는 어디까지나 영혼의 두 기능적 요소로 이해되어야 하며, 영과 혼이 별개의 실체요 그래서 인간은 영, 혼, 육이라는 3구성 요소로 이루어진 존재라고 봐서는 안 될 것임을 분명히 해야 한다"고 지적하고 있다.

Nee의 인간론을 전체적으로 연구한 신학자 맥컬리와 바즈(1992)는 다음과 같이 평가했다.

> "Nee가 서술한 많은 내용들은 대단히 유익한 것이다. 특히 믿음을 강조하고 모든 것을 하나님께 맡겨야 할 필요성을 강조하는 점에서 그렇다. 그러나 삼분설과 자아에 관한 그의 가르침은 균형을 잃은 것이고, 신약성경의 가르침에 반대되는 것이다"(p. 60).

Nee의 신학적 오류는 잘못된 인간관에서 시작된다.

지방교회의 입장

지방교회의 창시자이며 『영에 속한 사람』 1-3권의 저자인 Nee는 그의 책을 다음과 같이 시작하고 있다.

> "사람들은 인간의 구성에 대한 일반적 개념을 2원적인 것으로 혼과 육으로 구성되어 있다고 생각하고 있다. 이 개념에 의할 것 같으면 혼(soul)은 내면의 보이지 않는 정신적 부분이고, 몸(body)은 가시적인 외부의 신체를 가리킨다. 이러한 개념에도 일리가 없는 것은 아니지만, 이것은 정확한 개념이 아니다. 아담이 타락했을 때, 영은 죽고, 혼은 자아가 되고, 몸은 육체가 되었다고 한다. 이러한 의견은 사람에게서 나온 것이지, 하나님께로부터 온 것이 아니다. 하나님의 계시를 떠나서는 어떠한 개념도 믿을 수 없다. 육이 인간의 외부 신체를 가리킨다는 것은 의심의 여지가 없는 것이지만, 성경은 결코 영(spirit)과 혼(soul)이 하나인 것처럼 혼동해서 말한 적이 없다. 하나님의 말씀은 인간을 혼과 육의 두 부분으로 분리하고 있지 않다. 오히려 성경은 인간을 세 가지 구분으로 즉 영과 혼과 몸으로 나누고 있다"(pp. 33-34).

Nee는 그의 책에서 인간의 구성을 영혼과 육으로 보는 이원론을 배격하고 세 가지 구분, 즉 영과 혼과 몸으로 나누고 있다. 이 중에 영은

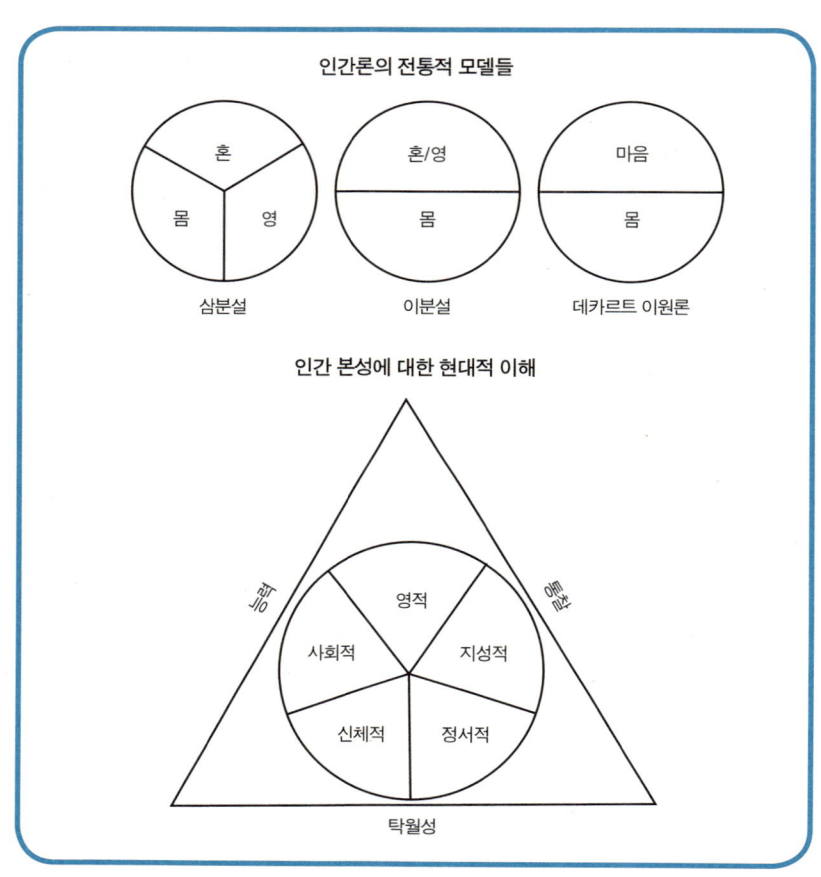

하나님과 영합하기에 가장 고상한 것으로 양심과 직관과 영교의 기능이 있으며, 혼은 인격이 머무는 곳으로 인간의 의지와 지능과 감정이 혼에 있다고 본다. 한편 예수를 영접하고 거듭난 후에라야 영이 제 구실

을 할 수 있고, 그전에는 혼돈된 영이라고 한다. 타락한 이후에는 영의 기능 중 영교 할 수 없게 되었고, 영과 혼이 하나가 되었다고 본다. 이것이 육에 속한 사람이고 본질상 혼적인 것은 영적인 것과 적대적이라고 주장한다. 영과 혼의 분리를 통한 속사람과 바깥사람의 분리와 구별이 Nee의 근본적 인간관이다.

Nee의 영에 속한 사람 1권에는 사람을 육적 혼적 영적으로 구분하여 육적인 그리스도인은 어떠하며 혼적인 그리스도인은 어떠하며 영적인 그리스도인은 어떠한가를 설명하고 단정해놓았다. 가령 Nee의 책에서 혼적인 그리스도인은 어떠한 사람인가 예를 들어보겠다.

Nee의 영에 속한 사람 제 1권 11장 '혼에 속한 믿는 이들의 생활' 편에서 Nee는 사람에 대하여 매우 단정적 견해를 피력했다. 가령 혼에 속한 사람은

1) 호기심이 많다.
2) 스스로 옳다하는 마음을 가지고 있다.
3) 대부분 악령의 영향을 받아 생각이 분란해지고 혼잡해지고 때론 더럽혀지기도 한다.
4) 감정의 영향을 받는다.
5) 신경이 예민하다.
6) 항상 자기를 중심 삼는다.
7) 세상일들이 마음을 빼앗아 영 안의 평안을 빼앗아 간다.
8) 늘 감정적인 생활을 한다.

9) 가장 뚜렷한 표시는 말이 많다.
10) 말하기를 좋아하고 농담 듣기를 좋아한다.
11) 항상 극단적으로 행동한다.
12) 영적 지식을 가지고 있으며 남을 비평하는 것이 일반적인 성질이 되었다.
13) 입으로는 영광을 하나님께 돌리나 여전히 자아를 중심 삼는다.
14) 교만한 자이다. 사람들이 오해하고 단점을 말하는 것을 제일 견디지 못한다.

위의 혼적인 사람의 특징은 과연 어디서 나온 말인지 묻고 싶다. 성경에 근거를 두지 않는 것에 어떻게 감히 단정적으로 말할 수 있나? 또 신자들이 위와 같은 혼에 속한 사람의 상태를 명확하게 알았다 해서 과연 어떤 유익이 있는가를 묻고 싶다. 성경은 어떤 혼적인 것을 언급한 것이 있을지라도(고전 2, 3장), 그런 것을 그렇게 분명하게 정의해놓고 있지 않다. 그리고 인간이란 감정이나 생각, 의지, 양심 모든 부분들이 상호 복잡하게 얽혀져 있는데 그렇게 일률적으로 구분될 수 있는가의 의문이 생긴다. 게다가 상기와 같이 배우고 확신한 사람들은 자신이 어디에 속한 사람인지를 분석하는 위험에 빠질 수 있게 되고, 다른 사람들의 영적 상태를 쉽게 판단하는 습성을 지닐 수 있게 된다.

Nee의 『영에 속한 사람』 2권 17장에는 이런 말이 있다.

"사역자는 성령과 동역하고 성령의 능력이 흐르는 곳을 따라 사역할 수 있도록 깨어서 성령이 그의 일의 어떤 부분에서 기름을 바르는지를 살펴야 한다. 믿는 이의 책임은 성령의 흐름이 있는 곳을 주목하여 그 흐름을 따르는 것이다. 만일 어떤 일이 더 이상 하나님의 기름 부어주심이 없고 성령의 흐름에서 빗나가서 사역자에게 답답하고 정체하는 느낌을 준다면 그 일은 마땅히 중단되어져야 할 것이다"

"모든 일은 일종의 기쁨이어야 하고 영적 생명의 넘쳐흐름이어야 한다. 만일 일이 당신의 짐이 된다면 그 일은 영적 생명과 주 예수로부터 당신을 이간시키는 것이므로 마땅히 즉시 중단시켜야 한다. 성령의 흐름이 바뀌었다면 그 흐름이 있는 곳을 찾아가야 한다"(『영에 속한 사람 2권』, 한국복음서원, 1993, pp. 59-60).

이런 주관적인 느낌에 대한 강조는 Lee에게서도 발견된다. 『생명의 인식』, 『생명의 체험』과 같은 책에서, Lee는 로마서 8장의 영의 생각과 육의 생각을 강조하면서, 모든 것을 느낌에 따라 판단하라고 말을 한다. Lee의 책 한 구절을 인용해본다.

"우리가 무엇을 하든지 우리 생각에 그것이 옳든 그르든 영적이든 영적이지 않든 상관없이 만일 우리의 내부 깊이에 안식이 없고 불안하고 공허하고 우울함을 느낀다면 그것은 우리가 육신으로 말미암아 행하고 있으며 영 안에 살지 않음을 증거한다."

"영 안에 있다면 영으로 말미암아…우리 안에 만족스럽고 안식이 가득함을 느낄 것이다."

"우리는 그러한 느낌으로 말미암아 우리가 행하는 바가 육신 안에서인지 영 안에서인지를 알 수 있다"(『생명의 인식』. pp. 79-80).

겉으로 들을 때는 매우 그럴듯한 말이라고 생각되지만 그야말로 커다란 위험이 도사리고 있다. 그것은 신자들로 하여금 늘 속의 느낌이 어떠한가를 주의하게 만든다는 것이다. 만일 무슨 일을 하다가 속이 불안하고, 메마르고, 편안하지 않게 되면, 안식과 누림이 없게 되면, 이것은 주님이 기뻐하시지 않는 것이고, 영을 좇는 일이 아니므로 그만두어야 한다고 생각할 것이다. 그래서 신자들로 하여금 매우 변화무쌍한 삶을 살게 만들 위험이 있다. 어떻게 그렇게 지상의 모든 신자들이 예민하게 내면에서 주님이 인도하시는 느낌을 잘 알 수 있을까? 심지어 믿음이란 우리의 느낌 너머에 있는 볼 수도 만질 수도 느낄 수도 없는 영역의 일이다. 그러나 믿음이란 우리가 또 알 수 있는 것인데 이는 우리의 감정의 어떤 느낌이나, 인간의 내면의 의식적인 느낌이라고 말할 수도 없는 매우 기이한 것이다. 이것은 믿음의 세계를 끌어다가 인간의 의식과 감각 수준으로 끌어내리는 매우 위험하기 짝이 없는 가르침이다.

한국에는 인간론 중 삼분설이 널리 퍼져있으며 현재 구원파나 귀신론을 주장하면서 축사를 하는 자들이나 은사를 강조하며 신비적 은사 집회를 인도하는 자들이 삼분설을 말하고 있다(정행업, 1999).

Lee의 삼분설은 무엇이 문제인가?

영, 혼, 육 삼분설을 취하면서 인간의 타락은 육적인 것으로만 이해하고 영은 타락하지 않은 것이 되어 전인적인 타락이 부정된다. 인간의 타락은 하나님께 대한 불순종이 아니라 아담이 '하나님 자신인 생명나무'를 취하지 않고 '사탄인 선과 악과 지식의 나무 열매'를 먹음으로 사탄을 몸속에 받아들였기 때문이라고 한다(Lee, 『하나님의 경륜』, p. 130; Lee, 『사람의 영』, p. 45).

데살로니가전서 5장 23절의 '영과 혼과 몸'은 어떻게 이해할 것인가? 이는 존재적 구분에서 영, 혼, 몸을 의미한 것이 아니라, 사람의 전 존재를 표현하는 성경의 수사방법이다. 이것은 사람이 세 부분으로 되었다는 것을 말하는 것이 아니고, 단순히 전인을 염두에 두고 속 사람을 강조하기 위해 한 말씀이다(전용복, 1991).

이와 유사한 것이 다음의 구절이다. "하나님의 말씀은 살아있고 활력이 있어 좌우에 날선 어떤 검보다도 예리하여 혼과 영과 및 관절과 골수를 찔러 쪼개기까지 하며 또 마음의 생각과 뜻을 판단하나니"(히 4:12). 여기도 영과 혼을 구별한다. 그러나 사람의 존재를 관절, 골수, 마음으로 더 세분화하며 나아간다. 이는 사람을 이루는 각각의 구성요소라기보다, 전 존재를 지칭하는 수사법으로 볼 수 있다.

양형주 목사(2019)는 말한다.

"우리가 이분설을 붙들어야 할 중요한 이유가 있다. 그것은 삼분설은 이단적 가르침에 노출되기 쉬운 취약점들이 많기 때문이다. 인간을 영·혼·육으로 나누면 육은 죄를 짓기에 죄가 머무르는 곳이 되고, 혼은 육에 의해 영향받는 연약한 곳이 되며, 영은 하나님의 능력을 받고 성령의 능력을 받는 특별한 기관이 된다."

더 나아가 영에는 하나님의 영이 거하기에 죄를 짓지 않는다고 주장한다. 반면 죄를 짓는 것은 육체로 짓기에 죄는 우리 육체에 거한다는 것이다. 삼분론을 주장했던 Lee에 따르면,

"하나님의 체현이신 그리스도는 우리 영 안에 있고, 사탄의 체현인 죄는 우리 육신 안에 있다"(『세 부분으로 된 사람의 생명이 되시는 삼위일체 하나님』, p. 73).
"주님은 우리의 영을 그분의 거처로 삼으셨고, 사탄은 우리의 육체에 그의 거처를 삼았다"(『왕국』, p. 228).

Nee는 육에 속한 자가 하나님을 거스르고 죄를 짓는 것은 혼이 자아와 그 의지를 지배하기 때문이라고 보았다. Lee는 한 걸음 더 나아가 '인간의 몸을 사단의 거처'로 주장했다. "몸은 단순히 죄의 거처가 되었다. 즉 사단의 화신이 된 것이다. 죄는 사단의 구체화이며 죽음은 사단의

배출이며 결과이다...이 몸이 바로 사단의 거처가 되었다"(『하나님의 경륜』). Lee는 인간과 사단의 관계를 혼합적이고 유기적인 관계로 주장해 가르쳤다.

사람은 몸과 혼과 영이라는 세 부분으로 창조되었다는 삼분설을 주장하면서, 하나님에 의해 창조된 순수한 사람은 중립이었으며 몸도 아주 선한 것이었으나 사탄을 몸에 받아들이므로 몸이 사탄의 거처가 되었고 따라서 부패되어 흉하고 악마 같은 육이 되었다고 한다. 이 사탄은 육신에 거처를 정하고 혼에 영향을 준 다음 혼을 통해 영을 죽이려하기 때문에, 성령이 사람의 영 안에 들어와서 하나님과 사탄이 매일매일 우리 안에서 싸우고 있다고 한다(하나님의 경륜). 성경은 인간 안에 사단이 있다고 가르치지 않는다. Lee는 '죄의 몸'(롬 6:6)이나 '사망의 몸'(롬 7:24)이라는 표현에서 나타나는 죄나 사망을 사단과 동일시하고 있다. 그러나 사단은 곧 죄가 아니며, 또한 사망이 사단은 아니다. 사단은 하나의 인격적 존재지만 죄나 사망은 결코 인격적 존재가 아니므로 죄나 사망을 사단과 동일시하는 것은 합당하지 못하다(심창섭 외, 1997).

Nee에 따르면, 인간은 세 부분, 즉 속 사람(영), 겉 사람(혼) 그리고 제일 바깥의 사람(육체)으로 이루어져 있다고 한다. 세상 사람들은 겉 사람에 속해 있기 때문에 정서도 지적 사고도 하나님이 소유한 성품과 동일하지 않다. 오직 영만이 하나님과 관계한다. 그의 주장에 따르면, 그리스도인의 영과 하나님의 영은 혼합되어 있다고 한다. 영이 해방되기 위해서는 자아 또는 혼이 깨어져야 한다(맥컬리 & 바즈, 1992).

Nee가 말하는 영을 해방시키기 위해 혼은 깨뜨려야 한다는 주장은 지나친 것 같다. 그는 죄에 물든 성품뿐만 아니라 자아까지도 거부하는 것 같다. 왜냐하면 자아도 그가 말한 바 '겉 사람'에 속한 감정, 생각, 혼, 의지 따위로 구성되어 있기 때문이다. 결국 그는 모든 인간적인 것을 죄악시하고 경시한다. 자연스러운 동정심과 온화함조차도 단지 혼적이고 인간적이기 때문에 죄악된 것이라고 말한다. 이런 요소들도 역시 깨어져야만 성령이 들어와 사역할 수 있다는 것이다. 이러한 자아의 파괴를 그는 그리스도인들이 반드시 겪어야 할 체험이라고 말한다(Nee, The Release of the Spirit.『자아가 죽을 때』).

문제는 인간의 영을 타락하지 않은 것으로 간주하는 데 있다. 영 그 자체는 하나님의 성품을 지닌 것으로 항상 순결한 것이요, 따라서 이 순결한 영은 사상과 감정이라는 죄악된 겉 사람을 깨뜨림으로써 해방되어야 한다. 이것은 비성경적인 인간관으로 매우 심각한 혼란을 야기한다. 왜냐하면 인간의 성품 전체(영 · 혼 · 몸)가 타락 사건의 영향을 받은 것이지 (Nee가 말하는 것처럼) 겉 사람만 영향을 받은 것이 아니기 때문이다(맥컬리 & 바즈, 1992, p. 232).

인간의 영이 인격이 아니라는 주장은 Lee로부터 영향을 받은 소위 귀신파 계열의 이단들이나 구원파 계열의 이단 중에서 가장 널리 퍼져있는 사상이다. 지방교회는 삼분설에 입각해 인간의 타락은 육적인 것으로만 이해하고 영은 타락하지 않은 것이 되어 전인적인 타락을 부정하는 것으로 유명하다. 사탄을 몸속에 받아들임으로 말미암아 몸이 사탄의 거처가 되었고 부패하고 흉하고 악마 같은 육이 되었다. 몸은 타락하고 영은 타락하지 않은 것으로 가르치고 있다(Lee, 『사람의 영』).

인간의 타락은 전인적인 것인데 비해, 그것을 육체적인 것으로만 봄으로 몸만 타락하고 영은 타락하지 않은 것으로 되어 "범죄하는 영은 죽을지라"(겔 18:20)는 성경 말씀과 다르다.

인간의 타락은 전인적인 것인데 비해 그것을 육체적인 것으로만 봄으로 몸만 타락하고 영은 타락하지 않은 것으로 되어 "범죄하는 영은 죽을지라"(겔 18:20)는 성경 말씀과 다르다. 또한 생명나무가 하나님이요 선악과는 사탄이라는 등 잘못된 주장을 하는 등 Lee의 주장은 성경적으로 지지될 수 없는 허황된 사변과 논리일 뿐이다.

성경은 육체뿐만 아니라 영도 죄를 지을 수 있다고 말한다. 영을 깨끗이 하라고 경고하고 있다. 바울은 고린도후서 7장 1절에서 "거룩함을 온전하게 이루어 영과 육의 온갖 더러운 것에서 자신을 깨끗하게 하자"고 말하고 있다. 영도, 육체도 더러워질 수 있다고 말한다. 2분설보다 3분설에서 이단적 주장이 나오는 것은 육과 혼보다 영을 더 중요하게 여기기 때문이다. "영에는 하나님이 거한다"라든지, 혹은 "영은 죄를 짓지 않는다"는 주장은 Lee와 구원파, 베뢰아, 이명범 등으로 하여금 성경 말씀 앞에 할 말을 잃게 만든다.

> "사람에게는 영, 혼, 육신이 있다. 제일 깊은 곳에 영이 있고, 그 다음에 혼이, 육신은 제일 밖에 있다. 육신과 혼은 가깝다. 이 영

은 양심의 활동을 한다. 육신의 병을 고치려면 혼을 자극시키고 정신을 통일시키면 된다."(권신찬, 『성경은 사실이다』, 기독교복음침례회, p. 224).

"우리가 구원받았다는 것은 영이 받은 구원이다. 그 다음에 혼이 받을 구원이 있고, 또 육신이 받을 구원이 있다. 그렇기 때문에 '너희 온 영과 혼과 몸이 우리 주 예수 그리스도 강림하실 때에 흠 없게 보존되기를 원하노라'(살전 5:23)고 했다. 간단히 말하면, 영은 복음을 깨달을 때에 구원을 받는다"(『믿음으로 믿음에』, 권신찬, 1983).

성경은 성령이 영 안으로 오신다는 것이 아니라, 우리 마음에 주셨다고 말한다. "그가 또한 우리에게 인치시고 보증으로 우리 마음에 성령을 주셨느니라"(고후 1:22).

또한 성경은 영혼(spirit)이 또는 영과 혼이 죄를 지을 수 있다고 말한다. "거만한 마음(spirit)은 넘어짐의 앞잡이니라"(잠 16:18). "너희가 진리를 순종함으로 너희 영혼(soul)을 깨끗하게 하여 거짓이 없이 형제사랑하기에 이르렀으니"(벧전 1:22). 성경은 영혼이 죄를 지을 수 있다고 말한다. 영은 인격이 아니고 혼이 인격을 대표한다는 주장은 이단적인 사상이다.

한 걸음 더 나아가 Nee는 혼으로 성경을 읽는 것은 아무리 큰 도움이 된다 할지라도 충분치 않다고 말한다. 영으로 기도하며 읽어야(pray read) 한다는 것이다. 이 분야에 대한 그의 가르침은 갈라디아서 2:20을 잘못 이해했기 때문이다. "이제는 내가 산 것이 아니요 오직 내 안에 그리스도께서 사신 것이라." 그는 이 구절을 해석하기를 자아가 영적 생활 안에서 다시는 아무런 역할도 차지해서는 안 되며 '나'는 그리스도에 의해서 대치되어야 한다고 본 것이다. 이러한 이유 때문에 그는 의를 행하고자 하는 모든 자아의 노력을 죄악된 것으로 간주한다. 따라서 성경을 읽을 때 지성적인 노력보다는 영의 깨달음의 필요성이 강조되는 것도 이러한 연유이다. 지방교회에서는 이것을 "영안이 열린다"고 말한다.

Lee는 영, 혼, 몸 삼분설을 취하면서 인간의 타락은 육적인 것으로만 이해하고 영은 타락하지 않았다고 하여 전인적인 타락을 부인한다. 그러나 성경은 영만을 강조하여 육은 무시하고 악한 것으로 치부하는 것을 부정한다. 그리스도인의 생활은 육체와 아무런 관계가 없는 것이 아니다. 반대로 육신은 중요하지 않기 때문에 어떻게 사용하든 상관이 없는 것으로 취급하는 것 역시 성경의 가르침과 반대된다. 또한 육적인 그리스도인과 성령 충만한 그리스도인을 예리하게 구분하는 것도 옳지 않다. 성경은 육에 속한 사람(natural man)과 육신에 속한 사람(fleshly, carnal, worldly man), 그리고 신령한 사람(spiritual man)을 구분하고 있다. 전자는 비그리스도인이요 후자는 기독교인이나 그리스도 안에 있는 어린아이들이다(고전 2:14; 3:1-2). 육에 속한 사람은 부모에 의하여 태어난 그대로의 사람이다. 무신론자, 다신론자, 불가지론자, 종교다원주의자, 온갖 사이비 이단자가 여기에 속한다(엡 2:1-3; 고전 2:14).

육신에 속한 자(고전 3:1, 2)는 예수를 믿고 거듭났으나 아직 영적으로 성숙하지 못한 신자를 가리켜 '그리스도 안의 어린아이'라고 했다. 분열과 다툼을 일으키고 당을 지으며 교만하고 분을 잘 내는 사람이다. 육은 몸을 가리키는 말이 아니라 타락한 인간의 본성, 즉 죄성을 가리키는 말이다. 우리가 신앙생활을 할 때 타락한 본성(옛 사람)과 거듭난 본성(새 사람) 사이의 갈등은 계속된다. 옛 본성과 새로운 본성 사이의 갈등과 다툼은 세상에 사는 동안 진행되는 것이다. 이것이 성화의 과정이다(서창원, 2019).

신령한 사람(spiritual man)이 되는 것은 기본이 예수 그리스도를 믿어 성령으로 거듭나는 것이다. 신령한 사람은 예배와 전도와 봉사를 즐거워한다(벧전 4:11). 주님을 기쁘시게 하는 자되기를 힘쓰며 살아간다. 환란과 핍박과 시험을 당해도 변함없이 주님을 사랑한다. 천국을 사모하고 주님의 재림을 간절히 기대한다(조용묵, 2019).

구약성경과 신약성경의 인간본성에 대한 이해

	히브리어(구약)	헬라어(신약)
목숨(생명)	네페쉬	프쉬케
영(spirit)	루아흐	프뉴마
몸(body)	게쉠	소마
육체(flesh)	바싸르	싸르크스
마음(mind)	레브	카르디아

인간은 복합적 통일체

성경은 사람을 과학적으로 묘사하지 않는다. 그러므로 인간에 대해 정확하고 과학적이며 추상적이고 철학적이면서 동시에 성경적인 심리학을 구성하는 것은 가능하지 않다. 혼(영혼)과 영, 마음 등은 호환적으로 사용되고 있다. 성경은 오히려 일상생활에서 사용하는 풍부한 언어를 사용하고 있다(Hoekema, 1989).

사람은 복합적 통일체로서 신체와 영혼을 구분할 수 없는 전인으로 보아야 한다는 주장이다. 각 개인을 통합체로서 따로 나누어 생각하려는 어떠한 시도도 반대해야 한다는 입장이다. 기독교인들은 사람을 영혼과 육체로 생각할 수 있으나 그렇다고 영과 혼과 몸으로 나누어 생각해서는 안 된다고 한다. 신약 성경에 영, 혼, 몸에 대하여 쓰인 용어들을 부인하지 않으나 이것이 몸을 영, 혼, 육으로 구분된다고 가르치는 것은 아니라고 한다. 성경은 사람의 동일적 성질을 강조하고 있으며, 각 사람은 육체적이며 동시에 영적인 것으로서 이 모든 것이 우리 몸에서 하나의 통일체로서 작용한다고 주장한다. 신약에서는, 사람은 몸, 이성, 정서, 도덕, 영성 기타 요소들이 분석적으로 구분될 수는 있으나 실제로는 분리될 수 없다고 주장한다(김온유, 2015).

인간은 통합된 전인격이다. 기독교적 인간관에서 가장 중요한 측면 중 하나는 우리가 인간을 연합체(unity)로, 전인격(a whole person)으로 보아야 한다는 것이다. 예수님도 바울도 히브리인이었다. 히브리 사상은 인간을 통전적으로 본다. 몸, 영혼, 영, 혼, 정신, 마음 등은 모두 기능적 의미로서 전인적 인간이 표현되는 한 양상일 뿐이다. 결국 통전적 인간관을 따른다면 우리가 영혼이라 부르든지, 마음이라 부르든지, 혹은 정신이라 부르든지 모두 전인적인 인간을 지칭하는 말임을 전제한다(정은심, 2015).

인간의 영적인 상태는 그의 신체적, 심리적 상태와 독립적으로 다루어질 수 있는 것이 아니다. 조직신학자 에릭슨(Millard Erickson)이 분별한 것처럼, 심신상관의학 또는 정신신체의학(psychosomatic medicine)은 타당한 것이다. 마찬가지로 영성적정신신체 사역(pneumopsychosomatic ministry)도 타당한 것이다. 영적으로 건강하기를 원하는 그리스도인은 음식과 휴식과 운동 같은 것에 신경을 쓸 것이다. 하나님과의 관계를 떠나서 인간의 감정을 다루려는 시도가 허사이듯이, 인간의 신체적 상태와 정신적, 감정적 상태를 떠나서 그의 영적 상태를 다루려는 시도는 결코 성공할 수 없는 것이다(p. 539).

『정서적으로 건강한 영성』의 저자 피터 스카지로(Peter Scaziro, 2008)는 영혼과 마음을 같은 실체를 가리키는 것으로 이해하고 다음과 같이 쓰고 있다.

> "하나님은 우리의 육체만이 아니라 마음을 지으셨다. 우리의 마음에는 독특한 성품, 인격, 생각, 꿈, 기질, 재능, 은사, 욕구가 깃들어 있다. 하나님은 우리 안에 '참된 자아의 씨앗'을 심어주셨

다. 그것이 우리의 참 모습을 결정한다."

성경에서 말하는 마음(heart)의 의미는 감정의 의미만을 말하는 것이 아니고 의지와 지적인 활동, 그리고 직관과 상상력, 또한 인간의 외적인 표현인 육체적 행위까지를 포함하는 전인적인 차원이다(정은심, 2015).

그래서 성경적 내적치유 전문가 김영민 목사(2008)는 "우리의 됨됨이를 결정하는 것은 마음이기에 우리의 참된 변화는 '오직 마음을 새롭게 함으로써'만이 가능하다. 우리 안에 있는 상처들이 치유되어서 우리 마음이 변화될 때 우리는 신앙성숙의 길로 나아가게 된다"고 쓰고 있다. 크리스천 의사 래리모어(Larrimore, 2003)은 사람의 건강을 신체적, 정서적, 관계적(사회적), 영적 차원에서 통합적으로 이해하여야 한다고 하였다.

20세기가 낳은 가장 위대한 설교자로 회자되고 있는 로이드 존스(Lloyd-Jones, 1988) 목사는 의사 출신 목회자로 사람을 전인적으로 돌보고 치유해야 한다고 주장하면서, 사람을 몸(body)과 마음(mind)과 영(spirit)으로 소개하면서 우리는 결국 몸과 마음과 영으로 이뤄진 통합된 전인격임을 강조했다. 그는 폴 투르니에(Paul Tournier)의 '전인격 의학'(the medicine of the whole person)의 타당성을 지지하면서 인간을 심신상관(psychosomatic)적 존재로 묘사하면서, 영적인 질병, 심리적 질병, 신체적 질병을 전인격적으로 치료할 것을 권하고 있다.

한편 인격의학을 주도했던 폴 투르니에(1998)는 인간은 동시에 두 개의 세계에 속한다고 주장한다.

"하나는 자연적 세계이며, 또 하나는 초자연적 세계이다. 자연 세계의 한 부분으로서, 인간은 본능적으로 행동하고 음식을 소화시키며 늙고 병드는 동물적 '몸'(body)을 가지고 있다. 또한 인간은 감정을 경험하고 사물을 상상할 수 있는 '정신'(psyche)을 가지고 있다. 그리고 사람의 지성, 즉 생각하고 추리하고 뜻을 정하며 추상적인 생각을 다루는 '마음'(mind)이 있다. 몸, 정신, 마음이라 불리는 인간의 세 가지 자연적 부분은 과학적인 방법으로 연구될 수 있으며 서로가 서로에게 영향을 미친다. 예를 들어, 몸이 아프면 정신과 마음에 영향을 미치게 된다. 마음이 흐트러지면 몸과 정신에 영향을 준다. 이와 마찬가지로 정신도 몸과 마음에 영향을 주게 되어 있다."

인간은 자연적 세계의 한 부분으로서 자연적 법칙에 순응한다. 그러나 인간은 동시에 초자연적 세계의 한 부분으로서 영적인 존재다. 인간은 몸과 정신과 마음이 위에 있는 영에 순응할 때 비로소 건강할 수 있다. 투르니에는 우리의 인격은 영과 몸과 정신과 마음으로 이뤄져 있다고 보았다.

기독교의 인간관은 인간의 몸과 마음과 영이 구분되지 않으며 의식과 무의식도 또한 감정과 이성도 쉽게 분리할 수 없다는 통전적 인간관이다. 성경은 인간을 부를 때 영혼, 영, 혼, 몸, 마음, 자기 등 여러 이름으로 부른다. 인간의 각 국면은 통전적으로 연결되어 있으며 유기적으로 작용한다. 성경에서 말하는 건강의 개념은 샬롬(shalom), 즉 안녕, 복, 그리고 구원의 개념을 담고 있다. 성경의 건강개념은 육체적 건강, 심리적 건강, 영적 건강이 분리되지 않는 관계 안에 있다…건강은 관계적 회복으로 나아가는 과정이다. 자기 자신과의 관계, 다른 사람들과의 관계, 하나님과의 관계, 그리고 하나님의 피조물과의 관계를 회복해 나가는 과정이다(정은심, 2015).

성경은 전인치유(wholistic healing)의 정의를 "복음을 전하며, 귀신을 쫓아내며, 병든 자를 고치며, 눌린 자를 자유롭게 함으로써 주의 해(메시아의 도래로 인한 구원의 회복)를 전파하는 것"이라고 한다. 예수님은 "마음이 상한 자를 고치기 위해" 오셨다고 성경은 말하고 있다(사 61:1). 예수께서는 모범적인 전인 치유자가 되셨다(눅 4:18-19).

인간은 복합적인 존재이다. 따라서 인간은 어떤 한 가지 원리로 축소시킬 수 있는 존재가 아니다. 인간은 영혼과 몸, 볼 수 있는 부분과 불가시적인 부분으로 나누어져 있다고 보는 것은 타당하나, Nee나 Lee식의 경직된 삼분설에 입각해 영을 통해서만 하나님을 접촉할 수 있고, 혼과 몸을 부정되어야 할 육이라고 가르치는 것은 헬라의 철학(Platon의 이원론)과 초대교회 이단 영지주의 사상을 반영하는 것이지 히브리적 사상은 아니다.

지난 50년 동안 신학자들은 사람을 두 부분(body, spirit)으로 인식해야 하는가, 세 부분(body, soul, spirit)으로 인식해야 하는가를 두고 논쟁을 벌여왔다. 오늘날 대부분의 신학자들은 이분설이나 삼분설보다는 히브리적인 전인설(Hebraic wholism)을 지지하고 있다. 히브리적 인간관은 활성화된 몸(animated body)이지, 육화된 혼(incarnated soul)이 아니다. 히브리 인간관에는 삼분설은 존재하지 않는다. 인간의 인격을 몸과 혼과 영으로 3등분하는 것은 없다. 이원론적 논증은 유대-기독교적 전통보다는 헬라의 플라톤적 또는 영지주의적 영향에서 유래한 것이다(Bird, 1980).

합동신학교의 송인규(1990) 교수는 다음과 같이 주장한다.

"인간의 혼과 영을 분리하는 것도 문제인데, 영의 기능을 직관과 영교와 양심으로 나눈 것은 전혀 성경의 지지를 받을 수 없는 꽤 독단적인 분류로 생각한다"(p. 25).

신비주의적인 성향의 이단들은 하나님의 인격성을 부인하고 영성만을 강조하는 것이 특징이라 할 수 있다. 모든 정통교회에서는 지.정.의를 포함한 인격적 기능을 지닌 인간이 그리스도 안에서 인격적인 하나님을 만나는 것을 구원(회심)으로 이해하고 있다. 성경은 인간을 영적, 지적, 감정적, 의지적, 사회적, 성적, 도덕적 차원을 지닌 통합된 통일체로 제시하고 있다. 사람은 개념화하기 위한 방편으로 이분설, 삼분설을 주장할 수는 있겠지만, Nee처럼 영, 혼, 몸으로 경직되게 분리하여 해부한 것은 히브리적인 사고도 아니요 기독교적인 사고도 아니다.

크리스천 심리학자 하트(Hart, 1992)는 다음과 같이 진술하고 있다.

"자기(self)에 대한 현대적 해석은 우리 존재의 육체적이고 심리적인 측면을 영적인 측면으로부터 갈라놓는 오류를 범하게 했다. 우리에게 몸을 초월하는 영이 있고 우리가 육체적으로 죽은 후에 영이 계속 존재하는 게 사실이지만, 나는 우리가 영을 우리의 자연스런 자기로부터 분리시켜 자기의 다른 부분으로부터 영적 측면을 너무 높게 격상시키는 잘못을 범하고 있다고 생각한다. 이 분리는 우리를 오도하는 것이다. 사실, 이것은 영지주의(Gnosticism)라 불리는 오래된 이단이 사특한 형태를 취하고 나타난 것이다. 영지주의자들은 영과 물질 사이에 기본적 이원론을 가르쳤던 분파(sect)였다. 그들은 또한 구원은 지식과 깨달음에서 온다는 사상과 오직 영적인 것만 중요하다고 가르쳤다. 당신이 육으로(in the flesh) 행하는 것은 중요하지 않다고 가르쳤다."

영적인 것을 신체적인 것이나 심리적인 것으로부터 분리시키는 것은 일종의 이원론이다. 우리가 몸 안에 있지만, 우리는 조화롭게 작용하는 몸과 영으로 구성된 하나의 개체이다. 하나님은 우리를 전 인격(whole persons)이 되도록 창조하셨다. 영 안에 있는 나는 나의 심리적인 측면으로부터 분리되어서는 안 된다. 내가 육체 가운데 거하는 동안에 나의 심리적인 자기와 나의 영적인 자기는 분리되어 있는 개체(entity)가 아니다. 나의 감정은 나의 영적 욕망이나 행실과 분리(divorce)될 수 없는 것이다.

단지 개념적 이해를 위해서, 우리는 종종 우리 자신을 감정과 몸과 마음, 영과 혼으로 구성되어 있다고 구분해서 말한다. 그러나 하나님은 언제나 우리를 전인격으로 관계하시고 자기의 여러 측면을 통합시키기 위해 어떻게 동역하는지 우리에게 책임을 물으신다. 성경은 우리가 우리 몸과 마음의 안녕을 소홀히 하는 가운데, 영적 건강만을 추구하라고 요구하지 않는다. 우리는 영과 육이 함께 한 단위로서 하나님께 영광을 돌리려 노력하는 가운데, '통합된 삶'(integrated life)을 살도록 부름을 받았다.

성경에서 말하는 인간

성경에 지배적으로 나타나는 인간 본성의 구성에 관한 논의는 이분법적이지만, 성경은 인간의 본성을 하나의 통일체로 보고 독립된 두 요소로 구성된 이원적 존재로 보지 않는다. 남자와 여자의 관계처럼 각 요소는 서로 평행선을 달리는 상관없는 실재가 아니라 연합하여 하나의 단일한 유기체를 형성하는 실체이다. 그래서 성경은 인간 본성의 복합성을 인정하면서도 인간 본성을 두 개의 주체로 나누지 않는다. 모든 인간의 행위는 전인적인 행위이다. 영이 죄를 짓는 것이 아니라 인간이 죄를 짓는 것이고, 육신이 죽는 것이 아니라 인간의 죽는 것이다. 영만이 아니라 육신과 마음, 이 둘의 통합체인 인간과 그의 몸이 예수 그리스도 안에서 구원을 받는다(눅 24:39; 정이신, 2019).

> "사람은 질적으로 다른 두 실체 즉 육신(body)과 영혼(soul)으로 구성되어 있다. 어떤 이들은 영과 혼과 육으로 구성되었다는 삼분설을 주장하는데 이는 정통 기독교 교리로 채택된 적이 한 번도 없다. 육신과 영혼이라는 두 실체는 중간 상태에 있어서 그 상태나 위치가 다르다…육신은 죽음 뒤에 부패를 겪다가 결국 먼지로 화한다. 그러나 인간의 영혼은 죽지도 않고 잠들지도 않고 불멸의 실체를 가지고 있다. 인간의 영혼은 그것을 주신 하나님께 즉각적으로 돌아간다. 우리는 중간 상태에서의 영혼은 의식이 있고 즉각적으로 하나님께 돌아가 의식을 가지고 존재한다는 것을 믿는다"(피영민, 2018).

죽은 사람의 비물질적 요소는 어떤 때는 '혼'(계 9:6; 20:4)이라 불리었고, 또 어떤 때는 '영'(벧전 3:19; 히 12:23)이라 불리었다. 이 두 용어는 다만 인간의 한 영적 요소를 두 가지 다른 견지에서 사용하였을 뿐이다. '영'이라는 말은 육체를 관리하는 생명의 원리, 또는 행동 원리를 뜻한다. 그리고 '혼'이란 말은 생각하고 느끼며 결정하는 인격적 실체를 뜻하며, 특히 어떤 경우에는 애정의 자리로 언급되기도 한다(기독교신학개론, 벌코프). 헬라인들은 혼은 선하고 우월한 본질(superior substance)이고 몸은 멸할 수밖에 없는 영혼에 열등한 존재로 보았다.

Nee와 Lee는 혼의 구성요소로 생각과 감정과 의지를, 영의 세 부분으로 양심(conscience)과 교통(communion)과 직관(intuition), 마음의 네 부분으로 생각과 의지, 감정, 양심 등으로 나누며 복잡한 설명을 한다(하나님의 경륜). 육체(몸)는 세상을 인식하는 기관으로 영과 반대되는 개념이다. 혼은 영과 육체를 인식하고 사고하는 기관이다. 영은 영적 세계를 인식하는 기관으로 성령께서 임재하시는 부분이다. 몸은 사람의 물질적인 부분이고, 혼은 다른 동물들과 공유하는 정신적인 부분이며, 영은 하나님과 관계하는 이성적인 부분으로 구분한다. 삼분설 주의자들은 영을 육과 혼보다 더 중요하게 여긴다. 이러한 주장과 설명은 아무리 그럴듯해 보여도 헬라인의 철학적 사색의 산물이지 성경의 증언은 아니다.

Nee의 다음과 같은 주장은 전혀 근거가 없는 것이다.

"영은 직접적으로 몸에 힘을 행사할 수 없다. 거기에는 중재자가 필요한데, 그 중재자가 영이 몸을 접함으로써 생겨난 혼인 것이다. 그러므로 혼은 영과 몸의 중간에서 이 두 가지를 함께 묶고 있는 것이다. 영은 혼을 매개로 하여 몸을 복종(제거)케 함으로 하나님을 복종케 할 수 있다. 마찬가지로 몸은 혼을 통하여 영으로 세상을 사랑하도록 만들 수도 있는 것이다"(『영에 속한 사람』 1권, p. 41).

혼은 선악을 알게 하는 열매의 기능인 지식으로 인하여 지나치게 비대해졌고 그런 까닭에 인간은 혼으로 모든 것을 이해하고 행동하는 존재가 되었다고 한다. Nee는 그러한 상태를 가리켜 육에 속한 자라고 한다. 즉 하나님을 거스르고 죄를 짓는 것은 혼이 자아와 그 의지를 지배하기 때문이라는 것이다.

영, 혼, 육 삼분설을 취하면서 인간의 타락은 육적인 것으로만 이해하고, 영은 타락하지 않은 것이 되어 전인적인 타락이 부정된다. 인간의 타락은 전인적인 것인데 비해 그것을 육체적인 것으로만 봄으로 몸만 타락하고 영은 타락하지 않은 것으로 되어 "범죄하는 영혼은 죽을지라"(겔 18:20)는 성경적 입장과 모순되게 된다. 인간의 타락은 하나님께 대한 불순종이 아니라, 아담이 사탄을 몸 속에 받아들인 것이 문제라고 한다(Lee, 『하나님의 경륜』, 『사람의 영』).

그들은 또 육신(flesh)은 그 자체가 악한 것이라고 가르친다.

"하나님의 원래 창조하신 인간의 몸은 매우 선한 것이었다. 그러나 이제 인간의 몸은 육(flesh)이 되었다. 몸은 선하게 지음을 받았기 때문에 순수한 것이었다. 그러나 몸이 사단에 의해서 부패되었을 때에 몸은 육이 되었다...인간의 몸은 사단의 거처가 되었다. 몸은 단순히 죄의 거처가 되었다. 즉 사단의 화신이 된 것이다. 죄는 사단의 구체화이며 죽음은 사단의 배출이며 결과이다. 이 썩고 변형된 몸을 '죄의 몸' 또는 '사망의 몸'이라고 부른다. 이 몸이 바로 사단의 거처가 되었기 때문이다"(Lee, 『하나님의 경륜』).

이것은 영은 선하고 육은 악하다는 영지주의에서 나온 이원론이며 성경의 사상은 아니다. 우리의 영육은 범죄로 말미암아 다 같이 부패하였고, 우리의 영육은 다 악해질 수도 있고 선해질 수도 있다. 그러나 지방교회에서는 혼은 자기 자신이며 부인해야 하는 것으로, 하나님을 받아들이지 않는다는 것이며, 영은 하나님을 모시는 것이라고 말한다. 영은 인격이 아니며 하나님을 맞아들일 수 있는 것이라고 말한다(Lee, 『하나님의 경륜』).

성령님은 우리의 영에만 함께 하시지 않는다. 우리의 영과도 함께 하시지만(롬 8:16), 우리의 '마음'에도 함께 하시고(겔 11:19; 고후 1:23), 우리 몸에도 계신다(고전 6:19). 성령님은 우리의 영, 혼, 육, 어느 한 부분에만 계시는 것이 아니라 우리의 전(全)인격 속에 함께 계신다(롬 8:11). 그리고 귀신도 우리의 전인격 속에 있으면서, 우리의 영, 혼, 육 전체에 영향을 미친다(정이신, 2019).

Nee의 가르침에는 영적인 체험을 너무나 지나치게 분석했다는 약점이 있다. Nee를 통한 긍정적인 부분을 다 무시하고 싶지 않다. 그는 성도들로 하여금 주님을 사랑하게 하고, 진리로 사람들을 이끌어주는데 좋은 역할을 하기도 했다. 그러나 삼분설에 의거한 지나친 영적 분석이 있음을 부인할 수 없다.

Nee의 사상체계에 휘말리게 되면 '영적인 것'과 '혼적인 것' 사이의 갈등을 겪게 되어 불필요한 자아 성찰의 늪으로 빠져들기도 하고 혼의 무용성 때문에 흔히 신자 편에서의 수동성이 장려될 뿐 아니라, 정상적인 인격의 활동을 육신적인 것으로 격하시킬 위험성이 있다. 따라서 Nee의 저서들을 분별력 없이 읽는 많은 평신도들이 Nee가 제시하는 이른바 신령한 생활을 추구하는 가운데 지성과 감정과 의지로 구성되어 있는 혼(인격)의 활동을 마비시키려고 노력하는 가운데 '절름발이' 신앙생활을 하게 된다.

Nee 자신도 *The Normal Christian Church Life* 4권에서 말하고 있다.

> "지난 20년 동안 나는 사람들이 자신의 내적 감정을 검토하기 위해 얼마나 노력하는지를 이야기하는 편지를 많이 받았고 자기분석을 거듭하는 사람들을 수없이 만났다. 영(spirit)과 혼(soul)의 분리에 대해 듣고 난 후, 그들은 밤낮으로 자신을 분석하기 시작한다. 그들은 내면적으로 무엇이 옳고 무엇이 옳지 않은가를 분석하는 실험실이 되고 만다. 이것은 무엇보다 건강하지 않은 것이며 병의 증상이다. 우리는 하나님의 자녀들이 그렇게 하는 것을 허락해서는 안 된다."

이러한 위험을 알면서도 그는 영과 혼의 분리를 강조하는 책을 계속 저술했다.

이러한 풍토는 영은 선하고 육은 악하다는 이원론에서 나온 것이다. 바울은 사실상 몸이라고 할 때 육적인 자아, 즉 하나님을 거스르는 자아를 말하고, 또 영이라고 할 때 영적인 자아, 즉 하나님의 뜻을 추구하는 자아를 말하고 있다. 육체(flesh)는 하나님을 대적하는 죄성을 나타내는 말로 사용될 때가 있지만, 혼과 육은 악하다는 사상은 성경적 사상이 아니다.

구원파의 인간론

삼분설은 구원파의 구원론에 직접적 영향을 미쳤다. 구원파에서는 영의 구원과 혼의 구원, 육의 구원으로 각각 분리시켜서, 영은 이미 구원을 받았고 죄가 없으나, 육에는 죄가 남아 있다고 주장한다.

구원파의 지도자 권신찬은 말한다. "사람은 영, 혼, 육으로 되어 있다. 영에서 믿는 믿음이라야 되지 혼에서 믿는 믿음 가지고는 안 된다"(1996).

> "구원파는 인간론에서 위치만 니와 유사한 주장을 하고 있다. 정통 기독교에서는 인간을 영육으로 분리시키지 않은 총체적인 인격적인 존재로 본다. 인간을 육체와 분리하여 영적인 존재로 인

식한다면 그것은 귀신론이다. 예를 들어, 이요한 계열은 영혼의 구원, 생활의 구원, 몸의 구원이라는 표현을 쓴다. 이단들은 항상 영과 육을 분리시켜 인간을 이해했다. 영에는 하나님이 거하고 육체는 악의 처소로 인식했다...인간이라고 말할 때 영과 육을 합쳐서 인격적인 존재로 인식해야 한다. 구원파가 이러한 영과 육을 분리해서 인간론을 주장하는 근거는 구원은 영이 얻었기 때문에 육이 하는 일은 영의 구원과 관계가 없다는 가르침 때문이다"(탁명환, 원세호, 1980, pp. 170-171).

총신대 심창섭 교수(2014)는 구원파의 인간론에는 문제가 있다면서 다음과 같이 비판하고 있다.

"성경은 인간이 영과 육의 두 가지 요소를 가지고 있지만 그것은 인간이라는 통일체로서 존재한다고 가르친다. 육을 영의 반대개념으로 구분하는 것은 헬라적인 인간관의 오류이다. 즉 인간은 하나의 영적 존재와 물질적인 육체의 존재가 개체로 공존하고 있다고 생각하는 것은 잘못이다. 인간은 물질을 구성하고 있는 육체와 영적인 피조물인 영혼이 한 인간을 이룬 인격체에 포함되어 있다고 해야 할 것이다. 인간이 생존하는 한 인간은 영과 육의 하나의 통일적 인격체로 존재하는 것이다. 영이 없는 육체나 육체 없는 영으로 분리해서 인간을 이해해서는 안 된다. 창세기 2:7에 사람이 생령이 되었다고 기술하고 있다. 생령이 되었다는 것은 영과 혼 등이 따로 존재하는 인간이 된 것이 아니라 몸과 영의 결합된 살아 있는 하나의 실존적인 인간이 되었다는 것이다. 생령은 영과 몸으로 구성된 영적 존재임을 말한다. 그래서 야고보서에는 영혼이 없는 몸은 죽은 것이라고 하였다(약 2:26). 이러한 구원파의 이원론적인 인간관은 구원받은 영혼은 범죄하지 않는다는 논리에 빠지게 된다. 범죄는 오직 육신의 것으로 단정하므로 회개에 대한 부정적인 견해를 갖게 만드는 위험에 빠지게 된다"(p. 64).

이원론(dualism)이란 서로 환원이 불가능한 독립된 두 개의 실체 또는 원리를 인정하고 그 두 개의 개념을 가지고 일체의 사상을 설명하는 논리이다. 세상을 하나님과 마귀의 대결 구도로 보며, 선과 악, 영과 육, 축복과 저주의 구도로 보는 것이다. 영적인 영역은 거룩하고 선하지만, 물질적이거나 비종교적인 영역은 본질상 악하고 무가치하다고 규정짓는 세계관을 의미한다. 질병과 사고와 재앙이 모두 마귀 때문이며 심지어 가난도 마귀 때문이다. 이러한 이원론은 베뢰아와 구원파, 그리고 지방교회의 신학에 두드러지게 나타나고 있다.

이원론적 구원관은 권신찬과 이요한 구원파의 핵심적 주장이기도 하다. 사람을 영과 혼과 몸으로 분리시켜 육체에는 사탄이 거하며 죄가 있고, 영에는 하나님이 거하면 죄가 없다는 이원론을 주장한다. 거듭난 것은 육신을 제외한 영혼만이 거듭났다고 주장하는 것이다. 따라서 아나니아와 삽비라의 영혼은 구원을 받았지만, 육신은 심판을 받은 것으로 주장한다(세칭 구원파란?, 생명의말씀선교회 홈페이지).

우리의 현실 세계를 정신계와 물질계, 성과 속 즉 성속 개념으로 나누기보다는 삶의 영역들 전체를 주님이 다스리시는 것으로 보아야 한다. 육신적인 것은 하찮게 여기거나 무시하고 영적인 것만 중요하다는 논리도 배제되어야 한다. 왜냐하면 인간 그 자체도 영과 육이라는 이원론적 구조에서 파악하기보다는 전인적으로 통전적으로 파악되어야 하기 때문이다(최병규, 2004).

옛날 그리스인들은 인간이 서로 대치상태에 있는 몸과 영혼을 가지고 있다고 보았다. 몸은 불완전한 상태에서 영혼을 간직하고 있는 악한 저장소라고 간주했다. 반면에 영혼은 순결한데 몸이라는 감옥으로부터 해방되기를 원한다고 보았다. 이와 같이 영적 세계는 선하고 물질세계는 죄악 되었다고 보는 세계관은 이원론적 영지주의 사상이다. 영지주의는 1세기 때에 우리 신앙의 선배들로 하여금 이단성을 갖게 만들었다. 그 대표적인 경우가 니골라당이었다(계 2:6,15). 정통신앙은 그리스도를 자신의 구세주로 믿음(신뢰)으로 구원을 받는다고 말한다. 그러나 영지주의에서는 '특별한 지식', 곧 '영적인 지식'을 깨달음을 통하여 구원을 받는다고 한다(라은성, 2008).

2분설이나 전인설에 비해 3분설을 주장하는 사람들 중에 이단이 많은 것은 영을 혼이나 육체에 비해 고귀한 것으로 보며, 영의 일을 정신인 혼이 다 알 수 없다고 생각하는 관념 때문이다. 그래서 영의 일을 알고 영의 요구에 맞추기 위해 영성을 개발한다며 영지주의나 신비주의적 태도를 취할 가능성이 상대적으로 크다(송요한, 2010). 이 경직된 삼분설은 박옥수를 비롯한 구원파의 세 계파와 이명범의 레마선교회, 류광수 다락방, 이현래의 대구교회, 김기동의 베뢰아, 박철수의 영성훈련원에 두루 교리적 영향을 미쳤다.

개혁주의신학자 안토니 후크마(Anthony Hoekema, 1990)는 자신은 '영-육 통일론자'임을 밝히며 전인설을 주장하고 있다. 헬라철학과 반대로, 성경은 몸과 영혼이 모두 도덕적 부패로 구속이 필요하지만, 모든 하나님의 피조물이 선하게 창조되었다고 가르친다. 우리가 죽을 때, 몸은 붕괴되지만, 영혼은 계속 존속한다. 그러므로 인간은 무덤 너머에 개인적 실존을 누린다. 성경은 인간을 연합된 전인적 개체로 본다. 인간은 부분으로 분열될 수 없는 연합된 존재(unified being)이다.

Fuller 신학대학교 심리학대학원장 아치볼드 하트(Archibald Hart, 1992)는 심리적인 것과 영적인 것은 함께 작용한다면서, 그리스도인이 된다는 것은 그리스도의 형상 안에 자라가는 것을 포함한다고 말한다. "그리스도인의 성화는 영적인 과정(spiritual process)이다. 그러나 이는 또한 정서적(emotional)이며 심리적인 과정(psychological process)이기도 하다." 하나님은 우리가 심리적 영역뿐만 아니라 영적 영역에서도 어떻게 작동하는지를 알고 계시다. 하나님은 우리가 충분히 통합된 인격으로 성장하도록 도와주신다. 영성과 거룩한 삶으로의 부르심은 우리의 정신(psyche)을 부정하라는 요구가 아니다. 이는 마음 안에서의 우리와 영 안에서의 우리를 통합하라는 부르심이다(It is a call to integrate who we are in our minds with what we are in our spirits). 우리를 창조하신 하나님은 우리 존재의 모든 측면에서 - 신체적으로, 심리적으로, 영적으로 - 어떻게 조화롭게 작동하는지를 알고 계시다. 영성(spirituality)과 심리(psychology)는 합력해서 우리를 그리스도 안에서 보다 완전하게 만들 수 있다(p. 31).

성경에서 바울은 육체와 영을 구별한 적이 있다. 그러나 '육체'와 '영'은 인간의 육신적 부분과 영적 부분을 대조시키는 것이 아니라, '인간'과 '하나님'을 대조시키는 표현이다. 바울은 거듭난 사람과 거듭나지 못한 사람을 대조시키면서, '육신에 있는 자'는 하나님을 기쁘게 할 수 없다고 말하며 '영을 좇는 자'에 대해서 강조하고 있는데, 그 '영'은 '성령 하나님을 좇는 삶'을 말하는 것이다. 다시 말하여 성경에서 '육체'라는 표현은 물론 정신적인 영혼과 반대되고 대조되는 부분을 가르키는 경우도 있지만, 대부분은 '총체적인 인간'을 말함으로써 '성령 하나님'과 대조되는 경우로 사용된다. 특히 "육신에 죄가 거한다"는 표현은 그 육신 자체가 곧 성령을 거스르는 전인적인 인간의 욕망이라는 의미로 보아야 한다.

성경은 성속 이원론이 성경적 세계관과 가치관에 정면으로 배치된다고 가르친다. 첫째, 성경은 물질이 본질적으로 악하다고 가르치지 않는다. 도리어 물질은 본질적으로 선하다고 가르친다. 둘째, 성경은 그리스도인들에게 모든 직업, 모든 활동, 모든 시간이 거룩한 것이 되었다고 가르친다. 따라서 그리스도인의 모든 활동과 직업은 본질적으로 선하고 아름답고 거룩한 것으로 여겨야 한다(정성욱, 2019).

"육체(인간)의 소욕은 성령(하나님)을 거스르고 성령의 소욕은 육체를 거스르나니, 이 둘이 서로 대적함으로 너희의 원하는 것을 하지 못하게 하려 함이니라"(갈 5:17). 다시 말하여 '육신에 있다'는 말의 뜻은 '거듭나지 않았다'는 상징적이며 상태적인 개념을 말하는 것이며, '영에 있다'는 말은 '거듭난 그리스도의 사람'이라는 개념이 된다는 것이다.

> "만일 너희 속에 하나님의 영이 거하시면 너희가 육신에 있지 아니하고 영에 있나니, 누구든지 그리스도의 영이 없으면 그리스도의 사람이 아니라"(롬 8:9)
>
> "육신(인간)의 생각은 하나님과 원수가 되나니 이는 하나님의 법에 굴복치 아니할 뿐 아니라 할 수도 없음이라. 육신에 있는 자들은 하나님을 기쁘시게 할 수 없느니라"(롬 8:7-8)

성경은 영·혼·육을 각각의 주체로 인정하지 않고 일체설(monism: 통일설: 전인설)을 강조한다. 즉 영혼만 죄짓는 것이 아니라 인간이 죄를 짓는 것이고, 몸만 죽는 것이 아니라 인간이 죽는 것이다(창 2:7; 유기적 통일성). 따라서 육체는 악이고, 영혼은 선이라는 이중 기준으로 판단할 것이 아니라 전인적인 하나님의 형상이라는 성경적 기준을 따라야 한다(기독교대한성결교회, 2015).

『문화를 초월하는 목회상담』의 저자 오스버거(David Augsburger, 2005)는 인간을 사회적, 역사적, 전통적, 도덕적, 정치적, 영적 존재로 통전적으로 이해할 것을 권하고 있다. 한편 상담심리학자 레스 패로트(Les Parrott, 2008)는 사람을 신체적, 성적, 사회적, 종교적, 윤리적 측면을 지닌 존재로 설명하고 있다.

영국의 대표적 기독교 상담학자 로저 허딩(Roger Hurding, 2003)은 인간의 본성을 어떻게 보느냐가 상담에 대한 접근법에 심대한 영향을 미친다면서, 인간(본성)의 구조에 대해 다음과 같이 쓰고 있다.

"사람은 하나님이 주신 '생기'로 힘을 얻어 '생령'이 되었다. 이 생기는 인간성의 모든 측면들, 즉 영적 · 정신적 · 지적 · 감정적 · 심미적 · 창조적 · 사회적 · 정치적 · 경제적인 면들에 스며있다. 구약성경은 인간의 본성과 관련하여 심장 · 간 · 신장 · 허리 · 창자 등과 같은 신체의 일부로 언급하면서 80여 가지의 각기 다른 용어를 사용한다. 하지만 그런 용어들은 단지 인간의 본성의 다른 측면들을 의미할 뿐이다. 신약성경에서 프쉬케(psyche, soul, 마음), 프뉴마(pneuma, spirit, 영), 소마(soma, body, 몸) 같은 헬라어 단어들은 보통 전인의 이런 저런 측면들을 지칭하는 것이다… 히브리인들은 인간을 대조되는 요소들의 조합이 아니라, 여러 다른 측면들 속에서 발견될 수 있는 '하나의 통합체'로 보았다. 각 측면들 뒤에는 전인(全人)이 있었다."

상담학자 김용태(2006)는 하나님과의 관계 속에서 정의되는 인간은 타락, 회복, 성화 등과 같은 특성을 갖는 존재임을 말하면서, 인간을

① 관계적 존재; ② 성적 존재; ③ 도덕적 존재; ④ 책임을 가진 존재로 규정하고 있다. 나아가 그는 인간의 구조에 대해 다음과 같이 그의 생각을 제시하고 있다.

삼분설(tripartite view)은 인간을 영(spirit), 혼(soul), 육(body)으로 구분하는 생각이다. 이러한 생각은 사도 바울의 생각을 기초로 한다. 사도 바울은 인간에 대해 설명하면서 영, 혼, 육으로 말하고 있다. 이에 근거해서 몇몇 학자들은 인간을 삼분된 존재로 규정한다. 몸은 인간의 신체를 의미한다. Nee에 의하면, 인간의 몸은 살과 피와 뼈로 이뤄져 있고, 혼은 지정의로, 그리고 영은 직관(intuition)과 양심(conscience)과 영교(communion)로 구성되어 있다. 인간의 신체에는 성적 열망(sexual passion)이 있다. 혼은 인간의 마음을 의미한다. 마음에는 생각이나 감정, 의지, 욕망과 같은 특성이 있다. 영은 인간의 가장 깊은 곳이다. 이곳은 영적으로 하나님과 교류를 하며 성령의 도움을 받는 곳이다. 그럴듯한 주장이지만, 이러한 전제를 받아들이면 신앙생활에 여러 가지 혼선이 생길 수 있다.

삼분설은 인간의 존재를 규정하는데 혼란을 초래한다. 성경에 나오는 몸, 혼, 영의 구분은 인간이 각기 다른 세 부분으로 구성되어 있음을 의미하지 않는다. 혼과 영은 서로 다르지만 다른 실체가 아니다. 혼과 영은 서로 호환성이 있는 용어로서 성경에서는 서로 혼용하여 사용하

고 있다. 성경은 때로 생각(mind), 혼(soul), 영(spirit), 마음(heart) 등의 용어를 사용하고 있지만, 이들 용어는 따로 존재하는 특성들이 아니라 서로 섞여서 쓰이고 있다. 이런 의미에서 영과 혼은 다른 특성이 아니라 같은 특성이 다른 기능을 하는 개념으로 보아야 한다.

성경은 영과 혼(영혼)의 기능을 동일한 의미로 호환하여 사용하고 있다. 죽음을 혼이 떠난 것으로 묘사한 곳도 있고(창 35:18; 왕상 17:21; 행 15:26), 반대로 영이 떠난 것으로 묘사한 곳도 있다(시 31:5; 눅 9:55; 눅 23:46). 그리고 죽은 자들을 혼으로 언급하기도 하고 영으로 언급하기도 한다(마 10:28; 계 6:9; 힘 12:23; 벧전 3:18-20). 하나님을 찬양하는 것도 영과 혼 모두에게 속한다(눅 1:46-47). 그리고 성경은 구원을 말할 때도 혼 중심으로 말할 때도 있고, 또한 영 중심으로 말할 때도 있다(약 1:21; 고전 5:5). 영과 혼은 그 기능을 구별하지 않고 사용되고 있다. Nee 와 Lee처럼 영적 기능과 혼적 기능을 나누는 것은 전혀 성경적으로 지지받을 수 없는 사상이다.

성경을 근거로 또한 이분설(bipartite view)을 주장하는 이들도 있다. 성경에는 혼(soul)과 신체(body)라는 구분이 있다. 이는 물질적 본성과 비물질적 본성을 의미한다. 즉, 혼은 비물질적 특성이고 신체는 물질적 특성을 의미한다. 성경은 인간을 물질적인 면을 몸으로, 비물질적인 면을 혼/영으로 구별하고 있다(McDonald, 1982, p. 78).

고대 그리스에서는 인간이 혼과 몸으로 구성되어 있다고 생각했다. 몸과 혼은 서로 긴장을 조성하여 갈등을 초래한다고 생각했다. 몸은 불

완전하고 때로는 악으로 인식되기도 했다. 반면, 혼은 완전하고 순수하며 아름다운 특성이라고 생각되었다. 따라서 몸은 통제받아야 되는 특성이기에 인간은 때로 가혹하게 몸을 대했다. 인간은 악인 몸에서 떠남으로써 해방을 얻게 된다고 생각했다.

그러나 성경의 관점은 다르다. 성경에서는 몸과 혼이 모두 하나님 보시기에 좋았다고 기록되어 있다. 결국 이분설과 삼분설 모두 문제를 가지고 있다. 두 이론 모두 인간을 부분으로 나눌 수 있는 존재로 규정하고 있다. 우리는 성경적 근거를 문자적으로 접근하기보다는 신학적으로 접근할 필요가 있다. 신학적 추론에 근거하여 맥도날드(1982)는 성경적 근거는 이분설을 지지하는 것 같다고 결론을 내렸다. 성경상의 데이터는 이분설을 지지하지만, 성경의 강조점은 항상 인간의 통일성(unity)에 있음을 잊어서는 안 된다. 인간은 육체화된 혼(embodied soul)의 존재다.

한편 심리학자 프로이드는 인간을 자아와 원욕, 초자아라는 세 가지 요소로 나누어진다고 생각했다. 크리스천 심리학자 래리 크랩(1977)은 인간을 의식적인 마음(conscious mind)과 무의식적인 마음(unconscious mind), 마음(heart), 의지(will), 감정(emotions)으로 나누어 설명하고 있다. 인간은 전체적으로 이해되어야 한다. 인간은 부분적으로 나눌 수 없는 연합된 존재(being of unity)다. 영, 혼, 육 또는 혼, 육과 같은 구분은 이해를 도울 수는 있지만 그 구분이 인간존재를 규정할 수는 없다. 인간은 몸과 마음, 영혼이 모두 연결된 하나의 통합된 존재다.

영과 영혼은 별개의 것이 아니라 하나이다. 굳이 영과 영혼을 구별한다고 하면, 영은 상향적 위치에 있으며(하나님과의 관계), 혼은 하향적 위치(육체와의 관계)에 있는 측면을 말할 수도 있다. 궁극적으로 인간은 육체와 영/혼의 단일체다. 기독교적 인간관을 쓴 신학자 맥도날드(McDonald, 1982)는 말했다.

> "대부분의 기독교인들은 육체보다는 혼을 강조하는 가르침을 받았다...그러나 육체적인 존재의 가치는 창조 사건(하나님은 인간을 육체적인 존재로 창조하셨다)에서, 성육신 사건(하나님이 육체적인 존재가 되셨다)에서, 그리고 부활 사건(부활을 통하여 인간은 완벽하게 완성된 몸을 지닌 존재로서 영원히 살게 될 것이다)에서 의문의 여지없이 전제된다. 기독교적 인간관은 인간의 두 가지 요소 사이에서 균형을 이루며, 인간은 몸을 입은 영(embodied spirits)인 동시에, 몸을 입은 혼(embodied souls)이며, 혼을 가진 몸(ensouled bodies)이라는 점을 존중한다."

저명한 목회상담학자 하워드 클라인벨(Howard Clinebell, 1992)은 영(spirit)을 중심으로 우리의 인생은 몸과 마음(mind), 관계, 일, 놀이, 세계의 7가지 차원으로 이루어져 있다고 주장한 바 있다. 클라인벨도 영을 마음, 의지와 동일시하고 있는 게 분명하다. 하나님께서는 우리의 전(全)인격과 관계하시는 게 분명하다. 한편 기독교 철학자로 유명한 윌라드(Dallas Willard, 2002, 2005)는 인간의 삶이 생각(thoughts)과 느낌(feelings), 마음(heart), 몸(body), 사회적 맥락(social context), 그리고 영혼(soul)으로 구성된다고 진술하고 있다. 영(spirit)과 마음(heart), 그리고 의지(will)를 동일한 기능으로 이해하기 때문에, 영과 의지는 따로 언급조차 하지 않고 있다.

맥도날드가 지적하는 것처럼, 어떤 이들은 인간을 신격화하려고 인간의 비물질적인 면을 매우 강조하거나 과장한다. 그래서 인간이 육체적인 면에 의하여 불가피하게 영향을 받고 있다는 사실을 부인한다. 우리는 신천지와 지방교회와 같은 신비주의 계통의 이단에서 이런 성향을 발견하고 있다.

지방교회는 하나님은 우리의 영 안에 계신다고 한다. 인간 구성에 대한 이해를 달리하면서 구원관과 신앙생활에 대한 가르침이 어긋나게 된 것이다. 그러나 하나님은 우리의 육을 포함하는 인격 전체에 거하신다. 다만 디모데후서 4:22에서 "나는 주께서 네 심령에 함께 계시기를 바라노니 은혜가 너희와 함께 있을지어다"에 영(심령)을 언급한 것은 영 또는 영혼, 즉 마음(heart)이 우리 인격의 주체가 되기 때문이다.

왜 삼분설이 퍼지게 되었는가?

우리는 삼분설의 옹호자들을 세대주의와 오순절주의 내에서 찾지만, 그들의 신학 서적은 대체로 이분설을 지지하고 있다. 그러면 도대체 어떻게 하여 삼분설이 일반 그리스도인들의 의식 속에 깊이 그토록 파고든 것일까? 신학자 송인규(2015) 교수는 세 가지 이유를 제시하고 있다.

첫째, 일반 그리스도인들이 손쉽게 접하는 서적이나 가르침이 거의 대부분 삼분설을 퍼뜨리고 있기 때문이다. 한국만 하더라도 1970-80년대에 걸쳐 삼분설적 신앙 형성에 영향을 준 책으로 『영에 속한 사람』, 『자아가 죽을 때』와 같은 Nee의 저서들을 빼놓을 수 없을 것이다. 미국의 경우에는 가장 지대한 영향을 미친 책으로 스코필드주석성경(Scofield Study Bible)을 손꼽을 수 있다. 또 1970년대 순회강연으로 유명했던 빌 가써드(Bill Gothard)의 가르침도 역시 삼분설을 기초로 한 것이었고, 찰스 솔로몬(Charles Solomon)은 아예 삼분설에 기초한 상담이론을 끈질기게 펼치고 있다.

둘째, '영'이라는 요소가 중생과 더불어 새로이 살아난다는 데 대해 경이감을 느끼기 때문이다. 보통 이분설에서는 중생할 때 일어나는 영혼의 변화를 삼분설만큼 드라마틱하게 묘사하지 않는다. 게다가 이분설의 경우에는 이미 존재하던 '영혼' - 비록 죽었다고 이야기하지만 - 이 새로워진다고만 말하는 데 반해, 삼분설에서는 전에 '죽었던' 영이 새롭게 살아난다고 강조하기 때문에 훨씬 더 신선한 느낌을 준다. 따라서 일반 그리스도인의 경우, 이분설보다는 삼분설에 더 끌리게 되는 것이다.

셋째, 삼분설자들이 제시하는 영, 혼, 육이라는 구성요소와 그 요소들의 상응적 수행기능에 대한 설명이 이분설보다 깔끔하고 이해하기 쉽기 때문이다. 그들의 가르침에 의하면, 영은 인간의 가장 내면에 있는 최고의 요소로서 하나님을 의식하는 기관이고, 혼은 영을 감싸고 영과 육을 중재하는 요소로서 지정의에 관계하는 기관이며, 육은 가장 낮은 요소로서 외부세계를 감지하는 기관이다. 이 같은 설명에 실상은 여러 가지 이론적 문제점이 있지만, 적어도 일반 그리스도인에게는 매우 설득력 있는 것처럼 보인다.

Nee의 자아와 혼에 대한 가르침은 균형을 잃은 것이요, 무익한 것이며 신약성경의 가르침에 반대되는 것이다(매컬리 & 바르스, 1982). Nee의 사상체계에 휘말리게 되면, '영적인 것'과 '혼적인 것' 사이의 갈등과 대립 관계에 시달려 불필요한 자아성찰의 늪으로 빠져들게 된다. 또한 혼의 무용성으로 인하여 흔히 신자 편에서의 수동성이 장려되기 때문에 합리적인 노력이나 상식을 대단치 않게 여겨 그리스도인 생활 전반을 수용하는 적극적 자세를 잃게 된다. 따라서 Nee의 저서를 분별력 없이 읽는 많은 평신도들은 지성과 감정과 의지로 구성되어 있는 인격(혼)의 활동을 마비시키려고 노력하면서 '엉거주춤'한 신앙생활과 '절름발이 신앙생활'을 하게 된다. 이것은 Nee 자신이 우려했던 바인데 그의 삼분설의 잘못된 적용으로 인해 한국교회가 받은 피해는 막대한 것이다. 많은 신학자들이 지적하고 있는 것처럼, 이것은 헬라의 플라톤 사상과 초대교회의 영지주의적 가르침(계 2: 6, 15)을 대변하는 것이지 성경의 가르침은 아니다.

인간의 영과 혼과 몸을 각각 분리된 장소적, 공간적 개념으로 보는 것은 헬라철학적 이원론에서 유래한 사상이다. 이러한 주장이 한국교회에 소개된 것은 Nee로부터 우리에게 전파되었다고 말할 수 있으며, 이러한 사상으로부터 구원파, 베뢰아, 다락방, 사랑하는 교회 등 숱한 이단들이 생겨나게 되었다. "인간은 영, 혼, 육으로 구성되었으니 영의 구원과 혼의 구원과 몸의 구원을 받아야 한다"(변승우, 『보이지 않는 적 귀신』).

최근에는 지방교회와 유사한 삼분설적 주장을 하는 이현래(대구교회), 류광수(다락방), 주종철(주안교회), 조종성(복음중앙교회), 조중연(예수생명교회), 김상배(한나라교회), 임택순(아델포스), 변승우(사랑하는교회) 같은 곳들이 많이 나타나고 있다.

우리는 우리가 믿는 진리를 계속해서 (1) 성경; (2) 전통; (3) 이성; (4) 경험에 비추어 보아야 한다(Oden, 1983). 성경은 우리가 가지고 있는 선입견을 시험하는 기준이 된다. 전통이란 사도 시대부터의 유전으로서 결국 석의(주해: exegesis)의 역사이다. 이성은 하나님께서 우리에게 주신 선물로 사물의 옳고 그름을 판별하는 기능을 한다. 경험은 시각, 청각, 후각, 미각, 직관 등 감각을 통해 실재를 파악하는 것이다. 이러한 통로를 통하여 진리에 도달하려는 노력이 게을러서는 안 된다. 그러나 지방교회는 방대한 교회의 전통과 유산을 외면한 채, 우화적 성경해석과 직관(영의 교통)에만 호소함으로써 진리에서 점점 멀어져 가고 있다.

인죄론: 무엇이 죄인가?

Nee와 Lee의 한 가지 공통점은 인간의 영은 선한 것이며 몸과 육(혼)은 악한 성향을 지녔다는 이원론적 영지주의, 니골라당의 이단 사상을 대변하고 있다는 것이다. 영지주의는 "인간 본성의 깊은 곳에서 진리를 찾고 영적인 면을 강조하는 경향을 가리킨다"(맥그래스, 2011). 영지주의자에게서 공통적으로 발견되는 것은 영은 선하고 물질은 악하다는 사상이다.

한 가지 흥미 있는 것은 Nee의 삼분설(trichotomy)에 영향을 받은 구원파의 교주 권신찬도 "영을 자신의 인격적인 활동과 혼돈하여 인격의 일부인 이지(理智)나 감정이나 의지로서 영이신 하나님과 접하려는 것은 불가능하다"고 주장하고 있다는 사실이다. 그의 주장에는 하나님이 인격이 아닌 영이기 때문에, 인격적으로 만나고 교제할 대상이 아니고 영적으로 깨달아야 할 대상이라는 전제가 깔려있다.

인격(personality)은 무엇을 뜻하는가? 인격은 마음과 지성과 의지와 이성과 개성과 자아의식과 자기 결정이 있는 곳에 존재한다. 이단의 잘못은 영과 인격을 분리하는 것에서 시작한다.

사람의 구성을 어떻게 이해하느냐 하는 것은 우리의 구원과 삶에 중요한 함의를 지닌다. 인죄론, 즉 인간의 구성과 죄를 어떻게 이해하느냐하는 것은 구원론으로 이어지기 때문이다. 지방교회와 구원파에 속한 이원론자들은 "영에는 하나님이 거한다" 라든지 혹은 "영은 죄를 짓지 않는다"고 주장한다. 오대양 사건 이후에 자수했던 6명 가운데 살해 암매장에 가담한 한 김 모씨는 "나는 비록 사람을 죽였어도 영이 구원을 받았기 때문에 천국에 가는 데는 아무 문제가 없다"고 경찰 조사과정에서 토로하였다고 하지 않는가! 삼분설을 기본적인 이론으로 받아들이는 구원파에서는 '영의 구원'과 '혼의 구원' 그리고 '육의 구원'으로 구원을 분류하는데, 그렇다면 거듭난 사람은 영만이 구원을 받고 몸은 부활하지 못한다는 것인가?

정통교회는 원죄와 자범죄를 어떻게 인식하는가? 원죄(original sin)는 모든 인간이 태어난 죄악된 상태(sinful state)와 조건(condition)을 가리킨다. 그러나 자범죄(actual sin)는 인간이 범하는 행동과 언어, 사고의 죄들을 일컫는다. 원죄는 원인이고 자범죄는 그 결과라 할 수 있다.

죄는 언제나 하나님과 그의 뜻과 관련되어 있다. 죄는 하나님의 명령을 거역하거나 온전히 순종하지 못하는 것이다. 죄는 하나님의 율법을 어기는 것이다. 모든 죄는, 이웃에 대한 죄라 할지라도, 결국 하나님께 대한 죄이다(시 51:4). 죄는 불경(不敬), 불의, 불신이다. 죄의 출처는 마음(heart)이다. 죄의 출처(source)는 인간의 의지에 있다. 바꾸어 말해서, 죄는 그 출처가 몸에 있는 것이 아니고 인간의 다양한 다른 능력에 있는 것이 아니며, 그의 존재의 중심, 즉 마음에 있다.

성경은 잠언 4:23; 예레미야 17:9; 마태복음 15:19; 누가복음 6:45에서 죄가 마음에서 우러난다는 것을 분명히 하고 있다. 죄는 행동은 물론 생각도 포함한다. 자범죄는 죄책(guilt)을 수반한다. 죄는 ① 교만; ② 탐심; ③ 정욕(lust); ④ 질투; ⑤ 탐식; ⑥ 분노; ⑦ 게으름 등 여러 가지 형태로 나타난다. 죄는 크게 불신앙, 불순종, 교만, 그리고 미움 등 네 가지 모습으로 나타난다(유해무, 2018).

"죄는 하나님으로부터의 소외 속에 깊은 뿌리를 둔 충동적인 사고와 태도, 잘못된 신념체계와 행동양식 등이 복잡하게 얽힌 유기체적인 네트워크 같은 것이다. 죄된 생각과 말과 행동은 마치 오염된 샘으로부터 더러운 물이 흘러나오듯 어두워진 인간의 마음으로부터 저절로 충동적으로 흘러나오게 되어 있다"(Jonathan Edwards).

그러나 지방교회에서는 죄를 역사적 기독교(개혁주의 신학)와 다르게 이해하고 있다. 지방교회는 인간 타락에 대해서 아담이 하나님께 불순종함으로 타락한 것이 아닌 사단을 지칭하는 선악과를 선택해 먹음으로 아담 자신 속에 사단을 받아들였기 때문이라고 주장한다.

"타락을 통해 사단은 사람 속에 죄로 들어와 사람을 다스리고, 파괴하고, 부패시키며, 정복시키고 있다. 어느 부분에서 그렇게 하는가? 사단은 사람의 몸속에 있다"(『하나님의 경륜』, p. 154).

지방교회의 주장 : 죄는 사단의 체현이며 그리스도는 하나님의 체현

이다. 이 두 체현들이 우리 안에 있다. 하나님의 체현이신 그리스도는 우리 영 안에 있고, 사단의 체현인 죄는 우리 육신 안에 있다. 사단은 육신에, 하나님은 영에, 그리고 자아는 혼에 거한다(Lee, 『세 부분의 사람의 생명이 되시는 삼일하나님』, p. 73). 죄는 사단의 화신이며, 또는 사단이 '구체적으로 표현된 것'(embodiment of Satan)으로 본다.

> "아담이 지식의 나무 열매를 취한 것의 의미는 아담이 사단을 자신 속으로 받아들였다는 것이다…아담이 지식의 나무의 열매를 취했을 때, 그는 사단을 받아들인 것이다. 따라서 사단은 아담 안에서 자랐으며, 그의 한 부분이 되었다"(『하나님의 경륜』).
> "몸은 단순히 죄의 거처가 되었다. 즉, 사단의 화신이 된 것이다. 죄는 사단의 구체화이며 죽음은 사단의 배출이며 결과이다. 이 썩고 변형된 몸을 '죄의 몸' 또는 '사망의 몸'이라고 부른다. 이 몸이 바로 사단의 거처가 되었기 때문이다"(『하나님의 경륜』).
> "우리는 우리 존재에 세 부분이 있음을 알고 있다. 당신은 사단이 그의 거처를 당신의 몸, 즉 당신의 육체 속에 만들었다는 것을 아는가? 그리고 당신은 주님께서 당신의 영을 그분의 거처로 삼으셨다는 것을 아는가?"(Lee, 『왕국』, p. 218).

몸과 혼으로 대표되는 육신(flesh)은 그 자체가 악한 것이고 육은 타락했지만, 영은 선한 상태로 남아 있다고 가르친다. 인간의 전인적 타락을 부정한다. Lee의 인죄론을 정리하면, 그의 타락론은 인간 삼분설에 기초하고 있으며, 아담이 사단을 받아들임으로 몸이 부패하게 됐다는 부분 타락을 주장하고 있다. 최초 사단이 인간의 육신에 거처를 정하고 혼에 영향을 준 다음, 혼을 통해 영을 죽이려 하고 있다며, 전인 타락이 아닌 타락의 단계를 묘사하고 있다.

이들에 의하면, 인간의 원죄는 윤리나 선악의 문제가 아니라, 하나님과 혼합하느냐 아니면 사단과 연합하느냐를 선택하는 문제다. 생명나무는 하나님을 대표한다. 그런데 인간은 지식의 나무를 선택했다. 따라서 인간은 죄라고 알려진 사단과 영합되어 버렸다. 그 결과로 죽음이 왔다(『하나님의 경륜』).

위의 지방교회 교리는 사단에게서 인격성을 취하여 내고 사실상 그를 하나의 세력으로 둔갑시킨다. 그러나 성경은 사단이 하나의 인격이며, 인간과 엄연히 구별됨을 가르친다. 예수님은 사단에게 시험을 받는다. 그리고 예수님과 사단 사이에는 대화가 있었다(마 4:1-11). 만일 사단이 어떤 세력에 불과하다면, 시험할 수도, 대화할 수도 없을 것이다.

죄가 무엇인가?

인생의 목적이 하나님을 영화롭게 하고 그를 영원토록 즐거워하는 것인데, 죄는 우리가 이뤄드려야 할 이 목표에 도달하지 못하게 하는 것이다. '하나님의 법을 순종함에 있어서 모자라거나 위반하는 것'을 말한다.

죄의 기원은 타락한 천사 사단의 유혹에 있다. 천사의 타락은 불신과 교만이 그 원인이었다(유 6; 딤전 3:6). 아담은 인류의 시조요 대표자이기 때문에 그의 범죄로 인하여 모든 인류는 다 죄 아래 있게 되었고 죄의 값인 육체적, 영적, 영원적 사망 선고를 받게 된 것이다(롬 5:12).

사람이 하나님이 양심에 새겨주신 율법을 무시하고 어기는 것이 죄이다. 양심에는 두 가지 기본적인 요소가 있다. 하나는 옳고 그른 것에 대한 내적 깨달음 혹은 인식을 말한다. 둘째는 법, 규범, 규칙을 구체적인 상황에 적용할 수 있는 정신적 능력이 그것이다. 이 두 번째 요소가 로마서 2:15에 언급되고 있는 양심의 기능이다. 즉 하나님이 주신 율법은 인간의 양심에 알려졌고 그 율법의 가르침이 사람들의 심령 속에 새겨진 것이라고 말하는 것이다. 하나님의 율법을 무시해버리고 자신의 소욕을 따라 사는 것이 죄이다(서창원, 2019).

인간의 시조인 아담이 죄를 지음으로 모든 사람이 죄인이 되었다. 죄로 말미암아 타락한 인간에게 형벌이 찾아왔다. 죄는 불순종이며 법을 위반한 것, 불법이다. 악한 행위이다. 죄의 형벌은 '정녕' 죽는 것, 사망이다. 죄를 지음으로 받는 형벌은 이 세상에서 받는 형벌과 저 세상에서 받는 형벌로 나눌 수 있다. 사는 동안 받는 형벌은 다양한 이름과 모양으로 나타난다. 그 형벌의 이름을 우리는 허전함, 허무함, 비참함, 불안과 두려움, 공포, 염려와 근심과 걱정, 서운함과 미움, 불만과 불평과 원망, 시기와 질투와 쟁투 등이라고 부를 수 있다(조현삼, 2014).

죄는 물질적인 개념이 아니라 관계적인 개념으로서, 죄책과 죄성으로 구성된다. 죄에는 교만과 불신앙과 불순종이 있다. 하나님과 반대 방향을 지향하는 것이다. 죄는 불순종과 언약의 파기, 하나님을 저항함, 부패, 미움이다(유해무, 2018). 죄는 "하나님으로부터의 소외 속에 깊은 뿌리를 둔 충동적 사고와 태도, 잘못된 신념체계와 행동양식 등이 복잡하게 얽힌 유기적인 네트워크 같은 것"이다(Jonathan Edwards).

육신(flesh: 싸르크스)은 새롭게 하시는 성령의 영향과 통제를 벗어난 인간의 본성을 가리키는 말로 쓰이는데, 어거스틴은 육신의 죄를 교만(자기증대)과 호색으로 나누었고, 마르틴 루터는 교만과 호색의 배후에 불신이 있다고 하였다(손희영, 2014). 죄는 우리 마음에 퍼져있다. 예수님은 인간의 마음에서 "악한 생각과 살인과 간음과 음란과 도적질과 거짓 증거와 훼방"이 나온다(마 15:19)고 말씀하셨다.

우리에게 원죄가 있다는 것은 원죄로 인한 죄책과 그로 인하여 오염된 죄성을 갖고 있음을 의미한다. 죄책은 도덕적으로 비난받아 마땅하다는 사실과 하나님의 공의에 따라 형벌 받아야 할 책임(정죄)을 포함한다. 죄성은 죄인이 가지고 있는 죄악된 성질, 부패성을 가리킨다.

우리는 원 부패로 말미암아 선을 행하고자 하는 마음이 전혀 없고, 행할 능력도 없고, 선을 반대하며, 모든 악을 행하는 성향만이 있다. 여기에서부터 모든 실제적인 범죄들이 나온다. 우리는 죄인이기 때문에 죄를 짓는다. 우리는 전적으로 타락했다. 전적 타락이란 나를 포함한 모든 사람이, 우리 존재의 전체가 부패 혹은 타락했다는 뜻이다. 우리가 가진 부분 중 죄의 손상을 받지 않은 채 남아 있는 부분은 없다. 우리의 지성, 우리의 의지, 우리의 몸, 우리의 영혼까지 다 죄의 영향을 받았다. 우리는 죄된 말을 하고 죄된 행동을 하고 불순한 생각을 품는다(서창원, 2019).

지방교회의 주장: 인간의 원죄는 윤리나 선을 행하는 문제가 아니라 하나님과 연합하느냐 사단과 연합하느냐를 선택하는 문제다. 죄라고 알려진 사단과 영합되어 버린 것이다. 그러나 죄는 사단의 화신이 아니고, 사람이 사단의 유혹을 받아 하나님의 뜻을 거역한 것이다. 죄는 사람이 하나님의 말씀을 어긴 것이다. 하나님의 뜻을 따르지 않고 벗어난 범죄행위를 말한다. 예수님은 "악한 생각 곧 음란과 도적질과 살인과 간음과 탐욕과 악독과 속임과 음탕과 흘기는 눈과 훼방과 교만과 광패"와 같은 죄가 사람에게서 나와서 사람을 더럽게 한다고 말씀하셨다(막 7:21-22).

전통적으로 원죄는 아담의 역사적 범죄(타락)를 가리킨다. 하나님을 떠난 상태를 원죄라고 한다. 따라서 전 인류는 죄 중에 태어난 것이다. 아담의 죄는 역사적인 첫 범죄요 동시에 자범죄의 원인이 된다는 의미에서 원죄다. 죄는 Lee가 주장하는 대로 사단의 화신이거나 사단이 구체적으로 표현된 것이 아니다. 이들의 교리는 사단에게서 인격성을 취하고 사실상 그를 인격이 아닌 세력으로 둔갑시킨다. 그러나 성경은 사단이 하나의 인격이며 인간과 구별됨을 가르친다. 만일 사단이 어떤 세력에 불과하다면, 예수님도 우리도 시험할 수도 대화할 수도 없을 것이다.

Lee의 타락론은 인간 삼분설에 기초하고 있으며 아담이 사탄을 받아들임으로 몸이 부패하게 되었다는 부분 타락을 주장하고 있다. "사단의 화신인 죄를 멸하신 예수님을 영으로 모시고 살기 때문에 회개할 필요를 느끼지 않는다"(송요한, 2010)고 함으로써 도덕폐기론적 사상을 주장한다.

지방교회 교인들은 사단의 화신인 죄를 멸하신 예수님을 영으로 모시고 살기 때문에 회개할 필요를 느끼지 않는다. 유병언, 권신찬, 이요한(이복칠), 박옥수 등이 이끄는 구원파 교인들이 영원한 속죄를 깨달으면 온전히 거룩한 의인이 되었기 때문에 회개의 기도가 필요 없다는 주장을 하고 있는데(이들은 주기도를 거부한다) 지방교회에서도 구원받은 사람은 다시 회개할 필요가 없다고 가르친다. 우리는 하나님 앞에서 신분상 의인으로 여김을 받은 것이지 실제로 의인이 된 것이 아니다. 우리가 죄 없다 하면 스스로 속이는 것이라고 사도 요한 그리스도인들에게 편지하고 있지 않은가!(요일 1:8). 지방교회 교인들은 예수를 먹고 마시기 때문에, 즉 영 안에 있기 때문에 죄를 회개하는 대신 "오 주 예수여"를 외치면 된다는 것이다.

신영지주의(新靈知主義: Neo-Gnosticism)

많은 이단은 창세기 2:7의 "하나님이 흙으로 사람을 지으시고 생기를 그 코에 불어넣으시니 사람이 생령이 된지라"하는 말씀을 흙은 몸이요 생기는 영이요 생령은 혼이라 해석해 Nee의 『영에 속한 사람』 제1권에 나오는 사람의 본질적 구조를 그대로 받아들인다. Nee는 혼을 설명하기를 흙으로 만든 몸과 하나님의 생기 곧 사람의 영이 접합되는 순간 만들어진 새로운 존재가 혼이라고 설명한다. "혼이 영과 육 사이의 중간 역할을 한다는 개념은 분명 헬라적 사고의 반영이라 할 수 있다"(송인규, 2015). 이것은 Nee가 자신의 생각을 합리화하기 위해 성경을 잘못 해석한 것이다. 영은 선하고 혼은 악한 것이라는 이원론적인 사고에서 나온 영지주의적 사고의 결과인 것이다.

영지주의란 무엇인가? 기독교 백과사전에서 말하는 영지주의에 대해 간략하게 설명한다면, 영과 정신은 선하고 육과 물질은 악하다는 극단적 이원론에 근거하여 물질과 더불어 육은 악하다고 하며 영적 지식은 선하다고 결론짓는 사상이다. 많은 이단은 영지주의의 영향으로 혼과 몸은 거부하고 영의 요소만 중시하기도 한다. 차원이 한 단계 더 나아간 사람은 영적 지식을 더 소유한 사람이다. 신앙 행위를 보라. 오늘날 지방교회 신도들과 얼마나 흡사한가?

그들은 Lee가 가장 최고봉의 영적 지식을 체득하였고, 그 추종자들은 더 영적인 사람이 되기 위해 그의 사상에 깃든 책과 설교를 자기 지성에 기록하기를 쉬지 않는다. 영적 지식을 더 많이 아는 사람은 더 영적인 사람으로 취급하고, 영적 지식이 적은 사람은 저급한 신자로 취급된다…지방교회 지도자가 되려면, 성경은 안 읽어도 된다. Lee가 가르친 것을 모두 섭렵하고 그가 말하는 것처럼 하고, 행동하며 다닌다면 그는 장로급으로 대접받는다(자슈아 리, 전도출판사).

엠마오선교교회의 예태해씨는 『속사람』이라는 책에서 "영은 죄를 짓지 않고 혼과 육이 죄를 짓는다."고 주장하고 있다. 그는 인간의 구성요소는 영, 혼, 육으로 삼분되었다고 한다. 하나님은 영이시기에 인격이 아니며, 사람의 영도 범죄하지 않는다고 주장하여 주님의 십자가의 대속을 육신만을 위한 것으로 왜곡한다. 거듭난 영은 범죄하지 않는다. 거듭난 자가 범죄한 것은 혼과 육이지 영은 아니라는 것이다. 혼과 육의 범죄는 영에게는 책임이 없다는 것이다.

예태해씨는 "영은 죄를 짓지 아니하고 육이 죄를 범하며, 영이 혼과 육을 구원한다"는 헬라철학에 근거한 이원론적이며 비성경적 주장에 빠져있다. 우리는 아담의 범죄로 전(全)인격이 전적으로 타락하고 부패한 것이지, 영은 범죄하지 아니하고 혼, 육만 범죄하였다는 주장은 심각한 오류에 해당한다. 그의 주장대로 하면, 주님의 고난도, 죽음도, 부활도, 구원도 전인격이 아니고 부분적이라는 것이다.

전인적이며 총체적인 자아가 죄를 짓는 것이다. 영혼 또는 영이 배제된 육체라는 부분이 따로 죄를 지을 수 있을까? 성경은 영이 죄를 지을 수 있다고 말하며, 영을 깨끗이 하라고 경고하고 있다(고후 7:1). 죄는 인격적인 나의 마음에서 짓는 것이다.

> "마음에서 나오는 것은 악한 생각과 살인과 간음과 음란과 도둑질과 거짓 증언과 비방이니 이런 것들이 사람을 더럽게 하는 것이요 씻지 않은 손으로 먹는 것은 사람을 더럽게 하지 못하느니라"(마 15:19-20).

죄가 육체에만 있는 것이 아니라, 마음이 지정의에 영향을 미쳐 전인적으로 죄가 파급되는 것이다. 하나님이 우리를 죄인이라 할 때는 우리 육체만이 죄인이라는 뜻이 아니라, 전인적인 내(myself)가 하나님 앞에 죄인이라는 것이다. 인간은 전인적으로 죄인이다. 육체나 영혼으로 모두 죄를 짓는다.

초대교회 영지주의자들은 자신들이 영에 속하였기 때문에 죄를 짓지 않는다고 주장하고 그리스도가 악한 물질적 존재로 올 수 없다고 하여 예수님의 육체로 오심을 부인하고 십자가의 대속을 부정하였기 때문에 신자들에게 미혹되지 않도록 하기 위해 "만일 우리가 우리 죄를 자백하면 저는 미쁘시고 의로우사 우리 죄를 사하시고 우리를 모든 불의에서 깨끗하게 하신다"(요일 1:9)라고 썼던 것이다.

현대판 영지주의자라 할 수 있는 Lee(1985)는 『그 영과 몸』이라는 그의 책에서 말한다.

"여러분의 행위를 개선하려고 할 필요가 없다…사람이 구원받은 후에는 누구도 그를 가르칠 필요가 없다…좋은 사람이 되려 하거나 여러분의 행위를 개선하려고 하지 말라. 만일 여러분이 성질 때문에 마음이 상한다면 그것을 조절하려고 하지 말라…여러분이 접붙여졌고, 기름부음을 받았고, 인침 받는 것에 대하여 그를 찬양하라…만일 그녀가 좋은 아내가 되려고 노력한다면 그녀는 아내로서 더 나빠질 것이다."

성령의 인치심을 받았으니 성화가 필요 없다는 가르침이다. 계명(율법)을 지켜 거룩한 행실을 따를 필요가 없다는 도덕폐기론자의 가르침이 아닌가!

성경이 우리가 주님과 또 성령과 연합하는 사실을 말씀하는 것은 볼 수 있지만, 혼합한다는 것을 말씀하는 곳은 전혀 찾아볼 수 없다. 그런데 "하나님과 사람이 혼합된다(mingle), 하나 된다, 섞여진다" 등의 표현과 이것이 "성령인지 사람의 영인지를 말하기 어렵다" 등의 표현은 참으로 놀라운 것이다. 이러한 말은 사람이 반신반인의 존재가 되었거나, 하나님의 일부가 되었다는 말이다. 이것은 바로 성도의 신격화를 말하는 것이다. 참으로 참람한 말이 아닐 수 없다!

오늘 날도 자신들의 학설이 성경보다 더 정확하게 느껴지게 하는 가르침들이 존재한다면 그것은 근본적으로 영지주의 이단에 준하는 이단이니 조심해야 한다. 결국 이들의 신앙은 살아 있는 믿음이 아니라, 인간의 머리에서 일어나는 지적인 유희와 정신작용에 불과하다. 그것으로 인한 쾌감과 누림을 그리스도와 성령에 대한 것으로 대치하거나 착각하게 하여 멸망에 이르게 하는 것이니 얼마나 위험한가! 특히 지식주의는 사람을 교만하게 하는 것이니 명쾌한 진리를 많이 배웠다 하지만 자신을 심각하게 교만하게 하는 가르침은 주의해야 한다(고전 8:1). 나는 오늘날까지 많은 하나님의 자녀들 가운데 그 마음이 진실로 낮아진 겸손한 이단은 보지 못했다. 모든 이단에 속한 자들은 자신들만이 최고라고 하는 내적인 교만이 깊숙하게 자리 잡고 있다. 지식은 교만하게 하며 교만은 패망의 선봉이다(잠 16:18).

Lee는 영만이 선한 것이며 영으로만 하나님을 접할 수 있다고 가르치며, 혼과 육과 자아를 동일시하여 부인할 대상으로 가르치고 있다. 생각에 속한 사람, 감정에 속한 사람, 의지에 속한 사람은 혼에 속한 사람이므로 자아인 혼을 부인해야 한다고 가르치는데, 이것은 비성경적이고 이단적인 사상이다(정동섭, 1995).

Nee와 Lee는 다음과 같이 전제하고 있다.

"인간은 몸과 혼과 영 세 부분으로 되어 있다(살전 5:23). 우주에는 세 개의 다른 세계 곧 물질적(物質的)인 세계와 심리적(心理的)인 세계와 영적(靈的)인 세계가 존재한다. 몸은 물질적인 영역에 있는 사물을 접촉하고 받아들이고 혼은 심리적인 기관으로 심리적인 영역에 속한 것들을 접촉하고 받아들인다. 영은 사람의 가장 깊은 부분으로 하나님 자신을 접촉하고 받아들이도록 만들어졌다. 영적인 세계는 영으로만 접촉할 수 있다. 우리의 영 안에 하나님을 감지할 수 있는 영적인 감각이 있다. 우리의 영(靈)으로만 하나님을 접촉할 수 있는데 그 이유는 하나님은 영이시기 때문이다(요 4:24). 하나님의 구원을 체험하는 문제는 종교와 완전히 다르다. 그것은 옳은가 그른가의 문제가 아니라 영(靈) 안에서 살고 행하는가? 아니면 혼(魂) 안에서 살고 행하는가의 문제이다. 우리는 모든 말과 행동에서 다만 영(靈) 안에 있는지 아니면 혼(魂) 안에 있는지를 분별해야 한다"(『그리스도인 생활을 위한 기본요소』).

많은 이들은 Nee와 Lee의 이러한 전제를 당연한 것처럼 받아들인다. 그러나 이는 비성경적이다. 삼분설은 헬라적 인간관에서 온 것이지 히브리적 인간관에서 온 것이 아니다. 우리는 이러한 기계적 삼분설을 다음과 같은 이유로 단호히 거부해야 한다.

첫째로, 삼분설은 인간의 연합과 통합을 저해하기 때문에 거부되어야 한다. 둘째로, 삼분설은 마치 영과 몸 사이에는 화해할 수 없는 대립이 존재하는 것처럼 가정하고 있기 때문에 거부해야 마땅하다. 마지막으로, 우리는 영과 혼 사이에 날카로운 대립 관계가 존재하는 것처럼 주장하기 때문에 이를 거절해야 한다. 성경 어느 곳에서도 영과 혼을 대립적으로 말하지 않는다(Hoekema, 1989).

성경은 인간 실존의 특징을 겉 사람과 속 사람, 혹은 영과 혼과 육체 따위로 분리하는 데 대한 근거를 제시해 주지 않고 있다. 신약성경에는 한두 군데 혼과 영(히 4:12), 영과 혼과 몸(살전 5:23)을 구분하는 곳이 있긴 하지만 이 단락들을 생리학적 묘사로 받아들여서는 안 된다. "네 마음과 혼과 지성과 힘을 다하여 네 하나님을 사랑하라"는 언급은 인간을 몇 부분으로 나눌 수 있음을 말하는 것이 아니라, "너는 너의 전 존재, 전 자아(全自我)를 바쳐서 하나님을 온전히 사랑해야 한다"는 말을 더욱 강조한 것이다.

기독교한국침례회의 교회진흥원에서 발간한 『침례교회』는 "인간은 무엇으로 구성되어 있는가?"라는 질문 앞에 다음과 같이 진술하고 있다.

> "이에 대해서는 크게 두 가지 학설로서 이분설과 삼분설이 있다. 침례교인들은(특히 미국의 경우) 이중 이분설을 지지한다. 이분설이란 인간의 구조가 물질적 부분인 몸과 비물질적 부분인 영혼으로 구성되어 있음을 주장하는 것이다…침례교인 믿는 이분설에는 이와 같은 혼과 영을 하나로 묶어서 비물질적인 부분인 영혼으로 단일 취급하는 것이다(고전 2:14-3:4). 그러나 삼분설에는 인간의 구조를 몸과 혼과 영으로 명백히 구분하여 삼분되어 있음을 주장한다. 이 설의 중요 인용 구절은 데살로니가전서 5:23과 히브리서 4:12이다. 그러나 이상의 구절은 인간의 구성요소를 설

명하기 위한 구절이 아니다. 그것은 다만 인간을 전체적으로 설명해내기 위한 표현일 뿐이다. 혼과 영이 어떤 구절에서는 상호 교대적으로 바뀌어 사용되고 있다는 사실과 몸과 영혼이 전인적 인간을 구성하고 있다는 사실을 내세워 이분설을 지지하고 있는 것이다"

Nee와 같이, 인간의 전체 구성요소를 삼분설, 곧 영과 혼과 몸으로 주장하는 사람들이 있다. 그러나 영과 혼(영혼)은 사람의 비물질적인 요소인 영적인 구성 성분으로, 번갈아 쓰인 용어들일 뿐이다(사 26:9; 눅 1:46, 47). 즉 '영 = 혼'이라는 등식이 성립한다는 말이다. 성경에서는 마음(heart), 생각(지성: mind), 심령(spirit), 영혼(soul), 등의 단어가 구별 없이 혼용되고 있다. 목회상담학자 게리 콜린스(Gary Collins, 1996)가 분별한 대로, 성경은 몸과 영혼을 하나의 연합된 존재로 말한다.

삼분설을 주장하는 이들은 흔히 데살로니가전서 5:23을 근거로 내세우며 삼분설을 정당화한다. 하지만 이 말씀은 사람의 실제적이고 본질적인 의미(substantial sense)가 아니라 다만 기능적이고 역할적인 의미(functional sense)를 묘사한 것에 불과하다. 그렇지 않으면 신명기 6:5이나 마가복음 12:30을 인간의 5분설(마음과 뜻과 힘과 목숨과 지성)의 근거로 주장하는 우를 범하고 만다. 사도 바울은 그의 서신들에서 마음(kardia), 몸(soma), 혼(psyche), 육(sarx), 영(pneuma)을 사용하고 있다. Nee의 논리대로라면, 사도 바울이 5분설주의자라고 하여야 하는가!

바울은 히브리인으로서 히브리적 인간의 연합(unity)을 믿었다(Beck, 2002).

예장(합동)의 박형룡(1968) 박사는 그의 저서 『교의신학』제3권에서 "사람은 신체와 영혼의 두 요소의 합성으로 되었다. 창세기 2:7의 흙으로 된 사람의 코에 생기를 불어 넣었다는 단순한 구절에서 사람의 이중 성분이 분명히 단언되었다"고 진술하고 있다(p. 21).

예장(통합)의 『평신도용 교리교육지침서』(1993)도 "때로는 혼과 영이라는 각각의 표현이 사용되기도 하지만, 혼과 영이 마치 두 개의 다른 실체인 것처럼 분리하여 인간을 영, 혼, 육으로 이루어진 존재라고 삼분법적으로 이해하는 것은 성경 전체의 가르침과 일치하지 않는 것이다"라고 가르치고 있다(pp. 48-49). 분명히 삼분설은 정통 기독교 사상적 교리가 아니다.

인간은 몸과 영혼(soul)이며, 몸과 영(spirit)이라고 묘사되어 있다(마 10:28; 고전 7:34; 약 2:25). "내 영혼(soul)이 주를 찬양하며, 내 마음(spirit)이 하나님 내 구주를 기뻐하였음은"(눅 1:46-47). 찬양과 하나님을 사랑하는 것을 말할 때, 영과 혼이 호환적으로 언급되고 있으며(막 12:30), 구원이 혼과 영과 연계되어 언급되고 있다(약 1:21; 고전 5:5). 죽음이 영 또는 혼이 떠나는 것으로 묘사되어 있고(창 35:18), 이미 죽은 사람을 언급할 때도 혼으로 또는 영으로 언급되고 있다(마 10:28; 벧전 3:18-20).

성경을 전체적으로 보면, 사람은 영과 육, 곧 영적인 요소와 물질적인 요소 두 가지로 이루어져 있다(전 12:7; 마 10:28; 약 2:26; 창 35:18; 왕상 17:21-22 등). 사람이 죽을 때 잔다(행 7:60; 마 27:52; 살전 4:14; 왕상 2:10)고 표현한 것은 영혼이 아니라 육신만을 염두에 둔 발언이다. 즉 무덤 속에 누워 있던 몸이 재림 시 부활의 아침에 깨어날 것을 전제한 비유적 표현이다. 죽은 사람의 영혼은 절대로 잠들지 않는다. 따라서 안식교와 여호와의 증인의 영혼 수면설은 비성경적인 주장일 뿐이다(정기화, 2016).

바울의 영과 육의 이해는 결코 이분법적 의미가 아니다. 전(全)인격적 자아를 위하여 자아를 통합해 가는 과정의 사람들을 영의 사람이라고 일컫는다. 영을 또한 인간 존재의 구성요소의 한 부분으로 생각해서 "나는 영을 가지고 있다"라고 말해서는 안 된다. 인간은 영을 소유한 것이 아니라, 인간은 영이다. 그 영은 본질적으로 전인을 향하여 통합하는 능력을 지닌다. 즉 물질적인 것과 비물질적인 것, 몸과 영혼, 한시적인 것과 영원한 것을 통합하는 능력을 지닌다(유해룡, 장신목회상담학회, 2003).

사도 요한도 영혼, 즉 마음이 얼마나 중요한지를 언급했다. "사랑하는 자여 네 영혼이 잘 됨 같이 네가 범사가 잘되고 강건하기를 간구하노라"(요삼 1:2). 영혼, 즉 마음이 잘 되면 범사가 잘 되고 강건해진다. 마음이 인생의 원천이기 때문이다(권성수, 2018).

지방교회의 교주 Lee는 "우리의 영은 하나님을 접촉하는 기관이고 우리의 마음은 하나님을 사랑하는 기관"(막 12:30)이라고 말하면서, 영이 하나님을 접촉하고 받아들이려면 먼저 우리의 마음이 하나님을 사랑해야 한다(히 4:12)는 특이한 주장을 하고 있다. 그러면서 '생각, 의지, 감정, 양심'이 마음의 주요 요소라고 말한다.

> "그러므로 이것은 우리에게 마음이 혼의 생각과 의지와 감정 세 부분과 영 안의 양심 부분을 포함하고 있음을 보여준다. 마음의 생각과 의지와 감정과 양심을 더한 것이라고 말할 수는 없지만, 마음속에 이런 부분들의 성분이 있다고 말할 수 있다. 그러므로 마음에는 영의 성분과 혼의 성분이 있고, 마음은 영과 혼을 연결시킨다. 마음이 갖고 있는 생각의 부분을 심사(心思)라 하고 의지 부분을 심지라 하며 마음이 갖고 있는 감정 부분을 심정이라고 부른다. 마음은 생각과 의지와 감정과 양심을 내포하고 있기 때문에 영과 혼보다 더 사람을 대표할 수 있는 사람의 합성적인 부분이다. 그러므로 마음을 사람의 총 대표라고 말할 수 있다"(Lee, 『생명의 인식』, 1988, pp. 132-133).

영만이 하나님과 접촉할 수 있다는 주장을 버리지 않고 있다.

우리는 영이다. 이것은 본질적인 것이다. 우리는 죽지 않는다. 그러나 이 영은 몸 또는 소마(soma) 안에 육화되어(embodied) 있다. 자 그렇다면 혼은 무엇인가? 혼이라는 단어를 쓸 때, 우리는 영과 더하기 몸(the spirit plus the body), 즉 우리 전 존재(our total being)를 의미한다. 그러므로 혼에 대해서 말할 때, 우리는 '육화된 영'(incarnate spirit), 몸을 가진 영을 두고 말하는 것이다. 영을 가진 몸이 혼이다. 그러나 몸이 없으면 영일뿐이다. 천사들은 순전한 영들이다. 그러나 인간은 혼이다. 예수께서 마태복음 10:28에 "몸은 죽여도 영혼은 능히 죽이지 못하는 자들을 두려워하지 말라"고 했을 때, 그분은 영이 몸으로부터 분리되는 것을 두고 말하고 있는 것이다. 영혼은 영과 몸의 연합체이기 때문에, 당신은 영혼은 죽이지 못하고 다만 몸만 죽을 수 있는 것이다. 예수님은 나의 전 존재를 구원하기 위해 오셨다. 그러므로 당신이 어느 방식으로 당신을 분류하든, 구속은 당신의 모든 부분 - 몸과 혼, 육과 영 - 을 위한 것이다. 예수님은 당신의 전 존재를 구원하기 위해 오셨다(Hart, 1992).

네덜란드 신학자 버카우어(Berkouwer)는 인간의 본질적 통일성(essential unity)을 주장했다.

> "성경 어느 곳에서도 인간의 어떤 부분이 다른 부분과 독립해서 강조되는 적이 없다. 성경이 사용하는 여러 용어와 개념들은 정확하게 표현되거나 과학적으로 유용한 정의를 제시하지 않으며, 오히려 인간됨의 기본적 실재와 언제나 관련되어 있다. 성경은 사람을 이원론적 또는 다원적인 존재로 묘사하지 않으며 언제든지 여러 가지 표현을 사용하는 가운데, 그의 모든 죄와 죄책, 필요와 억압, 갈망과 향수 속에 있는 전인을 부각시키고 있다"(Collins, 1973).

크리스천 철학자이며 신학자로 유명한 달라스 윌라드(Dallas Willard, 2002)는 "인간의 구조적 요소를 지성, 감정, 의지, 몸, 사회성, 영혼으로 구분한다. 인간의 마음(heart), 의지(will), 또는 영(spirit)이 인간 생활의 집행부(executive center: 중앙살림부서)라면서 마음이 전체 인격을 대신하여 결정과 선택을 하는 곳"이라고 주장하고 있다. 영이란 무엇인가? 그는 대답한다. "영(Spirit)이란 몸이 아닌 인격적 실체와 능력(unbodily personal reality and power)이다. 영은 몸에 들어가 몸과 함께 행동할 수 있다. 영은 인격적이며 비인격적이지 않다. 영의 인격적 성격은 하나님의 삼위일체적 성격에서 가장 고상하게 명확하게 보여진다"(Willard, 2006).

"우리가 전인격을 면밀하게 바라볼 때, 우리 삶에 있어서 여섯 가지 기본적 측면이 작동하고 있음을 알 수 있다."

- 생각(thought: 이미지, 개념, 판단, 추론)
- 감정(feeling: 감각, 느낌)
- 선택(choice: 의지, 결정, 성격)
- 몸(body: 행동, 물리적 세계와의 상호작용)
- 사회적 맥락(social context: 타인과의 개인적 구조적 관계)
- 혼(soul: 영혼 - 하나의 생명을 형성하기 위해 위의 모든 것을 통합하는 요인)

윌라드는 말한다.

"인간 자아(self)의 여러 가지 기본적 차원은 분리될 수 있는 부분이 아니다. 이들은 그 성격이나 행동에서 서로 철저하게 섞여 있는 측면들이다. 이 중에 의지 또는 영은 인간 유기체의 중심(heart: 마음)이며 존재의 핵(core)이다. 영혼은 다른 다섯 가지 요소, 즉 지성, 감정, 의지, 몸, 사회성을 아우르고 통합하는 동력적인 역할을 한다. 마음과 심령(영, 혼), 의지는 한 가지 동일한 것으로, 인간의 동일한 근본요소를 지칭하는 말임이 분명하다."

인간의 선과 악은 마음의 문제이다. 하나님이 보시는 것은 (삼상 16:17) 마음(막 7:21)과 영(요 4:23)이다. 생각과 감정이 서로 분리될 수 없는 것처럼, 의지도 밀접하게 혼합되어 있다. 영혼(soul)은 전체 인격을 가리키는 단어로 쓰이고 있다. 비교종교학자 김지호(2018)는 조직신학자들은 종교의 좌소(座所)를 무엇으로 볼 것인가에 대하여 지, 정, 의의 어느 한 부분으로 보는 자들이 있지만, 일반적으로 종교의 좌소를 지, 정, 의의 총체적 마음(heart)으로 본다고 말하고 있다.

크리스천 정신과 의사 티머시 제닝스(2019)는 "성경 용어로 마음(heart)은 자아의 웅어리, 심연의 내밀한 자아를 가리킨다. 개성의 핵심 요소인 각 사람의 참 갈망과 애정과 동경과 신념과 정체가 머무는 곳이다. 마음은 이 모든 요소로 이루어지는 나를 나 되게 하는 성품"이라고 정의한다(창 6:5; 렘 17:9; 막 2:8; 마 12:34; 잠 23:7).

마찬가지로 몸(body)은 사도 바울에 의해 인격 전체를 가리키는 말로 사용되기도 한다. "너희 몸을 하나님이 기뻐하시는 산 제물로 드리라"(롬 12:1)고 할 때, 몸은 전인격체로서 사람을 의미한다. 신약학자 이한수(2008)는 말한다. "너희 몸을 드리라"(12:1), "너희 자신을 드리라"(6:13, 16), "너희 지체를 드리라"(6:13, 19)는 표현들은 본질적으로 같은 의미를 가진다. 제물로 몸을 드린다는 것은 결국 자신을 드린다는 것과 같은 뜻을 갖는다. 여기서 바울의 사상은 인간의 전인성을 강조하는 히브리적 인간론을 반영하고 있음이 분명하다. Fuller 신학대학교 심리학대학원장 하트(Hart, 1992)는 말한다. "여기서 말하는 '몸'(body)은 전체 자기(whole self)이다. 몸과 영 모두를 포함하는 말이다. 산 제물은 당신이 의의 도구가 되기 위하여 하나님을 섬기는데 당신 전체(whole self)를 바치는 것이다."

신구약 성경이 모두 기초하고 있는 히브리적 인간관은 몸과 육신, 영과 혼을 분리하는 그리스적 인간관과는 다르게 통합적 인간관(unitary view of man)이다. 인간은 하나의 복합적이고 통합적인 존재다. 하나님은 전인을 상대하신다. 성경에서 몸과 육체(육신)과 영혼은 서로 대조적인 단어가 아니라 호환해서 사용하는 동의어라고 할 수 있다.

하나님은 그분의 형상을 따라 우리를 온전한, 전인적 인간으로 창조하셨다(창 1:27). 하나님의 형상에는 육체적, 영적, 감정적, 지성적, 사회적 차원이 모두 포함된다(스카지로, 2008). 성경의 인간론은 인간을 몸과 영혼의 합일체로 보지 않고 인간을 몸이면서 동시에 영으로 인식한다(Hoekema, 1989). 성경의 인간론은 두 실체(이원론)나 세 실체(삼분설)의

합일체로 말하지 않고 전인 안에서 다양한 실체를 다양한 관점에서 동시적으로 서술하고 있다. 즉 영육의 통일체로서의 인간이다. 이는 인간 존재가 영성 및 이성과 정서, 행동, 그리고 통찰의 측면을 동시에 지닌 통전적 존재임을 시사하는 것이다(심수명, 2004).

성경은 인간의 몸이나 감정이나 지성을 무시하지 않는다. 복음은 전인(the whole person)에 대한 호소이다. 현대적인 인간관은 사람을 영적(spiritual), 지성적(intellectual), 정서적(emotional), 신체적(physical), 사회적(social) 존재로 전인격적으로 보는 것이다. 예수께서 성육신하셔서 온전히 인간이 되셨다는 것은 중대한 의미를 지닌다. 주님은 우리 존재 전체를 구속하러 오셨기 때문이다. 삼위일체 하나님은 우리의 전 존재(the whole of what we are)를 새롭게 만드는 사역을 하고 계시다.

남침례교 선교사 폴 워셔(Paul Washer, 2014)가 말한 것처럼, 예수 그리스도께서는 성령으로 거듭난 사람들, 곧 회개와 믿음을 통해 구원받아 은혜 안에서 행하며 성장하는 사람들로 구성된 교회를 인격적으로 이끌고 계시다.

우리는 삼분설을 왜 배격해야 하는가?

삼분설은 그릇된 신비주의 사상가들이 삼위일체 하나님과 삼위일체 인간의 신인합일을 도출하기 위해 창안해낸 수도사상의 궁극적 목표인데, 이 삼분설이 '신화 사상'이라는 이단 사상으로 이끌어간다는 데 그 위험성이 있다.

　그리스도인의 신앙 상태를 삼분설적으로 진단하고 해석할 때 개인과 공동체 내에 매우 바람직하지 않은 사태가 발생할 수 있다. 영적인 것과 혼적인 것을 갈등과 대립 관계로 파악하기 때문에 그리스도인들은 불필요한 자아성찰의 늪에 빠져 허우적거리는가 하면, 또 반대로 불건전하고도 과도한 자기만족과 자랑의 깃발로 자신을 장식하기도 한다. 또 혼의 무용성이나 세속성(carnality)을 극도로 강조하기 때문에, 흔히 신자 편에서의 수동성을 장려할 뿐 아니라 모든 종류의 합리화 노력이나 상처조차도 경시하는 경향을 띠게 된다.

　실례로 지방교회는 1987년에 극동의 반대자들 때문에 분열의 위기를 맞게 되고 일부는 이탈하는 사태가 벌어졌다. 그 반대자들이 말하는 이유로는 "Lee 형제님의 이것이 회복의 성격을 바꾸어 놓았다"는 것이다. 이는 삼분설을 주장하던 Lee가 1984년부터 지방교회의 발전적 변화를 꾀하면서 몰몬교나 동방교회와 같은 '신화 사상'을 도입해 가르쳤기 때문에 내부 문제가 발생했던 것이다. 그들은 하나님이 됐거나 될 것이라면서 자신들은 '아기 하나님'이니, '쌍둥이 하나님'이니, '하나님 복사판'이라는 등 들썩이고 있는 실정이다(이영호, 2012).

　한 공동체 내에서 성경해석이나 신앙적 특징과 관련해 독선적인 태도나 권위주의적인 진단이 판을 치고, 의견이 다른 이들은 모두 육신적인 그리스도인이거나 사단의 시험에 빠진 사람으로 휘몰리고 만다. 이러한 특징이 공동체적으로 자리를 잡으면 다른 신앙 공동체에 대해서도 매우 배타적이고 정죄하는 태도를 취하게 된다. Nee의 가르침에 힘입은 그룹 가운데 사이비 종파가 많이 일어난 것은 바로 이런 성향 때문이라고 할 수 있다.

지방교회는 혼은 육적인 것으로, 즉 마음(mind: 생각)을 사용하면 안 된다고 가르친다. 이성을 사용하여 따지는 것은 이방 세계처럼 행하는 것이라고 한다. Lee는 "우리는 마음을 닫아야 한다"고 가르친다.

"우리에게는 기도하기 위해 눈을 감을 필요가 없습니다. 어떤 말을 짜내기 위해 마음을 쓸 필요가 없습니다. 그리고 당신이 읽는 말씀에 대해 생각할 필요가 없습니다…우리의 마음을 닫아두는 것이 더 좋습니다. 그저 말씀을 기도하며 읽으십시오. 말씀을 설명하거나 강해할 필요가 없습니다. 말씀을 읽고 깨닫고 배우는 것에 대하여 잊어버리십시오. 당신은 기도하며 읽어야(pray read) 합니다"(『말씀을 기도하며 읽기』).

생각과 논리 그리고 지성은 혼적인 활동이기 때문에 영적인 지식과 아무런 관계가 없다는 주장이다. 성경은 진리의 말씀을 옳게 분별하라고 했는데, 이성과 생각을 사용하지 않고 어떻게 말씀을 분별할 수 있다는 말인가? 이성은 하나님께서 우리에게 주신 선물로 사물을 옳고 그름을 판별하는 기능을 한다. 우리는 지각을 사용함으로 진리에 도달하려는 노력을 게을리해서는 안 된다.

불행히도 지방교회 교인들은 직관적인 경험이 진리를 판가름하는 시금석이며 확실한 지식에 이르는 길인 것처럼 행동한다. 생각과 논리 그리고 지성은 혼적인 활동이기 때문에 영적인 지식과 아무런 관계가 없다는 주장이다. 만일 한 사람의 이성이 지방교회의 경험과 모순된다면, 그의 이성은 잘못된 것이 분명하다는 논리이다. 이는 이성보다 직관을 중시하는 이원론적 사고로서 인간이 생각과 감정과 의지를 포함한 전인격으로 하나님과 만나고 교제한다는 신구약 성경의 가르침과 정면으로 배치되는 것이다(바르스 & 맥컬리, 1982).

지방교회는 감각적 경험과 이성의 작용을 부정해야 할 혼(자아, 육)으로 치부함으로써 인식론적으로도 기독교 전통에서 탈선하고 있다. 우화적 성경해석과 직관(영의 교통)에만 호소함으로 진리에서 점점 멀어지고 있다. 삼분설은 성경적으로, 신학적으로 타당성이 희박한 이론이다. 삼분설이 한국교회에 계속 유입되고 확산될 경우 全(전)인격적, 통전적 신앙의 모습은 자취를 감추고 말 것이다.

하나님은 어떻게 사람을 영과 혼과 몸으로 창조하였는가? 지방교회의 교주 Lee(1993)의 설명을 들어보자.

> "하나님은 땅 위의 흙으로 사람의 몸을 만들었다...하나님은 생명의 호흡을 사람의 코에 불어넣어 사람의 몸 안에 들어가게 하셨다. 그러자 사람은 영이 있는 산 혼이 되었다. 이 두 가지 재료 중 하나는 흙으로서 구체적으로 볼 수 있는 것이며, 다른 하나는

공기로서 추상적이며 볼 수 없는 것이다. 흙으로 만든 것은 사람의 몸이 되었고, 공기로 불어 넣은 것은 사람의 영이 되었다. 여기서 우리는 두 가지 재료를 볼 수 있는 데, 그것은 흙과 공기이다. 흙은 사람의 몸이 되었고, 공기는 사람 안에 들어가서 사람의 영이 되었다. 이 두 가지가 하나로 합해질 때 혼이 되었다"(『성경의 다섯 가지 큰 비밀』, p. 26).

이것은 성경적 근거가 없는 Lee의 독선적 주장이다. 신비주의적인 성향의 이단들은 하나님의 인격성을 부인하고 영성만을 강조하는 것이 특징이라 할 수 있다. 모든 정통교회에서는 지.정.의를 포함한 인격적 기능을 지닌 인간이 그리스도 안에서 인격적인 하나님을 만나는 것을 구원(회심)으로 이해하고 있다. 성경은 인간을 영적, 지적, 감정적, 의지적, 사회적, 성적, 도덕적 차원을 지닌 통합된 연합체로 제시하고 있다. 자아와 혼에 대한 Lee의 가르침은 균형을 잃은 것이요 무익한 것이며 신약성경의 가르침에 반대되는 것이다. 사람을 개념화하기 위한 방편으로 이분설, 삼분설을 주장할 수는 있겠지만, Nee처럼 영, 혼, 몸으로 경직되게 분리하여 해부한 것은 플라톤적인 사고이지 히브리적이거나 기독교적인 사고가 아님을 유의해야 할 것이다(레이날드 & 바르스, 1992).

삼분설로 인한 분열적 신앙생활

Lee의 가르침은 인간의 영과 육을 철저히 구별한다. 성경에서는 사도 바울이 육체와 영을 구별하여 말한 적이 있다. 그러나 '육체'와 '영'은 인간의 육신적 부분과 영적 부분을 대조시키려 한 것이 아니라, '인간'과 '하나님'을 대조시키는 표현이다. 영을 좇는 자와 육신을 좇는 자를 대조시키고 있다. 대부분의 경우, 육신을 좇는 자는 총체적 인간을 두고 말하는 것이고, '영'은 '성령 하나님을 좇는 삶'을 말하는 것이다. 예를 들어, 다음을 보자.

"육체의 소욕(인간)은 성령(하나님)을 거스리고 성령의 소욕은 육체를 거스리나니, 이 둘이 서로 대적함으로 너희의 원하는 것을 하지 못하게 하려 함이니라"(갈 5:17).

다시 말해서, '육신'에 있다는 말의 뜻은 '거듭나지 않았다'는 상징적이며 상태적인 개념을 말하는 것이며, '영에 있다'는 말은 '거듭난 그리스도의 사람'이라는 개념을 뜻하는 말이다.

"육신의 생각은 하나님과 원수가 되나니 이는 하나님의 법에 굴복지 아니할 뿐 아니라 할 수도 없음이라. 육신에 있는 자들은 하나님을 기쁘게 할 수 없느니라"(롬 8:7-8).

바울이 말한 육체의 소욕이란 고깃덩어리 육체의 소욕이 아니라, 성령 하나님의 인도와 보호를 외면하는 전인적인 인간 자체의 소욕을 말하는 것이 명백하다. 죄는 그 자리를 육체에 두고 있는 것이 아니며, 전인적이며 총체적인 자아가 죄를 짓는 것이다. 성경적으로나 상식적으로 인간은 영(영혼)이 배제된 육체만이 죄를 짓는 것이 아니라, 그 마음으로 죄를 짓는다.

영지주의적 이원론

영은 거룩하고 육은 악하다는 사상은 성경적인 사상이 아니다. 이는 헬라사상이며 삼분설의 잘못된 적용에 기인하는 이단적 사상이다. 천주교의 성속론에 대항해 루터는 '만유 거룩론'을 주창하였다. 예수 그리스도 안에서 그의 보혈로 죄사함을 얻고 의롭다 함을 얻으며 거룩하게 성별된 그리스도인들에게는 만유가 그리스도 안에서 새로워지고 거룩하게 되었다는 것이다. 즉 모든 음식이 거룩한 음식과 속된 음식의 구별 없이 주 예수 안에서 말씀과 기도로 거룩하게 된다는 것이다. 특별한 일부의 장소와 공간, 또는 특정한 때와 시간만이 거룩한 것이 아니라 예수 그리스도를 믿는 믿음 안에서 모든 공간과 시간이 거룩한 하나님의 소유가 되었다는 것이다.

영혼, 육체 모두 하나님이 구원하시는 은혜의 대상이다. 성경은 몸과 혼과 영을 전체적으로 또는 개별적으로 동일하게 사람으로 표현한다. 영혼이 범죄하는 것이 아니라, 사람이 범죄하며 몸이 죽는 것이 아니라 사람이 죽는다고 말한다. 이처럼 영과 혼은 항상 상호 교환적으로 사용되는 동의어이다(서창원, 2019).

성경은 영만을 강조하여 육은 무시하고 악한 것으로 치부하는 것을 부정한다. 그리스도인의 생활은 육체와는 아무런 관계가 없는 것이 아니다. 반대로 육신은 중요하지 않기 때문에 어떻게 사용하든 상관이 없는 것으로 취급하는 것 역시 성경과 반대된다. 영의 세계든 물질의 세계이든 하나님이 창조한 세계이며 선한 것이다. 또한 육적인 그리스도인과 성령충만한 그리스도인을 예리하게 구분하는 것도 옳지 않다…육적인 그리스도인이라는 말은 모순된 용어이다. 성경은 육에 속한 사람과 육신에 속한 사람을 구분하고 있다. 전자는 비기독교인이요, 후자는 기독교인이나 그리스도 안에 있는 어린아이들이다(고전 2:14; 3:1-2).

성령 하나님은 모든 그리스도인들 속에 거하신다. 그 성령의 역사하심 때문에 영과 육신의 투쟁이 존재하는 것이다. 이것은 영과 육 사이의 이원론적 부조화를 가르치고 있는 것이 아니다. 다시 말하면 육체와 영혼 간의 갈등이 아니라 우리의 타락한 죄의 본성(옛 사람)과 거듭난 본성(새 사람) 사이의 갈등이다.

4. 구원관:
인간은 어떻게 구원을 받을 수 있는가?

구원론은 하나님의 성육하심, 삼위일체 되심, 죄의 교리, 예수님의 속죄와 죽으심과 부활, 내세론, 교회론 등 기독교의 전반적인 교리와 관계되어 있어서 바른 이해가 중요하다. 지방교회의 구원에 대한 가르침은 복잡하고 모순적인 내용을 포함하고 있다. Lee는 우선 구원이란 단순히 주님의 이름을 부르는 문제라고 가르친다. 그러나 또 다른 곳에서는 사람이 지방교회를 출석하지 않고 구원을 받는 것은 불가능하다고 암시하고 있다. 셋째로 회개와 믿음 대신에 침례를 구원의 조건으로 제시하고 있다. 넷째, 구원받는 것은 인간이 하나님과 합일(혼합)되어서 하나님-사람(God-man)이 되는 것이라고 주장한다.

구원은 지방교회의 중요한 관심사이다. Nee도 집회 시에 맨 먼저 청중에게 묻는 말이 "당신은 구원받았습니까?"라고 묻는 것이었다고 한다. Nee는 이렇게 말하기도 했다.

"마지막으로 내가 몇 마디 솔직한 말하는 것을 허락해 달라. 이김은 구원받은 날짜가 있음을 기억하라. 당신이 몇 년 몇 월, 몇 일에 구원받았듯이 당신이 이김을 얻은 날이 몇 년, 몇 월, 몇 일인가를 기억해야 한다. 모든 사람이 다 날짜를 기억해야 한다. 이것은 당신이 통과해야 할 전문적인 관문이다"(『Nee 전집』 제2집 제4권, p. 57).

지방교회의 대표적인 교리는 (1)양태론적 신론, 즉 삼일하나님 교리와 (2)인성과 신성을 분리시키는 기독론, 그리고 (3)인간을 장소적인 영과 혼과 몸으로 분리시키는 인간론으로 요약할 수 있다. 이 세 가지의 잘못된 교리를 혼합시킴으로써 신인합일론이 만들어졌는데, 그들은 예수님이 바로 하나님-사람(God-man)의 첫 샘플이라고 주장한다. 그들에게 예수님은 인성(혼과 육)과 신성(하나님 자신)을 가진 첫 '하나님-사람'이기 때문이다.

잘못된 인간론의 결과는 필연적으로 잘못된 구원론으로 귀결될 수밖에 없다. 인간의 문제가 영과 혼의 결합에 있다고 해석하니 구원의 방법도 신인합일로 귀결되는 것이다(김성한, 2018). 지방교회의 구원관은 사단과 영합된 인간에게서 죽음을 통하여 사단을 제거하고 부활을 통하여 하나님과 영합되는 것, 그리하여 하나님이 그 안에 계시는 '하나님-사람'이 되는 것이라고 가르친다(김도빈, 1997).

정통교회는 이신칭의 구원에서 일치하고 있다. 종교개혁가 루터는 오직 주 예수님의 인격과 공로를 믿고 의지함으로만 죄인이 죄사함을 받고 하나님 앞에 의롭다 함을 얻고 구원에 이른다는 이신칭의 (justification through faith) 교리를 역설했다. 이 교리야말로 교회가 서고 넘어짐을 결정하는 근본 교리이다. 칼빈에게 있어, 이신칭의 교리는 기독교가 정초되어 있는 가장 중요한 토대였다(정성욱, 2019).

　루터와 칼빈은 "오직 은혜와 믿음을 통해 의롭다 함을 얻고 구원을 받은 성도들은 그들의 삶 속에서 역사하시는 성령의 거룩한 인도를 따라 날마다 선한 열매를 맺어가게 된다"는 성화 교리를 강조했다. 참된 믿음은 반드시 행함을 낳게 되며, 참된 선행은 오직 믿음으로만 가능하다는 진리가 회복되었다.

　누구든지 회개하고 주 예수 그리스도를 믿으면 구원을 얻는다. 그러나 지방교회의 교주 Lee는 완전히 다른 구원관을 갖고 있었다. Lee는 설교했다.

"우리는 불신자를 구원하기 위해 설교가 필요 없다는 것을 보았다. 우리가 그들을 도와 '오 주 예수'를 세 번 만 말하도록 한다면 그들은 구원을 받을 것이다. 만일 그들이 창문을 열면 공기가 들어갈 것이다. 불신자가 해야 할 것은 입을 열고 '오 주 예수여, 오 주 예수여'라고 말하는 것이다. 비록 그들이 믿을 의도가 없다 할지라도, 그들은 붙잡히고 말 것이다. 그들에게 의도가 있든 없든, 그들이 창문을 여는 한, 공기는 들어갈 것이다. 그것은 가르침의 문제가 아니다. 이것은 하나님의 일곱 영을 만지는 문제이다"(Lee, *Stream magazine*, VIII: 1, Feb.1, 1970, p. 6).

"'오 주 예수여'를 부를 때, 그 영이 온다. 마치 어느 형제의 이름을 부를 때 그 형제가 오는 것과 같다. 하나님은 영이시라고 말씀하셨을 때 우리가 그를 마셔야 한다. 그 음료를 마실 뿐 아니라 산 공기를 호흡하며 우리 안에 받아들여야 한다. 영이신 하나님은 공기이며 물이다. 우리는 하나님을, 공기를 호흡하며 생수를 마셔야 한다…예수의 이름을 부르므로 삼일 하나님의 세 인격을 전부 갖게 된다"(『그 영과 몸』, pp. 27-29).

과연 그런가? "오 주 예수여"를 세 번 만 반복하면 구원을 받을 수 있는가? 개인이 무엇을 믿는 것과 관계없이 입으로 주님을 부르기만 하면 구원을 받는가? Lee는 사람이 타락한 것과 똑같은 방법으로 구원을 받았다고 가르친다. 인간은 사단이 그와 영합했을 때 타락했고, 하나님이 먼저 예수 안에서 그리고 그리스도인이 되는 각 사람 안에서 자신을 영합시켰을 때 인간은 구원을 받았다. 따라서 이 교리는 교회의 신격화로 발전하게 되고 교회는 하나님이 된다. Lee의 말을 들어보자.

"타락 후 사단은 인간을 정복하는데 성공했다하여 기뻐했다. 그러나 아직 인간 밖에 있었던 하나님은 이렇게 말씀하는 것 같았다. 나도 또한 성육신해야겠다. 만일 사단이 스스로 인간에게 들어갔다면 나도 인간에게 들어가 내 위에 인간을 덧입어야 되겠다."(『하나님의 경륜』).

"결국 주님은 오셔서 인간을 십자가로 인도하기 위해 스스로 인간을 덧입으셨다...동시에 이 타락한 인간 안에 있던 사단도 죽임을 당하신 것이다. 그리스도께서는 사단과 함께 인간을 죽음과 무덤에 내어 주었다. 그리고 사망과 무덤에서 사단을 떼어놓고 인간을 인도해 냈다. 그리스도는 사단을 무덤에 장사지낸 채 버려두었다...이제 이 부활한 인간은 그리스도와 하나이다...이 부활을 통하여 인간은 그리스도와 하나가 되었다. 성육신에 의하여 하나님은 인간 속에 들어갔다. 그리고 부활로 말미암아 인간은 하나님과 하나가 되었다. 이제 하나님은 인간의 영 안에 계시다"(『하나님의 경륜』).

Lee는 죄와 사단을 동일시함으로 성서적인 십자가의 가치를 격하시켰다. 우리는 죄가 사단이 아니라, 하나님께 대한 불순종임을 알고 있다. 성경에 의하면 하나님은 그리스도 안에서 인간과 연합되지 않았다. 그리고 십자가 위에서 죽음에 처해진 것은 사단이 아니었다. 로마서 5:9-10은 그리스도께서 오히려 우리를 의롭다하고 우리를 화해시키기 위하여 죽으셨음을 보여준다. "이제 우리가 그 피를 인하여 의롭다 하심을 얻었은즉 더욱 그로 말미암아 진노하심에서 구원을 얻을 것이니...우리가 그 아들의 죽으심으로 말미암아 하나님으로 더불어 화목 되었은즉..." 사도행전 20:2은 완전히 제물이 되시고 우리의 유익을 위하여 십자가 위에서 희생되셨던 분은 하나님 자신이었음을 보여준다. 어떤 비인격적인 신성이 인성과 혼합된 것이거나 희생된 것이 아니다... "하나님이 자기 피로 사신 교회를 치게 하셨느니라."

"영원한 성령으로 말미암아 흠 없는 자기를 하나님께 드린 그리스도의 피가...." 히브리서 10:10은 십자가가 우리를 거룩하게 한다고 말해준다. "하나님의 뜻을 좇아 예수 그리스도의 몸을 단번에 드리심으로 말미암아 우리가 거룩함을 얻었노라."

뿐만 아니라 Lee와 지방교회는 사람이 지방교회 안에 들어와 있지 않는 한 구원받을 수 없다고 가르친다. "산 별로 그리스도를 발견한다"는 글에서, Lee는 3가지 종류의 별에 대해 말하고 있다. '산 별'(Living Star)은 그리스도 자신을 말하고, 산 별들(living stars)은 지방교회의 교인들이고, '유리하는 별들'은 지방교회 밖에 있는 모든 사람들이다. Lee는 다음과 같이 가르치고 있다.

"우리가 유리하는 별들을 따라가면, 우리의 분깃은 그들과 같이 영원히 캄캄한 흑암이 될 것입니다...어떤 사람이 분명한 입장과 확실한 진로가 없이 여러분에게 나아오면, 그를 피하십시오. 올바른 입장은 지방교회이며, 바른 진로는 지방교회 안에서 영 안에 진군하는 것입니다. 유리하는 별이 되지 말고 결코 유리하는 별을 따라가지 마십시오...오늘 날 당신이나 나 아니 누구라도 그리스도를 발견할 수 있는 유일한 길은 산 별을 발견하는 것입니다. 할렐루야! 오늘 날 별은 우리 각자에게 멀리 있지 않습니다. 별은 지방교회들과 함께하고 있습니다. 오늘 날 산별과 산별들은 지방교회 안에 있습니다. 우리 그들은 따릅시다. 그리고 그들 중 하나가 됩시다"(Finding Christ by the Living Star, 1970, pp. 27-28).

Lee와 지방교회 교인들은 지방교회 밖에 있는 사람들이 모두 '유리하는 별'이라고 믿는 것이 확실하다. 이 '유리하는 별들'의 운명은 '영원히 캄캄한 흑암' 곧 지옥이다. 다시 말해서 지방교회 안에 들어가는 사람만이 구원을 받을 수 있다. 이 말은 '주 예수여'를 세 번 만 외치면 구원받는다는 가르침과도 모순되는 말이다. 어느 것이 옳은가?

우리는 어떻게 구원을 받는가?

인간이 구원받는 유일하고도 실제적인 방법은 단 두 가지뿐이다(정기화, 2016). 성경에 의하면, 철저한 회개와 굳건한 믿음을 통하여 구원을 받는다(막 1:15; 행 20:21). 그리스도의 복음은 자신의 죄를 회개하고 주 예수를 믿으면 누구든지 다 죄사함을 받고 구원을 얻는다고 가르친다. 우리는 회개하고 주 예수를 구주로 신뢰하는 믿음을 통해 구원을 받는다(행 20:21; 요 6:29; 히 11:6; 행 16:31). 믿음은 구원의 조건이고, 그리스도의 죽음은 근거가 된다. 우리는 예나 지금이나 '은혜를 인하여(by grace)

믿음으로 말미암아'(through faith) 구원을 받는다. "온전한 구원은 사람이 자신의 죄를 회개하고 주 예수 그리스도를 구주로 믿고 의지하고 본받으며, 성령의 감화로 거룩하게 하심과 영원한 영광을 믿는 것이다"(예장 통합 신조 9).

유대인들과 헬라인들에게 하나님께 대한 회개와 우리 주 예수 그리스도께 대한 믿음의 필요성을 진지하게 증거한 것이다(행 20:21). 회개란 자신이 지은 죄를 깊이 깨닫고(지성), 슬퍼하고 미워하며(감정), 버리고 돌아서는 것(의지)을 의미한다. 진정한 회개는 베드로의 경우처럼 180도의 방향 전환, 질적인 변화, 지·정·의 전인격적인 변화를 말한다. 죄인의 마음과 생활과 인생의 근본적이고 전반적인 변화인 것이다.

범죄한 인간은 모든 죄를 철저히 회개할 뿐 아니라 예수 그리스도를 굳게 믿고 의지해야만 구원을 받을 수 있다. 예수 그리스도께서는 우리의 모든 죄를 짊어지시고 죄인인 나 대신 십자가에 못 박혀 피 흘려 죽으셨다. 그리고 사흘 만에 죽은 자들 가운데서 다시 살아나셨다. 믿음이란 바로 그 예수 그리스도를 나의 마음에, 나의 인생의 주인으로 기꺼이 모셔 들이고(영접), 오직 그분께 모든 것을 맡기며(위탁), 전적으로 의지하는 것(신뢰)이다. 십자가와 부활의 의미를 깨닫고, 회개하고 믿어야만 비로소 구원이 가능하다(정기화, 2016). 논리적으로 구원의 서정(순서)을 설명할 때 신학자들은 (1) 유효한 소명 - 거듭남 - 회심 - 믿음 칭의 - 확정적 성화 - 양자됨 - 점진적 성화 - 성도의 견인 - 영화 또는 (2) 부르심 - 조명 - 회심 - 중생 - 신앙 - 칭의 - 신비적 연합 - 갱신 - 보존

- 영화를 말한다(최훈배, 2016). 이것이 역사적 정통 개신교단의 일치된 구원관이다.

우리는 예수 그리스도 안에서 하나님을 만남으로, 예수님을 마음에 영접함으로 구원을 받는다. 예수님을 믿는 믿음은 예수님을 그리스도 즉 구원자(Savior)로, 그리고 하나님의 아들 즉 하나님(God)이시고 또한 주님(Lord)이심을 믿는 것이다. 구원자뿐 아니라 주로 믿는 믿음이 똑같이 강조되어야 한다. "영생은 이것이니, 곧 사람들이 유일하신 참 하나님이신 아버지와 아버지께서 보내신 예수 그리스도를 알게 되는 것이옵니다"(요 17:3). 기독교의 본질과 정체성은 바로 예수 그리스도와의 유기적, 인격적, 생명적 관계에 있는 것이다. 비록 지방교회에서 기성교인들을 현혹시키기 위해 필요에 따라 우리와 같은 표현을 사용한다 할지라도, 그들의 진심은 엉뚱한데 있다는 것이 Lee의 발언에 잘 나타나 있다.

칭의론은 교회의 사활이 걸린 교리이다. 이신칭의는 교회의 서고 넘어짐을 결정하는 근본 교리이다. 종교개혁자들은 "오직 은혜와 믿음을 통해 의롭다함을 얻고 구원을 받은 성도들은 그들의 삶 속에서 역사하시는 성령의 거룩한 인도를 따라 날마다 선한 열매를 맺어가게 된다"는 성화 교리를 강조했다. 참된 믿음은 반드시 행함을 낳게 되며, 참된 선행은 오직 믿음으로만 가능하다. 선행은 바른 믿음의 결과와 열매이지 구원의 조건이 아니다. 한 번 칭의된 자는 영원히 칭의된 것이며, 한 번 칭의된 자의 구원은 영원히 보장된다(정성욱, 2019).

한국교회의 윤리적 타락은 칭의 교리를 전했기 때문이 아니라, 그 교리를 잘못 전했기 때문이다. 종교개혁자 칼빈의 가르침과 거리가 먼 비개혁적이고 이단에 가까운 구원론을 가르쳤기 때문이다(박영돈, 2018). 지방교회의 칭의론은 성경과 정통 교리에서 한 참 벗어나 있다.

옥스퍼드대학의 앨리스터 맥그래스(Alister McGrath) 교수가 지적한 대로, "기독교적이고 기독교적이 아닌 것 사이의 구분은 이신칭의 교리를 받아들이는가 받아들이지 않는가에 있는 것이 아니다. 정통과 이단의 차이는 이 교리를 수용한 이후에 이 교리를 어떻게 이해하는가에서 드러난다. 이단은 기본적으로 이 교리를 받아들이면서 그 의미를 내적 일관성 없는 모순된 방식으로 해석함으로 생기는 것이다." 지방교회의 구원론, 칭의론은 어떤 것인가?

지방교회는 그리스도의 몸이 사단의 몸이고 죄의 몸이라고 한다.

> "그분의 육신에 사탄과 죄(우리의 본성 안에 있는 내적이 죄)가 모두 이 육신 안에 연루되어 있다. 그분의 죽음은 육신의 죽음이었으며 이 육신은 옛 사람에 속한 것이다. 이 육신 안에는 사탄과 세상과 죄가 있다. 그래서 그분은 죽음으로 모든 것을 끝내셨다...아담은 사탄을 잡기 위한 덫이었다. 성육신을 통해 하나님은 친히 타락한 사람을 입으시고 이 사람을 십자가의 죽음으로 이끄셨다. 그 때 이 타락한 사람 안에 있던 사탄도 죽은 것이다"(『하나님의 경륜』, pp. 12-13).

거듭난다는 것은 무엇을 의미하는가? 지방교회의 설명이다.

"우리가 구원받은 것은 또한 삼일 하나님과의 연합으로 말미암은 것이다. 우리가 회개하고 그분 안으로 믿고 침(세)례 받은 후, 우리는 과정을 거친 삼일 하나님과 연합하게 된다. 우리는 아버지 하나님과 연합되므로 그분의 생명과 성품을 갖고, 그 분과 생명의 관계와 성품을 가지며 그로써 유기적인 연합을 산출하게 된다…우리는 삼일 하나님과의 놀라운 연합으로 말미암아 그분의 구원의 모든 축복을 누리게 되었다. 그러므로 우리는 또한 삼일 하나님과의 연합으로 말미암아 구원받았다"(Lee, 『진리공과 1단계 4권』).

"우리가 거듭난 것이 혼(魂) 안에서도 아니고 몸 안에서도 아니고 영(靈) 안에서 거듭났다. 주 예수님을 구주로 믿었을 때 하나님의 영(靈)께서 우리의 영(靈) 안으로 들어오셨다. 성령은 생명을 주셔서 우리의 영을 거듭나게 하셨다. 그날 이후로 그분은 우리의 영(靈) 안에 내주하신다(요 4:24). 회개와 믿음과 관계없이 영이 우리 안으로 들어옴으로써 거듭나 구원을 받게 된다는 설명이다. 지방교회의 이런 구원관은 결코 성경적이지 않다. 참 구원은 성령의 감동으로 회개하고 예수님을 믿음으로 하나님과 인격적 관계를 맺고 누리는 것이다. 구원은 신인이 영적으로 합일되는 것이 아니다.

성경에 의하면, 하나님은 그리스도 안에서 인간과 혼합(연합)되지 않았다. 그리고 십자가 위에서 죽은 존재는 사단이 아니라 예수님 자신이었다. 주님은 죄인을 구원하시기 위해 친히 십자가 위에서 죽으셨다.

당신은 예수를 믿는다는 것이 무엇이라고 생각하는가? 일차적으로, '선포된 복음을 받아들이는 것'을 의미한다. 선포된 말씀이란 기독론적으로 "예수가 주요 그리스도시오 하나님의 아들이라는 것"(막 1:1)이고, 구원론적으로는 "예수가 우리를 위해 죽으시고 부활하셨다"는 것이다(고전 15:3-4). 초대교회는 이 두 가지를 통합하여 다음과 같이 진술하고 있다.

네가 만일 네 입으로 예수를 주로 시인하며 또 하나님께서 그를 죽은 자 가운데서 살리신 것을 네 마음에 믿으면 구원을 받으리라. 사람이 마음으로 믿어 의에 이르고 입으로 시인하여 구원에 이르느니라(롬 10:9-10). 성경에서 말하는 믿음은 지식(깨달음)이나 경험이 아니라 인격적인 신뢰(personal trust)이다. 여기서 신뢰란 믿어주는 것, 예수님이 믿을 만한 분임을 인정하고, 그분에게 의지하고, 기대고 의탁하는 것을 의미한다. 그분에게 우리의 삶과 영원한 운명을 의탁하는 것이다(정성욱, 2019).

신약의 구원은 사람들이 마음에 빛과 계시를 얻어 예수가 하나님의 아들 그리스도이신지를 아는 것이다(요 17장). 그리고 그분을 믿고 영접하는 것이다(요 1:12, 3:16). "주의 이름을 부르는 자는 구원을 얻는다"는 (롬 10:13) 성경 한 구절을 근거로 구원을 단정하는 것은 매우 위험하다.

요한복음 1장에는 빛이 어두움에 비추는 것, 그 마음에 예수를 영접하는 것이 곧 그 이름을 믿는 것이라고 한다. 그 구절은 3:16과 관련지어서 읽을 때 좋다. 고린도후서 6장도 동일하다. 예수의 얼굴에 있는 하나님 영광을 아는 빛을 어두운 사람들 마음에 비추는 것이라고 한다. 즉 복음은 빛으로 어두운 사람들 마음에 예수의 인격이 비춰어지는 것, 그것이 믿음이요, 영접이요, 예수님과 사람의 인격적인 만남이 이루어지는 놀라운 일이다.

이신칭의의 시대는 끝났다?

지방교회는 믿음으로 의롭다함을 전하는 시대는 끝나고 지금은 그 영의 시대요 생명이신 그리스도의 시대요 생명을 주는 그 영의 시대라고 한다.

> "우리는 모두 주님의 회복이 마르틴 루터로부터 시작했다는 것을 알고 있다. 그때에 주님의 회복이 유일한 항목은 믿음으로 의롭게 되는 문제였다. 이제 내가 믿고 말할 수 있는 것은 우리는 모두 이에 관해 분명하다는 것이다. 즉 믿음으로 의롭게 되는 회복의 시대는 끝났다. 그러나 믿음으로 의롭다함의 시대가 끝난 것처럼 오순절 운동이라는 회복의 시대가 끝났음을 깨달아야 한다. 믿음으로 의롭게 됨과 믿음으로 거룩케 됨과 오순절 체험을

포함한 주님의 회복의 다른 항목들이 있다. 내 말의 의미는 이것이다. 오늘날 우리가 믿음으로 의롭게 되는 문제만을 주장하고 강조한다면 우리는 400년 내지 500년 정도 뒤떨어진 것이다. 루터교는 믿음으로 의롭게 되는 교리에 기초를 두었다. 소위 오순절교회는 성령강림의 체험에 기초를 두었다. 그러나 지방교회는 이러한 것을 어느 것에도 기초를 두지 않았다. 교회는 모든 신자들은 만유를 포함한 유일한 합일에 기초를 두었다. 오늘날 주의 회복의 시대는 생명이신 그리스도의 시대요 생명되신 영이신 그리스도의 시대요 교회생활인 그리스도의 시대이다"(Lee, 『그리스도냐 종교냐』, pp. 60~61)

지방교회의 구원은 세상에서 구출되는 것

성경을 주목해 보면, 구원은 지옥에서 구출되는 것이 아니라, 세상에서 구출되는 것이다. 왜냐하면 세상이라는 이 단체는 하나님 앞에서 정죄된 것이기 때문이다(Nee, 『그리스도인의 50 필수과정』, p. 11).

"이제 우리는 성경에서 구원이라는 단어가 무슨 뜻이고 구원의 대상은 대체 무엇인가를 주의해야 한다. 성경에서 구원은 지옥이 아니라, 세상이다. 영생의 반대편은 멸망이다. 성경은 멸망을 구원의 반대편으로 여기지 않았다. 성경에서 우리에게 보여준 구원은 세상에서 벗어나는 것이다"(Nee, 『그리스도인의 필수과정 1』, 1989, p. 8).

이들이 말하는 세상은 기독교를 포함한다. 즉 세상에서 단체로 나오는 것이 구원이라고 한다. 성경은 무엇이라고 말하고 있는가? 다시 말하면 지방교회로 오는 것이 단체적인 구원이라는 것이다.

성경은 무엇이라고 말하는가? 종말적으로는 이 세상은 "세상 나라가 우리 주와 그리스도의 나라가 되는 곳"(계 11:15)이다. 세상이 정죄된 곳이 아니라, 인간이 정죄된 것이다. Lee는 말한다.

"한 사람을 구원의 단위로 생각하는 것은 하나님의 경륜과 계획에 반대되며, 하나님의 정하신 길은 개인들만이 아니라 가정을 얻는 것이다"(『정하신 길의 훈련과 실행』, 1990).

세상은 복음의 씨가 뿌려지는 곳(마 13:38)이며, 생명주시는 곳(요 6:33)이며, 성도들의 죄를 사하여 주시기 위한 곳이며(고후 5:19) 하나님은 세상을 사랑하사 독생자를 구주로 보내신 곳이다(요 4:14). "하나님이 〈세상을 이처럼 사랑하사〉 독생자를 주셨으니 이는 저를 믿는 자마다 멸망치 않고 영생을 얻게 하려 하심이니라. 하나님이 그 아들을 세상에 보내신 것은 〈세상을 심판하려 하심이 아니요〉 저로 말미암아 〈세상이 구원을 받게〉 하려 하심이라"(요 3:16-17).

"타락 때문에 사람에게는 구속이 필요하다. 그러나 구속은 하나님의 목적이 아니다. 구속은 하나님의 목표가 아니다. 구속은 단지 하나님의 회복의 과정이다. 구속은 타락한 사람을 하나님의 목적으로 돌아가게 하는 것이다"(Lee, 『사람의 영』, 1986, p. 45).
"우리 가운데서 구원이라는 단어를 상당히 많이 사용하고 있으나, 흔히 남용하고 있다. 여러분은 구원 얻는 것과 영생을 얻는 것에는 구분이 있다는 것을 알아야 한다. 영생을 얻는 것은 개인적인 일이지만, 구원을 얻는다는 것은 개인적으로 영생을 얻는 문제일 뿐 아니라 또한 잘못된 무리에서 구원받는 문제이다"(Lee, 『그리스도인의 50 필수과정 1권』, 1989, p. 10).

즉 지방교회의 구원론은 일반 기독교의 것이 아니다. 지방교회는 도대체 왜 이런 주장을 하고 있을까? 즉 지방교회만이 교회이며, 하나님 나라이고, 그들만이 구원을 받는다는 것이다. 그리고 그들이 단체 구원을 주장하며, 세상에서 나오는 것이 구원이라고 주장하며, 구원이 하나님의 일이 아니라 개인의 일이라고 하는 이유는, 일반 기독교에서 나와 지방교회로 와야 한다는 것을 말하는 것이다.

"여러분은 세상 사람이 구원을 얻는 것은 개인의 행위의 문제가 아님을 기억해야 한다. 세상 사람들이 틀린 것은 그들의 위치가 틀렸기 때문이다...그러므로 구원 얻는 것은 개인의 행위가 어떠한 지의 문제가 아니라, 당신이 속해 있는 그 무리가 잘못이었다는 것이 문제이다"(Nee, 『그리스도인의 필수과정 1』, 1989, p. 10). "요한복음 1장 12절, 여기서는 영접이 곧 믿음이라고 말한다. 다만 복음의 도에 찬성하고 주 예수님이 사람을 대신하여 죽었다는 것과 속죄한 것에 찬성한 것을 믿는 것으로 여길 수 있다. 복음과 주 예수의 구속에 찬성하더라도 그것은 믿음으로 여길 수 없다. 여러분이 주 예수를 마음으로 영접해야 그분을 믿는 것이다. 주 예수를 영접해야만 그분을 믿는 것이다"(『성경요도』).

예수의 구속에 대해 찬성하고 인정하는 것이 곧 믿음의 범주에 속한다는 것이 정통신학의 입장이지만, Lee는 이것을 믿음의 범주에서 배제한 것이다. 지방교회 식의 구원은 하나님의 역사와 구원의 과정을 지식적으로 아는 것에다 '주 예수의 이름'을 부르는 행위가 더해지면 거듭남이 이루어지는 것이니, 너무 기계적이다. 그것은 요한복음 1장에서 말하는 사람의 뜻으로도 얼마든지 될 수 있다는 이야기다. 오직 거듭남은 하나님의 뜻으로 말미암기에 기도와 성령의 역사가 필수적인데도 말이다. 지식과 율법과 행위가 한 카테고리요, 빛과 계시, 믿음, 영접이 또 다른 영역의 한 카테고리이다. 진정한 신약의 구원, 거듭남은 머리로 이해하고 입으로 부르는 행위로 말미암지 않는다. 입으로 불러야 한다는 로마서 10장도 먼저 믿음의 말씀을 강조하는 이유이며 마음으로 믿는 것과 입으로 시인하는 것을 함께 놓는 이유다. 입으로 부르기만 하면 되는 것이 아니다.

성령의 책망하심으로 죄인 됨을 깨닫고 죄에서 돌이켜 예수를 믿지 않는 한 누구도 구원을 받을 수 없다. 진정한 믿음은 빛과 계시로 예수를 만나 이루어지기에 어두움과 사망에 있던 사람이 완전히 변화되는 전인적인 것이며(눅 19장 삭개오, 요 4장 사마리아 여인 등의 예), 전인격적으로 예수 그리스도를 자신의 구주로 영접하는 것이다. 사람은 그대로 있는 채 하나도 안 바뀌고 그저 인간의 정신작용의 일종으로, 뭔가 몰랐던 성경의 이론을 두뇌로 알았다는 것에 불과한 것이 아니다.

성령은 연합의 영이다. 칭의와 성화는 결코 분리될 수 없는 단일한 은혜의 두 면이다. '성화 없는 칭의'나 '칭의 없는 성화'만을 체험할 수 없다. 그는 의롭다함을 받을 뿐 아니라 거룩하게 된다. 성화와 칭의는 영원한 끈으로 묶여 있지만, 이 끈은 논리적으로 구별될 필요가 있다. 칭의와 성화는 모두 같은 근원에서 흘러나온다. 예수 그리스도의 십자가와 부활이 칭의의 근원일 뿐 아니라 성화의 효력이 흘러나오는 원천이다. 성령충만으로 죄와 분리되어 새사람이 되었다는 사실이 점진적 성황의 근본 바탕이 된다(박영돈, 2018). 그래서 정통교회는 '제자훈련이 기독교의 생존방식'이라고 가르친다(김형국, 2017). 그러나 Lee는 주 예수의 이름을 부르기만 하면 된다고 한다.

20세기의 가장 위대한 설교자로 평가받는 로이드 존스(Lloyd-Jones) 목사는 개신교의 구원론을 대표한다고 할 수 있는 설교를 했다.

"제가 여러분에게 꼭 해야 할 말은 여러분이 아무리 악한 죄인일지라도, 비록 지금 이 순간까지도 죄악의 수렁에 빠져 있다 할지라도 십자가의 그리스도를 힘입는 자마다 구원을 받게 된다는 사실입니다. 그분이 바로 주 예수 그리스도 하나님의 아들이요, 십자가에서 우리가 받아야 할 형벌을 대신 받아 죽으신 분임을 믿는다면 바로 그 순간 여러분이 저지른 모든 죄로부터 전적으로 깨끗하게 되고 완전히 의롭다하심을 얻게 됩니다. 이 사실을 믿으십시오. 그리고 이 사실을 인하여 하나님께 감사하십시오. 전적으로 십자가의 성취를 의지하여 예수 그리스도의 이름으로 모든 죄가 완전히 지워졌습니다. 이것은 마치 이전에 결코 죄를 범한 적이 없는 사람처럼 그의 의로 옷 입혀진 것을 의미합니다"(『십자가』).

온전한 구원은 회개하고 주 예수 그리스도를 구주로 믿고 의지하고 본받으며, 성령의 감화로 거룩하게 하심과 영원한 영광을 믿는 것이다. 예수의 가르침을 개념적으로 요약하면, "나를 믿으라"(칭의), "나를 따르라"(성화), "나를 기다리라"(영화)는 것이다.

온전한 구원은 과거에 이미 '마음으로 믿어 얻은'(롬 10:9) 구원(칭의), 현재 '두렵고 떨리는 마음으로 이루어야 할'(빌 2:12) 구원(성화), 그리고 '현재의 고난과 족히 비교할 수 없는 장차 우리에게 나타날 영광'(롬 8:18)을 '소망 중에 기다리는'(롬 13:11) 영원한 구원(영화)이라는 세 차원으로 되어 있다. 구원의 세 가지 요소인 칭의(稱義), 성화(聖化), 영화(榮化) 중 어느 하나를 극단적으로 주장하고 다른 것을 배제하는 것도 구원론을 왜곡하는 구원론적 이단인 것이다(허호익, 2016).

우리는 자신의 죄를 회개하고 그리스도를 믿을 때 죄사함을 받아 구원의 자리에 오른다. 그때 주님이 우리 속에 들어와 거하시게 된다. 우리는 회개와 믿음을 통해서 구원을 받는다. 우리는 죄에 대해 회개하고 예수 그리스도를 신뢰하고 믿을 때 구원을 받는다. 예수님을 영접할 때 하나님은 우리의 모든 죄를 용서하시며 하나님의 자녀가 되는 권세를 주신다.

회개에는 율법적 회개와 복음적 회개가 있다. 율법적 회개는 자신의 죄에 대한 신적 형벌의 두려움에서 비롯된 양심의 가책을 말하고, 복음적 회개란 그리스도 안에 나타난 하나님의 사랑 때문에 죄에서 돌이키는 것을 의미한다. 믿음의 내용은 무엇인가? '그리스도께서 우리를 위해 죽으시고 부활하셨다'는 것을 믿는 것이다. 이 믿음을 갖게 되면 하나님의 자녀로서 총체적으로 순종하며 살고 싶은 주도적 경향성이 생기게 된다(김남준, 2004).

신앙생활에서 무엇보다 중요한 것은 의지적인 회개(돌이킴)과 결단이다. 예수를 믿기로 결심하고 영접하는 것은 의지의 작용이다. 회개에는 두 가지 돌이킴이 필요하다. 죄에서 돌이킴과 하나님께로 돌이킴이 필요하다. 전자를 회개라 하고 후자를 믿음이라 한다(노승수, 2018).

예수께서는 "회개하라. 천국이 가까이 왔느니라"(마 4:17), "너희도 회개치 아니하면 망하리라"(눅 13:3)고 말씀하셨다. 베드로 사도는 오순절 날 그의 설교를 듣고 "어떻게 하여야 구원을 얻을 수 있는가"를 묻는 동포들에게 "너희가 회개하여 각각 죄사함을 받으라"(행 2:38)고 촉구했다. 바울도 "이제는 어디든지 사람을 다 명하사 회개하라"(행 17:30)고 설교하면서 '구원에 이르는 회개'(고후 7:10)를 전했다. 회개하고 죄사함을 받고 하나님과 정상적인 관계를 누리라는 것이 성경의 일관된 가르침이다. 예수를 믿는 우리는 첫 회개 이후 날마다 회개해야 한다(『주기도문』 유해무, 2018).

Lee도 "하나님 왕국에 들어가기 위해서 사람은 자신의 죄를 회개하고 복음을 믿어야 한다. 그러므로 그들의 죄들이 사함을 받고 신성한 생명을 얻기 위해 하나님에 의해 거듭나게 되는 것이다"(Life Study of Mark, p. 48)라고 말하며, 중생의 필요성을 부인하지 않는다. Lee는 회개를 잘못을 뉘우치고 삶의 방향을 바꾸는 것이 아니라 '생각을 바꾸는 것'(『성경요도』, p. 95)이라고 가르친다. 그리고 구원받기 위해서 "오 주 예수여"를 외치고 예수를 마시라고 한다.

지방교회 교인들은 예수를 먹고 마시기 때문에, 즉 영 안에 있기 때문에 죄를 회개하는 대신 "오 주 예수여"를 외치면 된다는 것이다. 한편 이단 구원파의 교주 박옥수는 "정통교회에서 하는 것이 모두 헛되다는 것을 깨닫는 것이 바로 회개와 믿음"이라고 주장하고 있다. 지방교회나 구원이나 회개라는 말을 다른 의미로 사용하고 있다. 의지적 돌이킴으로서의 회개가 빠진 기독교는 인격을 변화시키지 못한다.

하나님의 은혜를 인하여 믿음으로 구원을 받으면 우리는 죄책과 그 권세에서 자유케 될 뿐 아니라 마음껏 하나님을 사랑하고 섬길 수 있는 능력을 갖게 된다(손희영, 2014). '은혜'는 하나님 편에서 주신 것이고, '믿음'은 인간 편에서 가질 태도이다. 구원의 근원은 하나님의 은혜이고, 그 구원을 받아들이는 것은 우리의 믿음이란 손에 달려있다(신성종, 1996). 그러나 지방교회에서는 구원받는 것은 인간이 하나님과 합일(혼합: mingle)되어서 하나님-사람(신인: God-man)이 되는 것이다. 우리는 불신자를 도와 '오 주 예수여'를 세 번 만 말하도록 한다면 그들은 구원을 받을 것이다.

Lee는 말한다.

> "악은 사탄이며, 악은 죄이다. 그러므로 죄는 사탄이다. 죄는 우리 안에 거하는 사탄이며 사망은 죄와 하나이다. 이 세 가지(사탄과 죄와 사망)는 모두 육체 안에 있다"(『육체와 영』).

죄를 사탄의 화신이라고 해석하는 것은 성경을 억지로 해석한 것이다. Lee는 죄와 사단을 동일시함으로 성경적인 십자가의 가치를 격하시켰다. 우리는 죄를 회개하고, 예수님을 믿고, 영접함으로 구원을 받는다. 그러나 이곳에서는 '오 주 예수여'를 세 번만 말하면 구원을 받는다.

> "언제든지 우리가 진심으로 '주 예수'를 말하면, 이는 당신이 '성령 안에' 있다는 뜻이다. 우리는 집회에서나, 가정에서, 그리고 하루에 수천 번씩 '오 주 예수'를 말하는 법을 배워야 한다. 우리는 모두 이 말을 해야 한다. 성내는 것이 문제인 사람은 '오 주 예수'를 말하라. 그러면 분노가 사라질 것이다. 나는 여러분에게 말한다. 여러분은 '주 예수'를 말함으로 거룩해진다. 여러분은 그때 성령 안에 있는 것이다"(How to Meet).

교회 역사상 "누구든지 주의 이름을 부르는 자는 구원을 얻으리라"(롬 10:13)는 말씀을 이렇게 적용한 집단은 지방교회가 유일할 것이다. 이것을 그들은 "하나님을 들이마시고, 예수를 먹고 영으로 들어가는 길"이라고 가르친다.

지방교회를 오래 경험하고 탈퇴한 분의 증언을 들어보자.

> "교회란 속죄함을 입은 마음을 가진 사람들의 회합이다. 하지만 지방교회 구성원들은 두 가지 그릇된 믿음으로 하나님께 나아왔다. 하나는 회개가 없는 구원 확신이다. 회개가 빠진 구원에 대해서는 존 번연, 웨슬레, 로이드 존스…거의 모든 성경 교사들이 신자라기보다는 아직 불신자에 가깝다고 지적했다. 지방교회는 '인

생의 비밀'이라는 소책자로 4영리식 전도로 예수를 영접할 수 있는 길을 설명하고서는 '오 주 예수여'라고 부르라고 요청한다. 그래서 무심결에라도 '오 주 예수여'를 따라 부르면 구원받았다고 지방교회 전도자는 선언해 버린다. 이 얼마나 위험천만한 복음 전파인가? 회개도 하기 전에...죄인된 자신을 알고 통회하는 성령을 부어주심이 구원의 여정의 시작인데도 이 과정이 빠진 복음전파를 하고 있다. 그 결과는 어떠한가? 방종이다. 회개가 없이 신앙생활을 시작하였기 때문에 옛 생활을 혐오하는 마음이 없다."

"그들은 예수를 믿음으로 구원을 받는 것이 아니라, '오 주 예수여'라고 주문을 외우며 그 이름을 부르면 성부 하나님의 실재가 양태론적으로 단계적으로 변화한 '살려주는 영'이 들어와서 구원을 받게 된다고 주장한다"(이인규, 2017). Lee는 "사단의 화신인 죄를 멸하신 예수님을 영으로 모시고 살기 때문에 회개할 필요를 느끼지 않는다"고 함으로써 도덕폐기론적 사상을 주장한다(한국의 종교단체실태조사연구, 2000).

정통교회는 구원의 서정으로 유효한 부르심-중생-회개와 믿음-죄용서-칭의-양자-성화-최종적 견인-완전을 제시한다. 회개와 믿음은 구원의 필수적 조건이다. 이 둘은 동시적으로 발생한다. 루터와 칼빈은 "오직 은혜와 믿음을 통해 의롭다함을 얻고 구원을 받은 성도들은 그들의 삶 속에서 역사하시는 성령의 거룩한 인도를 따라 날마다 선한 열매를 맺어가게 된다"는 성화 교리를 강조했다. 칭의와 성화는 상호 구별되나 칭의가 성화의 시작점이라는 면에서 볼 때 서로 분리될 수 없고 상호연결되어 있다. 지방교회의 교리에는 칭의에 '오 주 예수여'를 부르는 것만 있지 회개와 믿음(인격적 신뢰)이 빠져 있기 때문에 치명적 이단성을 지니고 있다고 하겠다(정성욱, 2019).

반복적 회개(회심: repentance)

예수께서는 "이미 목욕한 자는 발밖에 씻을 필요가 없느니라"(요 13:10)고 말씀하셨다. 칭의를 위한 단회적 회개를 하면, 우리의 신분은 죄인에서 자녀로 바뀌게 된다. 그러나 우리는 이제부터 자녀로서 아버지께 성화를 위해 반복적 회개를 하게 된다. 신분은 변화되었지만, 우리의 성품은 죄성을 지니고 있기 때문에, 즉 그리스도인도 날마다 죄를 범하기 때문에 날마다 회개해야 한다. 터툴리안은 "나는 단지 회개를 위해 태어났을 뿐이다"라는 말까지 했다. 수시로 반복적으로 죄를 범하는 인생들이기에 회개가 필요 없는 날은 하루도 없는 것이다(서창원, 2019). 회개 무용론을 가르치는 집단은 사이비기독교가 분명하다.

두 가지 구원론

조직신학자 권호덕(2008)은 종교개혁자들이 발견한 이신칭의 교리가 교회를 서게 할 수도 있고 무너지게 할 수도 있는 교리임을 말하면서, 범신론적 물질주의적 구원론과 관계론적 구원론을 대조하여 설명하고 있다. 웨스트민스터 신앙고백서의 칭의론은 크게 두 가지를 경고한다. 그중의 하나는 로마 카톨릭 신학의 범신론적 요소인 '주입' 사상이고, 다른 하나는 행위 구원이다. 거의 모든 이단은 범신론적 주입 사상에서 나온 것이다.

1900년대 초 초창기 한국교회는 종교개혁운동에 버금가는 회개운동이 있었다. 거기에는 인간의 죄가 무엇인지를 가르치는 성경 말씀, 그리고 그 말씀을 깨닫게 하시는 성령의 역사, 동시에 죄를 심판하시는 하나님이 등장했는가 하면 인간의 실존 문제를 해결하시는 예수 그리스도에 대한 복음이 선포되었다. 매우 두드러진 것은 복음을 듣는 사람들로 하여금 죄를 깨닫도록 하여 회개시키는 성령의 강력한 역사였다. 말하자면 한국교회 초창기에는 관계론적 패러다임 속에서 구원의 역사가 있었는데, 범신론적이거나 물질주의적인 흔적이 보이질 않는다.

그러다가 황국주의 일원적 열광신비주의, 통일교의 피가름 원리, 박태선의 '오묘원리의 타락론,' 박옥수의(복음을 깨달으면 의인이 된다는) 펠라기우스적인 완전주의적 구원론의 오류가 등장했다. 문제는 Lee도 범신론적이고 존재론적인 방식으로 구원을 설명하고 있다는 것이다.

"주 예수여! 주의 이름을 부름으로써 우리는 적셔지게 되고 신선하게 되며 성화되고 만족케 되며 강건케 된다. 하나님은 영이라고 말씀하셨을 때, 우리가 그를 마셔야 한다. 영이신 예수님을 들이마셔야 한다. 예수의 이름을 부르면 우리는 삼일 하나님의 세 인격을 전부 갖게 된다"(『그 영과 몸』).

지방교회는 '유입(流入)된 의'(infused righteousness)를 통해서 칭의가 이뤄진다는 입장이다. 내 속에 신적인 요소가 들어가, 하나님의 본질과 속성이 우리 안에 주입됨으로써 우리는 하나님 안에서 본질적으로 의롭게 되고 성화된다는 생각이다.

"우리를 거듭나게 하여 하나님의 아들이 되게 하셨다. 우리는 하나님의 자녀일 뿐 아니라 '아기 하나님'들이다. 하나님은 우리를 거듭나게 하신 후에 우리 안에서 그분의 생명의 영에 의해 거룩하게 하고 새롭게 하고 변화시키는 일을 계속 수행하신다"(『성경에 있는 신성한 계시의 고봉에 따른 삶을 사는 실제적인 길』).

크라우저(2017)는 종교적 믿음의 범신론적 유형을 다음과 같이 설명한다.

"인간의 최고의 가치는 신과의 완전한 합일이라는 신비적인 체험을 통해 성취될 수 있다. 모든 범신론적 전통의 공통점은 신과 관계를 맺는 올바른 방법과 인생의 최고 가치는 신비체험을 통해

> 깨달음에 이르는 것이다. 일단 깨달음을 얻으면 열반(구원)의 상태가 보장된다는 것이다. 인간의 개별적 자아가 신적 존재 속으로 흡수되는 상태를 말하는 것이다"(p. 82).

바로 지방교회가 이와 같은 범신론적이고 신비주의적이며 물질주의적인 이단적 구원론을 따르고 있음이 분명하다.

정통교회는 '전가(傳家)된 의'(imputed righteousness)를 통해서 칭의가 이뤄진다고 가르친다. 하나님과 인간 사이의 관계를 통한 구원 곧 심판과 칭의를 통한 구원을 말한다. 종교개혁자들은 이신칭의가 "교회의 서고 무너짐이다"라고 강조하며 그 중요성을 지적했다. 이신칭의는 성경 해석의 열쇠라고도 부른다. 칼빈의 칭의론은 우리가 그리스도와 가지는 신비한 연합을 중심으로 설명된다. 따라서 그는 '나,' '하나님,' '그리스도,' '성령,' '믿음,' '복음' 사이의 역학적 관계를 중심으로 칭의를 설명했다. 이신칭의는 삼위일체 하나님과 인간 사이의 관계에 의해 일어나며 또 이 관계 속에서 이해해야 바르게 이해될 수 있는 것이다.

지방교회에서는 사람이 하나님의 형상으로 만들어졌다는 것을 잘못 해석하여 하나님이 자신을 공급하기 위하여 인간을 대량 생산하셨다고 주장한다. 그리고 사람이 하나님이 되어야 한다고 주장한다. 그들의 구원관, 천국관, 부활, 거듭남, 재림은 모두 사람이 하나님이 될 수 있다는 신화 사상, 즉 신인합일론을 뜻한다. 그들은 사람이 예수를 믿음으로 구원을 받는 것이 아니라, '오 주 예수여'라고 주문을 외우며 그 이름을 부르면 '살려주는 영'이 들어와서 구원을 받게 된다고 주장한다(이인규, 2017).

교단을 초월하여 정통 기독교는 사람이 자신의 죄를 회개하고 예수를 믿음으로 구원을 받는다는 데 일치된 입장을 취하고 있다(행 20: 21). 정통교회는 '전가된 의'를 통해 죄와 구원을 관계론적으로 접근하지만, 지방교회는 '주입된 의' 또는 '유입된 의'를 통한 칭의와 성화를 말하면서 존재론적, 범신론적 접근을 하기 때문에 명백한 이단이다(라은성, 2010, p. 87). 게다가 '사단의 화신인 죄를 멸하신 예수님을 영으로 모시고 살기 때문에 회개할 필요를 느끼지 않는다'고 함으로 도덕(율법)폐기론적 사상을 주장하기도 한다. 또한 성령 충만을 위해 '오 주 예수여'를 주문처럼 반복하면 된다고 한다. 이는 니골라당과 같은 영지주의적 태도를 보이고 있다. 정통교회는 율법주의를 배격하지만, 도덕법 준수를 무시하는 율법폐기론도 반대한다. 선행은 바른 믿음의 결과와 열매이지 구원의 조건이 아니다. 바른 믿음은 율법의 준수를 수반하게 되어 있다(정성욱, 2019).

단체 구원

Lee는 구원이 개인이 아니라 단체적으로 이뤄진다고 주장했다. 결국 그에게는 지방교회만이 구원받는다는 뜻이며, 그는 한 지방에 한 교회만 있으면 된다고 주장했다. 지방교회는 단체구원을 주장한다. 그들에게 있어서 구원의 조건은 믿음이 아니기 때문이다.

  Lee는 지방교회 안에만 구원이 있다고 가르쳤다. 그는 [산 별로 그리스도를 발견한다]는 글에서 세 종류의 별에 대해 말하고 있다. "산 별은 그리스도 자신이고, 산 별들은 지방교회 교인들이고, 유리하는 별들은 지방교회 밖의 사람들이다." 유리하는 별들의 운명은 캄캄한 흑암, 곧 지옥이다. 다시 말해서 지방교회 안에 들어감으로써만 사람은 구원받을 수 있다.

> "하나님이 얻고자 하는 것은 개인이 아니다. 그것은 하나의 과정이지 목적이 아니다. 하나님은 단체적인 것을 원하신다. 하나님의 목적은 하나의 나라요, 하나의 민족이요, 하나의 단체이다"(『구약의 예표와 신약의 계시에서 본 하나님의 경륜』, p. 32)
>
> "'한 사람을 하나님의 구원의 단위로 생각한다' 이런 종류의 생각은 하나님의 경륜, 하나님의 계획에 반대된다. 하나님이 정하신 길은 개인들만이 아니라, 가정을 얻는 것이다. 하나님은 구약에서도 그분의 구원의 단위를 계시하셨다. 하나님은 홍수로부터 단지 노아와 그의 아내만 구원하지 않으셨다. 그분은 또한 그들의 아들들과 며느리들을 구원하셨다"(『하나님이 정하신 길의 훈련과 실행』, p. 94).
>
> "영생을 얻는 것은 개인적인 문제이지만, 구원을 얻는 것은 개인적인 문제에 과거 내가 속했던 무리의 문제가 추가된 것이

다"(Nee, 『그리스도인의 필수과정 1』, 1989, p. 10).

"하나님은 한 단체를 얻고자 하신다. 삼일 하나님 그분 자신을 이스라엘 백성들 안으로 역사하게 하시어 그들을 한 무리가 되게 하고, 단체로 하여금 하나님의 거처, 하나님의 집이 되게 하시는 것이다. 신약에 와서 이것을 매우 분명히 볼 수 있다. 이는 곧 성도 개인의 신령함이 아니라 온 교회들이 하나님께 얻은 바 되고 거처가 되는 것이다. 이것이 곧 하나님의 성전이 될 것이다"(『구약의 예표와 신약의 계시에서 본 하나님의 경륜』, p. 33)

구원파의 권신찬도 구원파 교회가 하나님이 인정하는 유일한 참 교회라는 배타적인 교회관을 주장했다.

"이제는 구원받은 신자 안에 성령이 계셔서 (건물이 아닌) 교회, 곧 하나님의 집을 이루고 있다. 오늘날 교회 시대에는 하나님이 교회 안에 계신다. 우리가 하나님이 거하시는 성전 안에 사는 것, 그것이 곧 하나님과 동행하는 생활이다"(『서로 사랑하라』, p. 90).
"하나님은 영이신 고로 물체와 함께하시지 않는다. 즉 예배당에 계신 것이 아니고 사람의 영에 함께 하신다"(『호소문』, 권신찬, 1977).

하나님은 개인을 예정한 것이 아니고 교회를 예정하였다고 하였는데,

지방교회의 사상에 영향을 받은 것으로 보인다.

　이와 대조적으로 성경은 구원의 대상이 단체가 아니라 개인임을 명시하고 있다. 사람이 알지 못할 때, 하나님의 사랑이 나타나(롬 5:8) 구원하셨으며, 피조물인 인간들의 구원은 단체가 대상이 아니라 개인이다(요 3:16, 누구든지).

　지방교회는 Lee라는 한 거짓 선지자의 말에 절대적인 권위를 부여한다. 교인들은 그의 가르침을 사도의 말씀처럼 믿고 따르는 집단 사고를 하고 있다. 일단 남편이나 아내가 먼저 지방교회에 빠지게 되면, 그 배우자는 '회복되지 않은 불신자'로 취급되어 갈등과 충돌은 불가피해진다. 무수히 많은 가정이 소리 없이 깨어지고 있다. 일찍이 사도 바울은 이단 지도자들이 "마땅치 않은 것을 가르쳐 가정을 파탄으로 이끈다"(딛 1:11)고 진단한 적이 있다.

5. 신인합일사상
(神人合一思想: 神化思想: Deification Theory)

웨스트민스터 소요리문답 첫 머리에 이런 문답이 있다. "사람의 첫 번째 되는 목적이 무엇인가?" "사람의 첫째 되는 목적은 하나님을 영화롭게 하는 것과 영원히 그를 즐거워하는 것이다." 우리의 신앙은 우리를 위한 것이 아니라, 궁극적으로 하나님의, 하나님에 의한, 하나님을 위한 신앙이다.

그런데 지방교회에서는 우리의 신앙생활의 목표가 '하나님-인간'(God-man)이 되는 것이라고 한다. Lee는 하나님이 사람을 창조한 목적이 하나님 자신을 사람 속에 넣어서 사람과 연합하여 하나님과 같게 되게 하기 위해서였다고 한다(내주하는 그리스도). "하나님 자신을 대량으로 생산할 것을 계획, 자신을 제품으로 생산하는 것"이라고 한다(하나님의 경륜). 그러나 인간의 영과 하나님의 영이 하나가 되어 신인(God-man)이 되면 서로를 구분하거나 차이점을 밝힐 수 없게 된다는 것은 성경적인 사상이 아니다. 사람이 하나님과 똑같이 되어야 한다는 것은 하나님과 피조물 사이에 뛰어넘을 수 없는 엄격한 차이를 인정해야 하는 우리의 신앙과 정면으로 위배된다.

지방교회는 자신들은 하나님이 되어야 한다고 가르치지 않는다고 변명을 하는데, "자신들은 하나님과 동일한 신격이 된다는 뜻이 아니다"라고 말하는데, 우리는 지방교회가 하나님과 동일한 신격적인 위치가 된다고 가르친다고 비판한 적이 없다. Lee는 신화(神化)를 "그리스도 안에서 그리스도인들은 생명과 본성, 본질, 모양, 표현에서 하나님이 된다. 그러나 신격에서는 아니며, 경배의 대상으로서도 아니다"(Becoming God, p. 3)라고 정의한다. 그러면서 신화의 과정은 (삼분설에 따라) 인간의 전존재인 영과 혼, 그리고 궁극적으로 몸에 이르기까지 단계별로 이루어진다고 주장한다.

> "오늘날 그분은 하늘들에서 한 가지 일을 하시는데, 그것은 그분께서 구속하고 거듭난 모든 사람들에게 일하시며 그들을 하나님이 되게 하시는 것이다. 그분은 그들 안에서 계속하여 그들을 거룩하게 하시고 새롭게 하시고 변화시킴으로써 그들을 하나님이 되게 하신다. 이 변화가 바로 그들을 신화(神化)한다. 변화의 목적은 사람이 하나님의 형상과 같은 형상을 이루어 그분과 완전히 똑같아질 때까지 사람을 하나님이 되게 하는 것이다"(『아침 부흥을 위한 거룩한 말씀』, p. 19).

이단 전문가 김성한(2018)이 지적한 것처럼, 삼분설은 신비주의와 신인합일 사상으로 연결된다. 지방교회의 핵심교리도 "그리스도가 신성, 인성과 함께 합일됨으로 해서 한 신인이 되었던 것처럼 우리 또한 우리의 영들이 하나님의 영과 합일됨으로 해서 신인들이 된다는 것"이다.

우리는 사람이 하나님과 똑같이 된다는 자체를 비판하고 있다. 지방교회에서는 예수는 하나님-사람(God-man)의 첫 샘플이었으며, 지방교회 교인에게 그 영이 들어오면, 예수 그리스도 곧 하나님이 되는 것이라고 가르치며, 지방교회는 이단 몰몬교와 신천지처럼 사람이 하나님이 된다고 가르친다. 우리는 그것을 신인합일설이라고 부르는데, 특히 지방교회의 신인합일설은 사람과 하나님의 구별이 없는 '똑같이 되는 것'을 말한다(통일교와 신천지의 신학도 삼분설에 기초하고 있다).

Lee가 하는 말을 들어보자.

"성육신 되신 후에 하나님은 성육신되기 이전과는 달라지셨다. 성육신 이전에 그분은 다만 하나님이셨지만 그러나 성육신되신 후에 그분은 사람의 껍질 안에 계신 하나님이셨다"(Lee, 『세 부분의 사람의 생명 되시는 삼일하나님』, p. 54).

"그분은 우리와 같이 되셨다. 왜 그런가? 그 목적은 우리를 그분과 똑같이 되게 하기 위한 것이다. 오늘 여러분은 하나님의 생명을 가졌고 하나님의 성품을 가졌다. 그러므로 여러분은 하나님과 똑같은 것이다"(Lee, 『구약의 예표와 신약의 계시에서 본 하나님의 경륜』, p. 63).

결국 지방교회는 하나님이 곧 도성인신하신 예수요, 바로 이 예수가 보혜사로 오신 성령으로 '하나님 = 예수님 = 성령님'이라는 등식으로 설명될 수 있다. 이것은 분명히 양태론적 단일신론으로서 사벨리우스가 주장했던 이단적인 사상이다.

'신화 사상'은 예장 통합측이 1992년 이단으로 규정한 Lee의 핵심적 가르침이다.

"그리스도께서 우리 안에 들어오시어 우리를 적시실 때, 우리는 그리스도가 된다. 생명 주는 영이신 그리스도는 우리가 그리스도가 될 때까지 우리를 적셔 주신다. 우리는 그리스도가 됨으로써 그리스도가 된다. 이것이 우리가 그리스도인들인 이유이다. 그리스도는 우리 안으로 오셔서 우리들을 그리스도가 되게 하셨기 때문에 지금 우리들은 그리스도인들이다. 그리스도인들은 단순히 그리스도이다. 이것이 하나님의 표현인 단체적인 그리스도이다…이것이 주의 회복이다. 주님은 긴 치마를 입고 긴 소매의 옷을 입는 것을 회복할 의도가 없으시다…주님의 의도는 '그리스도가 되는 것'을 회복하는 것이다. 당신은 그리스도가 되는 것이 필요하다. 놀랍지 않은가! 교회 생활은 무엇인가? 교회 생활은 영광스러운 '그리스도가 됨'이다. 주의 회복이란 무엇인가? 그것은 믿는 이마다 그리스도가 됨으로써 그들이 전체적으로 그리스도가 되는 것이다. 이렇게 그리스도가 되는 것이 바로 하나님을 표현하는 것이다.(『주의 회복에 관하여』, pp. 70~71)"(『아침 부흥을 위한 거룩한 말씀』, '주의 회복의 유일함(2)' Nee & Lee, 한국복음서원, 2004, p. 143).

"그분은 우리와 같이 되셨다. 왜 그런가? 그 목적은 우리를 그분과 똑같이 되게 하기 위한 것이다. 오늘 여러분은 하나님의 생명을 가졌고 하나님의 성품을 가졌다. 그러므로 여러분은 하나님과 똑같은 것이다"(Lee, 『구약의 예표와 신약의 계시에서 본 하나님의 경륜』, p. 63).

"우리 모두가 그분이 다만 영원 안에 감추인 아버지이고, 인간 사회에 나타난 아들이실 뿐 아니라, 우리 안에 들어오신 그 영이심을 보아야 한다"(Lee, 『하나님의 경륜 안에 있는 두 가지 비밀』, p. 21).

"하나님으로부터 태어난 하나님의 자녀들이 하나님이 아니라면 그들은 누구인가? 자녀들과 아버지는 같은 종류가 아닌가? 요한복음 3장 6절은 '육으로 난 것은 육이요'라고 말한다. 당신과 당신의 부모는 모두 같은 종류, 육신의 종류이다. 6절은 또 말하기를 '영으로 난 것은 영이니'라고 말한다. 이 두 영은 같은 종류이며 또한 같은 근원이다. 우리는 하나님으로부터 태어나 많은 하나님-사람들, 하나님의 자녀가 되었다. 또한 우리가 믿고 경배하며 따르는 우리의 주님, 또한 첫 번째 하나님-사람(God-man)이다"(Lee, 『하나님-사람의 생활』, p. 40).

정통신학에서 말하는 연합의 개념과 신인합일은 어떻게 다른가? 성경이 말하는 "하나님의 자녀가 된다"든지 "예수를 닮는다"는 견해와 "하나님의 형상을 회복한다" 등의 주장은 지극히 정상적이며 성경적이다. 그렇다면 과연 정통신학이 말하는 연합의 개념이 무엇일까? 이것을 알아야 하는 이유는 지방교회가 신인합일을 주장하면서도 자신들은 정통신학의 연합 개념과 같다고 위장하고 있기 때문이다. 신학자 웨인 그루뎀(Wayne Grudem)은 연합을 다음과 같이 설명하고 있다.

"그러나 우리가 그렇게 변화되어감에 있어 각자의 개성을 잃어버리는 것은 아니다. 우리는 온전히 그리스도를 닮을 것이지만 그리스도가 되지는 못하며 그리스도에게로 흡수되거나 우리의 개성을 영원히 잃어버리게 되지 않는다. 오히려 우리는 서로를 알아볼 수 있는 자신으로 남아서(고전 13:12) 그리스도를 보게 될 것이다(요일 3:2) 그의 얼굴을 대하며 그에게 경배를 드리고 이마에 이름을 가지고 그와 함께 영원히 왕 노릇하는 것도 바로 우리들이다. 성부와 성자와 성령이 성품에 있어서는 서로 정확하게 같으면서도 독립적인 위격으로 남아 계셨던 것처럼 우리도 점점 그리스도를 닮아가면서도 다른 은사들과 기능을 소유한 독립된 개체로 남아 있게 된다. 우리는 진정한 의미에서 우리 자신이 되어갈 것이다"(마 10:39; 요 10:3; 계 2:17; 시 37:4;『웨인 그루뎀 조직신학 중권』, p. 563).

Lee는 하나님이 사람을 창조하신 목적이 하나님 자신을 사람 속에 넣어서 사람과 연합하여 하나님과 같게 되게 하기 위해서였다고 한다(『내주하는 그리스도』). "하나님 자신을 대량으로 생산하실 것을 계획해 자신을 제품으로 생산하는 것이라고 한다"(『하나님의 경륜』).

Lee(1993)는 하나님이 사람의 영 안에서 연합되는 것을 스펀지 위에 물이 내리면 물이 스펀지에 흠뻑 젖어들어 물과 스펀지가 연합되는 것으로 표현한다(『세 부분인 사람의 생명 되신 삼일하나님』).

"하나님과 사람은 혼합되어 있을 뿐 아니라, 연합되어 있다…연합은 혼합 이상의 것을 포함한다. 연합은 혼합을 내포하나 혼합은 연합만큼 철저하지 못하다…부활을 통해 하나님과 사람이 하나가 되었다. 이 변화를 통하여 삼일 하나님의 본질이 우리의 혼, 즉 우리의 자아와 섞여진다"(『하나님의 경륜』). Lee는 그가 쓴 모든 저서에서 사람이 하나님과 똑같이 된다는 신화(神化) 사상을 주요 교리로 가르치고 있다.

"사람과 하나님은 같은 '종'(種)이다. 사람은 하나님의 형상을 갖고 있다. 우리는 사람이지만 하나님처럼 생겼다. 그리스도 안의 믿는 이들과 하나님의 자녀들인 우리는 인류가 아니라 하나님의 종류(種類)이다…이것이 하나님의 복음의 최고봉이다"(『주의 회복의 유일함』).

"나의 부담은 당신에게 다음과 같은 사실을 분명히 보여주는 것이다. 즉 하나님의 경륜과 계획은 그분 자신을 사람으로 만드시는 것이며, 또한 그분이 창조하신 존재들인 우리를 '하나님'으로 만드시는 것이다. 그리고 이렇게 함으로 그분은 '인간화되시고(man-ized)' 우리는 '신격화되는 것(God-ized)'이다. 마침내 그분과 우리, 또한 우리와 그분 모두가 하나님-사람이 되는 것이다."
우리 믿는 자들은 하나님으로부터 났다. 사람으로부터 난 것은 사람이고, 하나님으로부터 난 것은 하나님이어야만 한다. 우리는 하나님으로부터 났다. 그러므로 이런 의미에서 우리는 하나님이다 (Witness Lee, *A Deeper Study of the Divine Dispensing*, p. 54).

지방교회에서는 모여서 이런 노래를 함께 부른다. "우리는 하나님이 되리. 우리는 하나님이 되리. 우리는 하나님이 되리."

신화 사상(神化思想: Deification theory of Witness Lee)

Lee는 섞임(mingling)을 말했다. 하나님과 사람이 '밍글'된다는 말이다. 또한 합병된다고도 했다(incorporation). 이런 표현은 신학적으로 주의 깊지 않은 표현이다.

하나님이 사람과 연합된다는 말은 성경에 이런저런 근거를 댈 수 있겠으나 매우 조심해야 한다. 하나님과 사람이 섞인다는 표현은 거기에 신 인간의 구별이 없어지기 때문이다. 또한 사람이 스스로 자신이 하나님이라고 생각할 수 있는 위험성이 존재한다. 특히 사역자나 오래된 사람들이 고압적인 자세를 취하게 되면 그를 하나님으로 여겨 두려워하며 연약한 성도의 양심의 지나친 억압에 사로잡힐 수 있는 위험성이 존재한다. 피조물인 사람이 창조주 하나님이 되어버리기 때문이다.

사람이 하나님이 된다 해서 생명과 본성에서이지 '신격'에서는 아니라고 해도 그 위험성이 완전히 제거되는 것은 아니다. 어쨌든 되는 것이 하나님이 아닌가! 하나님께서 사람을 피조물인 사람 종류가 아닌 창조주 하나님 종류로 지었다고 말하는 것은 그 자체가 매우 위험한 어법이다.

하나님은 영원히 하나님이시고 사람은 영원히 사람이다. 예수 그리스도가 사람이라고 해도 그분은 영원히 찬송 받으실 하나님이시다. 새 예루살렘에도 사람은 영원히 사람으로 존재한다(계 21:3, 26, 22:3-5). 새 예루살렘이 하나님과 사람의 '섞임(mingling)'이라고 표현한 것도 지나친 해석이다. 그곳에 하나님과 사람의 엄연한 구별이 있기 때문이다. "내가 들으니 보좌에서 큰 음성이 나서 가로되 보라 하나님의 장막이 사람들과 함께 있으매 하나님이 저희와 함께 거하시리니 저희는 하나님의 백성이 되고 하나님은 친히 저희와 함께 계셔서"(계 21:3).

성경은 영적으로 매우 성숙한 사도 바울도 끝까지 사람인 자기와 하나님을 구별하여 말했다. 베드로도 마찬가지, 요한도 마찬가지였다. 나이가 90이 넘어 온전히 성숙에 이르렀을 사도 요한은 밧모섬에서 주 예수님을 보고 그 앞에 죽은 자 같이 되었다(계 1장). 사람은 죄인이라고 표현할수록 안전하고 티끌이라고 말할수록 안전하다. 몇 구절만 말하겠다. 하나님은 영원히 창조주요 아들은 영원히 구속주의 지위를 잃지 않으신다(어린양). 삼위일체 하나님은 영원히 존귀와 찬양을 받으시며 사람은 영원히 피조물의 지위가 변하지 않는다. 사람은 하나님을 영원히 섬기며 찬송을 드린다. '섞임(mingling)'이니 '합병'이니 하는 표현은 그 말 자체로도 하나님과 사람의 관계를 뒤흔드는 표현이 될 수 있다. 즉 하나님의 존엄을 훼손하는 신성모독의 표현이 될 수 있음을 명심해야 한다.

건전한 교부였던 아타나시우스(Athanasius)가 말했다고 해서 교리의 안전이 보증되는 것이 아니다. 아타나시우스는 그 말을 자신의 학설이나 특별 가르침으로 삼아 가르친 것이 아니다. 어떤 면에서 사람을 신의 소생이라든가 신이라든가 절대 할 수 없다는 말이 아니다(요 10:34, 행 17:28). 사람이 하나님이 된다고 가르치는 것이 문제이다. Lee는 "하나님이 사람 되심은 사람으로 하나님 되게 하려 하심이다"를 말년에 강조하며 『Lee 고봉의 메시지』라는 시리즈 13권까지 발간했는데, 그는 소가 새끼를 낳으면 송아지이고, 말이 새끼를 낳으면 망아지다. 하나님의 낳은 자녀가 하나님이 되는 것은 당연하다는 식의 논리를 폈다. 물론 그는 신성과 본성에서만 하나님이지 신격(Godhead)에서는 아니라고 했다. 그래도 어쨌든 하나님은 하나님이시다.

주 예수께서 지상에 오셨을 때 그분은 하나님과 동등 됨을 취하지 아니하시고 신격의 영광을 비우고 사람의 모양으로 오셨다(빌 2:6-7). 그러나 그분은 어디까지나 하나님이셨다. 신격에서는 아니라고 해도 사람이 본성상 하나님이 된다는 말은 성경적이라고 할 수 없다. 영세의 새 하늘 새 땅 새 예루살렘에서도 하나님은 하나님이시고 사람은 여전히 사람이다(계 21:3, 24-26). 우리는 Lee가 생전에 그 최고봉이라고 하는 계시를 말한 후 그들의 지방교회에서 하나님이 된 사람들이 과연 있는지 묻고 싶다. 성도들이 세세토록 왕 노릇을 하겠지만 어디까지나 하나님은 하나님이시고 사람은 사람이다. 하나님에 대하여 사람의 위치는 분명하다(계 22:3-5). 그분은 영원히 주(Lord)이시고 우리는 영원히 그분을 섬기는 종이다.

사람이 하나님 또는 그리스도가 된다는 주장은 참으로 위험한 사상이다. 하나님과 예수 그리스도는 우리의 신앙의 대상이다. 영원토록 영광 받으실 성부·성자 하나님이시다. 그런 데도 만일 어떤 유명 인사가 서적이나 설교를 통해 '사람이 하나님 또는 그리스도가 된다'고 주장한다면 그것은 조물주와 피조물, 신과 사람을 혼동하게 만든다는 점에서 극도로 악한 주장이라 해도 과언이 아니다. 그리고 이러한 주장은 교주를 신격화하는 이단으로 쉽게 물들게 하는 길잡이 역할을 하기도 한다.

참고로 삼분설의 위험성을 연구한 이영호(1998) 목사는 이와 비슷한 신화 사상을 주장하는 이단들로 (1)몰몬교, (2)동방정교회, (3)뉴에이지 사상을 들고 있다. 이단 전문가 월터 마틴(1992)은 경고하고 있다: "성경적인 지식이 없는 신자들의 생각에 있어 창조주와 피조물 - 특별히 피조물로서의 인간들 - 간의 구별을 모호하게 하는 뉴에이지 사상은 위험하다."

계시의 최고봉

지방교회의 회복의 본성(성격)을 바꾸어 놓았다는 '계시의 최고봉'이란 무엇인가? "1980년(75세)부터 주님은 나에게 그리스도의 몸이 있으려면 반드시 그리스도의 분배가 있어야 함을 보여주셨다. 그때부터 나는 그리스도의 분배하심을 말하기 시작했다. 나는 계속하여 더 높은 곳으로 올라갔다. 내가 본 것은, 하나님이 사람 되심으로 사람이 하나님 될 때만이 그리스도의 몸이 산출될 수 있다는 것이다. 그러므로 1984년부터 나의 많은 메시지는 다 하나님의 경륜에 관한 것이었다. 이것이 계시의 최고봉이다(『이상의 최고봉과 그리스도의 몸의 실제』). 하나님의 사람 되심은 사람으로 하나님 되게 하려 하심에 있기 때문에, 누구든지 그리스도를 믿어 변화됨으로 결국 하나님(신격이 없는?)이 된다는 사상이다."

> "그리스도가 신성, 인성과 함께 합일(合一)됨으로 해서 한 신인이 되었던 것처럼, 우리 또한 우리의 영들이 하나님 그 영과 함께 합일됨으로 해서 신인들이 될 것입니다."

이것이 Lee가 그 생애의 말년 3년 6개월 동안 설파한 계시의 최고봉이라는 교리였다.

내가 특별히 지적하고 싶은 것은, 사람이 하나님이 되는 것은 다만 하나님의 생명과 하나님의 성품이 있을 뿐 하나님의 신격은 없다는 것이다. 들떠 있는 신도들은 '아기 하나님들,' '작은 하나님,' '쌍둥이 하나님'을 자처하면서 '인간은 하나님과 같은 種(종)이다,' '하나님의 형체는 원본이고 사람의 형체는 하나님의 형체의 복제품 곧 복사품'이라고 주장하면서, 각종 훈련시에 '계시의 최고봉'이라는 교리를 가르치고 있다. 1997년 미국 얼바인 센터에서 있었던 지방교회 여름 훈련 집회에서 한 강사는 다음과 같이 기염을 토하기도 했다.

> "우리는 분명히 하나님이 될 것이다. 성도들이여 틀림없이 하나님이 될 것이다. 어느 날 아침 나의 자매가 나에게 '하나님 안녕하세요?'할 것이다. 우리로서는 할 수 없으되 하나님은 하실 수 있다"(하나님의 신약사역의 핵심적 내용, 1997).

이것은 어떤 기준으로 보아도 용납될 수 없는 이단 사상이다.

Lee는 성경의 계시는 자기에게 와서 완전 열려져 더 이상 열릴 것이 없는 최고봉의 상태에 이르렀다고 했다. 사람이 하나님 된다는 찬송시를 하나 지어놓고 이천 년 기독교 역사상에 이런 종류의 찬송은 유일하다고 자화자찬했다(이상의 최고봉과 그리스도의 몸의 실제, 1997).

Lee는 자기 사역의 마지막에 과거를 돌이켜보면서 "많은 해 동안 사역한 후, 하나님께서 나에게 단 한 가지 일을 - 하나님이 사람 되심은 사람이 그분의 신격 안에서는 아니지만 생명과 본성 안에서 하나님이 되게 하려 하심을 - 알게 하셨다. 이것이 나의 유일한 부담이고 나의 유일한 메시지이다"라고 선언했다(The Practical Way to Live a Life according to the High Peak of the Divine Revelation in the Holy Scriptures, p. 27).

1994년 Lee가 작사한 아래 찬송은 그의 '유일한 부담'과 '유일한 메시지'를 잘 표현해 준다.

1. 얼마나 놀라운 기적인가! 얼마나 놀라운 비밀인가!
   하나님과 사람이 하나 되다니!
   사람을 하나님 되게 하시려고 하나님이 사람 되셨네.
   측량할 수 없는 경륜이여!
   하나님의 선한 기쁨이요 마음의 갈등으로 인해
   하나님의 궁극적인 목표는 반드시 이루어지리라
2. 하나님이 육신을 입으셔서, 참 하나님과 참 인간되심은
   나를 하나님 되게 하시려는 그분의 기쁨일세.
   내가 하나님의 신격에는 참여할 수 없으나
   하나님의 생명과 본성에 있어 하나님처럼 될 수 있다네.
   하나님의 신적 속성 내 성품 되니
   나를 통해 하나님의 영광스러운 형상 빛나리라.
4. 거룩한 성 새 예루살렘은 총체적 계시의 절정;
   삼위일체 하나님과 영혼몸 세 부분으로 된 인간

사랑하는 한 쌍이 되어 영원에까지 이르고
인간과 하나님이 공동 상속자가 되며,
하나님과 인간이 서로가 서로에게 거처가 되니
인간 안에 있는 하나님의 영광은
현란하게 찬란한 빛을 발하게 될 것이다!

계시의 최고봉으로 인한 파열음

시애틀 지방교회의 지도자 돈 룰리지(Don Rulledge, 2014)에 의하면, 지방교회의 실행과 관련해 1974년 새로운 방향전환이 있었다. 이것은 Lee와 맥스 라파포트(Max Rapaport) 사이의 권력 다툼으로 번졌다. 1984년 Lee는 새로운 사역 방향을 천명하였고, 장로들은 추종군대로서 최고사령관 Lee를 따를 것을 서약했다. 비전의 변화는 실행의 변화를 가져왔다. 1986년 남가주에서 열렸던 국제 장로대회에서는 400여 명의 장로와 동역자들이 Lee에게 충성서약에 서명했다. 하나님의 의도는 특정인의 사역을 세우는데 있는 것이 아니라 하나님의 교회를 세우는데 있다는 여론이 확산되었다. 이와 같은 일방적 추진은 결국 혼란과 분열을 초래했다. 이는 힘과 돌봄(사랑) 사이의 갈등으로 발전하였고, 1980년대 말 회복 사역에는 큰 혼란과 분열이 일어났다.

2006-2007년에 같은 이유로 지방교회들은 또 다른 혼란을 겪었다. 1989년 갓프레드(Godfred), 노크(Knoch), 인갈스(Ingalls)는 Lee의 독주

적인 행보에 반기를 들고 장로직에서 사퇴했다. Lee의 사역에 충성하는 장로와 남편의 사랑을 요구하는 아내 간의 갈등이 이혼으로 마무리 지어지는 사태가 속출했다. 많은 성도는 Lee의 가르침과 사역, 그리고 교회 현장의 실행 사이에는 너무나 큰 괴리가 있다며 교회를 떠나는 사태가 대만과 필리핀, 그리고 미국 전역에서 일어났다(In the Wake of the New Way & Hiding History in the Nee and Lee Eras of the Lord's Recovery, 2014).

중국 현지에서 선교사역을 하는 송요한(2010)의 말을 들어보자.

> "이상수(위트니스 리)는 1950년대부터 사람이 하나님이 되어야 한다고 가르친다. 곧 '신인합일설'이다. 특별히 그의 신인합일설은 사람과 하나님의 구별이 없는 '똑같이 되는 것'을 말한다."

계시의 최고봉은 이와 같은 신비주의 사상을 기반으로 하는 문제의 사상이므로 지방교회의 '문 두드림'에 현혹되지 않는 분별력 있는 주의가 요망된다. 이 사상은 전능하사 천지를 지으신 창조주 하나님과 피조물인 인간 사이에 뛰어넘을 수 없고 엄격한 차이를 인정해야 하는 정통 신앙과 정면으로 위배되는 것이다(대한예수교장로회 총회, 2011).

Nee에 따르면, 인간은 세 부분, 즉 속사람(영), 겉사람(혼) 그리고 제일 바깥의 사람(육체)으로 이루어져 있다. 세상 사람들은 겉 사람에 속해 있기 때문에 정서도 지적 사고도 하나님이 소유한 성품과 동일하지 않다. 오직 영만이 하나님과 관계한다. 영이 해방되기 위해서는 자아 또는 혼은 깨어져야만 한다. 그리스도의 영과 하나님의 영은 혼합되어야 한다. 이는 성경적 주장이 아니다.

인간을 육체와 혼과 영의 세 부분으로 분리하여 구별하고, 예수 그리스도의 인성과 신성을 분리시켜, 인성은 다시 육체와 혼으로 분리시키고, 신성을 영이라고 하여 세 부분으로 구별한다. 물론 지방교회가 말하는 영은 구약과 신약(부활 전)의 성령과 다르다. 양태론적인 견해로서 하나님이 예수님으로 예수가 부활의 영으로 과정을 거쳤다고 보기 때문이다. 즉 지방교회의 교인들에게 부활의 영이 내주하면, 그들은 곧 하나님이 되는 것이다. 그들은 그리스도와 똑같이 됨으로서 그들은 이것을 부활이라고 부르기도 하고, 예수의 재림이라고 부른다.

그래서 지방교회에서는 예수는 부분적으로 피조물이 되며, 그렇기에 사람이 하나님이 되는 것이다. 지방교회에서는 예수님은 하나님(영) + 사람(혼 + 육)이 되며 삼분법으로 해부되고 분리되고 만다.

"그러므로 그분의 부활 이전에 그분은 그분의 신성 안에서 하나님의 아들이셨다. 그러나 그분의 성육신으로 그분은 인성 안으로 들어가셨고 그분의 존재의 부분으로 인간의 본성을 입으셨다. 그러나 그분의 인성은 그분이 부활할 때까지는 '아들화' 되지 않은, 즉 하나님의 아들로 인정되지 않았다"(Lee, 『그리스도』, p. 23).

Nee의 사상적 제자 권신찬은 "지성이나 감정이나 의지로써 영이신 하나님과 접하려는 것은 불가능하다"고 주장했다. "죄사함을 깨달음으로 '구원'을 받으면 그 다음부터 하는 육신적인 죄는 죄가 되지 않는다. 이후 구원은 '영'이 받았으므로 '육'으로 하는 것은 죄를 지어도 죄가 아니다"라는 주장은 삼분설에서 나온 이단 사상이다.

하나님은 영이시므로 인격이 아니다. 성령은 영 안에 거하신다. 이러한 주장은 지방교회의 Nee와 Lee로부터 우리에게 전파되었다고 할 수 있다. 이러한 주장으로부터 숱하게 많은 이단들이 파생되었다. 심지어는 정통교회 안에도 인간의 영과 혼과 육을 각각 분리시키며, 영과 혼과 육을 장소적, 공간적인 개념으로 간주하여 이원론을 주장하는 목회자들이 상당히 많다.

인간은 전인격적 존재로 전인적으로 죄인이다. 인간은 영혼과 육체 모두 죄를 짓는다. 따라서 구원파와 같은 이단에서 '영의 구원', '혼의 구원', '육의 구원'으로 구원의 단계를 세 가지로 분류하는 것은 잘못된 주장이다. 사람을 육체와 영혼으로 구분하여 죄는 육체에만 있다는 주장은 비성경적인 주장이다. 사람이 죄를 지으면 전 인격이 참여하는 것이고, 구원을 받아도 전인격이 구원을 받는 것이지, 영혼만 구원을 받는 것이 아니다.

"내 마음과 육체가 생존하시는 하나님께 부르짖나이다"(시 84:2).
"내 영혼이 주를 갈망하며, 내 육체가 생존하시는 하나님께 부르짖으나"(시 63:1).

죄와 사단이 육체에 거한다는 주장은 Nee와 Lee로부터 시작되어 마치 성경적인 진리처럼 구원파와 베뢰아 등에 만연되어 있다. 육체가 하나님을 찬양하고 예수의 생명이 우리 죽을 육체에 나타나기도 한다(고후 4:1)는 성경구절에 지방교회와 구원파, 베뢰아 등은 어떻게 반응할 수 있을지 모르겠다.

Lee의 사상은 구원파 권신찬의 가르침에 이렇게 반영되고 있다.

"그러나 혼, 즉 마음은 세상을 좋아합니다. 구원을 받았더라도 세상의 쾌락, 돈 같은 것들을 다 좋아하는 것입니다. 그러면 혼의 구원이란 무엇인가? 신앙생활을 해가는 중에 차츰 육적인 생각이 약화되어 가서 나중에는 순전히 육신의 생각을 가지던 마음이 영으로 기울어져 하나님께 대한 주님께 대한 생각 쪽으로 기울어지는 것입니다. 영의 구원을 받고 난 뒤 세상을 향하던 그는 마음이 차츰차츰 힘을 잃어가면서 마음이 주님께 가게 되어 주님을 사랑하는 마음으로 변해 갑니다. 그리고 맨 나중에는 육신이 들림 받습니다. 구원을 받은 사람으로서 아직도 세상을 좋아하는 육신의 마음과 욕망이 있다면 아직 자기 혼은 구원받지 못했다는 것을 알아야 합니다. 대개 혼이 구원받는 과정은 상당히 오래 걸립니다. 굉장히 시달림을 받고 나서 나중에 어떤 말씀을 깨닫게 될 때에 다시 한번 벗어지는 것이 있고서야 영의 생각을 가집니다. 그것은 사람에 따라 일정하지 않습니다. '너희가 구원에 이르도록 자라게 하려 함이라'는 것은 바로 그런 것을 말합니다."(권신찬, 『믿음으로 믿음에』, 기독교복음침례회, p. 23)

한국교회가 이단으로 규정한 류광수의 다락방 운동은 지방교회 이론을 그대로 활용하고 있다. 성령론에 있어 Lee의 영적 인간의 이해에 따라 성령이 인간과 연합하는 신인합일주의를 가르치고 있다. 이 신비주의적 경향은 신과 인간의 존재론적 합일을 주장하는 범신론적 신비주의를 말한다. 이는 전통적 기독교가 주장하는 사랑의 신비주의적인 기독교적 영교가 아니라 신과 인간의 영합을 말하는 위험성이 있다(박봉배, 2006).

지방교회와 구원파(기독교복음침례회 및 대한예수교침례회), 류광수의 다락방전도운동, 김기동의 베뢰아운동, 이명범의 레마선교회, 박철수의 새생활영성훈련원, 이현래의 대구교회, 최바울의 인터콥은 모두 사상적으로 Nee의 삼분설에 입각한 인간론에 영향을 받았다. 현재 한국에서 득세하고 있는 세대주의 성향의 이단 집단은 거의 다 Nee의 삼분설에 직간접적으로 영향을 받았다. 그들의 교리가 모든 면에서 일치되는 것은 아니지만 인간의 전인적 인격성보다 영성을 부각시키고, 인간의 자범죄보다 원죄를 강조해 일회적 회개를 주장하고, 기존 교회를 전면부정 배타시하거나 폄하하고 있다는 점에서 일치하고 있다.

6. 교회관: 무엇이 교회인가?

지방교회는 역사적 정통교회를 부정한다

'지방교회'라는 이름에서 보듯이 이 단체의 가장 중요한 특징이 그들의 교회관에 있다. 기성교회와의 실제적인 마찰도 그들의 교회관 때문에 비롯되었다고 할 수 있다. 지방교회는 다른 교회들에 대하여 매우 배타적인 입장을 취한다. 이것은 Nee에게서부터 발견되는 사상이요 주장이다. '한 지방에 한 교회'가 Nee의 주장이었다. Nee는 우리가 사는 도시나 지방에서 그 지방을 입장으로 하는 교회 외에는 절대로 세울 수 없다고 했다. 그렇게 강하게 주장하면 그것이 성경을 근거로 하기에 누구도 반대하기 어려운 논리가 성립한다. 그러나 형제회나 지방교회의 역사가 1-2세기가 넘었는데, 그 결과는 기성교회의 그것보다 종파적인 성질에 있어서 별다르게 포용적이거나 좋은 것을 보지 못한다. 오히려 모든 그리스도인들을 포용하는데 있어서 더 편협하고 교만한 것이 많을 뿐 특별히 귀하고 좋은 영성을 발견하기 어렵다.

Nee는 1934년 상해에서 열린 '이기는 자의 집회'에서 지방교회의 입장을 이렇게 밝혔다.

> "우리는 새로운 교파나, 새로운 운동이나, 새로운 조직이 아니다. 여기에서 우리는 어느 교파에 가입하는 것이 아니며 새로운 파벌을 창립하는 것도 아니다. 하나님이 우리에게 주신 특별한 부르심이나 위임이 아니었다면 우리는 여기에 존재할 필요가 없다."

그 부르심이란 무엇인가? 그것은 새로운 진리를 발견하여 그것을 드러내는 일, 그것을 실천하는 일이라고 한다. 지방교회만이 이 진리를 깨닫고 실천하는 교회임을 암시하고 있다. "유대교는 사단적이고, 천주교는 마귀적이며, 개신교에는 그리스도가 없다. 그들은 그리스도의 이름을 가르친다. 그러나 그리스도는 거기 계시지 않는다." Lee는 지방교회 외에는 참 교회가 없다고 주장하는 것이다.

예수 그리스도께서는 당신의 사도들을 통하여 교회를 세우셨는데, 우리는 이렇게 세워진 교회를 '사도적 교회'라고 부른다. 곧 정통교회는 사도적 교회의 전통을 그대로 계승한 교회다. 사도적 전통 위에 정통교회는 다음의 명제들에 공통적으로 동의한다.

(1) 신구약 성경을 유일한 신앙의 기준으로 믿는다.
(2) 초대교회의 4대 신조(creed) - 니케아, 콘스탄티노플, 칼케돈, 사도신조 - 를 믿는다.
(3) 종교개혁의 전통을 계승한다.

4대 신조의 내용은 기독교 신앙의 본질로서 삼위일체, 그리스도의 신인 양성, 하나님의 전능성, 그리스도의 성령잉태와 동정녀탄생, 그리스도의 무죄성, 그리스도의 대속적 죽음, 부활 신앙, 재림, 최후의 심판, 사도적 정통교회와 성례의 인정, 그리고 이신칭의 사상을 포함하고 있다. 우리는 신조를 '진리를 표현하는 불가피한 방도'로 여기며 '참된 진리와 거짓된 진리(이단)를 분별하는 필연적인 수단'으로 받아들인다. 한 번 만들어지고 공적으로 채택된 신조(Creed)는 그 당대뿐 아니라 그 후대의 그리스도인들에게 그리고 다른 지역의 그리스도인들에게 강제성을 갖는 규범적 글귀가 되는 것이다. 사도신경은 신앙고백과 달리 지역적 보편성과 시간적 계속성, 영원성, 강제성을 갖는 것이다(김승진, 2019).

  Nee의 교회론은 배타적인 형제교회의 영향을 깊이 받았다(서단단, 2012). 그는 성경 속의 모든 교회는 모두 지방을 경계로 나누어졌으며 한 지방에 여러 교회가 있는 것은 성경에서 말하는 연합에 배치된다고 했다(『교회의 정통』, 1967). 그래서 "한 지방 한 교회" 방식을 주장하였다 (『다시 생각하는 사역』, 1979).

  Nee는 교회관에 있어서 매우 극단적인 생각을 가지고 있었다. Nee의 서적 중 '교회의 길'(p. 21)에서 Nee는 교회는 지방을 입장으로 하여 세워져야 함을 강조하는 나머지 지방 입장이 없는 것은 분열이요 하나님의 정죄하시는 것이라고 했다. 23쪽에서는 가령 상해를 입장으로 삼는 것이 아니면 교회가 아니라고 했다. 22쪽에서는 지방 입장 위에 세워지지 않은 모든 단체가 교회가 아님을 볼 것이라고 하였다(『교회의 길』,

1988). Lee는 교파를 죄라고 단정한 적도 있다.

지방교회는 전통적 정통 기독교를 어떻게 평가하고 있는가?

"오늘날 기독교는 죽어있다. 그것은 죽은 종교이다…죽은 가르침들, 죽은 메시지들, 죽은 책들, 심지어 죽은 성경이 있을 뿐이다"(Lee, 일곱 영, 1996, p. 10). "바벨론의 두 가지 주된 변명은 혼돈이 있는 분열과 우상숭배이다. 이 두 가지 원칙은 오늘날의 기독교에 적용해 본다면, 기독교의 상황이 정확히 바벨론과 같음을 보게 될 것이다. 오늘날 기독교는 분열, 혼돈, 허위, 전통으로 가득 찼고 헛된 것을 믿는 기독교로 바벨론과 같은 상황이다. 그러므로 우리는 반드시 그 음녀로부터 나와서 예루살렘 곧 교회로 돌아와야 한다"(Lee, 『성경의 핵심』, 1991).

"기독교계에는 밖으로는 금과 보석과 진주가 있으나 실제적으로는 가증한 물건과 음행과 더러운 것이 있다. 이 두 범주는 한 사람, 한 여인, 한 악한 여인 안에 연합되어 있다. 이것이 오늘날의 기독교이다. 로마 천주교는 기독교의 어머니이며, 많은 딸들을 가지고 있다. 오늘날 기독교는 하나의 혼합이며 이 혼합은 전적으로 불태워질 것이다"(『일곱 영』, 1996, p. 49).

"오늘날 기독교는 완전히 분열의 상태에 있다. 기독교는 비성경적인 요소가 가득하고 그리스도를 떠났기 때문에 지방교회의 회복이 필요하다. 기독교는 시체이며, 사망과 흑암이 가득 찼고, 하나님의 생명에서 떠난 단체이다"(『주의 회복』, 1990).

Nee는 주장했다.

"당신이 그 지방의 지방교회에 가지 않으면 분열 속으로 들어가게 되고, 그 지방의 교회에 가면 합일 안으로 들어가게 된다"(『정상적인 교회 생활』, 1988).

교파(denomination)는 진리를 위한 성별(聖別) 때문에 생겨난 경우가 많다. 이런 경우 새로운 교파는 하나님의 뜻에 순종한 결과이고 따라서 하나님의 뜻인 것이다. 물론 이 세상에 완전한 교파는 없다. 그러나 성별(聖別)을 통해 시작된 교파가, 지방교회가 함부로 주장하는 바처럼, '영적 음행, 음녀, 배교자, 큰 바벨론, 사탄의 조직'이 될 수는 없다. 이것은 하나님의 거룩하신 뜻을 죄악시하는 것으로서 신성모독 죄에 속하는 것이고 그리스도의 몸을 부정하는 이단적 행태이다! 지방교회의 이러한 비정상적인 행동 배후에는 Nee와 Lee의 '이단적 교회론'이 도사리고 있다.

지방교회의 창시자 Nee는 신조(creeds)에 대해 매우 부정적인 시각을 가지고 있었다. Nee가 신조를 전적으로 거부했던 이유 중 하나는 배타적인 플리머스 형제단(Exclusive Brethren)과 교제하며 그들의 영향을 받았기 때문이다. Nee는 그들과 교류하면서 종종 교파나 교파주의 그리고 다른 교회들에 대한 가혹한 생각들(harsh ideas)을 나누었다. Nee는 신조와 교파를 함께 묶어 생각했다. Nee는 기독교의 여러 신조들에서 아무런 가치를 발견하지 못한다. 그가 보기에 신조는 사람들의 가르침에 불과하다. Nee는 다음과 같이 주장한다.

"사람들이 원하는 것은 성경이 아니라 신조이다. 왜냐하면 신조는 다만 사람이 믿는 도리를 서술해 놓은 것이기 때문이다"(Nee, 『기독도보 3』, 87).

지방교회의 신조와 신앙고백은 성경 66권이 아니라 Nee와 Lee의 교리이다. 지방교회는 이 두 사람의 교리 외에는 다른 어떤 교리도 용납하지 않는다. 그리고 이 두 사람의 교리를 통해서 성경을 보고 해석한다. 또한 이 두 사람의 가르침이 정통이고 다른 모든 교리는 비정통이나 이단이다. 지방교회는 개혁교회나 침례교회에서는 전혀 찾아볼 수 없는 '교리적 전체주의'를 고집하고 있는 비성경적이며 전근대적(前近代的)인 종파이다. 이런 '교리적 전체주의'(全體主義)는 로마 가톨릭과 흡사하고, 기독교 이단들 사이에서 흔히 찾아볼 수 있다. 어떤 신학자는 지방교회를 'Lee라는 교황을 숭배하는 천주교'에 비유하기도 했다.

Nee가 말한 것처럼 과연 개신교의 신조들은 무익하고 쓸모없는 것들인가? 이것이 객관적으로 정당화될 수 있는 주장이란 말인가? 역사적인

'웨스트민스터 신조'(Westminster Confession of Faith)가 무익한 것이 정말 사실이란 말인가? 1689년에 채택된 런던침례교신앙고백서(Baptist Confession of Faith)와 미남침례교회에 의해 제정된 '침례교인들의 신앙과 메시지'(Baptist Faith and Message)가 참으로 쓸모없는 것에 불과하다는 말이 정당한 주장인가? 각 교회들마다 가지고 있는 고유한 신조들이 아무 소용이 없는 쓰레기와 같은 것들에 불과하다는 말이 사실인가?

교회의 본질은 무엇인가? 성경은 교회를 사람이라고 정의한다. "예수 그리스도를 주와 구주로 고백하고 예수 그리스도의 보혈로 죄사함을 받아 거듭나고 중생한 새 사람들이다. 동일한 신앙고백 위에서 성령의 운행을 통하여 인격적으로 친밀한 연합적 공동체를 세웠을 때 교회가 구성되는 것이다. 우리는 신앙고백(Confessions of Faith)을 굳게 믿는다. 우리는 신조(Creeds)를 확고하게 믿는다. 현재 우리를 기독교 교회(Christian church) 안에 있는 다수로부터 구별해 주는 것이 바로 『신앙고백과 신조』이다(Iain H. Murray, Martyn Lloyd-Jones, *The Fight of Faith 1939-1981*, p. 433).

Nee의 주장대로 신조가 쓸모없는 것이라면 지방교회는 왜 신조를 글로 표명했는가? 비록 "지방교회 신앙 요약"(교회성장신문편집부, 지방교회들 보도 편람, 24-31)이라고 이름을 붙여 놓았지만 정통교회의 신조의 내용과 형식을 그대로 모방해서 작성하지 않았는가! 지방교회의 신조는 Nee가 다음과 같이 말한 신조의 정의에 그대로 부합한다.

"사람들은 왜 신조들을 원하는가? 왜냐하면 그들은 성경이 제공하는 것보다 더 단순하고 분명한 교리들의 개요를 가지기 원하기 때문이다!"(Watchman Nee, *The (Set 1) Vol. 05: The Christian (3)*, Chapter 2, Section 7).

지방교회의 창시자 Nee는 신조가 쓸모없는 것이라고 말했는데, Nee의 후예들은 왜 '쓸모없는 신조,' 게다가(Nee의 가르침에 의하면) '교파주의를 뜻하는 신조'를 책에다 버젓이 올려놓았는가? 지방교회는 Nee의 신실한 제자들인가 아니면 창시자의 얼굴에 침을 뱉고 있는 못난 제자들인가? 왜 이런 위선과 모순 속에 살면서 다른 (정통교회) 그리스도인들을 잘못되었다고 정죄하는가?

Nee는 개신교의 신조는 사람들의 가르침에 불과한 것이고 아무 쓸모없는 것이라고 신조를 부당하게 폄하한다. 그러나 신조에 대한 Nee의 경멸은 여기서 그치지 않는다. 심지어 그는 신조는 사람들이 성경을 떠나도록 만드는 경향을 품고 있다고 주장한다. Nee는 다음과 같이 말한다. "개신교의 모든 신조들과 규약들과 헌법들과 조직의 헌장들은, 문서로 되었든 혹은 말로 된 것이든, 사람들을 성경으로부터 이탈시키는 경향이 있다"(Nee, *The (Set 1) Vol. 05: The Christian (3)*, Chapter 2, Section 7).

이와 같은 Nee의 주장에 더하여 Lee는 다음과 같이 주장한다. "주님의 이름 외에 다른 이름을 취함으로 교회를 교파화하는 것은 영적 음행이다"(DCP, *A Defense of the Gospel*, p. 98). 모든 분리들과 교파들은 큰 바벨론 안에서 완성된다. 모든 교파와 모든 이름은 분리이다(Ibid., p. 102). 그들이 속해 있는 교파들의 조직은 하나님으로부터 온 것이 아니다. 교파의 조직들은 적절한 교회의 삶에 관한 하나님의 경륜을 파괴하는 사탄적인 조직을 세우기 위해 사탄에 의해서 사용되어 왔다"(Ibid., p. 99).

지방교회는 어떤 신조도 가지고 있지 않다고 자부한다. "우리는 성경 자체에 의해 그리고 성경 자체에 따라 합당하게 번역되고 해석된 유일한 성경만을 가지고 있다"(『신성하고도 비밀한 영역』, p. 100). 흔히 지방교회로 통하는 이 이단 집단은 초대교회 이후 사라진 참 교회를 자기들이 회복했다 하여 일명 '회복교회'(回復教會: the Church of Recovery)라고도 자칭한다. 한국의 지방교회를 대표하는 이희득(1982)은 지방교회가 "하나님의 본래의 뜻을 회복"하고 있음을 다음과 같이 주장하고 있다:

> "교회는 여러 세기에 걸친 역사를 통해 타락되었기 때문에 하나님의 뜻대로 회복되어야 할 필요가 있다…하나님의 회복이 시작된 날짜는 편의상 종교개혁 이후로 정한다. 종교개혁 이후 회복은 몇 단계를 거쳐, 보헤미아 지방의 진젠돌프(Zinzendolf)를 주동으로 한 교회 생활의 부분적인 회복이 있었다. 이어서 플리머스 형제회(Plymouth Brethren)로 말미암아 성경의 귀한 진리들이 밝혀졌으며, 그 후 주안에 있는 생명을 실제로 체험하게 되었다. 현 단계에 이르러서는 그리스도의 몸의 참 표현인 지방교회가 세

워졌다"(pp. 6-7).

그리고 '지방교회의 신앙과 생활'과 '지방교회의 사명'을 고백하고 있다.

뿐만 아니라 지방교회는 모든 조직, 제도, 직분, 규율, 사업을 부인하고 필요 없는 것이라고 한다. "우리는 다만 사도행전에서 어떤 행태를 보고, 장로와 집사를 세우며 교회를 만들 수 없다. 이것은 교회가 아니다"(『하나님의 경륜』, p. 224). "이 책(요한계시록)에서, 이 시대에 주님의 경륜에서 이 모든 것 - 지위, 직분, 자격 - 은 끝났기 때문이다. 오늘날 영의 시대에는 지위나 직분이나 자격이 없다"(『그리스도냐? 종교냐?』).

또한 예배의 모든 형식, 규범을 무시한다. "우리는 우리의 집회에서 기독교의 낡은 영향을 몰아내야 한다. 우리에게는 성직자나 평신도가 없이 몸의 모든 지체들이 기능을 발휘한다"(『그 영과 몸』).

지방교회는 유일한 참 교회다?

지방교회는 그리스도의 몸을 홀로 유일하게 대표하며 다른 모든 교회는 거짓되다고 주장한다. 기성교회의 목사와 예배를 부정하고(Nee, 『사역의 재고』), 침례를 구원의 조건으로 삼으며(Nee, 『그리스도인 50 필수과정 1』; Lee, 『진리공과』 제1단계 제3권, p. 89.; 진리시리즈 2 구원이란 무엇인가?), 성령 충만을 위해 "오 주 예수여!"를 반복적으로 주문처럼 외우기만 하면 된다고 한다(Lee, 성경의 핵심; 그 영과 몸; 일곱 영). 지방교회는 또 회복교회라고도 부르는데 그것은 그들이 초대교회의 본으로 다시 돌아갈 것을 주장하기 때문이다.

그들은 소위 지방교회, 즉 '한 도시에 한 교회'가 아니면 성경적인 교회로 인정하지 않는다. 그리고 '한 도시에 한 교회'의 모델은 바로 Nee가 창시한 지방교회이다. "물론 입장으로 보나 원칙, 본질, 증거 등 각 방면으로 보아 [우리가] 지방교회임에는 틀림없으나"(Lee, 『성경에 나타난 교회』, pp. 99-100). 따라서 '지구상의 유일한 성경적인 교회'는 Nee의 지방교회뿐이다. 그들에게는 지방교회가 아닌 다른 모든 교회들은 참된 성경적인 교회가 아니다. 게다가 '명칭'(예를 들어 장로교, 감리교, 침례교) 및 '신조'와 '교제권'을 가지고 있는 교회들은 모두 교회가 아닌 '교파' 혹은 '교파 교회들'이다. 그리고 교파에 속한 교회들은 '성경적인 참 교회'(지방교회)가 아니라 분열의 죄를 범하고 있는 종교적 단체들이며 '영적 음행자, 음녀, 배교자, 큰 바벨론, 사탄의 조직'이다.

그들의 예배와 집회의 형식은 일반교회의 그것과는 상당히 다르며, 지방교회에는 근본적으로 모든 사람이 복음을 전하는 성직자라는 이유에서 기존 교회처럼 목사, 전도사를 따로 두고 있지 않다(예장 고신측 총회 연구보고서, 1991).

지방교회의 천주교와 개신교를 포함한 기존 교단에 대한 태도는 분명하다. 지방교회의 교주 Lee(1974)는 말한다.

"교파 안에 있을 때 우리는 소경이었다. 나는 그리스도인으로서 참 빛을 얻고 그리스도인이 여전히 교파 가운데 남아 있을 수 있다고 믿지 않는다"(『그리스도냐 종교냐』).

"중립을 지키려 하지 말라…그들과 화해하려 하지 말라…당신들은 교파가 잘못되었다는 것을 알면서도 다른 사람이 할 말이 두려워서 그 안에 남아있는 것이다"(p. 92, 111).

"유대교는 사단적이고 천주교는 마귀적이고 개신교에는 그리스도가 없다…우리는 오늘날 지상에 네 가지, 즉 사단적인 유대교와 마귀적인 천주교와 그리스도 없는 개신교 그리고 세상적인 세속주의로부터 구원을 받아야 한다"(*Stream Magazine*, 1976, p. 11).

"두 도시 바벨론과 예루살렘이 서로 대치하고 있다. 로마 카톨릭 교회는 오늘날의 바벨론이다. 큰 성 바벨론은 많은 음행하는 딸들을 거느리고 있는 음녀이다. 로마 카톨릭 교회는 어머니이고, 교파 교회들은 그 딸들이다. 순수하고 깨끗한 지방교회들만이 오늘날 예루살렘의 노선에 들어있다"(*Stream Magazine*, Nov., 1969)

"천주교와 개신교와 유대교는 모두 하나님의 경륜을 파괴하기 위한 사단의 도구이다"(*Recovery Version of Revelation*, 1976, p. 17).

"지방교회가 없다면 당신에게 교회가 없는 것이다. 하나님은 그리스도 안에 표현되었고, 그리스도 교회는 지방교회 안에 표현되고 있다"(청년수련회 메시지 8).

"모든 교파들을 생각해 보라. 그들에겐 오직 분쟁과 혼란이 있을 뿐이다. 모든 교파는 하나님의 중앙선에서 이탈한 것이다. 어떤 교파는 더 크고 어떤 교파는 작다. 그러나 중앙선에 있는 것은 하나도 없다"(청년수련회 메시지 2).

다시 한번 표현하거니와 이렇게 초대교회나 성경의 그대로 돌아가야 한다고 추구한 것은 지방교회가 처음이 아니다. 19세기 초부터 이런저런 무리가 존재해왔다. 지방교회보다 100년 먼저 미국에서 생겨난 '그리스도의 교회'(Disciples of Christ)도 주장하기를 자신들의 교회는 그리스도께서 시작한 교회라고 주장하며 '성서로 돌아가자'고 외치고, '초대교회로 돌아가자.'고 외치는 교단이다. 그들 역시 종파주의를 청산하고 성경의 교회로 돌아가야 한다는 기치를 걸고 시작했다. 이런 지방교회식 환원 운동은 지방교회가 처음이 아님을 알아야 할 것이다. 우리나라에도 환원, 혹은 회복적 교회들이 적어도 서너 단체가 존재한다.

류광수의 다락방운동은 양태론, 삼분설, 배타적 교회론 등에서 Lee의 가르침을 그대로 반영하고 있다. 류광수 다락방의 가장 큰 문제는 다락방만이 유일한 복음을 전한다는 것과 정통교회에는 복음이 없다는 배타성이었다(우리는 구원파에서 비슷한 태도를 발견한다). 이 배타성이 다락방을 이단으로 규정한 중요 이유가 되었다. 다락방은 노골적으로 기존의 정통교회를 비판한 바 있는데 "기존 교인들은 그리스도를 재 영접을 하여야 한다" 혹은 "한국교회는 98%가 귀신이 들렸다"라는 비난도 하였으며 "다락방만이 초대교회 이후로 유일한 복음을 전한다"고 하였다. 다락방만이 2000년 만에 회복된 복음을 전한다고 주장한다(교회와 신앙, 2008년 1월 20일 자).

지방교회 이단성을 설명하기 위해 나선 지방교회 내의 지도자들을 접해본 이단 연구가들의 대부분이 공통적으로 인정하는 한 가지가 있다. 그것은 그들이 매우 교묘하고 이중적이라는 점이다. 솔직하지가 않다. 게다가 다른 이단 단체와 마찬가지로 자신들의 내세우는 교리와 자기 단체 보호 본능이 너무 강하다는 것이다. 그것은 그들의 이단성을 강하게 증명해주는 것이기도 하다. 이것은 모든 이단들의 공통 현상이다. 그것은 그들의 교리체계가 다른 기독교는 틀리고 자신들은 모든 게 옳고 성경적이라는 기반으로 교회를 세웠기 때문에 그럴 수밖에 없다. 인간은 개인이나 단체나 이미 틀린 사람들인데, 옳고 최고라고 하니 위선이 나오지 않을 수 없다. 따라서 그들은 피차 힘을 합해 진리를 찾아가기 위해 연구 검토하는 태도가 없고, 그저 누가 Lee의 가르침, 지방교회의 가르침을 잘못되었다고 공격하는가만 주시하는 것 같았다. 그리고 어쨌든 대응하여 반박하려고만 할 뿐이다.

논쟁하다 보면 그들은 절대로 자신들의 오류를 인정하려 들지 않는다. 그것은 이미 말한 바처럼 Lee의 가르침이 기독교 중 가장 최상이며 Lee의 가르침과 해석이 최고봉에 이르렀다는 신념을 기초로 교회가 세워진 것에 기인한다. 따라서 그들은 상대방을 반드시 패배시켜야 하며 모든 면에서 자신들의 교리나 해석이 오류가 없으며 세계 최고여야 하니, 말이 되든 안 되든 상대의 약점을 파고들며 거꾸러뜨리려 논쟁하려 든다. 지방교회는 제발 자신들만이 너무 옳다고 하는 교리의 근거 위에 교회를 세운 것이 가장 큰 문제임을 인식하기 바란다.

Nee에 의하면, "개신교의 신조들은 복음의 근본적인 교리들에 많은 주의를 기울이지만 이것도 사람의 가르침(man's teaching)이다. 그들이 무엇을 말하든지 신조들은 사람으로부터 비롯된다"(Nee, *The (Set 1) Vol. 05: The Christian (3)*, Chapter 3, Section 7). 개신교의 신조들이 사람으로부터 비롯되었다는 Nee의 말은 부분적으로는 맞다. 그러나 이 말은 성경적인 신조들의 성경적이며 효용적인 가치를 의도적으로 완전히 부정한 것이다. 위와 같은 Nee의 진술은 그의 가르침의 불균형의 약점을 잘 보여주고 있다.

그들은 오직 지방 입장 위에 돌아온 사람들만이 바벨론에 흩어졌다가 유일한 회복의 입장에 돌아온 참 교회로 본다(Nee의 『사역의 재고』, 『교회의 길』, Lee의 『참 하나의 입장』 등 참고). 그리고 장로는 성경에 있지만 장로교는 없고, 감독은 있지만 감리교는 없으며 침례는 있지만 침례교는 없다고 본다. 지방 입장 위에 세워진 교회만이 교회이고 다른 입장(장로, 침례, 감독 등)위에 세워진 교회는 참교회로 볼 수 없다는 가르침을 지방교회 교회관 책들 속에 가지고 있고 그들 대다수의 성도들 속에 그런 관념이 있어서 기성교회에 대한 부정적인 인식이 자리 잡고 있다. 그들은 지금까지 교회관 교리를 가지고 기성교회 교인들을 잠식해 왔다. 그들 이론대로라면, 기성교회는 사람 얻어서 그들에게 전달해주는 기구밖에 되지 않는다. 그들 교회관이 모든 기독교인을 공짜로 주워 담는 교회관이다.

Lee의 교회관에 가서는 한발 더 나아가 자신들만이 유일한 몸이라고 주장했다. 지금도 많은 지방교회 교인들의 생각 속에는 자신들만이 유일한 몸 안에 있고 유일한 몸을 간증한다고 확신한다. 외부인이 물어보면 정색을 하고 한발 물러난 대답을 할 것이다. 이것은 늘 그들의 이중성 속에서 그렇게 해온 부분이다. 그러나 지방교회 교인들이 가진 관념은 그들만이 몸에 붙어 있고 다른 이들은 아니다. 그러니 오늘까지 장로교회에 있다가 지방교회로 들어가면 그날로 몸에 붙은 것이 된다. 장로교회나 다른 교회에 있을 때는 그리스도와 끊어져 있다가 그 교회로 들어가는 순간 머리이신 그리스도와 연결된다는 논리가 된다. 따라서 몸을 떠나면 사망이라는 주장만 하는 것이다. 실제로 지금도 많은 이들이 유일한 몸(지방교회)을 떠나면 (영이) 죽는다고 믿고 있다.

그들의 과대망상적 우월감은 대부분의 이단들이 그러하듯 자신들의 교회만이 참 교회라고 주장하는 독선적이고 배타적인 교회관을 낳았다. '한 지방에 한 교회'라는 지방교회의 교회관이 얼마나 터무니없는 주장인지는 '서울에 교회가 하나만 있어야 한다'는 말로 대입해 보면 당장 드러난다. 과연 그것이 가능한가? 그리스도를 머리로 한 교회는 오직 하나뿐이다. 그러나 그것은 영적 교회를 의미하는 것이지 한 지방에 한 교회만 있어야 한다는 것을 의미하지 않는다. 지방이라는 것 자체가 행정상 필요에 따라 인위적으로 만들어졌는데, 하나님의 교회가 그 분류에 얽매이는 것 자체가 무의미한 것이 아닌가?

지방교회의 교회관: Witness Lee가 지방교회의 교주이다

전기작가 앵거스 키니어(Angus Kinnear)는 "Lee는 정력적이며 권위주의적이었으며 많은 수의 사람들을 잘 지휘하여 사람들을 구성하는데 재간이 있었다…그는 교회 내의 모든 사람들에게 순복할 것을 권면했다. 어떤 일이라도 먼저 물어보지 않고 행하는 일이 없도록 하라고 권했다"고 쓰고 있다.

지방교회인들은 자신들의 지도자 Lee를 너무 높인다. 이 집단에서 교주의 권위는 절대적이다. Lee는 말한다.

"이것을 나의 가르침이라고 생각지 말라. 이것은 주님의 계시이다"(『그리스도냐 종교냐』).

"이 가르침은 단순한 가르침이 아니다. 오히려 이 말씀은 내가 지난 40년 동안 실천하고 경험한 것에 대한 강력한 증거이다. 나는 이 이상에 사로잡힌 바 되었다. 주님의 자비로 인하여 나는 내 태도와 방법이나 음조를 조금도 바꾸지 않았다"(『교회에 대한 이상』).

Lee는 전 세계 지방교회의 최고사령관으로 간주되고 있다. 그는 하나님의 특별한 인도하심을 받는 인물로서 절대적인 맹종의 대상이다. 마틴(Martin, 1980)은 "이단 지도자들은 자아도취적 고립주의에 의해 자신을 타인으로부터 분리시킨다. 이것은 과장된 자아상, 즉 하나님께서 특별히 자신을 인쳐서 영적으로 으뜸 되는 위치에 승격시켰다는 믿음에 의해 가능하게 된다"(p. 26)고 분석했다. Lee는 지방교회 교인들이 자기 자신에게 취하여야할 온전한 태도를 한때 다음과 같이 설명한 적이 있다.

"주님의 움직임을 위해 강력한 기둥으로 완성될 수 있는 비결을 말씀드리지요. 벤손 필립스와 존 소 같은 형제들은 스스로의 개념을 일체 가지고 있지 않기 때문에 온전해질 수 있었습니다. 최근에 벤손 형제는 Lee 형제의 사역을 따르는 것 외에 다른 것은 아무것도 모른다고 힘 있게 선언했습니다. 존 소가 우리와 L.A.에 머물렀을 때 이 사역의 모든 것을 그대로 흡수하는 것 외에 아는 것이 없었습니다. 그들은 실수를 보았을 때에도 이를 거론하면서 낭비할 시간이 없다면서 그 실수를 망각해 버렸습니다"(『창세기 공부 메세지 88』).

Lee는 그의 가르침이 하나님께로부터 나온 가르침인 것처럼 추종되기를 기대한다. 그는 하나님의 기관에서 그가 지도자로서 보낸 연륜이 그의 추종자들의 순종을 요구하는데 필요한 자격을 부여해 주었다고 확신하고 있다. Lee의 말을 들어보자.

"요컨대 우리는 나갈 때 높은 어떤 것을 가지고 사람들에게 계시해줄 필요가 있다. 이것은 내가 반대하는 사람들로 인해 근심하지 않는 이유이다. 나는 내 자신이 기름을 파는 사람이라고 생각한다(마 25:9). 당신이 기름을 사기 원한다면 내게로 오라. 기름과 신성한 풍성들이 바로 이 사역 안에 있다"(『장로훈련 7』, 주님의 움직이심을 위한 동심합의, 1995. 7. 30. p. 41).

Lee의 태도는 자아도취 내지는 교만 그 자체였다. 자신만 성경 최고봉의 계시와 풍성한 진리를 가진 자로 자처하였다. 1984년부터 새로운 길(New way)을 간다고 하는 Lee의 사역을 절대적으로 따르고자 하는 결의로 온 세계의 장로 동역자들이 1986년 하나의 서약(pledge)을 한 것이 있다. 이것을 읽어보면 이들의 하나 됨이야말로 성경을 근거로 한 것이 아님을 알 수 있다. 이들의 맹세한 하나는 그야말로 성경적 하나가 아닌 Lee에 대한 맹목적인 복종을 요구하는 서약을 하게 한 것으로 보인다. 그들은 성경에 무언가를 더해서 자신들만의 유일한 하나를 이루려 시도했다. 그리고 그들은 그들의 최고사령관으로 주 예수님과 성경의 말씀이 아닌 Lee를 언급했다. 다른 이단 교주와 다를 것이 하나도 없음이 증명된다. 서약서 내용을 그대로 전재한다.

1986 - 장로들과 동역자들은 회복 안에서 Lee 형제님의 절대적인 지도력 아래서 새로운 움직임을 수행하기 위해 동심합의안에서 이 서약서에 동의하며 선포하는 것은 Lee는 그들의 하나에 없어서는 안 되는 사람으로서 주님의 사역에서 하나의 나팔과 모든 교회들의 유일한 하나의 지혜로운 주 건축자이기 때문이다. 참으로 이 '서약서'는 회복 안에 있는 장로들과 동역자들을 위해 새로운 노선과 새로운 사고방식을 분명하게 밝히는 바이다.

에베소서 4장에서 발견되는 일곱 가지로부터 교회들 가운데 하나 됨의 요소들을 몇 가지 더 증가하여 이 서약서에서 공고한다: 하나의 사역, 하나의 지도력, 하나의 대표 권위 그리고 하나님의 신성한 신탁-사역의 직분과 하나 됨과 그의 매니저(Lee의 아들 필립 리)도 우리의 하나 됨의 요소이다.

최고의 명령자로서 Lee 형제님에게 어떠한 반대의견도 용납될 수 없으며 어떤 것에 관해서도 문제 제기를 만들지 말 것이며 심지어 그것이 합법적인 것일지라도 안 된다.

이러한 새로운 사고방식이 컨퍼런스들과 훈련들과 교회 집회들 안에서 아연을 도금한 것과 같이 견고하게 되어야 한다. Lee 형제님에 의해 행해진 장로훈련들은 특별하게 인도하는 사람들과 생각 안에 교회들 안에서 기대하는 새로운 표준들을 견고한 진처럼 만들고 또한 그들 안에 주입시키는데 유용하다.

이러한 집중적인 집회들과 교통의 시간들은 서로 간에 활용적인 날들로서 교회들 안에 주의 새로운 움직임을 수행하는 세부사항들의 많은 가르침들을 가져온다. 이러한 길들 안에서 교회들 안에서 새로운 사고방식이 산출되었다.

상기의 서약에서 특이한 것은 그들 가운데 지도자로서 오직 하나의 권위(Lee)만을 인정하려 했다는 점이며, 오직 Lee의 입에서 나오는 말씀만을 하나님의 권위 있는 말씀으로 인정하려 했다는 점이다(one divine oracle). 그리고 그들 가운데 참 하나를 이루려면 Lee의 사역의 사무실(당시 Lee의 아들이 LSM 매니저를 담당하고 있었다)과도 하나를 이루어야 하고 어떤 다른 의견도 허용하지 않겠다고 했다. 심지어 합법적인 의견조차도 허용할 수 없다고 서약했다. Lee를 자신들의 최고사령관(commander-in-chief)으로 명명한 것은 어디서나 이단 교주나 절대 권력자에게 붙이는 호칭임은 두 말할 나위가 없다. 그리고 그때 Lee에 의해 가르쳐지는 가르침을 지방교회 신자들로 하여금 아연을 도금시키듯 견고하게 만들어야 한다는 표현도 가공할만한 표현이다. 그리고 그들은 스스로 이단이 아니라고 확신하며, CRI 등 여기저기서 한 말을 들어서 자신들이 이단이 아님을 증명하려 노력하고 있다.

지방교회는 Lee를 수령처럼 높인다. 지도자에게 철저하게 종속되어 분화되지 않은 데서 나오는 현상이 아닌가! 지방교회 신자들은 대부분 영적 성장이 이루어지지 않은 어린아이처럼 지도자에 대한 분화(differentiation)가 없다. 이는 전체주의 국가들에서 볼 수 있는 양상이기도 하다. 그들은 개인의 양심, 판단 등보다는 그 단체나 조직에 자신들의 인격을 맡기기 때문에 스스로 자립할 내적 힘을 잃어버리는 것이다. 어린아이들도 자라나는 과정에서 아기 때는 엄마와 자기를 분리시켜 생각지 못하다가 스스로 서고 걷고 하면서 자신을 개별적인 자아로 인식하여 행동하게 된다. 스스로 자립하면서 또 다른 사람과 협력할 일이 있으면 스스로의 판단에 따라 조화를 이루기도 한다. 그러나 그들을 대해 보면, 한 사람만 보면 거의 모든 사람을 알게 되는데, 이는 단체 사상이 그들을 묶고 있기 때문이다. 따라서 그들은 자신들의 신앙의 지도자나 함께하는 사람에 대해서는 지나치게 칭송하거나 숭앙하는 반면, 조금이라도 비평하거나 부정적 태도를 취하는 것에 대해 견디지 못한다. 조금 맘에 안 드는 사람이나 특히 지방교회를 떠난 사람이나 경쟁 상대, 대적자로 여기는 사람 등은 가급적 그 사람의 안 좋은 면을 극대화해서 인식하고 말하고 정의하고 판단(집단이기주의, 지식주의, 시기, 믿음 없음, 사랑이 없음의 결과라고 본다)하여 말한다. 이는 거의 지방파의 문화가 되었다. 늘 네 편 내 편이 확실하다. 보편성이 결여되었기 때문이다. 사람들을 보편적으로 보거나 대하지 못한다. 그것을 이단이라고 하는 것이다.

   Lee(1992)는 1936년에 Nee를 기리는 전기에서 그가 다음과 같이 간증했다고 기록하고 있다.

"주님은 나에게 각지에서 그분 자신을 표현할 지방교회들을 건축하고자 하시며 또한 지방교회의 터 위에 합일의 간증을 나타내고자 하심을 보여주셨다"(p. 55).

"우주교회는 모든 지방교회들로 구성되며, 지방교회들은 우주교회의 실제적인 표현이다. 마태복음 16:18은 우주교회를 계시하는 반면, 18:17에서 우리는 지방교회를 본다. 지방교회가 없이는 결코 우주교회에 참여할 길이 없고, 교회 생활을 실행할 길도 없다"(p. 259).

지방교회는 매주간 집회에 성경이 없다. 성경을 들고 교회 집회에 가는 사람은 5%도 채 안 된다. 이런 현상은 로마 카톨릭 신자와 다를 바가 무엇이 있다는 말인가? 교황의 교시를 성경의 권위와 대등하게 혹은 우위에 두는 천주교와 현대 지방교회는 다를 것이 없다. Lee의 교시의 권위가 기록한 성경보다 우위에 있다.

지방교회를 여러 해 경험하고 탈퇴한 분의 증언에 의하면, 지방교회는 이런 의미에서 개신교회의 범주에 둘 수가 없다. 그들의 교회 행정에 대한 실행이나 가르침은 카톨릭과 같다. 로마 카톨릭도 전체주의 체제이다. 지방교회도 전체주의 체제이다. 지방교회는 Lee를 거의 무오성에 이른 사람으로 존대하고 추종한다.

신언의 허구성

2007년 지방교회 핵심 책임자 중 한 사람인 Y모 씨는 모든 신도가 신언하는, 즉 모두가 말하는 지방교회 집회방식을 루터의 종교개혁에 버금가는 제2의 종교개혁 같다고 말했다. Lee는 고린도전서 14:26 이하에 나오는 집회방식으로 회복하는 것이 몸을 건축하는 것이라고 말한다. 오늘날 기성교회에서 "목사 한 사람이 말하고 모든 사람이 듣는 집회방식은 그리스도의 몸을 말살시키는 것"이라고 말한다. 먼저 Lee의 말을 들어보자.

> "기독교의 옛 방식의 집회는 몸의 지체들의 유기적인 능력과 기능을 말살시킨다. 기독교의 상황은 성도들의 능력이나 기능을 발전시키지 못하고 도리어 말살시킨다…기독교에서는 그리스도의 유기적인 몸인 교회를 건축하기 위해 모든 사람이 신언하는 것을 볼 수 없다. 우리는 성경으로 되돌아가야 한다. 주님은 고린도전서 14장을 회복하기를 갈망하신다. 주님은 1922년 이래로 이 회복을 위해 우리를 준비해 오셨다. 나는 지금이 고린도전서 14장을 회복할 때라고 느낀다…거룩한 진리를 회복하기 위해 주님께 길을 내드릴 백성이 바로 우리라고 느낀다"(『그리스도의 몸 건축집회와 봉사 성경적인 길』, pp. 344-346; 『오늘날 주님의 회복의 전진』, pp. 164-165).

"우리는 모두 우리가 집회에서 말하는 사람이라고 이야기할 준비가 되어 있어야 한다. 이것은 얼마나 놀라운 일인가! 우리는 우리의 집회에서 기독교의 낡은 영향을 몰아내야 한다. 우리에게는 성직자나 평신도가 없이 몸의 모든 지체들이 기능을 발휘한다. 당신이 강하든 약하든 조용히 앉아 있다면 당신은 신령하지 않다. 참된 신령함은 약한 자들이 기능을 발휘하고 강한 자들이 모두 어느 정도 제한을 받아 몸을 고르게 하는 것이다"(『그 영과 몸』, p. 207).

지방교회에서는 Lee의 메시지를 한 달에 한 권씩 각 교회 신자들에게 판매하여 그 메시지에서 벗어나지 않도록 미리 외우도록 준비시키고 집회에서 아주 짤막하게 말(신언)하라고 한다. 어떻게 연극같이, 녹음기 같이 말하는 것과 초대교회 성령의 나타남으로 이루어진 집회가 똑같다고 말할 수 있는가? 사실상 지방교회는 Lee 한 사람이 말하고, 모든 사람이 듣는 체제라고 해도 과언이 아니다. 지방교회를 오래 경험한 신도는 말한다. "지방교회 사람들이 집회에서 신언한다는 말이 누구의 말인가? 곧 Lee의 말이다." 그러면서도 그들은 각 사람이 성경 내용을 자유롭게 신언한다는 착각 속에 빠져들고 있다. 그들에게는 성경보다 Lee의 가르침이 중시되고 있다. 집회에서 신언(prophecy)한다고 하며 누구나 자유로이 이야기하는데, 어느 사람이 성경만 들고 말하고 Lee의 노선으로 말하지 않으면 제지되곤 한다고 한다. 성경보다 교주의 경전을 높이 두면 이단이다. 지방교회는 한 입이 되어 Lee의 말을 녹음기같이 말하라고 한다.

"우리는 이단이 아니다?"

이단 사상을 가르치거나 이단에 속한 사람치고 자신들이 이단이라고 인정하는 집단은 없다. 이단이 아니라고 변명하는 공통적인 특징이 있다. 또한 이단이라는 오명을 벗어보고자 노력을 한다. 그러나 이단이 아니라는 것은 교회 역사 속에서 자신들이 평가하는 것이 아니라 어느 시대든지 보편교회와 그 교회의 역사가 증명하고 판단했다.

Lee는 그의 저서에서 "우리 가운데는 이단이 없다," "주의 회복 안에 있는 우리는 아무 것도 걱정할 것이 없는데 그 이유는 근본적으로 우리 가운데는 어떤 이단도 없고 어떤 종류의 조직적인 통제도 없기 때문이다"고 했는데(p. 89), 이는 그의 지방교회를 체험한 사람들의 평가와 너무 상반되는 주장이다. 간단히 말해서 Lee의 가르침을 완전히 복종하여 따르지 않으면(그것이 신약의 사도들의 가르침과 일치하는 것이라고 확신하므로), 그 안에서 함께 사역한다는 것은 불가능하고, Lee와 조금이라도 다른 해석을 내면 그것이 성경에 부합한지 여부를 떠나, 격리 조치하거나 분리하여 왔던 것이 그들의 역사이었기 때문이다.

지방교회는 한 지방에 하나의 지방교회가 하나님이 선택하신 유일한 교회라고 주장한다. 지방입장은 대지를 의미하며, 대지는 행정 구역상으로 시, 군을 의미하며, 대지 위의 기초는 그리스도라고 말하고, 그 기초 위에 세워지는 유일한 건축된 교회가 지방교회라고 한다. Lee는 교회는 한 지방에 하나의 지방교회만 있어야 하며 하나의 지방교회 외에 다른 이름을 가지고 있는 교회들을 우상들이며 산당들이라고 한다. "우리는 감리회, 장로회, 루터교, 침례회와 같은 교파의 이름을 사용해서는 안 된다. 그러한 모든 이름은 깨트려져야 한다"(『참 하나의 입장』, p. 78).

Lee의 추종자들은 지방교회만 유일한 참 교회라고 주장한다. 모든 교파는 종교이며 큰 음녀이고 바벨론이니 그곳에서 나오라고 가르친다. 모든 조직, 제도, 직분, 규율, 사업을 부인한다. 지방교회의 입장은 그리스도의 몸이 각 도시에 있는 신자들의 하나의 모임을 통해서만 표현될 수 있다는 사상이다. 어느 도시에든 그리스도의 몸의 유일한 참된 표현은 '지방교회'이며 지방교회 안에 있지 아니하면 구원을 받을 수 없다는 것이다.

'지방교회'라는 이름에서 보듯이 이 단체의 가장 중요한 특징이 그들의 교회관에 있다. 기성교회와의 실제적인 마찰도 그들의 교회관 때문에 비롯되었다고 할 수 있다. 지방교회의 한국 책임자 이희득씨는 주장한다.

> "지방교회는 그리스도의 참된 한 몸 위에 선다. 어떤 종파나 교파에도 속하지 않으며 그렇다고 해서 비교파나 초교파도 아니다."

지방교회는 정통교회에 대하여 이중적이고 모순적인 태도를 보이고 있다.

> "지방교회들은 결코 개신교 내의 믿는 이들에게 배타적이지 않다. 비록 다른 교단에 속했어도 참되게 거듭났다면 하나님 눈에 그 사람은 '그 지방에 있는 교회'의 구성원(지방교회)이기 때문이다...지방교회 측은 한 번도, 한 순간도 '진리 없는 몸 안의 일치'를 주장한 적이 없다. 진리는 주님 자신이신데 어찌 주님 없는 몸이 가능하며, 일치 또한 있을 수 없다."

과연 그런가! 지방교회가 다른 그리스도인들에 대하여 배타적이지 않다면 왜 70여 명의 세계의 복음주의 지도자들이 다음과 같은 말을 하며 시정을 요구하고 있는가? "만약 리빙 스트림 미니스트리스와 '지방교회'의 지도자들이 복음주의적인 그리스도인 교회들과 단체들과 사역들을 정당한 그리스도인 독립체들로 여기지 않는다면, 우리는 그들이 복음주의적인 교회들과 사역들의 모든 협의체들 안에 있는 그들의 회원 자격을 공개적으로 포기할 것을 요청한다(An Open Letter To the Leadership of Living Stream Ministry and the "Local Churches").

정통교회를 '영적 음행자요 음녀요 배교자요 큰 바벨론이요 사탄의 조직'이라고 비난하면서 어떻게 지방교회가 "결코 개신교 내의 믿는 이들에게 배타적이지 않다"고 말할 수 있는가? 정통교회에 대하여 가장 배타적이고 가혹한 용어를 사용하여 비난하면서 어떻게 배타적이지 않다고 말할 수 있는가? 지방교회는 자신들의 특정한 교리에 동의하지 않으면 위와 같은 용어들을 동원해서 몰상식하고 무자비하게 매도하고 비난하면서 어떻게 정통교회를 배척하고 있지 않다고 말할 수 있는가?

지방교회는 다른 교회들에 대하여 매우 배타적이고 독선적인 입장을 취한다. Lee는 과격한 교회론을 주장했다.

"유대교는 사단적이고 천주교는 마귀적이고 개신교는 그리스도가 없다. 그들은 그리스도의 이름을 가르친다. 그러나 그리스도는 거기 계시지 않는다. 여러분은 참으로 오늘날 살아계신 주님 예수께서 개신교회들 안에 계신다고 믿는가? 당신이 믿든 안 믿든 간에 주님은 문밖에 계신다고 말씀하신다"(Stream Magazine, 1976, 11월).

"사단은 교단적 조직들을 정상적 교회생활이라는 하나님의 경륜을 파괴하기 위한 사단적 체계를 세우기 위해 활용하여 왔다."

"기독교는 그리스도의 몸이 아니다. 그리스도를 살아내지 않고 단순히 함께 모이는 믿는 이들의 모임도 교회가 아니다"(『한 몸, 한 영, 한 새사람』, pp. 66-67).

"우리는 기독교를 좋아하지 않는다. 우리는 기독교 세계를 좋아하지 않는다. 우리는 모든 교파들을 좋아하지 않는다. 왜냐하면 성경은 큰 바벨론이 무너졌다고 말하기 때문이다. 이것은 선언이다. 기독교는 무너졌다. 기독교 세계는 무너졌다. 카톨릭교는 무너졌다. 그리고 모든 교파들은 무너졌다. 할렐루야!"(Witness Lee, *The Seven Spirits for the Local Churches*, p. 97).

"가라지들은 거짓 그리스도인들을 의미한다. 큰 나무는 오늘날의 기독교계를 의미한다. 누룩은 이교도의 모든 관습, 세상적인 것, 죄 있는 것, 우상숭배를 의미한다. 여자는 로마 천주교, 심지어 기독교계까지도 의미하며, 악한 자는 사단 자신이다"(『왕국』, p. 265).

"음녀들의 어미는 변절한 교회이므로 그 여자의 딸들인 그 음녀들은 어느 정도 변절한 로마 천주교의 가르침과 실행들과 전통을 붙잡고 있는 기독교 안의 모든 각종 종파들과 단체들임에 틀림없다. 순수한 교회 생활에는 변절한 교회로부터 전수한 악이 전혀 없다"(『교회』, p. 391).

"우주적인 교회는 모든 지방교회들로 구성된다"(『신약결론교회』, pp. 162-163).

"지방교회가 없다면 어떻게 그리스도의 몸이 존재할 수 있겠는가? 그것은 유령과 같이 될 것이다. 지방교회들이 없다면 그리스도의 몸이 어떻게 표현될 수 있겠는가? 지방교회들이 있어 그리스도의 몸을 표현할 수 있어 주님을 찬양한다"(『신약사역의 핵심적인 내용』, p. 206).

역사적인 개신교회를 전면 부정하는 것이요, 지방교회 외에는 하나님이 인정하는 참 교회가 있을 수 없다고 주장하는 것이다. 이러한 과대 망상적 우월감은 대부분의 이단들이 그러하듯 자신들의 교회만이 참 교회라고 주장하는 독선적이고 배타적인 교회관을 낳았다. 지방교회 구조는 Lee에 의하여 엄격하게 관장되고 있다. 이 권위주의는 많은 지방교회 교인들에게 심리적으로 부정적인 결과를 안겨주고 있다. 이단은 옛날이나 지금이나 강력하고 권위주의적인 지도자에 의해 운영되고 있다. 지방교회 교인들은 생활의 우선순위를 가정이나 직장보다 교회에 두도록 가르침을 받는다. 참 기독교는 각 개인을 중시하나(골 1:28) 대부분의 이단은 개성을 말살하고 가정을 파괴하며 그 집단이 제시하는 인간형으로 추종자들을 개조시킨다. Lee는 그의 가르침이 하나님께로부터 나온 계시인 것처럼 받아들여지기를 기대한다. 교주가 1997년 사망한 이후로 여러 해가 되었는데도, 그의 막강한 영향력은 해가 갈수록 더 강해지는 것 같다.

Lee는 "(정통교단의) 교단적인 조직들은 올바른 교회 생활이라는 하나님의 경륜을 파괴하기 위한 사단적 궤계를 성취할 목적으로 사단이 활용하고 있다"고 주장한 적이 있다. 지방교회를 비판하는 책의 저자들을 세상 법정에 제소하는 Lee에게 달라스(Dallas) 신학교의 대럴 복(Darrell Bock), 덴버(Denver) 신학교의 명예교수 고든 루이스(Gordon Lewis), 사우스웨스턴(Southwestern) 침례신학교의 페이지 패터슨(Paige Patterson) 전 총장, 그리고 오레곤 주에 있는 웨스턴(Western) 신학교의 전 총장 얼

라드마허(Earl Radmacher) 등 정통교회의 대표적인 복음주의 지도자들 60명은 2007년 지방교회 측에게 소송을 중단하고 하나님과 인간론, 교회론에 대한 교리를 수정, 철회하라고 공개적 서신을 통해 촉구한 적이 있다.

앞에서 언급한 대로, 지방교회의 두 지도자의 신학은 세대주의 신학과 형제교회의 영향을 받아 형성되었다. 그들의 율법에 대한 태도는 신도들의 삶에 직간접으로 영향을 미쳐 도덕폐기론적 삶으로 이어지고 있다. '사단의 화신인 죄를 멸하신 예수님을 영으로 모시고 살기 때문에 회개할 필요를 느끼지 않는다'고 함으로 도덕폐기론적 사상을 주장한다 (이바울, 2008).

1991년 한국 지방교회는 대한예수교장로회 제77회 총회에서 결의한 지방교회와 한국복음서원 문서에 대한 이단 선언을 철회 및 해지해 줄 것을 요청(2006.3.24.)한 적이 있다. 그들은 편집상 실수를 했다며 다음과 같은 내용을 삭제해 줄 것을 요청했다.

> "역사적이며 제도적인 기독교에 대한 여러분의 태도는 무엇입니까? 답변: 우리는 역사적이며 조직적이고 제도적인 기독교에 속하지 않고 분리되어 있습니다. 왜냐하면 우리는 기독교를 비성경적인 가르침들과 실행들이 많이 섞여 있는 조직이라고 여기기 때문입니다. 성경에 계시된 교회 생활의 참된 회복을 위하여 우리는 주의 이름 안에서 각 지방의 참된 '하나'의 입장을 위해서 모

입니다."

"여러분은 장로교나, 침례교 같은 교파의 이름을 떼야 한다. 여러분이 이름을 떼어버리지 않는 한 여러분은 교회가 아니라 분열이요 교파이다. 이것은 혼돈이다"(『그 영과 몸』, p. 258).

그들이 부르는 지방교회 찬송가 가사를 들어보라.

"나는 지금 지방교회 중에 있네. 지방교회 내 마음 속에 있네. 내 맘 속에 영원이 있네...우리 안식처 있네. 지방교회에 지방교회에 우리 안식 여기 있네...지방교회 새롭고도 참된 교회. 나 바벨론 광야에 헤매었지만 나 어느 날 지방교회 와보니 생명의 샘물 넘쳐 흘렀네"(1087, 1086, 1083, 1078, 985장)

Lee의 말처럼, 지방교회라는 이름과 지방교회를 찬양하는 찬송가부터 깨트려 없애야 하지 않을까! 스스로 정통교회에서 분리된 이단임을 시인하면서 음녀 바벨론에 해당하는 장로교 총회로부터 이단이 아니라고 해지를 받으려고 시도하는 것이 애처롭게 보인다.

지방교회는 그들의 존재 방법에 있어 정직하지 못한 윤리적인 약점을 가지고 있다. 그들은 대외적으로는 정통 기독교와 차이가 없는 것처럼 그들의 교리를 내세우나 실제로는 그것과는 딴판인 것들을 가르치고 또 주장하고 있다. 대부분의 이단들은 그 점에서 오히려 이들보다 정직하다. 겉과 속이 다른 것은 곧 거짓이요, 따라서 그것들은 사람들을 미혹하기 위한 수단으로 밖에는 보이지 않는다.

16세기 종교개혁은 세 가지 복음적 원리로 오직 성경, 이신칭의, 그리고 만인 제사장의 원리를 회복하였다. 사람의 성별과 직업에 관계없이, 교회에서 수행하고 있는 직분과 관계없이 그야말로 한 사람의 예외도 없이 모든 그리스도인이 영적인 제사장이 되었다는 것이다. 누구든지 예수님의 보혈의 공로를 의지해 담대함과 확신으로 하나님께 나아가 하나님을 만나서 교제할 수 있고, 예배할 수 있고 기도할 수 있게 되었다. 그러나 지방교회와 형제교회, 그리고 일부 구원파에서는 만인제사장 원리를 오해해 교회 내에 목사, 장로, 집사 등 성직을 인정하지 않는 것으로 유명하다. 성직을 인정하지 않고 모두를 평신도, 형제자매라고 한다.

그러나 루터와 칼빈 등 종교개혁자들은 사제와 평신도라는 계급의 차별은 철폐했지만, 개혁교회 안에서도 목사와 장로, 집사, 교사 등과 같은 직분은 구별하였다. 직분상의 구별은 하나님이 주신 은사와 기능상의 구별이기 때문에 어떤 계급적 의미도 포함되어서는 안 된다는 것 역시 강력히 주장되었다. 교회 직분은 계급이 아니라 봉사직이다. 교회 내 말씀의 종들은 "성도를 온전케 하며 봉사의 일을 하게 하며 그리스도의 몸을 세우기"(엡 4:12) 위해 있는 것이다. 교회 내에 직분을 두지 않는 지방교회는 초대교회와 개혁교회의 전통을 따르지 않는다는 점에서도 이단적이다.

대한예수교장로회 76차 총회(1991)는 지방교회를 "신론, 기독론, 인간론, 교회론의 문제가 있어 Nee와 Lee의 사상과 함께 한국교회의 많은 이단을 낳게 하는(김기동, 권신찬, 이명범 등) 모태가 되는 명백한 이단"이라고 규정한 바 있다.

세대주의의 신학의 영향

세대주의라는 신학적 성향이 있는데 19세기 성공회 신부였던 존 다비(John Darby)로부터 시작되었다. 그는 세대주의의 아버지로 불리우는데, 그로부터 시작된 교회가 바로 '플리머스 형제단'(Plymouth Brethren)이다. 형제교회는 다른 교파 교회를 인정하지 않고 배타적이며 공격적이고 폐쇄적이며 목사제도를 인정하지 않는다. 다비는 자신의 교리를 '재발견된 진리'라고 말하였지만, 결국 기존 기독교의 교리를 부정하고 반박하는 성향을 드러내고 있다. 형제교회 가운데는 '개방된 형제교회'(Open Brethren)가 있다.

그러나 우리나라에 소개된 형제교회는 '폐쇄된 형제교회'(Exclusive, Closed Brethren)로 알려져 있다. 홀트양자회의 말리 홀트와 구원파의 지도자 유병언과 박옥수에게 세대주의 사상을 전수한 자칭 선교사 딕 욕(Dick York)이 바로 폐쇄된 형제교회 출신이다. 불행하게도 지방교회와 구원파, 형제교회 등에 영향을 미친 것은 '변질된 극단적 세대주의'신학이다. 세대주의는 하나님께서 잘 구분된 시대를 통해 각 시기마다 성취되어야 할 특정 목표를 계시하고 그에 대해 인류가 신앙이나 불신앙으로 반응을 보이는 세대들(dispensations)을 통해서 우리 인류를 다루어 오셨다는 견해에 토대를 두고 있다. Nee는 성경을 잘 이해하려면 창조주 하나님께서 특수한 시대에 사람들을 특수하게 다루신다고 보고 시대 구분에 입각한 성경 연구가 필연적임을 역설하여 세대주의를 수용한다. 그래서 그는 세대를 무죄 시대, 양심 시대, 인간 통치 시대, 언약 시대, 율법 시대, 은혜 시대, 막간, 왕국 시대로 나누고 있다. 세대주의자들마다 조금씩 입장이 다르기는 하나 Nee의 세대 구분은 인간 통치 시대와 막간 시대를 부가한 것을 제외한다면 일반적인 세대주의 입장과 일치한다고 보면 된다(조덕영, 2019).

언약주의, 개혁주의 신학과 대조되는 세대주의 신학의 가장 중요한 교리는 이스라엘과 교회의 구분이며, 이 둘의 연관성과 지속성은 단절되어지며, 두 개의 공동체로 분리된다. 그리스도께서 그의 왕국을 이스라엘에게 주려고 가져왔으나 그들이 거부하였기 때문에 왕국은 일단 보류 혹은 연기되었고, 전혀 다른 세대, 교회 시대를 시작하였다는 것이다. 세대주의가 주장하는 이스라엘을 위한 왕국은 아직 도래하지 않았으며, 신약교회가 휴거 받은 후에야 이스라엘의 회개가 있을 것이고 종말론적으로 '이스라엘의 회복'이 있을 것이다.

우리는 Nee가 세대주의 형제교회에 영향을 받았음을 앞에서 살펴보았다. 그의 후계자 Lee는 신구약 역사를 (1) 창세이전 세대, (2) 율법이전 세대, (3) 율법 세대, (4) 은혜의 세대, (5) 천년왕국 세대, (6)

새 하늘과 새 땅 - 새 예루살렘의 여섯 세대로 나누고 있다(Lee, 2003). 세대주의에서는 성경 역사를 무죄(innocence)시대(창조부터 타락 전까지), 양심(conscience)시대(인류타락부터 노아홍수까지), 인간통치(human government)시대(노아 때부터 아브라함의 부름까지), 약속(promise: Patriarchal Rule)시대(아브라함부터 모세 때 율법을 주심까지), 율법(Law)시대(모세 때부터 그리스도의 공생애까지), 은혜(grace)시대(그리스도의 공생애 말기부터 재림까지), 왕국(Kingdom: Millennium)시대(그리스도의 재림으로부터 1천 년간) 등 일곱 가지 시대로 나누어 설명했는데, 이 신학의 창시자 다비(Darby)와 스코필드(Scofield) 등은 각 시대마다 하나님이 인간을 다루시는 방법을 달리했다고 주장했다.

후대의 발전적 세대주의 신학자들은 이를 수정하여 하나님은 언제나 은혜를 인하여 그리스도를 믿음으로 구원하신다는 일치된 구원관을 주장했다. 초기의 고전적 세대주의자들은 율법은 모세로 말미암아 주어진 것이요, 은혜와 진리는 예수 그리스도로 말미암아 온 것(요 1:17)이라는 말씀을 곡해하여, 율법과 은혜의 관계를 적대적인 관계로 만들어 버렸다. 따라서 지금 성도들은 은혜시대를 살아가기 때문에 십계명은 우리의 신앙과 생활에 유일한 법칙이 될 수 없다는 말이 나오게 되었다. 이러한 세대주의 종말론은 "더 이상 율법이 필요 없다"는 율법폐기론(antinominianism)으로 이어졌고, 기독교의 윤리성은 무너지게 된 것이다. 이러한 신학에 영향을 받은 많은 정통교회도 은혜를 누린다면서 율법을 무시하는 결과를 가져왔다(베스, 1993).

극단적 세대주의의 영향을 받은 지금의 한국기독교에는 율법은 구약시대, 은혜는 신약시대, 그러므로 구약과 신약은 정반대의 것이고, 율법과 은혜는 서로 원수지간이라고 하는 잘못된 사상이 팽배해 있다. 이러한 사상은 베뢰아, 구원파, 지방교회, 인터콥, 다락방 등의 가르침에서 발견되고 있다.

십계명의 정신은 무엇인가? 그것은 바로 하나님을 사랑하고 네 이웃을 네 자신처럼 사랑하라는 것이다. 율법은 구약에서만 지켜야 하는 것이 아니다. 은혜로 구원받은 신약 성도들도 율법을 준수해야 하는 것이다. 율법의 행위로 구원받을 사람은 아무도 없다. 그러나 구원받은 우리는 도덕법인 십계명의 가르침을 따라 살아가야 한다. 십계명은 누구나 지켜야 할 항존법이다(피영민, 2007).

다비(Darby)는 정통 개신교 교리의 핵심이 되는 두 가지를 부인했다.

(1) 죄인이 예수 그리스도의 의를 전가 받아서 의인이 된다는 '전가설', 즉 이신칭의의 교리를 부인했다. 죄인이 예수를 믿으면 '놀라운 교환'(wonderful exchange)이 일어나는데, 우리가 가진 죄를 예수님께 드리고, 예수님은 우리에게 의를 주신다는 교리이다. 신학자들은 이 교환을 전가(imputation)라고 부른다.

(2) 성도의 성화 과정에 필요한 십계명의 규범적 기능을 부인했다. 칼빈이 말한 '율법의 제3용도'를 부인했다. 결국 100여 년 전 한국에 들어온 초기 선교사들은 세대주의 종말론과 근본주의 신학을 바탕으로 사역했다. 결국 십계명을 무시하는 도덕률폐기론, 즉 율법

폐기론(반율법주의: antinominianism)이 만연하게 되었던 것이다(피영민, 2007). 이 신학의 극단적 열매가 구원파의 회개 무용론, 도덕률 폐기론으로 나타났다고 할 수 있다.

지방교회는 믿음으로 의롭다함을 전하는 시대는 끝나고 지금은 그 영의 시대요 생명이신 그리스도의 시대요 생명주는 그 영의 시대라고 한다. 역사를 세대별로 구분하는 세대주의 성향이 Lee의 신학에 그대로 반영되고 있다.

"믿음으로 의롭게 되는 회복의 시대는 끝났다. 그러나 믿음으로 의롭다 함의 시대가 끝난 것처럼, 오순절 운동이라는 회복의 시대가 끝났음을 깨달아야 한다. 오늘날 우리가 이런 것을 주장한다면 우리는 400년 내지 500년을 뒤떨어진 것이다. 교회의 모든 신자들은 만유를 포함한 유일한 합일에 기초를 두었다"(『그리스도냐 종교냐』, pp. 60-61).

Lee는 가르쳤다.

"구약에서 말한 것을 듣지 말라, 오직 예수뿐이다. 율법이나 가르침이나 규율은 없다. 다만 예수뿐이다. 오늘날 우리는 영 안에서 새로운 것으로 산 주님을 섬기는 것이지, 기록된 성경의 낡은 것을 따르는 것이 아니다."(『하나님의 경륜』)

"주 예수여!"를 반복해 신인(God-man)이 되면, 십계명을 지키지 않아도 되는 것인가? 예수님은 말씀하셨다. "나도 너를 정죄하지 아니하노니 가서 다시는 죄를 범치 말라"(요 8:11). 교주의 아들이면 음행과 간음을 반복하고 성도들이 바친 헌금을 교주와 그 아들들의 사업에 투자하고 전용해 탐심의 죄를 반복해 범해도 되는가? 지방교회 지도자들의 윤리적 열매를 보면 이 집단이 유병언의 구원파와 별반 다르지 않은 사이비종교 집단임을 알 수 있을 것이다.

7. 4위1체라는 해괴한 교리를 만들어낸 위트니스 리

Lee는 그리스도의 몸인 교회가 그리스도가 되신다(The Church is Christ)고 말하며 점점 하나님으로 '충만해져' 가고 있어, 마침내 교회는 육신으로 나타난 하나님 자신이 되며(The Church is God) '자신을 인간 속에 투입 시키려던' 하나님 본래의 의도를 성취하고 있다고 가르친다.

지방교회는 교회는 그리스도요, 그리스도는 교회라고 믿고 가르친다. Lee는 말한다.

> "아버지와 아들과 성령이 그리스도의 몸(교회)과 하나이심으로, 우리는 이제 삼일 하나님은 '사위일체 하나님'('four-in-one' God) 이시라고 말할 수 있다. 이 넷은 아버지, 아들, 성령, 그리고 몸 이다. 신적인 삼위일체의 셋은 혼동되거나 분리될 수 없고, 삼위 일체도 분리되거나 혼동될 수 없다"(Lee, *A Deeper Study*, pp. 203-204).
>
> "교회는 우리의 유일한 관심사가 되어야 한다. 오늘 우리의 관심 이 무엇인가? 학교인가? 사업인가? 가족인가? 나의 유일한 관심

은 교회이다. 우리는 모두 교회를 위해 이와 같이 '취한 자들'이 될 필요가 있다"(『창세기연구 메시지』, p. 89).

"아버지가 아들 안에 있고, 아들은 성령 안에 있고, 성령은 교회 안에 있다. 아버지와 아들과 성령과 교회(몸): 이 넷이 이제 하나이다"(『삼일 하나님에 관하여』).

이들은 사실상 지방교회가 하나님이라고 믿는 것이다. 지방교회 교인들은 지방교회와 하나님을 동일시하며, 모일 때마다 지방교회를 노래하며 찬양한다. "아버지는 아들 안에 있다. 아들은 성령 안에 있다. 그리고 성령은 이제 몸 안에 있다. 아버지와 아들과 성령과 몸, 이제 하나님 안에 넷이 있는 것이다. 이 넷이 이제 하나이다"(『교회의 실제적인 표현에서』). 삼위일체 하나님이 아니라 사위일체 하나님이다. 그들은 사실상 지방교회가 하나님이라고 믿는 것이다.

하나님의 경륜(Economy of God)

그들에게는 하나님의 '경륜'이라는 단어가 매우 중요한 것으로 머리에 각인이 되어 있다(딤전 1:4). Lee의 생전에 매우 좋아하고 강조하는 단어였기 때문이다. 그는 '경륜'을 "하나님의 경륜은 삼일 하나님의 택하신 사람들 속에 하나님을 분배하는 것이다"라고 했다(Economy of God is that Triune God dispenses Himself into His chosen people). 그들에게 있어서 하나님의 경륜을 이루는 일이 아니면 다 시시하고 별 볼일이 없이 되어 버렸다. 성경은 다른 것이 아니라 하나님의 경륜을 말하고 있다는 말을 했다. 그리고 그 경륜은 그리스도의 몸(교회)을 이루는 것이라고 했다. 어떻게 보면 일리가 전혀 없는 것이 아니다. 그러나 성경을 경륜에만 초점을 맞추는 것은 지나친 것이다. 성경은 사람들의 교훈과 책망과 바르게 함과 의로 교육함과 많은 기능을 갖고 쓰인 것이지 경륜만을 말하려고 기록되지 않았기 때문이다. 따라서 그들은 경륜에 대한 내용을 말로만이라도 크게 외친다 할 때 그들은 매우 흥분하고 반응한다. '경륜'이란 사상으로 매료시킨 덕분이다. 성경적으로 경륜이라는 부분을 깊이 상고한다면 그것도 매우 중요한 일이겠지만...한두 가지 주제로 성경의 중심을 집중케 하는 것이 과연 성도들에게 건강한 영적 양육을 주는가는 별개의 문제이다. 또한 그들은 성경이 결국은 하나님의 경륜을 이루기 위한 말씀이며, Lee의 특수한 가르침만이 하나님의 경륜을 이루는 유일한 가르침이라고 굳게 믿고 있다.

 지방교회 교인들은 그들의 생활에서 다른 어떤 것보다 교회를 우위에 두도록 가르침을 받는다. 그들의 교리에 의하면 그리스도가 교회가 되었기 때문이다. 대부분의 이단은 개성을 무시하고 조직이나 기관을 높이도록 추종자들을 세뇌시킨다.

 지방교회를 경험한 내부 제보자는 "그들은 보이지 않는 살아계신 하나님을 믿는 것이 아니라 '몸'(교회)이라고 하는 단체를 믿는 것처럼 보인다"고 하였다.

"성육신 사건 이전에는 하나님은 하나님이고 인간은 인간이었다...둘은 전혀 별개의 입장에서 나뉘어 있었다...성육신을 계기로 하나님과 인간, 인간과 하나님이 하나로 융화되는 세대가 시작되었다...하나님의 성품 자체가 인간의 본성으로 화합되게 하려는 것이다. 피조물의 생명이 창조주의 생명과 섞이는 것이다...하나님은 한결같이 이러한 목표를 염두에 두고 우리의 생활에 신적인 내용을 증가시키려고 각자의 그리스도인의 운명을 선택하신다"(『부활의 하나님』).

교회와 그리스도에 대해 Lee는 "수적으로 우리는 다르다. 그러나 성품상 우리는 꼭 같다"고 말한다(*All-Inclusive Christ*, p. 103).

"이 그리스도는 한 명의 인격에서 수 천 수 만의 인격들로 확대되었다. 그는 한때 개인적인 그리스도였다. 그러나 사도행전에서 그는 공적인 그리스도가 된다"(*Life-Study in Matthew*, Message One, p. 3).
"그러다가 삼일 하나님과 부활한 인간이 하나의 표현이 될 날이 이를 것이다"(하나님의 경륜, p. 113)..."결국 하나님은 우리가 될 것이다"(*Life-Study in Genesis*, Message Ten, pp. 121-122).

성경은 인간이 결코 하나님이 될 수 없고 하나님의 일부도 될 수 없다고 말한다. 영원히 동일하신 한 분 하나님이 우리에게 계실 뿐이다. 그분은 본질상 우리와 하나가 되실 수 없으시다. 이사야 43:10은 선언한다.

> "나 여호와가 말하노라 너희는 나의 증인 나의 종으로 택함을 입었나니 이는 너희로 나를 알고 믿으며 내가 그인 줄 깨닫게 하려 함이라. 나의 전에 지음을 받은 신이 없었느니라. 나 후에도 없으리라."

지방교회는 『결정성경』이라는 회복역을 읽으며, 한국교회에서 발간한 찬송가 대신 한국복음서원에서 발간한 찬송가를 부르고 있다. 그들의 찬송 중에 일부를 인용한다.

> "하나님의 큰 비밀인 주와 교회는 신성 인성 연합하여 하나 됨일세. 아버지 아들 성령이 교회와 하나 되었네. 삼일 하나님 성품이 이 교회 안에 충만해. 삼일 하나님 영원히 교회 통해 표현되네. 만유 가운데 나타내 아버지 아들 성령을. 교회의 입장 곧 지방입장일세."

Lee는 자기를 스스로 지극히 높였는데 여러 차례 Lee는 자기만 성경의 최고봉의 계시와 풍성한 진리를 가진 자로, 자신의 가르침이 신약의 계시를 가장 정확하게 전달하는 자로 자처했다(장로 훈련 7권). Lee는 성경의 계시는 자기에게 와서 완전 열려져 더 이상 열릴 것이 없는 최고봉의 상태에 이르렀다고 했다. 그는 사람이 하나님 된다는 찬송시를 하나 지어놓고 이천 년 기독교 역사에 이런 종류의 찬송은 유일한 찬송이라고 자화자찬했다(『이상의 최고봉과 그리스도의 몸의 실제』, 한국복음서원, 1997, p. 26).

1. 어떤 기적 어떤 비밀인가 하나님과 사람 하나 되다니
   하나님이 사람 되시고 사람이 하나님이 된다네
   천사도 사람도 측량 못할 경륜
   하나님 맘에 갈망하신 선한 뜻 일세
   이로 인해 이뤄지네 하나님의 최고의 목적
2. 날 하나님 되게 하시려고 하나님 육신 돼 사람 되셨네
   난 그 성품에 참여하나 그의 신격에는 참여 못해
   그분의 속성 내 미덕 되니
   난 영광스런 그분 형상 나타낸다네
   그의 속성 내 미덕 돼 그 영광의 형상 나타내

성경은 인간이 결코 하나님이 될 수 없고 하나님의 일부도 될 수 없다고 말한다. 영원히 동일하신 한 분 하나님이 우리에게 계실 뿐이다. 그분은 본질상 우리와 하나가 되실 수 없으시다.

우리의 신앙의 대상, 하나님은 보이지 않는 분이시며, 따라서 성도들은 보이지 않는 분과의 영적인 관계성 속에서 그분과의 관계를 맺는 것

에서 시작되어야 한다. 그러나 그들은 보이는 소위 '몸'이라는 단체의 인도와 교통과 느낌을 맹종하는 경향이 있다. 그들은 모든 봉사나 일, 심지어 복음 전하는 것까지도 몸의 교통을 거쳐서 하라고 주장한다. 그렇지 않으면 다 개인주의적인 것이며 단독적인 것으로 정죄를 당한다. 즉 성도들의 개인적이고 보이지 않는 주님과의 관계보다 보이는 '단체'와의 관계가 더 우세하게 작용한다. 그래서 우리는 그들이 보이지 않지만 살아계신 주님을 믿는 것이 아니라 '몸'이라고 하는 단체를 믿는 정도까지 나아갔다. 이것은 교묘하게 보이지 않는 주님을, 보이는 것으로 대치하여 믿고 따르게 하는 대적의 술책이다.

또한 너무나 영적인 세계에 대한 문제가 생길 때 보이지 않는 주님께 기도와 교통을 통하여 해결책을 찾기보다는 이미 정답을 분명히 제시하고 있다고 믿는, 영적인 서적들이나 사람의 조언에서 구하는 것이 문제라고 본다. 즉 앞선 사람들, 인도자들의 말을 무조건적으로 따라야 하는 분위기가 있다는 말이다. 나는 성도 개인이 주님을 접촉함으로 얻어야 할 성령의 인도를 책이나 사람의 가르침으로 대치하는 것이 치우친 것이라고 본다. 따라서 이 땅에 있는 성도들이 하늘에 계신 주님과의 교통에 있어서 소홀하게 되는 문제가 있다. 간단히 말해서 지방교회 사람들은 믿는 대상에 있어서 적지 않은 문제가 있다고 판단한다.

올바른 교회 생활을 하려면 바벨론, 즉 기성교회를 떠나 새로운 성경적 무리(예루살렘)를 형성해야 한다고 주장한 것이 Lee의 지방교회론이다. 그들은 담대하게 기성교회를 바벨론이라고 칭하고 자신들의 지방교회를 예루살렘, 안식처, 생명의 샘물 넘치는 집이라고 칭했다. 즉 그들은 복음보다는 그들의 교회를 자랑하고 선전했다. 노래란 얼마나 큰 효력이 있는지 부르다 보면 그 추종자들은 정말 그런 것 같이 착각한다. 고대로부터 혁명가들은 노래를 많이 사용했다고 한다. 그들(한국복음서원) 찬송가를 몇 구절만 들어보자. "바벨론을 떠나서 모이세 예루살렘" "이기세 이기세 타락한 기독교를 회복하세" "나 지금 지방교회 중에 있네 지방교회 지방교회 내 맘속에 있네" "우리 안식처 있네 지방교회에 우리 안식 여기 있네 사랑스러운 집" "나 바벨론의 광야 헤매었지만 나 어느 날 지방교회 와보니 생명의 샘물 넘쳐 흘렀네" 등의 구절들은 그런 성향을 증명하고 있다. 기성교회에 대한 강력한 부정이요 자신들에 대한 강력한 자만이요 확신이다. 쉽게 말해서 자신들은 최고도로 좋은 교회라는 말이고 다른 데는 다 별 볼일 없는 교회라는 뜻이다. 주님을 위해 타락한 기독교의 회복을 위해 지구상에서 가장 순수하고 깨끗한 무리를 형성해보자는 것이다.

가족관계를 단절시키는 지방교회

편협한 교리는 집단 사고로 이어진다. 일단 거기에 빠지면 가족이고 친척이고 소통이 끊어진다. 그리고 그리스도인으로서 정상 소통이 이루어지지 않는다. 그러므로 고통을 겪는 가정이 부지기수다. 같은 이념 안에서 하나 된 사람들이라 소통이 되지 않는다. 그곳의 인도자들은 기성교회 사람들을 유입하기 위한 수단으로 이단을 벗기 위해 수단과 정치술과 로비의 방법이 융통성 있게 늘은 것으로 보일 뿐 전체의 성도들은 변한 것이 하나도 없다. 우리가 염려하는 것은 일단 거기에 빠지게 되면 멘탈리티(mentality)가 정상이 아니게 된다는 점이다. Lee의 영성적 관점으로 모든 것을 판단한다. 매우 교만하고 편협하며 절대 소통이 안 된다.

집 안에서 어린 사람이 거기에 빠지면 일반교회 다니는 어른들과 대화가 안 된다. 또 무시하고 배척하고 거절한다. Lee의 가르침 하나로 계속 세뇌되다 보니(그들은 그것이 최고봉이라고 한다. 다른 기독교의 진리는 낮은 것이라고 다 알고 있다.) 다른 그리스도인과 소통이 전혀 이루어지지 않고 거기서 있다가 나온 사람들과는 원수같이 지내게 된다. 그것을 일치하여 따르지 않으면 외톨이가 되든지 결국은 거절당하게 된다. 그것은 가족이나 형제나 다 마찬가지이다.

그들은 회복 안에 돌아오고, 지방 입장 위에 돌아올 때 참 하나가 이루어진다고 보고 그 외의 사람들은 분열로 본다(복음 서원 찬송 1002장). 1021장은 "이기세 이기세 타락한 기독교를 회복하세" 라고 찬송한다. 지방교회가 믿고 전하는 예수는 사도들이 전했던 예수와 다른 예수이고 다른 복음인 것이 분명해 보인다(고후 11:4).

8. 종말론

지방교회는 공식적으로 종말에 대하여 다음과 같이 믿는다고 고백하고 있다.

> "우리는 장차 이 세상 왕국에 종말이 오고 주와 그리스도의 왕국이 도래할 것을 믿는다. 우리는 마지막 때 그리스도께서 세상을 심판하시고, 이 땅을 얻으시며, 그분의 영원한 왕국을 세우시기 위하여 재림하실 것을 믿는다. 우리는 이기는 성도들이 천년왕국 안에서 그리스도와 함께 왕 노릇 할 것을 믿고, 그리스도 안의 모든 믿는 이들이 새 하늘과 새 땅에 있을 새 예루살렘에서 영원히 하나님의 복에 참여할 것을 믿는다."

주님이 재림하시기 전에 성도 중 일부가 휴거될 것을 주장한다. 또 그들은 구원받은 성도들이 하나님의 심판을 받아 보상을 받거나 징계를 받게 될 것이라고 한다. 세대주의 전천년설을 대변하는 신앙고백이다.

"주님이 하늘 보좌를 떠나시기 전 이기는 자들 중 얼마가 보좌로 휴거될 것이다. 계 12장은 사내아이가 공중이 아닌 하나님의 보좌로 휴거될 것임을 보여준다. 이는 이기는 자들 중 얼마가 주 예수님이 비밀스럽게 오시기 전(대환란 전, 공중 재림 전)에라도 휴거될 것임을 뜻한다…이 처음 이기는 자들이 휴거된 다음에라야 그리스도께서 보좌로부터 공중 구름 속으로 비밀스럽게 내려오실 것이다"(『주님의 재림』, p. 6).

그러나 자세히 살펴보면 지방교회가 말하는 용어는 기독교의 용어가 아니다. 부활, 천국, 거듭남, 구원 등의 성경적 용어들을 모두 정통 기독교와 다른 뜻으로 사용한다. 그들이 말하는 용어는 결국 신인합일로 귀결된다. 지방교회는 예수의 재림도 다르고, 예수의 부활도 다르며, 사후의 천국도 부정한다. 그들이 말하는 것은 오직 신인합일이며, 지방교회로 들어오는 단체구원을 주장한다. 그러면서 그들은 대외적으로는 그런 뜻이 아니라며 오해라고 조작하고 있다.

지방교회는 '부활의 실제를 영으로 사는 것'이라고 주장한다. 지방교회는 성령이라고 말하지 않고 '살려주는 영' 혹은 '그 영'이라고 말하며, '완결된 영'이라고 주장한다. "예수가 죽고 부활하여 그 영이 되었다는 것을 부활"이라고 한다. 이러한 양태론적인 개념은 Lee의 부활관에 나타나고 있다.

"그와 같이 완결된 영으로 살아날 때, 이것이 바로 완결된 영의 부활 안에 사는 것이다. 이 부활은 어떤 능력이나 사물이 아니라 한 분의 인격이다. 이것이 '예수님 그분은 부활'이라고 말씀하신 이유이다. 더욱이 부활의 실제는 삼일 하나님의 최종완결인 그 영이다. 그러므로 우리는 이 결론 - 삼일 하나님, 그리스도, 그 영, 부활은 하나임 - 을 갖는다. 우리가 앞의 이 항목을 따라 살 때에 우리는 부활 안에 있다. 이 부활은 한 인격 - 하나님 - 을 가리키는 것이다"(Lee, 『하나님의 경륜과 하나님』, 『사람의 합당한 삶』, p. 62).

지방교회가 말하는 재림은 내면적인 재림이며, 결국 믿는 이들 안에 들어온 영(즉 하나님 자신)과 신인합일을 말한다. 그가 말하는 재림은 갑자기 오는 재림이 아니라, 개인마다 다른 성숙의 시간이다. 다시 말하여 하나님과 한 인격, 한 영, 한 실제가 되는 것이다. 즉 양태론적인 삼일 하나님이 성도들 안으로 들어오는 것으로부터 시작되어 그 생명이 자라나고 성숙되기 위하여서 시간이 필요하다고 보는데, 이것이 바로 그들이 말하는 주님의 재림인 것이다.

지방교회인들에게 '예수의 재림'이란, 곧 양태론적으로 계승된 살려주는 영이 개인에게 적용되는 것을 가르킨다. 즉 지방교회에게는 예수는 우주적으로 가시적으로 오시지 않고 사람 안에서 오신다는 것이다.

양태론자들의 견해로서는, 하나님이 예수로, 예수가 살려주는 영으로 변화하여 우리 안에 들어오셨기에 천국 보좌에 하나님과 예수님이 더 이상 계시지 않는다. 그들은 이미 성령이 우리에게 오셨기 때문에 예수의 인격적인 재림도 부정하여야만 한다. 또한 그들의 천국관은 하나님이 거하는 곳이며, 우리 몸 안이 유일한 천국이 된다. 그렇다면 지방교회의 천국관을 보자.

"죽으면 천국 간다는 말은 이교도의 가르침이다. 사탄이 한 최대의 거짓말 중 하나는 '예수 믿고 죽으면 천당(하늘 어디엔가 있는 집) 간다'는 말이다. 이것은 성경 근거가 전혀 없는 거짓말이다. 그런데도 이런 이교도적인 거짓 사상이 버젓이 그리스도인들 사이에서 가르쳐지고 있다는 사실이 그저 놀라울 뿐이다. 이런 비성경적인 가르침은 믿음 생활의 초점을 흐리게 하고, 하나님의 구원의 최종 목적을 변질시킴으로 참된 성도들 생각 속에서 말끔히 씻겨야 할 누룩인 것이다"(지방교회 게시판의 글).

"많은 그리스도인들은 소위 하늘에 속한 저택이라는 것에 대한 미신적인 관념을 붙들고 있는데 요한복음 14장 3절은 그들이 주 예수께서 그들을 위해 그러한 저택을 예비하사 하늘로 가셨다고 믿고 있는 근거이다(『새 예루살렘』, p. 205).

그러한 미신은 여러 세기 동안 많은 그리스도인들이 일단 믿는 이가 죽으면 그는 즉시 하늘에 속한 저택으로 간다고 전하고 가르쳤던 것이다. 그러나 그들 중 많은 사람들은 또한 이 구절에 따라 하늘에 속한 저택이 완성될 때 주님이 다시 오사, 믿는 이들을 이 저택 안으로 영접할 것이라고 믿고 있다(Lee, 『새 예루살렘』, p. 206).

"일반적으로 말해서 기독교는 사람들이 죽으면 주 예수를 믿는 한, 그들에게는 어려움이 없을 것이며, 그들이 일단 죽으면 천당에 갈 것이라고 사람들에게 가르친다. 그러나 여러분이 왕국의 비밀을 안다면 여기에 커다란 문제가 있음을 알게 될 것이다"(『왕국』, p. 315).

"주님의 오심은 갑작스럽게 일어나지 않을 것이다. 어느 날 주 예수님께서 오실 것이지만 여러분이 생각한 대로는 아닐 것이다. 주 예수님은 하늘로부터 오실 뿐만 아니라, 여러분 안에서부터 오실 것이다. 여러분은 그분이 갑자기 하늘로부터 내려오시기를 기대하고 있다. 그러나 여러분은 그분이 여러분으로부터 오실 것임을 깨달아야 한다(『왕국』, p. 329).

Lee의 말을 직접 듣고 판단해 보기 바란다.

"죽으면 천국에 간다는 말은 이교도의 가르침이다. 사탄이 한 최대의 거짓말 중 하나는 '예수 믿고 죽으면 천당(하늘 어딘가에 있는 집)간다'는 말이다."

"하나님이 얻고자 하는 것은 개인이 아니다. 그것은 하나의 과정이지 목적이 아니다. 하나님은 단체적인 것을 원하신다. 하나님의 목적은 하나의 나라요, 하나의 민족이요, 하나의 단체이다...하나의 단체를 얻고자 하신다. 삼일 하나님 그분 자신을 이스라엘 백성들 안으로 역사하게 하시어 그들을 한 무리가 되게 하고, 단체로 하여금 하나의 거처, 하나님의 집이 되게 하시는 것이다. 신약에 와서 이것을 매우 분명히 볼 수 있다. 이는 곧 성도 개인의 신령함이 아니라 온 교회들이 하나님께 얻은 바 되고 거처가 되는 것이다. 이것이 곧 하나님의 성전이 될 것이다"(『구약의 예표와 신약의 계시에서 본 하나님의 경륜』).

"그러므로 천국의 실제와 외형은 교회와 함께 시작해서 교회와 함께 나아갔다. 천국의 실제와 외형은 교회와 함께하며 교회에 달려있다. 한편으로 천국의 실제가 교회 안에 감춰져 있고, 또 한편으로는 천국의 외형이 교회의 외양과 함께한다. 주 예수님이 다시 오셔서 교회 시대를 끝내실 때 천국의 실제와 외형도 끝날 것이다. 그때 주 예수님은 천국의 외형, 즉 소위 기독교계를 불태울 것이다. 동시에 천국의 실제는 천국의 나타남이 될 것이다"(Lee, 『왕국』).

   Lee의 해석에 의하면 실제적인 천당과 물질적인 새 예루살렘은 없는 것이 되어 버린다.

지방교회가 말하는 부활이란 그들이 말하는 생명으로 '다시 사는 것'이다. 예수 그리스도가 인성과 신성을 연합시켰듯이, 믿는 성도들이 인성(혼+육)과 신성(영)을 연합시키는 것이 곧 부활이라고 말한다.

> "이제 내가 사는 것은 새 창조 안의 부활한 나를 말한다. 이 부활한 내가 그리스도와 연결되어 하나가 되었다. 어떻게 그리스도께서는 우리를 부활시키셨는가? 부활 안에서 그분은 그분의 신성을 우리의 인성과 연합시키셨다. 이로 인해 우리는 부활한 것이다"(『하나님의 경륜과 하나님-사람의 합당한 삶』, p. 43).

지방교회는 성도가 성숙되지 못한 상태에서 죽었다면, 부활 후에도 제3의 장소에서 처리를 받아야만 한다고 주장한다. 그들이 말하는 부활의 개념은 우리가 사용하는 신체적인 부활과 다르며, 소위 신인합일이라고 불리는 상태, 즉 신인(God-man)이 된 사람을 부활이라고 말한다(『믿는 이들 2』, pp. 1015-1017).

> "그와 같이 완결된 영이 살아날 때, 이것이 바로 완결된 영의 부활 안에 사는 것이다. 이 부활은 어떤 능력이나 사물이 아니라 한 분의 인격이다. 이것이 예수님이 그분은 부활이라고 말씀하신 이유이다. 더욱이 부활의 실제는 삼일 하나님의 최종완결인 그 영이다. 그러므로 우리는 이 결론 - 삼일 하나님, 그리스도, 그

영, 부활은 하나임 - 을 갖는다. 더욱이 부활의 실제는 삼일 하나님과 최종완결인 그 영이다. 예수님은 하늘로부터 오실 뿐만 아니라, 여러분 안에서부터 오실 것이다…그분이 우리 안에서 우리를 통해 익고 성숙할 때, 그것은 그분의 오심의 때가 될 것이다. 우리에게 있어서 그분의 오심은 갑작스런 사건이 아닐 것이다"(『왕국』).

개인의 성화보다 교회와 단체 구원을 강조하는 것은 구원파의 권신찬(1962)의 가르침을 연상하게 한다. 이단은 각자의 개성을 약화시키고 개성보다 집단을 강조한다. Nee의 가르침에 영향을 받은 구원파 지도자는 말한다.

"개인은 신앙생활을 할 수 없고, 성도가 예수 안에 거하는 것, 성령 충만을 받는 것, 성도의 교제, 성령의 기름 부으심, 새 계명을 이루어지는 것, 성장하는 것, 하나님과 동행하는 것 등 모든 신앙생활이 성도의 교제, 즉 (구원파) 교회를 통해 이루어진다."

사후천국을 부정하는 지방교회

지방교회의 구원론은 정통 기독교의 구원론과 전혀 다르다. 그러므로 세상에 속한 일반교회를 단체로 나와 지방교회로 오는 것이 구원이라는 주장이다. 이제 그들은 궁극적이고 종말적인 구원을 부정한다.

"이 구원은 단지 죄사함이나 하늘에 가려는 소망의 구원만은 아니다. 우리는 장래의 날에 하늘에 가기를 기다릴 필요가 없다. 우리는 이미 하늘에 앉아 있다. 이것은 칭의, 혹은 화목케 함의 구원이 아니다(Lee, 『하나님』, p. 458).
"많은 그리스도인들은 소위 하늘에 속한 저택이라는 것에 대한 미신적인 관념을 붙들고 있는데 요한복음 14장 3절은 그들이 주 예수께서 그들을 위해 그러한 저택을 예비하사 하늘로 가셨다고 믿고 있는 근거이다(『새 예루살렘』, p. 205)…그러한 미신은 여러 세기 동안 많은 그리스도인들이 일단 믿는 이가 죽으면 그는 즉시 하늘에 속한 저택으로 간다고 전하고 가르쳤던 것이다. 그러나 그들 중 많은 사람들은 또한 이 구절에 따라 하늘에 속한 저택이 완성될 때 주님이 다시 오사, 믿는 이들을 이 저택 안으로 영접할 것이라고 믿고 있다(Lee, 『새 예루살렘』, p. 206).

지방교회는 죽어서 가는 장소적인 개념의 천국을 부정한다.

"죽으면 천당(국)간다는 말은 이교도의 가르침입니다. 사탄이 한 최대의 거짓말 중 하나는 '예수 믿고 죽으면 천당(하늘 어디엔가 있는 집) 간다'는 말입니다. 이것은 성경 근거가 전혀 없는 거짓

말입니다. 그런데도 이런 이교도적인 거짓 사상이 버젓이 그리스도인들 사이에서 가르쳐지고 있다는 사실이 그저 놀라울 뿐입니다. 이런 비성경적인 가르침은 믿음 생활의 초점을 흐리게 하고, 하나님의 구원의 최종 목적을 변질시킴으로 참된 성도들 생각 속에서 말끔히 씻겨져야 할 누룩인 것입니다"(지방교회 게시판의 글).

정통신학에서의 천국개념은 크게 세 가지로 분류되어지는데, 이는 성경이 그와 같이 언급하기 때문이다. 첫째는 하나님이 직접 다스리시는 실제적인 신정정치의 왕국. 둘째는 미래적이고 궁극적이며 종말적 의미의 장소적 개념. 셋째는 예수 그리스도를 믿으며 순종하는 개인적인 성도로 구성되는 내면적인 의미로 천국을 이해한다.

지방교회는 다른 성경 말씀에 대해서는 전혀 관심이 없다. 오직 세 번째 개념만을 인정하는 것이다. 즉 그들은 자신들의 교리에 맞는 성경만 부분적으로 인정하며, 다른 구절에 대해서는 엉뚱한 짜 맞추기로 일관하고 있다.

"일반적으로 말해서 기독교는 사람들이 죽으면 주 예수를 믿는 한, 그들에게는 어려움이 없을 것이며, 그들이 일단 죽으면 그들은 천당에 갈 것이라고 사람들에게 가르친다. 그러나 여러분이 왕국의 비밀을 안다면 여기에 커다란 문제가 있음을 알게 될 것이다"(Lee, 『왕국』, p. 315).

"왕국(나라)이 임하옵시며"라고 기도하는 것은 아마 종교적인 형식에 불과할 것이다. 이런 기도를 수천만의 기독교인들이 천 구백 년 이상을 해왔지만, 아직도 왕국은 오지 않는다"(『왕국』, p. 190).

"많은 사람들은 하나님의 왕국이 자동적으로 임하며, 왕국이 나타나기를 기다리는 동안 우리는 잠잘 수가 있다고 생각한다. 여러분이 이런 식으로 받아들인다면, 여러분은 이천 년 동안 잠잘 것이며, 왕국은 여전히 오지 않을 것이다"(p. 252).

이단 전문가 이인규(2017)는 말한다.

"지방교회는 예수의 가시적인 재림과 신체적인 부활이 없다고 주장하며, 죽어서 가는 천국의 장소적 개념도 부정한다. 그들은 사람이 하나님이 되는 것을 재림이며, 곧 부활이고, 거듭남이며 천국이라고 본다. 이와 같이 지방교회는 정통교회와 다른 부활, 다른 재림, 다른 천국, 다른 종말론을 가르친다. 정통교회와 같은 용어를 사용하지만, 처음부터 끝까지 그 개념 자체가 모두 다르다."

기독교대한성결교회에서 발행한 『이단사이비를 경계하라』(2008)는 지방교회는 (여호와의 증인, 안증회와 함께) "재림 예수는 영적으로 아무도 모르게 임한다"고 가르친다고 진술하고 있다.

복음은 '어느 곳에서나, 항상, 모든 사람에 의하여' 믿어진 바 된 바른 교훈이다(Brown, 1984, p. 9). 세계 한 지역에서 특정 시기에 몇몇 사람이 새로운 계시를 받은 것처럼 주장하는 교리는 진리가 아니다. 이단은 한 분파나 종파의 거짓된 가르침(다른 교훈)으로 정통교리(바른 교훈)에서 탈선한 무리들이다. 당 짓는 것과 분리함과 이단은 육체의 일이다. 사도 바울은 이단은 하나님 나라를 유업으로 받지 못한다고 선언했다 (갈 5:20). 지방교회는 결국 '다른 예수, 다른 복음, 다른 구원'을 전하는 사이비기독교 집단이다.

교회사학자 박용규(2018)는 『한국의 기독교회사』에서 다른 이단과 함께 Lee의 지방교회가 이 시대에 등장하여 지금까지 적지 않은 영향을 미치고 있다면서, 다음과 같이 쓰고 있다.

> "Lee가 1962년 미국 로스앤젤레스에 설립한 지방교회는 꾸준한 성장을 이룩해 1990년대 초 전 세계에 2만 명 이상의 교세를 가지고 있다. Lee는 신인합일주의를 주창한다. 그는 신성으로서의 예수와 인성으로서의 예수를 구분하고, 인간론에 있어서도 Nee의 영향을 받아 사람이 몸과 혼과 영 세 부분으로 창조되었다는 삼분설을 주창한다. 기성교회의 제도, 특히 목사와 예배를 부정한다. 한국에서의 지방교회는 Nee의 직계제자라고 주장하던 왕

중생(한국명 권익원)에 의해 1966년에 설립되었다. 지방교회는 권익원이 세상을 떠난 후 미국 지방교회 창설자 Lee와 활발하게 교류하며 그의 사상을 전파하고 있다. Lee는 1997년 92세를 일기로 사망했다."

역사신학자 배본철(2016)은 지방교회를 분리주의 이단으로 분류하고 있다. "Lee의 지방교회는 매우 공개적인 형태의 분리주의 이단인데, 그들의 주장하는 교회관은 타 교파에 대해 매우 배타적인 것을 볼 수 있다." Lee는 개신교와 천주교를 사단의 도구라고 확신하고 있다. 이와 같은 호전성과 배타성은 모든 이단이 기존 교회를 보는 공통된 시각으로 그리스도의 몸을 파괴하는 극단적인 분파주의로 볼 수밖에 없다. Lee(1987)는 말했다. "교파 안에 있을 때 우리는 소경이었다. 나는 그리스도인으로서 참 빛을 얻고 그리스도인이 여전히 교파 가운데 남아 있을 수 있다고 믿지 않는다."(『그리스도냐 종교냐』).

영국의 신학자 윌리엄 바클레이(William Barclay)는 말했다.

"모든 이단은 성경의 한 가지 진리를 정도 이상으로 부풀려 강조함으로써 형성되며, 하나님의 속성 가운데 한두 가지를 지나치게 강조하는 가운데 생겨난 것이다. 이단들은 마치 하나님의 진리를 기하공식처럼 다 깨달은 것 같이 모든 것을 논리적으로 전개한다."

지방교회(회복교회)는 명백한 이단이다(예장 77회 총회). Nee와 Lee의 저서, 예를 들면 『라이프 스터디』와 같은 것 등 한국복음서원에서 출간한 도서들에는 사이비성이 농후하므로 그 모든 서적, 출판물의 구입, 공고게재 등을 금해야 할 것으로 사료된다(대한예수교장로회 총회, 2001).

Ⅲ부

지방교회의 열매

1. 지방교회를 오래 동안 경험하고 탈퇴한 분들의 증언

지방교회 신도를 구분하는 특징 중 한 가지는 "오! 주 예수여"를 반복적으로 읊조리는가를 보면 알 수 있다. 구원과 성령 충만을 위해 주 예수를 부르는 것은 잘못된 삼위일체론, 삼분설에 입각한 인간론, 구원론, 신인합일론과 유기적으로 연결되어 있음을 독자들도 간파했으리라 본다.

지방교회는 교주 Lee가 성경 헌법을 해석하는 대법관 같다며 Lee를 교황의 위치로 높인다.

> "우리는 회복 안에서 Nee 형제님과 Lee 형제님을 통해서 합당한 해석을 받았다. 우리의 헌법인 신약이 해석되었고 우리에게 열려졌다...올바르게 곧게 쪼개고 그 어떠한 삐뚤어짐도 없어야 한다...주의 회복 안에서는 어떤 신조도 없다. 우리에게 신조가 있다면 사도들의 가르침뿐이다. 다만 성경이 있을 뿐이다...우리 사랑하는 Lee 형제님에 의해 이 여러 해에 걸쳐 합당하게 해석된

성경이 있음을 감사드린다"(『신약사역의 핵심적 내용』, p. 19, 215).

지방교회는 기존 교회의 목사제도와 집회방식을 부정하며 지방교회의 집회방식을 종교개혁에 버금가는 제2의 종교개혁과 같다고 주장한다. 지방교회는 기성교회의 집회방식 곧 목회자 한 사람이 말씀을 전하고 모든 사람이 듣는 것을 비성경적이며 그리스도의 몸의 기능을 말살하는 것이므로 그리스도의 몸이 없다고 한다…주님의 생각에 따른 회복은 무엇인가? 그것은 그분의 믿는 이들을 교황제도와 성직자, 평신도 제도로부터 벗어나게 하는 것이다…한 사람이 말하고 나머지 사람들을 듣는 제도는 교황제도와 성직자 제도의 한 부분이다…카톨릭 교회와 개신교는 그리스도의 몸을 대치하고 억압하는 종교를 구축하고 있다…기독교의 전통적인 실행은 믿는 이들이 누리는 생명 안에 있는 역량을 말살시킨다. 목사 한 사람이 매주 많은 믿는 이들에게 말씀을 전하는 기독교의 실행은 그들의 영적인 능력과 기능을 말살하며, 기능을 발휘할 기회를 빼앗는다(『오늘날의 주의 회복의 진전』, pp. 73-75).

Nee와 Lee와 지방교회는 정통 개신교회들과 그들의 교파들의 사역을 통하여 '성령이 이루신 위대한 역사'를 '죄악'이요 '영적 음행'이라고 모독하고 있다. 그러나 지방교회는 Lee 한 사람이 말하고 전 세계 지방교회 사람들이 들으며 한 입이 되어 Lee의 메시지를 녹음기처럼 되뇌고 있다. 이러한 Nee와 Lee와 지방교회의 가르침을 '신성모독의 죄'라고 비판한다면 누가 부정할 것인가?

지방교회의 천주교와 개신교를 포함한 기존 교단에 대한 태도는 분명하다. 지방교회의 최고지도자 Lee는 말한다.

"중립을 지키려 하지 말라...그들과 화해하려 하지 말라...당신들은 교파가 잘못되었다는 것을 알면서도 다른 사람이 할 말이 두려워서 그 안에 남아있는 것이다"
"천주교와 개신교와 유대교는 모두 하나님의 경륜을 파괴하기 위한 사단의 도구이다"(『교회에 대한 사단의 전략』, 1977).

지방교회는 기존 교회의 지도자들과 목회자들을 오늘날의 여로보암 왕들이라고 하며, 저희들이 여로보암 왕처럼 많은 그리스도인들을 하나님이 택하신 처소인 지방교회로 가지 못하도록 붙잡아두고 있다고 말한다. 오늘날에도 많은 기독교 지도자들이 자신의 이기심과 야심 때문에 경배의 여러 중심을 세웠다고 가르친다. 이것이 지방교회의 참 모습이다.

많은 기독교단체에는 사람을 매혹하고 붙잡아두기 위해 세워진 우상들이 있다. 이런 우상들은 사람들을 하나님에게서 멀어지게 한다. 영적으로 말해서 우리는 모든 장소와 형상과 이름을 깨트려야 한다. 주의 회복은 우상을 경배하기 위한 높은 산과 푸른 나무를 소유한 교파와는 화목할 수 없다(『참 하나의 입장』, pp. 70-71).

지방교회의 교주는 Nee의 후계자로 자처하는 중국계 미국인 Lee이다. 한국에 이 이단 집단이 들어온 것은 1966년에 권익원(왕중생)씨를 통해서였다. 1980년을 전후하여 왕중생씨가 사망한 것을 계기로 이희득씨가 한국의 지방교회를 이끌고 있는데 이탈자들이 속출하고 내분이 계속되고 있는 것으로 전해지고 있다.

지방교회를 이탈하는 지도자 속출

1978년 9월 지방교회 내에서 제2인자로 명망을 얻고 있던 맥스 라포포트(Max Rappoport)가 지방교회를 이탈했다. (어떤 이들은 Lee가 사망할 경우 라포포트가 그의 뒤를 계승할 것으로 믿었다.) Lee의 권위에 대한 이 강력한 일격이 있은 후 그가 신임했던 또 다른 두 지도자 진 포드(Gene Ford)와 샐 베노이트(Sal Benoit)의 전향이 있었다. 지방교회를 이탈한 세 명의 교회 지도자들은 상당수의 교인들을 회유하여 그들을 인도해 냈다. 보스톤 지방교회의 이전 지도자 샐 베노이트는 선언했다.

> "거기서 나오기 전에는 얼마나 교활한 집단인지 알 수가 없습니다. 그리고 그 안에 그렇게 오래 빠져있으면서도 그 내막과 실상을 파악하지 못한 자신에 스스로 놀라게 됩니다."

1960년대 대만에서 Lee가 거액의 헌금을 세속적인 사업에 투자하는 것에 반대했던 수천 명이 실망하여 이탈하는 일이 있었다. 그 후 한국에서도 한국복음서원의 출판을 20여 년 동안 담당하던 지도자를 비롯한 지방교인들의 이탈은 계속되고 있다.

1987년에는 배역의 한 사람이 형제회의 교사인 랑(G.H.Lang)의 저서 『하나님의 교회들』이라는 책에서 강조하는 '각 지방교회의 자치'를 요구하고 나왔다(섞임에 관한 실제적인 요점들, 1994). 장로집회 메시지인 『한 몸과 한 영』에 보면, 그는 최근 그가 통과한 요소인 주의 회복 안에서 하나의 주기를 이룬다고 하면서 "1987년에 몇몇 좋은 형제들을 자르는 소동이 있었다. 그리고 삼 년 전에 또 다른 소요가 있었다. 몇몇 유용한 사람들이 최근의 소동으로 인해 잘렸다"고 말한다.

1987년 분열은 이렇게 시작되었는데, 극동의 일부 반대자들은 "Lee 형제의 사역이 1984년까지는 문제가 없었지만 1984년 Lee 형제님이 그의 사역을 바꾸었고, 이것이 회복의 본성을 바꾸어 놓았다"고 비난했다(『섞임에 관한 실제적인 요점들』, 1994).

1955년부터 수년 사이에 대만의 신도 수는 50,000명으로 증가해 장로교회 다음으로 큰 교세로 성장했다. 2001년 현재, 9만 명이 넘는 신도가 700개 교회에 속해 있는 것으로 집계되었다. 1957년 영국태생의 지도자 스파크(Spark)가 대만교회를 두 차례 방문하였는데, 교회관에 대한 Lee와의 의견충돌로 결별하는 사건이 있었다. 젊은 동역자들 가운데 스파크와 동조한 시보셍(史伯誠), 임상광(林三綱), 서예건(徐豫建), 위잔장(魏建章), 하광민(何廣明) 등이 대거 지방교회를 탈퇴했다. 1963년에는 대만 출판부를 담당하던 소준란(邵遵欄)을 비롯하여 여러 명이 이들과 동조해 탈퇴하는 사태가 이어졌다.

1984년 Lee는 대만에 돌아와 새로운 교회확장운동을 벌였는데, 1987-1989년에 지방교회는 전 세계적인 저항을 경험했다. 미국 애너하임의 장로 존 인갈스(John Ingalls), 독일 스투트가르트 소민강(蘇民强) 장로, 홍콩 교회의 홍지리(封志理) 장로 등이 공개적으로 Lee에게 저항하는 사태가 벌어졌다. 지금도 지방교회로부터 이탈하는 이들은 계속되고 있다. 이들 중 어떤 이들은 지방교회 활동에 한 동안 참여하다가 그들의 독선적인 언행과 조종에 실망하고 정통교회로 돌아와 생활하고 있는 이들이 심심치 않게 늘어나고 있는 형편이다.

이단은 특정 지도자의 그릇된 성경해석을 중심으로 형성된 종교집단이다. 따라서 지방교회의 이단성을 분별하기 위해 우리는 지방교회의 지도자와 그의 가르침 그리고 추종자들을 검토할 필요가 있다. 이단은 언제나 하나님의 진리를 왜곡하여 추종자들에게 가르침으로 가정을 무너뜨리고 하나님의 교회를 분열시킨다. 지방교회는 신학적으로 영지주의 사상을 반영하고 있으며 구원을 받으면 회개할 필요가 없다는 구원파와 사상적 맥을 같이 하고 있다.

표리부동

그들의 선전하는 글을 보니, 어거스틴(Augustine)의 말을 인용해서 말했다. "본질적인 것에는 일치를(in necessaris unitas), 비본질적인 것에는 자유를(in unnecessaris libertas), 그리고 모든 것에는 사랑을!"(in omnes charitas) 듣기에 좋은 말은 다 가져다 사용하는 것 같다. 지방교회가 이 말을 가져다가 자신들을 위하여 사용한다는 것이 생각할수록 아이러니한 말이다. 가장 비본질적인 것에 자유를 주지 않는 단체가, 본질(삼위일체, 구원, 교회, 종말)과 비본질이 무엇인지 구분하지도 않는 단체가, 자신들이 가장 고쳐야 할 그 명제로 자신들을 포장하는데 사용하는 것은 어처구니가 없다.

Lee의 가르침을 일치하여 따라야 하는 것이 그곳에서는 가장 큰 본질이 아니던가? 한 사람의 가르침만을 추종하지 않으면 살아남지 못하는 단체가 그 단체 아니던가? Lee 외의 책을 내면 절대 안 된다는 말이 성서적으로 본질인가 비본질인가? 그들은 이것을 일일이 분류하지도 않고, 좋은 말을 가져다가 자신들을 위하여 사용하는 것이, 그들을 잘 아는 우리로서는 사람을 기만하는 것으로 보이는 것이다. 그들이 가장 강하게 붙잡고 있는 지방 입장이라는 교리(입장을 떠나면 분열이라는 관념을 다 갖고 있음)는 비본질인가 본질인가 묻고 싶다. Lee는 그만두고, 지방 입장도 그만두고 현재의 애너하임 사역을 따르지 않으면 존립조차 곤란한 곳이 지방교회라고 보고 있다. 속으로는 기독교의 목사제도 자체를 부정하거나 비판하는데 그것이 과연 본질인가, 비본질인가 묻고 싶다.

"모든 이에게 사랑을"이라고 했는데, 가장 가까운 가족이나 친족이라도 그 교회를 다니지 않으면 무시하고 가차 없이 매도하며 판단해버리는 그곳이 어찌 그런 말을 쓸 수 있나? 수많은 이들이 지방교회 교인들이 친족들에게 그렇게 대하는 것으로 인하여 상처를 받고 있는데, 그곳의 사람들이 이런 글을 마치 자신들을 대표하는 표어로 쓰는 것을 보며 자가당착이라는 생각이 드는 것이다.

지방교회는 기존 정통교회 성도를 유인하여 기존 교회를 전면 부정하게 하고 자기들의 교회만이 초대교회의 참모습을 회복하였다 하여 편파적이고 배타적인 교회관을 신도들에게 심어주고 있다. 지방교회의 사상적 뿌리는 Nee에게 있으나 Nee를 이단이라고 규정하는 신학자들은 거의 없다. Nee에게 신학적 오류가 발견되는 것은 사실이지만, 문제는 그의 후계자 Lee가 Nee의 사상을 왜곡, 변질시켜 무서운 이단을 만들었다는 데 있는 것이다.

외부에서 보면 지방교회는 그 교인들에 대하여 사랑으로 대하고 배려가 깊은 것처럼 보인다. 이것은 사실이다. 지방교회는 그 교인들이 협조적인 한 구성원에 대하여 사려 깊게 대해준다. 그러나 우리는 이미 비(非)교인들에 대한 지방교회의 태도와 다른 교회들에 대한 이 집단의 완전한 거부 반응을 보아왔다. 어떤 교인이 지방교회를 떠나려 한다면 사람들은 그에게 "하나님께서 당신을 벌하실 것이다. 당신은 용서받지 못할 죄를 범했다." 혹은 "하나님이 벌을 내리시므로 당신은 죽게 될지도 모른다"고 말해주는 것이 상례이다.

이단의 특징 가운데 하나는 이단 집단이 그 구성원들에게 공포심과 핍박에 대한 두려움을 주입하는 것이다. 이단들은 피해망상적 특성과 아울러 처벌 지향적인 특성을 지닌다. 그들이 진리를 전하고 있기 때문에 부패한 기존 교회로부터 핍박을 받고 있다는 망상에 빠져 있다(엔로드 외, 1988). 이것은 지방교회의 경우에도 마찬가지다. 교인들은 '주님의 회복'(지방교회에 대한 또 다른 표현)에 들지 않는 모든 이들은 '사단의 도구'라고 배우고 있다.

2. 지방교회 지도자들의 부도덕한 열매

인간은 영·혼·육의 존재이다. 육체를 가진 영적 존재이다. 육은 유한하며 영은 영원하다. 영이 본질이며 더 중요하다. 하지만 이 땅에 사는 동안에 인간은 영·혼·육의 존재로 살아간다. 지·정·의의 존재로 산다. 영과 육이 같이 간다. 영과 육은 동전의 양면과 같다. 서로 영향을 주고받는다. 근본적으로 가장 중요한 것은 영이지만, 이 땅에 사는 동안에는 영과 혼과 몸 모두가 다 중요하다. 그래서 사람은 영·혼·육 모두 강건해야 한다. 영적인 면과 심리적인 면, 신체적인 면이 모두 건강해야 한다. 영적인 면과 인격적인 면의 균형이 필요한 것이다.

영적인 사람은 인격도 반듯해야 한다. 윤리 도덕도 잘 지켜야 한다. 예의범절도 잘 지켜야 한다. 목회자는 영과 육이 균형을 이루는 전인격적인 사람이 되어야 한다(윤인규, 2017).

성경은 말한다: "이 율법 책을 네 입에서 떠나지 말게 하며 주야로 그것을 묵상하여 그 안에 기록된 대로 다 지켜 행하라. 그리하면 네 길이 평탄하게 될 것이며 네가 형통하리라"(수 1:8). 행함이 없는 믿음은 죽은 믿음이다(약 2:26). 우리는 율법의 행위로 구원받는 것이 아니지만, 구원

받은 성도는 율법(십계명)을 지켜야 한다. 예수님은 제자들에게 분부하셨다. "너희 빛을 사람 앞에 비춰게 하여 저희로 너희 착한 행실을 보고 하늘에 계신 너희 아버지께 영광을 돌리게 하라"(마 5:16).

도덕법, 즉 십계명은 불신자들뿐만 아니라 의롭다 함을 받은 사람들을 포함해서 모든 사람들에게 영원토록 구속력이 있으므로 구원받은 성도들도 그것에 복종해야 한다(롬 13:8-10; 엡 4:2; 요일 2:3, 4, 7, 8). 그리고 그 법 안에 포함되어 있는 내용에 관해서 뿐만 아니라, 그것을 주신 창조주 하나님의 권위 때문에 복종해야 하는 것이다(약 2:10,11). 또한 그리스도께서는 복음으로 도덕법의 이 같은 의무를 결코 폐하지 않고 오히려 더욱 온전케 하고 강화시키신다(마 5:17-19; 약 2:8; 롬 3:31).

중국 현지에서 사역하는 이단 전문가 송요한(2010)은 지방교회는 "사탄의 화신인 죄를 멸하신 예수님을 영으로 모시고 살기 때문에 회개할 필요를 느끼지 않는다"고 함으로 도덕폐기론적 사상을 주장한다고 진단하고 있다. 성령충만을 위해 "오 주 예수여"를 주문처럼 반복하면 된다고 한다. 이는 영지주의적이고 반율법적 태도이다.

Lee의 가르침을 들어보자.

> "여러분의 행위를 개선하려고 할 필요가 없다...사람이 구원받은 후에는 누구도 그를 가르칠 필요가 없다...좋은 사람이 되려 하거나 여러분의 행위를 개선하려고 하지 말라. 만일 여러분이 성질 때문에 마음이 상한다면 그것을 조절하려고 하지 말라...여러

분이 접붙여졌고, 기름부음을 받았고, 인침받은 것에 대하여 그를 찬양하라…만일 그녀가 좋은 아내가 되려고 노력한다면 그녀는 아내로서 더 나빠질 것이다"(『그 영과 몸』).

거짓된 교리를 믿을 때 생활이 잘못 되는 것은 당연한 현상이다. 참 기독교는 경건과 정절과 절제를 가르치는 데 반해, 이단들은 대부분 세속적이고 윤리적으로 저속한 생활을 하는 것으로 나타난다. 베드로는 거짓 교사들이 "육체를 따라 더러운 정욕 가운데 행하기를 쉬지 아니한다"(벧후 2:10)고 했고, "음심이 가득한 눈을 가지고 범죄하기를 쉬지 아니한다"(벧후 2:10)고 진단했다. 모든 이단들이 음행과 호색을 특징으로 하는 것은 아니겠지만, 베드로는 성적 문란이 이단 지도자의 특징이라고 했다(독자들은 박태선과 문선명, 이재록, 김기동, 정명석, 이만희, 등 거짓 선지자들의 음행을 떠올릴 것이다).

정통교회는 율법의 행위로 구원받는다는 율법주의를 배격하지만 율법폐기주의도 아니다. 우리는 율법의 행위로 구원받지 못하지만 구원받은 신자는 율법을 지켜야 한다. 죄인으로서 회개하고 예수님을 믿음으로 회심한 그리스도인은 반복적 회개를 통해 성화되어 간다. "그리스도인도 날마다 죄를 범하기 때문에 날마다 회개해야 한다. 교부 터툴리안은 '나는 단지 회개를 위해 태어났을 뿐이다'라는 말까지 했다. 수시로 반복적으로 죄를 범하는 인생들이기에 회개가 필요 없는 날은 하루도 없는 것이다"(서창원, 2019).

예수님은 거짓 선지자들은 그 비윤리적이고 부도덕적 행위의 열매로 그 이단성을 드러낼 것이라고 말씀하셨다(마 7:15). 지방교회는 죄를 사단의 화신으로 믿기 때문에 주 예수를 부를 뿐 회개를 가르치지 않는 것 같다. 사도 베드로는 호색과 탐심이 거짓 선지자들의 특성으로 드러날 것을 예고한 적이 있다(벧후 2:2-3). "너희는 내게 배우고 받고 듣고 본 바를 행하라. 그리하면 평강의 하나님이 너희와 함께 계시리라"(빌 4:9). 지방교회는 그 지도자의 삶(행위)의 열매가 돈(money)과 성(sex)과 권력(power) 남용으로 나타났음을 보여주고 있다.

그들의 말하는 것을 언뜻 들으면 그들보다 깨끗하고 고상한 교회가 없으며 지방교회 교인들 모두가 주님을 깨끗한 마음으로 사랑한다. 말만 듣고 그들에게 가입하면 오래지 않아 그들 내부의 복잡한 상황을 만나게 될 것이다. 그들의 내면에 더 깊숙이 들어가면 그들보다 복잡하고 갈등 많은 곳이 없다는 것을 알 수 있다. 각 교회들 내부의 문제들도 그러하고 사역자들 간에도 그러하다. 그리고 그들은 외부에다가는 완전한 하나를 이루고 있다고 자랑한다. 그러나 실상은 한국만이 아니라 여러 나라의 지방교회들 내부에 이미 부정할 수 없을 정도로 차고 넘치는 문제들이 많다.

이단 교주들은 종교적 사업가의 성향을 지닌다. 이단 단체마다 마지막에는 재물을 모으는 것으로 나아가는 것은 이상한 일이 아니다. 결국 큰 단체가 운영되기 위해서는 필요한 것이 돈이기 때문이다. 교회는 복음을 전하기 위해 세워진 기관이지 사업하는 단체가 아니다. 이단마다 복음을 효과적으로 전하기 위해 사업을 한다고 가장하지만, 성경에는 교회가 복음을 전하기 위해 사업을 하는 그러한 본이 없다. 이 교회가 드러낸 비윤리적 열매를 몇 가지만 언급하겠다.

대만과 미국을 오가며 가족 사업을 하다

Lee는 그가 주님께 위임받고 미국에 왔다고 간증했지만, 거기에는 그와 극동의 교회들 간의 심각한 문제들이 있었고, 그것이 Lee가 미국에 오게 된 기폭제였다. 50년대 후반에 그는 성도들의 투자 자산과, 엄청난 돈을 잃어버린 그의 큰 아들 티모시(Timothy)가 연루된 사업의 실패로 말미암아 타이페이 교회에 큰 문제를 일으켰다. 이 일은 타이페이 교회의 재정적 위기를 초래했다. 교회 성도들의 모든 헌금은 그 빚을 갚는 데 사용되었지만 여전히 막대한 돈이 빚으로 남아 있었다. 이런 절박한 상황 때문에 Lee는 장로들에게 그 빚을 갚기 위해 교회에 속한 땅을 팔도록 강요했다. 그렇게 행동함으로 인해 많은 교회 동역자들과 성도들이 크게 불쾌해하며 와해되었다. 그 부지는 원래 교회가 훈련 센터와 교회의 새로운 모임 장소를 짓기 위해 산 것이었다. Lee는 그가 그릇 행했다는 것을 알았고, 1960년에 미국의 서부 연안 쪽으로 떠났다.

Lee가 타이완을 떠난 후, 교회 동역자들은 두 무리로 나뉘었는데, 한편은 Lee의 강력한 추종자들이었고, 다른 그룹은 Lee의 활동들에 의문들을 가지고 있었다. 이 두 그룹은 서로 다른 강한 의견을 가지고 있었고, 그것은 교회 생활에 크게 영향을 미쳤으며 또한 교회 역사를 수행해 나가는 데 어려움이 되었다. 결국, Lee를 추종하는 몇몇 동역자들은 그에게 타이완으로 돌아와서 그들의 서로 다른 의견들을 해결해달라고 요청했다. 1965년에 Lee는 타이페이로 돌아왔다. 그는 그에게 찬동하지 않는 동역자들을 제거하기로 결정했다. 그 결과로, 수천 명이 교회를 떠나게 되었다. 그때 교회 정규 멤버들의 거의 30%가 떠났고, 가장 심각한 상황은 정규적으로 나오는 거의 80-90%의 젊은 대학생들이 떠났다는 것이다. 1965년의 Lee의 행동은 오직 그의 편에 줄 서는 교회를 얻고자 하는 '대량학살'에 비견할 수 있다. 다른 어떤 사람들은 그것이 필요한 조치였다고 느낀다. 어쨌든 Lee는 미국으로 돌아왔고 타이페이 성도들은 남아서 잔재들을 주워 모아 재건하기 시작했다.

1950년대 홍콩, 필리핀, 싱가폴, 말레이시아 등 아시아지역의 지방교회에서는 Lee의 헌금을 사업에 전용하는 일에 이의를 제기하는 이들이 많아 부유한 성도들 다수가 교회를 떠나는 일이 일어났다. 이때 Lee는 불법으로 필리핀 공항에서 골드바(Gold Bar)를 유출하려다 적발되어 체포될 뻔한 사건을 겪기도 했다.

Lee의 재정적 만행을 제지할 수 있는 사람은 아무도 없었다. 1962년 Lee는 장남 티모시(Timothy)를 위해 또 다른 사업을 지원해 시애틀 세계 박람회(Seattle World Fair)에 참여할 수 있도록 하였으나 그 사업도 실패로 막을 내렸다. 1966년에 사무엘 장(Samuel Chang)은 장남 티모시와 또 다른 아들 필립(Philip)이 무절제한 삶을 사는 것에 대해, 시애틀

옷 사업 실패 후 재고를 교회 집회소에 보관하는 것에 대해 문제를 제기하였으나 Lee는 일방적으로 아들 편에 서서 아무런 조치도 취하지 않았다. 1972년 Lee는 아들 티모시를 위해 거액을 투자해 데이스타(Daystar)라는 이름의 호화로운 Motor Home 사업을 하도록 도와주었다. 티모시는 방탕한 생활을 하는 것으로 소문이 나 있었는데, 세계 여러 주요 도시에 여자를 한 명씩 두고 있다고 자랑하기도 했다. 타이페이(Taipei) 공장 옆 거처에서는 창녀와 동거하며 사업을 했는데, 사업이 부도났을 때 L.A.의 Living Stream Ministry에서 모금해 거액의 빚을 청산했다고 전해지고 있다.

1974년경 재정을 담당하던 맥스 라파포트(Max Rappaport)는 Lee의 신임을 얻어 교회에서 상당한 권력을 행사했다. 이때 차남 필립(Philip)은 애너하임(Anahaim) 집회소에서 출판 사업으로 상당한 돈을 벌고 있었다. 문제는 결혼한 그가 함께 일하는 (결혼한) 자매를 성희롱하는 것을 목격한 사람이 있다고 소문이 났다. 이에 맥스 라파포트가 필립을 식당에서 만나 직언을 하였는데, 필립이 자기 범행을 부인하며 큰 싸움까지 벌인 사건이 있었다. 장로들은 후에 이 자매를 찾아가 만났는데, 여러 차례의 성희롱이 사실로 드러났다. 하지만 Lee는 이 사건에 대해 보고를 받고도 자기 아들을 치리하지 않고 후계자로까지 거론되던 맥스를 오히려 퇴출시키는 독재적 결정을 내렸다. 또한 Lee는 화해를 요청하는 맥스의 청을 거절하고 아들을 출판부서 책임자로 승진시켰다(후에 Lee는 그렇게 한 것에 대해 후회했다고 전해진다).

필립은 전에 미국시민권을 얻기 원하는 중국 여인들을 미국 남자들에게 '소개'하는 일을 하던 사람이었으며, 전혀 영적인 사람이 아니었다. 1986년 Lee는 유럽의 여러 교회가 미국의 Living Stream Ministry(LSM)의 문서 사역에 협조하도록, 특히 필립의 지시에 따르도록 합의문에 서명할 것을 요구했다. 독일 슈트트가르트(Stuttgart) 문서 담당자들은 필립의 요구에 불응하였고, 미국과 유럽의 문서협력 사업이 몇 년간 중단되는 사태가 벌어졌고 L.A.의 LSM은 훈련을 받으러 오는 유럽 형제들을 환영하지 않고 냉대하는 일이 몇 년간 지속되었다고 한다.

필립은 아버지 Lee 덕에 출판 사역에 더 깊이 관여하게 되었는데, 인격이나 영성이 떨어지는 사람이 LSM 사역을 좌지우지 하는 것에 대한 불만이 커져갔다. 드디어 필립의 부도덕한 행동에 대한 소문과 증언이 퍼지게 되었다. 여러 해 동안 '희생적으로 성실하게' 출판부에서 일하던 요직에 있던 자매가 자신과 여러 자매가 여러 해 동안 성폭력에 시달려왔다며 더 이상 견딜 수 없어 사표를 내겠다고 '장로'에게 보고하는 일이 벌어졌다. 여러 장로들은 Lee에게 필립의 성적 도덕성의 문제를 보고하였으나, "내 아들은 내가 처리할 테니 당신들은 필립에게서 손을 떼라"는 소리만 듣고 나왔다. 필립은 계속 LSM의 최고출판책임자(manager)로 군림했다.

10여 년간 계속되던 필립의 성적 비행 문제는 곪아 터지게 되었다. 장로들과 교회의 점증하는 압력으로 인해 Lee는 마침내 아들을 출판부서에서 해고하였고, 교회는 그를 출교하였지만 얼마 후에 다시 복권하는 조치를 취했다. 여러 해 동안 지속되었던 필립의 부도덕한 행동을 감싸는 Lee의 중앙 통제(central control)는 애틀란타(Atlanta)를 비롯한 미국 동남부에도 심각한 문제로 발전했다. 여러 장로들이 이 문제를 놓고 지방교회의 '총사령관'이라고 할 수 있는 Lee에게 '교제'(대화)를 거듭했다.

1988년 1월 7일 존 인갈스(John Ingalls), 알 노크(Al Knoch), 갓프레드 오투테예(Godfred Otuteye), 켄 엉거(Ken Unger) 장로가 교회를 대표해 Lee를 만나 문제의 심각성을 놓고 '교제'하였으나, 그들은 문제를 적절하게 다루지 못했다는 질책만 듣고 장로직을 내놓을 것을 요구받았을 뿐이었다. 그들은 Lee의 태도에서 완악함을 보았고 더 이상 교제하는 것은 의미가 없다고 판단했다.

1987년 12월 LSM 사무실에서 필립에게 성폭행을 당한 자매의 남편이 총을 장전하고 필립을 죽이겠다고 집회소에 난입하는 사건이 터지기도 했다. 타이페이 사무실에 일하던 자매는 그의 사무실 서랍에서 포르노 잡지를 찾아내 치워야 하는 일을 해야 했다고 자백하는 일까지 있었다. Lee는 자기 아들에 대해 처음 보고를 들은 날로부터, 어떻게 하면 장로들의 압력에 굴복하지 않을 것인가를 궁리하면서 3개월 반을 보내다가 할 수 없이 자기 아들을 출판부서에서 나가게 했다고 회고했다.

1994년 Lee는 신적 계시의 최고봉이라는 개념을 새로 소개하면서 괄목할만한 걸음을 내딛었다. 첫째는 하나님이 인간이 된 것은(신성은 아니지만) 사람이 하나님이 되게 하려 함이라는 것이고, 둘째는 새 예루살렘이 하나님의 유기적 구원과 최종 목표라는 것이었다. 새 예루살렘은 그가 죽는 날까지 그의 사역의 중요한 부담이 되었다.

지방교회 신도들은 지금도 '계시의 최고봉'을 사도신경처럼 따라 읽는다.

> "신성한 계시의 최고봉, 곧 하나님의 마음에 감추어진 비밀은 하나님의 영원한 경륜, 하나님의 영원한 계획에 대한 계시이다. 이것은 그리스도 안에서 그 영에 의해 하나님 자신을 우리 안에 분배하여 우리의 생명과 본성과 모든 것이 되게 함으로 우리가 그리스도를 살고 표현하도록 하는 것이다. 이것이 우리의 생활을 다스리는 원칙이어야 한다."

Lee는 기성교회를 '바벨론 음녀'라고 하며, 기성교회의 목사와 예배 등 대부분의 제도를 부정한다. Lee는 기성교회는 타락해서 죽어있기에 하나님이 계시지도 않고 불태워질 것이라고 한다(『주의 회복에 관하여』; 『성경의 핵심』; 『그리스도냐, 종교냐』; 『일곱 영』).

기성교회의 목사와 예배를 부정하고(Nee, 『사역의 재고』), 침례를 구원의 조건으로 삼으며, 성령 충만을 위해 "오, 주 예수여!"를 반복적으로 주문처럼 외우기만 하면 된다고 한다(『성경의 핵심』; 『그 영과 몸』; 『일곱 영』). 그런데 과연 Lee와 그의 두 아들은 칭의를 위한 단회적 회개를 해본 적이 있을까? 그리고 성화를 위한 반복적 회개를 해본 적이 있을까? 하나님-사람이 되면 "오 주 예수여"만 부르고 회개를 하지 않아도 되는가? 탐심과 간음의 죄는 회개하지 않아도 되는 것이 최고봉의 신앙인가!

> "오직 소수의 사람들만이 그리스도가 하나님-사람이심을 시인한다. 또 이 소수의 사람들 가운데서도 오늘 우리가 하나님-사람들임을 인정하지 않는 사람들도 있다...마찬가지로 교회시대에서 그분은 이러한 이기는 무리들을 기독교 안에서는 찾을 수 없었다. 그분은 오직 그분의 회복 안에서 소수의 이기는 자들을 찾아낼 수 있다. 계시록 14장은 비록 많은 이들이 구원받았지만 이기는 자들은 다만 144,000이라고 말한다"(Lee, 『하나님의 경륜과 하나님-사람의 합당한 삶』).

총신(總神) 출신의 재미 이단 연구가인 서춘웅 목사(2014)는 지방교회의 '권위주의'를 이렇게 비판한다.

> "지방교회는 구조상 권위주의이며, 그 머리는 Lee이다. 그는 교회의 최고 명령자다. 그는, 하나님의 인도를 받기 때문에 묵계적으로 순종해야 한다. 그는 지방교회 회원들에게 자신에 대한 적법한 자세에 대해 그의 사역자들의 예를 들면서 형제 벤슨

(Benson)은 자신의 개념을 갖지 않았으며, 오로지 Lee 형제의 사역을 따라가는 것만 알 뿐이라고 한다. 따라서 그는 잘못을 들을 때면 잊어버린다. 그런 것(실수)을 토론하는 데 낭비할 시간이 없다고 한다. 그는 자신이 하나님으로부터 온 지도자이기에 자신의 가르침은 예외 없이 따라야 한다는 것이다…그가 이렇게 무조건 따르고 복종할 것을 요구하는 것은 그의 교훈이 35년 이상의 실천과 경험을 통한 증거이기 때문이라고도 한다. 따라서 그는 '이것이 내 가르침이라고 생각하지 말라. 그것은 주님의 계시다'라고 한다. 그러므로 지방교회에서 최고의 권위는 Lee다…그러나 교회의 머리는 그리스도이시며(엡 5:23). 그는 모든 정사와 권세의 머리이시다(골 2:10). 교회의 정치는 주님 자신과 그의 왕국의 권위로 시작되어야 한다. 그리스도의 통치는 유일하며 비교할 수 없는 것이다"(559).

"이 말씀들은 단순한 가르침이 아니다. 오히려 이 말씀은 내가 지난 35년 동안 실천하고 경험한 것에 대한 강력한 증거이다. 나는 이 이상에 사로잡힌 바 되었다. 주님의 자비로 인하여 나는 내 태도나 방법이나 음조를 조금도 바꾸지 않았다. 이것을 나의 가르침이라고 생각지 말라. 이것은 주님의 계시다"(Lee).

"교파 안에 있을 때 우리는 소경이었다. 나는 주님으로부터 참 빛을 얻고 그리스도인이 여전히 교파 가운데 남아 있을 수 있다고 믿지 않는다…당신이 교회를 떠날 때, 기독교의 종교를 떠날 때

별이 있다"(『그리스도냐? 종교냐?』).

모든 교파는 종교이며 큰 음녀이고 바벨론이기 때문에 떠나서 지방교회로 오라는 것이다. 그들은 교회의 조직, 제도, 직분, 규율, 사업 등을 부인하고 필요 없는 것이라고 가르친다.

"이 새로운 시대에 주님의 새로운 움직임에는 어떠한 조직이나 제도나 규율도 필요 없다. 우리에게 필요한 것은 모두 주님의 임재에 달려있다...할렐루야! 규율이 없다. 그리스도에게는 규율도 규칙도 없다...오늘날 우리는 이 역겨운 실행과 '성직자-평신도 제도'의 가르침을 우리 발아래 던져야 한다...이 책(요한계시록에서), 이 시대에 주님의 경륜에서 이 모든 것 - 지위, 직분, 자격 - 은 끝났기 때문이다. 오늘날 영의 시대에는 지위나 직분이나 자격이 없다"(『그리스도냐? 종교냐?』).

지방교회는 세상에서 가장 교조주의적(教條主義的)이고 분열적인 집단이다. 지방교회가 자신들과 다른 교리(예를 들면 정통 삼위일체론 및 교회론)를 가지고 있는 정통교회를 향해 쏟아붓는 증오와 혐오의 언어 돌팔매질을 보라! '영적 음행, 음녀, 배교자, 큰 바벨론, 사탄의 조직' 등과 같은 가장 자극적이고 가혹한 용어들을 사용하여 무차별로 공격하고 있지 않은가! 그들은 말한다.

"천주교와 개신교, 그리고 유대교는 모두 사단의 조직으로서 하나님의 경륜인 지방교회를 해치는 도구로 사용되고 있다. 지방교회는 오늘날의 예루살렘이다. 큰 성 바벨론은 많은 음행하는 딸들을 거느리고 있는 음녀이다. 로마 카톨릭 교회가 어머니이고, 교파 교회들은 그 딸들이다. 유대교는 사단적이고, 천주교는 마귀적이며, 개신교에는 그리스도가 없다. 우리는 사단적인 유대교와 귀신적인 천주교, 그리스도 없는 개신교, 그리고 세상적인 세속주의로부터 구원을 받아야 한다"(*Stream Magazine*, 1976).

지방교회 교인들의 간증은 그리스도를 으뜸으로 경배하는 신약성서의 간증과 흥미 있는 대조를 이루고 있다. 많은 정통교회 목회자와 신도들이 지방교회의 '한국복음서원'에서 발간되는 책이 은혜롭다면서 혼돈 속에 빠져들고 있다. 배후에 포진한 사상이 얼마나 이단적인지를 분별하지 못하기 때문이다.

그들은 대내적으로 스스로 기독교가 아니라고 주장하면서, 기독교를 사탄이 세운 왕국이며 음녀, 바벨론이라고 온갖 욕설로 비판한다. 하지만 대외적으로 말할 때에는 자신들이 정통 기독교와 동일한 복음주의 신학을 가지고 있다고 말하며, 이단 시비가 마치 오해에서 비롯된 것처럼 조작하는 비양심적인 이단 단체이다.

이단 사이비 교주들의 심리를 종교심리학자 유영권(2008)은 다음과 같이 요약한 적이 있다. "사이비종교 교주들은 자기애 성향의 착취성과 특권의식, 우월성과 거만, 자기몰입과 자기 동경 등의 요소를 골고루 지니고 있어서 특권의식으로 교인들의 재산을 착취하기도 하고 성적으로 착취하기도 한다." 호색적 자기애의 형태는 Lee의 아들 대에서 나타나고 있다.

영적인 깨달음만을 강조하는 Lee는 성경을 연구할 필요가 없다고 가르친다. "우리는 우리가 받은 자양분으로 그의 양들을 칠 수 있다. 이것은 절대적으로 종교와 관계가 없다. 신학교나 신학대학에 가서 성경을 연구하거나 종교적인 교육을 받아야 한다고 생각지 말라…신약의 경륜에 있어서 주님에 대한 봉사는 지식이나 교육에 속한 것이 아니라, 절대적으로 주님을 사랑하는 것이다"(그리스도냐? 종교냐?). 신학교육을 받을 필요가 없음을 강조하는 것은 세대주의에 영향을 받은 형제교회나 구원파도 마찬가지이다. 구원파에 실망한 사람들이 대거 지방교회로 몰려가는 것도 이러한 유사점 때문이 아닌가 싶다.

지방교회는 이단적인 교회론('교회는 그리스도, 그리스도는 교회라는 교리')에 기초하여 위와 같은 '불법적인 용어들'을 사용하여 정통교회를 '불법적으로' 공격한다. 그러면서 지방교회는 '교파주의'를 공격하는 것일 뿐이라고 간교한 핑계를 댄다. 그리고 지방교회의 옹호자들은 지방교회의 이런 교활한 변명을 정당한 비판 없이 기꺼이 수용한다. 그러나 사실은 '교파주의'를 공격하는 것이 아니라 정통교회들의 '정당성'과 '합법성'을 정조준해서 공격한다. 그런데 지방교회가 정통교회의 '정당성'과 '합법성'을 불법적으로 공격하는데 왜 정통교회는 지방교회를 그대로 용납하는가? 그렇게 해야 하는 정당한 논리적 근거가 과연 무엇인가? 지방교회가 정통 개신교회들을 가리켜 '영적 음행자요 배교자요 음녀요 큰 바벨론이요 사탄의 조직'으로 모독하고 매도하는 동안에는 지방교회를 이단으로 비판하는 것이 지극히 당연하고 정당하다. 지방교회가 저런 불법적이고 이단적인 주장을 지속하는 동안에는 지방교회를 이단에서 사면해 주어서는 결코 안 될 것이다! 지방교회가 그런 불법적인 용어들을 사용해서 정통교회를 '불법적으로' 비난하고 있음에도 불구하고 지방교회를 받아들이는 것은 특히(경쟁력이 약할 수 있는) 개척교회들과 작은 교회들에게 큰 재앙이 될 수 있다는 점을 분명히 인식할 필요가 있다(김홍기, 2017).

지방교회 삼분설에 영향을 받은 이단 류광수 다락방은 "한국교회 98%가 마귀에게 사로 잡혔다"고 했는데, 이는 Lee의 "천주교는 마귀적이고 개신교에는 그리스도가 없다"고 판단한 것과 무관하다고 할 수 없을 것이다. Lee는 기성교회를 바벨론 음녀라고 하며, 기성교회 목사와 예배 등 대부분의 제도를 부정하기에, 신학자 허호익(2016)은 지방교회를 교회론적 이단으로 분류하고 있다.

지방교회가 바벨론 음녀라고 정죄하는 한국기독교총연합회(2010년 이후 이단옹호집단으로 변질되었음)와 장로회 통합측 총회로부터 이단 규정을 해제 받으려 시도하는 것은 무엇을 의미하는가! 그들은 자신들이 사탄이며 음녀, 바벨론이라고 부르는 기독교에 자신들도 동일한 복음주의 사상을 갖고 있으므로, 자신들을 재평가해 달라고 요청하고 있다.

지금까지 인용한 Lee의 가르침이 과연 복음주의적인가? 바벨론 음녀에게 이단해제를 요구하다니 이 얼마나 모순적이고 자가당착적인 행동인가!

우리는 지금까지 지방교회가 그 가르침, 그 지도력이나 추종자들의 행태, 즉 그들의 열매로 볼 때 이단의 전형적 특징을 드러내고 있음을 살펴보았다.

IV부
지방교회에 어떻게 대처할 것인가?

1. 결론:
지방교회는 영지주의적, 도덕폐기론적 이단이다

교회사는 정통과 이단, 진리와 거짓의 투쟁의 역사다. 진리와 거짓된 교리의 싸움은 그친 적이 없었다. 지방교회는 바울이 정죄하였던 '다른 복음'(different gospel)이다.

이단은 본질적으로 교리적인 문제로서, 성경과 역사적 정통교회가 믿는 교리를 변질시키고 바꾼 '다른 복음'을 말한다. 성서의 주요한 가르침을 바르게 전하는 바른 계통과 바른 진리가 정통이라면, 이단은 성서의 주요한 가르침을 다르고 틀리게 전하는 분파의 거짓된 교리를 일컫는 말이다(허호익, 2016).

정통은 '바른 교훈'(sound doctrine)이고 이단은 '다른 교훈', 즉 거짓된 교리(false doctrine)이다. 앞에서 언급한 것처럼, 이단은 파당을 이루어 기독교 신앙의 기본교리요 일치의 공통분모인 하나님, 예수 그리스도, 성령, 삼위일체, 성경, 교회, 구원, 종말에 대한 정통적인 신앙 중 어느 하나라도 부인하거나 왜곡하여 가르치는 경우에 해당한다(송기상, 2017). 우리는 지방교회가 삼위일체론, 기독론, 구원론, 교회론 등에서 정통적 규범을 떠나 이단적 교리를 가르치고 있음을 살펴보았다. 필자는 지금까지 Lee가 왜 거짓 선지자에 해당하는지, 그리고 그의 가르침이 왜 다른 교훈에 해당하는지를 논증하려 시도했다.

교통신호등을 빌어 비유적으로 표현한다면, 정통이 파란불이라면, Nee의 가르침은 노란불, Lee의 가르침은 빨간불에 해당한다고 할 수 있다. 한국 등 해외에서는 Nee의 사상을 Lee가 그대로 받아들여 지방교회를 창립한 것인 양 홍보하고 있다. 그러나 Nee의 사상 중에서 인간론과 교회론을 차용했을 뿐이며 가장 문제가 되는 삼위일체관, 기독론, 구원론, 신인합일 등은 Lee의 독자적 주장이다. 물론 Nee의 사상에도 더러 오류가 발견되지만, Lee는 더욱 그것을 과격하게 변질시켜 교리화한 측면이 있다.

어느 집단을 이단으로 규정하는 것은 어떤 신학자 개인이 할 수 있는 것이 아니다. 교회 공동체, 교단이 규정하는 것이다. 그동안 한국교회의 주요 교단들은 Lee의 신인합의주의 사상과 양태론적 삼위일체론, 부활을 기점으로 그리스도의 신성과 인성이 바뀌었다고 보는 것, 영은 타락하지 않고 육적으로만 타락했다는 삼분설, 기성교회를 바벨론 음녀고 판단하고 구원과 성령 충만을 위해 "오 주 예수여"를 반복적으로 주문처럼 외우게 하는 것 등으로 인해 지방교회를 이단으로 규정했다. 종교전문잡지『현대종교』(2010)는 지방교회가 기성교회 제도와 목회자를 부정하고, 양태론, 신인합일주의 등 정통 교리에서 벗어난 주장으로 1991년 '이단'으로 결의됐다고 보도했다.

지방교회는 대외적으로는 정통 기독교와 차이가 없는 것처럼 그들의 교리를 내세우나 실제로는 그것과 딴판인 것들을 가르치고 또 주장한다. 대부분의 이단들은 그 점에서 오히려 이들보다 더 정직하다. 겉과 속이 다른 것은 곧 거짓이요. 따라서 그것은 사람들을 미혹하기 위한 수단으로 밖에는 보이지 않는다(김도빈, 1997).

나는 이 책에서 여러 교단이 왜 Lee의 지방교회를 이단으로 규정했는지를 종합적으로 설명했을 뿐이다. 독자나 지방교회 측에서는 필자가 지방교회를 이단으로 규정한 것처럼 오해하지 않기를 바란다. 이단 문제를 전문으로 다루는 잡지 『종교와 진리』는 2019년 6월호에서 지방교회를 이렇게 소개하고 있다.

"지방교회(the Local Church: 회복교회)는 중국에서 발생한 이단인데, 그 사상적 출발점은 워치만 니(Watchman Nee)이다. 실제적인 교주는 Nee의 후계자로 자처하는 중국계 미국인 위트니스 리(Witness Lee: 이상수)이다. 한국의 지방교회는 Nee의 직계제자라고 자칭하던 왕중생(한국명: 권익원)씨의 지도 아래 1966년 시작되었다. 왕중생씨 사후 한국 지방교회의 책임을 맡은 이는 이희득씨이다. '한국복음서원'의 대표로 Nee와 Lee의 저서를 전담 출판하여 배포하고 있고, 세대주의의 시조라고 할 수 있는 존 다비(John Darby)의 번역에 Lee가 주해를 붙이고 수정한 성경사역본은 '회복역'이란 이름으로 발간하였다."

"잘못된 주요 교리를 보면, 신론에서 양태론(삼일론), 경륜적 삼위일체(사역적 삼위일체)를 주장하고, 예수 그리스도의 인성과 신성을 분리하며, 인간을 철저히 영, 육 이원론으로 분리한다. 그리고 신인합일론(신화사상)을 주장하고, 성경보다 직접계시를 더 우위에 둔다. 기성교회에 대해서는 배타적, 부정적으로 평가하며 직제를 인정하지 않고, 예배에도 어떠한 형식이 없다. 또한 지방교회만 유일한 참 교회라고 하고, 한 지방에 그 지방 이름을 붙인 한 교회만 있어야 된다고 주장한다."

지방교회는 카톨릭과 유대교, 개신교의 모든 교회를 사탄과 바벨론, 음녀의 교회라고 주장한다. 그 이유는 그들의 교리와 사상이 기존 교회와 처음부터 끝까지 철저히 다르기 때문이다. 외부적으로는 자기들의 복음주의자라며 그들의 교리와 신학을 철저히 감추고 위장하는 것으로 유명하다.

Lee의 교리를 관통하는 사상은 인간의 영은 선한 것이며, 몸과 육(혼)은 악한 성향을 지녔다는 이원론적 영지주의, 니골라당의 이단 사상을 대변하고 있다는 것이다. 인간의 타락을 영육 간의 총체적인 것으로 보지 않고 육체적인 것에 국한하는 오류를 범하고 있다. 따라서 창조와 타락관도 정통교회의 입장에서 완전히 벗어나 있다. 영, 혼, 몸을 경직되게 분리하여 해부하는 것과 자아와 혼에 대한 이들의 가르침은 플라톤적인 사고에 기인하는 것이지 히브리적이거나 기독교적인 사고가 아니다. 성경은 인간을 영적, 지적, 감정적, 의지적, 사회적, 성적, 도덕적 차원을 지닌 통합된 연합체로 제시하고 있다.

지방교회는 하나님과 그리스도, 성령, 인간, 죄, 구원, 그리고 교회에 관한 교리에 대하여 역사적인 정통 기독교의 가르침과 거리가 먼 '다른 교훈'을 가르치고 있다. "지방교회는 여러 가지 면에서 교리적으로나 구조적으로 이단적이다"(Martin, 1980). 지방교회의 교인은 거의 대부분 기존 교회 교인들로 이루어져 있다. 많은 미성숙한 그리스도인들이 미혹되어 이 집단에 가입했다는 사실은 지방교회가 정통에 가깝다는 것을 의미하지 않는다. 오히려 이는 지방교회가 하나님의 진리를 교묘하고 영특하게 위조하여 순진한 성도들을 미혹하고 있음을 의미하는 것이다.

지방교회는 인간론, 기독론(예수님의 인성과 신성)에 대한 견해도 전통적인 기독교와 전혀 다르며 초대교회부터 존재했던 이단적인 주장들을 추종한다. 또한 삼위일체론 뿐 아니라 구원론, 종말론, 교회론, 인간론도 모두 전통적인 기독교의 것이 아니다. 또 부활관과 천국관도 전혀 다르며 모두 극단적이며 부분적이다. 예를 들자면 심지어 그들은 단체 구원을 주장하며, 믿음이 아닌 행위 구원을 주장하며, 죽어서 가는 장소적인 천국의 개념도 부정하며, 실제적으로 사람이 하나님이 되어야 한다고 주장하며, 그것을 거듭남, 부활, 영생이라고 주장한다.

또 Lee의 성경해석은 심한 알레고리(풍유)로 왜곡되어있다. 어떤 경우에는 누가 보아도 전혀 논리적으로 이해할 수 없는 유치한 해석을 하고 있다. 그 이유는 삼위일체라는 첫 단추를 잘못 꿰었기 때문이다. 삼위일체를 언급하는 성경의 기록을 모두 달리 해석하여야만 하는 Lee로서는 무리한 해석을 할 수밖에 없는 것이다. 또 Lee는 스스로 지방교회가 기독교와 다르다고 셀 수 없을 만큼 그의 책에서 반복하여 말하고 있으며, 카톨릭과 기독교를 사탄의 교회, 음녀, 바벨론이라고 공공연하게 말하면서 여느 이단과 동일하게 배타적이며 공격적인 모습을 보여주고 있다. 그럼에도 불구하고, Lee의 후계자들, 이중의 얼굴을 가진 지방교회는 자신들이 전통적인 기독교의 교리를 갖고 있다고 하면서, 오늘도 정통교회 성도들을 미혹하고 있다.

지방교회와 구원파는 현대판 영지주의로 자연스럽게 도덕폐기론적 가르침을 수반하고 있다. 교회사학자 라은성(2008)이 지적한 것처럼, 뉴에이지 운동과 포스트모더니즘도 영지주의를 배경으로 하고 있다. 이들은 이원론자들로서 물질세계는 죄악된 것으로 보고, 영적 세계만 선한 것으로 판단한다. 도덕률폐기주의(반율법주의: antinominianism)는 육체는 본래 악하고 영혼만 순결하다는 사상을 갖고 있다. 비윤리적이고 반사회적인 양상을 드러내고 있다.

사도 베드로는 교회 역사에 거짓 선생들이 계속 나타나 멸망케 할 이단(그릇된 가르침)을 가만히 끌어들일 것이라고 경고했다(벧후 2장). 베드로에 의하면, 신약시대에 나타날 거짓 선생(선지자)은 대상자들을 접근하는 방법이 사특하고, 간교하며, 호색적인 성향을 나타내며, 탐심으로 금품을 착취하며, 은혜로 구원받았다는 미명 아래 율법의 권위를 무시하며, 당돌하고 고집이 세며, 메시지가 일관성이 없고, 내용이 잡히지 않으며, 부정직하고 진실성이 없다(Fickett, 1974).

역사학자 해럴드 브라운(Harold Brown, 1984)과 의사 폴 브랜드(Paul Brand, 1986)는 이단을 그리스도의 몸에 붙어서 기생하는 암세포(악성종양)라고 묘사한 적이 있다. 지방교회는 정통교회를 사탄과 바벨론 음녀라고 비난한다. 초대교회의 영지주의자들을 향해 사도 바울은 디모데에게 경고하고 있다. 초대교회 니골라당을 연상시키는 지방교회를 향해서도 같은 경고를 하리라고 본다.

초대교회 안에서도 분당과 파당의 문제가 있었다. 그중에서도 할례당이나 영지주의의 거짓 교사들의 미혹으로 인한 문제가 많았다. 그러나 하나님은 언제나 정통교회를 통해 자기의 뜻을 이루었지 이단을 통해 일하시지 않았다. 지방교회는 그 교리와 태도와 행습의 열매로 볼 때, 그리스도의 이름으로 그리스도의 몸의 하나 됨을 파괴하며 부인하는 이단임이 분명하다.

> "이런 자들이 더러운 이득을 취하려고 마땅치 아니한 것을 가르쳐 집들을 온통 엎드러치는도다…저희가 하나님을 시인하나 행위로는 부인하니 가증한 자요 복종치 아니하는 자요 모든 선한 일을 버리는 자니라"(딛 1:11, 16).
>
> "디모데야 네가 부탁한 것을 지키고 거짓되이 일컫는 지식의 망령되고 허한 말과 변론을 피하라"(딤전 6:2).
>
> "네가 네 자신과 가르침을 삼가 이 일을 계속하라. 이것을 행함으로 네 자신과 네게 듣는 자들을 구원하리라"(딤전 4:16).

"망령되고 헛된 말을 버리라. 저희는 경건치 아니함에 점점 나아가나니 저희 말은 독한 창질의 썩어짐과 같은데 그중에 후메내오와 빌레도가 있느니라. 진리에 관하여는 저희가 그릇되었도다. 부활이 이미 지나갔다 함으로 어떤 사람들의 믿음을 무너뜨리느니라"(딤후 2:16-18).

분리주의 이단

Lee의 지방교회는 매우 공개적인 형태의 분리주의 이단이다. 그들이 주장하는 교회관은 정통교파에 대해 매우 배타적이고 적대적이기 때문이다(배본철, 2016). Lee는 개신교와 천주교를 사단이 도구라고 확신하고 있다. 이와 같은 호전성과 배타성은 모든 이단이 기존 교회를 보는 공통된 시각으로 그리스도의 몸을 파괴하는 극단적인 분파주의로 볼 수밖에 없다. 결국 Lee는 어느 도시에든 그리스도의 몸의 유일한 참된 표현은 오직 '지방교회'뿐이며, 따라서 지방교회에 속해 있지 않으면 구원을 받을 수 없다고 가르친다(정동섭, 1994).

대한예수교장로회(통합) 영등포교회 원로목사로 타계하신 방지일(1911-2014) 목사는 21년간 중국 선교사로 활동하였는데, 초기 지방교회의 모습을 이렇게 회상하고 있다. 오늘날의 지방교회와 별반 다르지 않은 것을 쉽게 알 수 있다.

"첫째는 그들의 성향이 매우 지식적이다. 또한 그 안의 신자들끼리는 매우 친밀하나 외부의 그리스도인에게는 그렇게 친밀하게 대하지 않는다. 그들은 '어떤 사람이 자기들 안으로 들어오는가? 들어오지 않는가? 자기들을 위하는가? 반대하는가?' 그것이 그들의 가장 큰 관심사요 문제이다. 그들만이 유일한 참 교회요 몸이요 회복이므로 그들은 거기에 가장 큰 의미를 부여한다. 밖에 있는 그리스도인들에 대해서는 소 닭 보듯 무심하게 지나친다. 안과 밖의 사람들의 유대관계와 관심도 차이가 많은 단체임은 말할 나위가 없다."

필자는 삼분설에 물든 교회와 성도들에게 삼분설적인 인간 이해의 틀을 버리고 통합적이고 전인적인 인간 이해의 틀로 '생각의 틀'(잠 4:23; 23:6)을 바꾸라고 호소하고 싶다. 신학교 교수 출신으로 모범적인 목회를 하고 있는 목회신학자 권성수(2018) 목사는 말한다.

"하나님의 체계적인 말씀으로 교인들의 '생각의 틀'을 바꾸면, 교인들의 생각이 바뀌고, 생각이 바뀌면 감정이 바뀌고, 감정이 바뀌면 행동이 바뀌고, 행동이 바뀌면 습관이 바뀌고, 습관이 바뀌면 인격이 바뀌고, 인격이 바뀌면 인생이 바뀐다…'생각의 틀 바꾸기' 훈련은 신학과 목회를 접목하는 훈련이다. 성경과 성령을 둘 다 강조하면서 교인들을 훈련시키고 있다."

"사람은 육체와 영혼으로 구성되어 있다. 하나님께서 사람을 창조하실 때 흙으로 지으시고 생기를 불어넣으셨다. 흙이 육체이고, 생기가 영혼이다. 사람이 죽을 때는 영혼이 육체를 떠난다. 이 과정을 보면 사람은 육체와 영혼으로 구성되어 있는 것이 분명하다. 성경은 영혼을 혼, 마음, 뜻, 속 사람 등과 같은 의미로 사용하고 있다. 마음은 사람 전체, 즉 전인격의 통제본부이다. 육체의 통제본부는 두뇌이다. 마음은 두뇌를 통해서 육체를 통제한다"(『생명사역』, pp. 128-129).

이분설적 입장에서 사람을 전인적으로 이해할 것을 호소하고 있다. "무릇 지킬만한 것보다 더욱 네 마음(heart)을 지키라. 생명의 근원이 이에서 남이니라"(잠 4:23). 여기서 마음은 영혼이다. 마음이 인생의 원천이다. 내 마음을 지배하는 것이 무엇이든지 그것이 사람들과 상황들에 대한 나의 반응을 지배한다. 마음의 변화가 와야만 속사람이 변화되고 그 사람의 인격이 변화되며, 그 사람의 삶이 변화되는 것이다. 성경에서는 마음(heart)과 영혼(soul), 심령(spirit)이 같은 뜻으로 사용되고 있다.

현대의 C.S. 루이스(Lewis)라고 일컬어지는 뉴욕 리디머 교회(Redeemer Church)의 팀 켈러(Tim Keller, 2015) 목사는 말한다. "성경에 의하면, 마음은 감정의 자리만이 아니라, 우리의 근본적인 헌신, 희망, 신뢰의 원천이다. 마음으로부터 우리의 생각, 감정, 행동이 흘러나온다. 마음이 신뢰하는 것을 머리(mind)가 정당화하고, 정서가 갈망하고, 의

지가 수행한다." '생각의 틀', 즉 마음에서 지정의(知情意)가 나온다.

신학자 쉐퍼(Francis Schaeffer, 1971)는 인간은 생각하고 느끼며 행동하는 존재라면서 다음과 같이 쓰고 있다.

> "하나님이 인격이시므로, 그는 생각하고 느끼고 행동하신다. 그러므로 나도 생각하고 행동하고 느끼는 하나의 인격이다. 그러나 그 인격은 하나의 단위이다. 나는 나의 부분들을 몸과 영으로; 신체적 부분과 영적 부분 등 여러 가지로 생각할 수 있다. 나는 나 자신을 정확하게 지성과 의지와 감정으로 생각할 수 있다."

성경의 일차적 관심사는 인간의 심리학적 구조나 인류학적 구조에 있지 않고, 그가 하나님과 피할 수 없는 관계에 있다는 데 있다. 우리는 신학자 후크마(Hoekema, 1986)가 지적한 대로 "어느 순간에도 구약의 (영, 혼, 마음, 몸과 같은) 용어들이 전체를 상징(대신)하는 말"로 쓰이고 있음을 염두에 두어야 할 것이다. 영, 혼, 몸은 장소적으로 분리할 수 있는 개념이 아니라 전체 인간(the whole person)을 보는 다른 방식일 뿐이다.

복음주의 신학백과사전(1984)은 삼분설을 거론하면서, "현재의 신학 및 심리학적 강조점은 거의 전적으로 인간을(영, 혼, 몸으로) 분리하려는 모든 철학적 시도에 반하여 인간존재의 근본적인 전인성(wholeness)과 연합(unity)과 통일성에 모아지고 있다"고 결론을 내리고 있다. 총신대학교 목회상담학 교수 이관직(2003)은 인간의 전인성을 강조하면서 위

결론에 동조하고 있다.

"하나님은 인간을 전인격적으로 창조하셨다. 신학자들 중에는 인간이 육체와 영혼으로 이루어졌다는 이분설을 지지하는 이들도 있고, 육체와 혼과 영으로 이루어져 있다는 삼분설을 지지하는 이들도 있다. 개혁주의 신학에서는 이분설을 지지하는데, 엄밀하게 말하자면 육체와 영혼은 칼로 무 자르듯이 분리해 낼 수 있는 성질의 것이 아니다. (지방교회와 같이) 육체와 영혼을 분리해서 설명하며 영혼을 육체보다 더 고귀한 것으로 보는 견해는 성경적인 인간 이해라기보다는 헬라철학의 인간관에 가까운 것이다. (예수님과 바울의) 히브리적인 인간 이해는 몸과 영혼이 상호적으로 작용하며, 죽음을 경험하기 전까지는 구별하며 분리할 수 없는 합일체로 보는 것이다...합일체로서의 인간은 신체적, 감정적, 정신적, 인지적, 행동적, 대인관계적, 성적, 그리고, 영적인 영역들이 복합적이며 상호적인 과정을 거치면서 한 인간으로서의 삶을 살게 된다."

Nee는 정통교단에 속한 여러 선교사와 형제자매들과 폭넓은 교제를 나누면서 자신이 극단으로 치우치는 것을 스스로 삼갔다. 그는 자신의 인격(인성)과 가르침을 지키려 노력하는 가운데(딤전 4:16) 끝까지 바른 교훈을 간직하려 노력했다. Nee의 공과를 종합하자면, 우리에게 전적인 헌신과 믿음에 대해 많은 것을 가르쳐준 것을 간과할 수 없다. 하지만 그의 경직된 삼분설과 교회의 지방성에 대한 강조로 말미암아 전 세계 그리스도의 몸에 적지 않은 피해를 끼쳤다. 그럼에도 그는 삼일 하나님이나 신인합일설을 주장하는 우를 범하지 않았고, 기존 교회를 전면 부정하는 잘못을 범하지는 않았다.

문제는 그의 후계자로 자처하는 Lee에게서 발견되고 있다. 고인물은 썩게 마련이다. 그는 정통교회와 교류하는 것을 거부하고 신구약 성경을 자의적으로 강해하여 무수히 많은 설교집을 배포하고 있다. 90이 넘어 소천할 때까지 성경을 임의적으로 영해하여 엄청난 양의 성경주해서를 발간, 배포했다. 지방교회는 거짓 선지자의 이단적 가르침의 지배 아래에 있다. 따라서 지방교회는 성경에서 말하는 삼위일체 교리와 예수 그리스도의 성품, 인간의 본질, 구원의 과정, 교회에 대한 가르침, 그리고 종말에 대한 교리에 대하여 엄청난 혼돈을 야기하고 있다. Lee는 다른 이단 교주와 마찬가지로, 거짓과 진리를 교묘히 혼합해 가르치는 가운데 성경적 용어들을 다른 의미로 사용함으로 기존 교회 성도들을 미혹해 혼돈으로 몰아가고 있다.

우리는 Lee와 지방교회가 하나님과 그리스도, 인간, 죄, 구원, 교회, 종말에 관한 교리에 있어서 역사적인 그리스도의 교회가 전수해 온 가르침에서 크게 이탈된 오류를 가르치고 있음을 살펴보았다. 지방교회는 교주 Lee가 스스로 밝혔듯이, 기독교의 용어를 사용하지만, 기독교가 아니다. 그들은 신론, 인간론, 구원론, 교회론, 종말론 등이 모두 다르며, 부활관, 재림관, 천국관 조차 다른 집단이다(장관섭, 2003).

사도 야고보는 경고하였다. "너희는 선생된 우리가 더 큰 심판 받을 줄을 알고 많이 선생이 되지 말라"(약 3:1). Lee는 신학적으로 무식해 성경을 억지로 해석했던 거짓 선지자였다(벧후 3:16). Lee는 건전한 성경 교사가 아니다. 그가 남긴 많은 저서들은 Lee가 스스로 깨달았다고 하는 몽사를 말하는 거짓 선지자임을 드러내고 있다. 사도 베드로는 거짓 교사들을 일컬어 '물 없는 샘'(벧후 2:17)이라고 했고, 유다는 '바람에 불려가는 물 없는 구름이요 열매 없는 가을 나무'(유 1:12)라고 했다. 이들의 가르침은 인간의 깊은 영적 욕구를 충족시키지 못하고 좌절감만 안겨줄 뿐이다. 지방교회는 여러 가지 면에서, 교리적으로나 구조적으로 이단적이다.

지방교회는 사실상 중국인 교회다

현 지방교회는 중국인의 교회라고 볼 수 있다. 미국 사람들이 사역자들로 약간 존재하기는 하나 실권은 모두 중국인들이 쥐고 있다. 최근에 지방교회에서 탈퇴한 분들의 제보에 의하면, Lee의 후계자라고 볼 수 있는 사람은 미국의 앤드루(Andrew Yu)라는 홍콩계 미국인이고 그가 Lee 생전에 수종자 노릇을 한 것으로 전해진다. Lee 생전의 많은 권력이 아들 필립(Philip Lee, 몇 년 전 작고)에게 있었다고 전해진다. 자연스럽게 아들과 가까운 머리가 좋은 앤드루를 포함한 중국인들이 전 세계의 교회들을 손에 넣었다. 아들의 눈총에 벗어난(제 목소리를 좀 내던), 중국계 미국인이나 미국인 사역자는 찬밥신세가 되어 멀리 떨어져 나가야 했다. Lee의 신뢰를 한 몸에 받던 앤드루는 그가 모시던 분이 세상을 떠난 후 자연히 전 세계의 지방교회 인도자로 부상했다.

유감스러운 것은 이것이다. 한국의 지방교회들은 그 중국인들의 손에서 벗어나지 못하고 있다. 3-40년 된 한국의 지도자들이 있기는 하지만 여전히 중요한 안건은 애너하임의 앤드루와 대만에서 온 중국인들의 손에서 해결된다. 그들이 오지 않으면 예를 들어 서울의 지방교회는 중요한 교회의 일이나 큰일에 대하여 아무것도 결정할 수 없다. 한국의 소위 인도자들은 그들의 심부름 내지는 안내자 역할을 하는 정도라고 본다. 한국에서 전국의 집회를 하면 한국의 지도자들은 성경 구절이나 읽고 기도나 하는 정도이고, 중국(더러 미국)사람들 설교에 대충 맞장구나 치는 정도이다. 한국의 전 교회의 움직임이나 모든 권한은 전적으로 중국인들의 손에 있다. 그들은 Lee의 사상을 가지고 전 세계를 통합하고 적절히 아우르며 마치 작은 바티칸처럼 군림하고 있다. 교주 Lee가 사망한 후에는 유훈 통치가 이뤄지고 있다고 할 수 있다. 지도자, 가르침(엉터리 성경해석), 추종자들의 행태가 신천지, 통일교, 구원파 같은 이단과 무엇이 다른지를 묻고 싶다. 어쩌면 이 시대에 가장 고등하고, 교묘한 단체가 지방교회가 아닌가 싶다.

Lee는 어느 도시에든 그리스도의 몸의 유일한 참된 표현은 오직 '지방교회' 뿐이며, 따라서 지방교회에 속해 있지 않으면 구원을 받을 수 없다고 가르쳤다(그것이 궁금하다, 1994). 분리주의는 마귀의 술책이다. 하나님은 교회의 분열이 아니라 교회의 하나 됨을 통해 '그리스도의 몸'을 세우기 원하신다. 분파주의는 하나의 유기체인 하나님의 교회의 건강한 성장을 저해하고 있다. 뿐만 아니라 세상과 사회로부터 비난과 지탄을 받아 결국 전도와 하나님 나라 확장을 방해하는 역할을 하고 있다.

지방교회가 같은 성령의 인도함을 받는 하나님의 교회의 한 부분이라면, 그리스도의 몸 자체를 가리켜 "개신교는 그리스도가 없다. 그들은 그리스도의 이름을 가르친다. 그러나 그리스도는 거기 계시지 않는다"고 단언하지는 않을 것이다. Lee를 교주로 하는 지방교회는 전통적인 기독교의 핵심교리와 믿음을 왜곡하고 있는 '다른 예수', '다른 복음'을 전하는 사이비기독교집단이다.

지방입장이라는 자기중심적이고 배타적인 교리는 여러 가지 부작용을 낳고 있다. 현 지방교회 사람들의 교만함과 딱딱함, 성령과 사랑의 식음, 내면의 끊임없는 분쟁들, 편협함과 배타성, 약간이라도 다른 사람들을 용납할 수 없는 면 등을 과연 누가 책임질 수 있는가!

2. 지방교회 대처 노하우:
   우리는 지방교회에 어떻게 대처해야 하나?

현대종교의 김정수 기자(2010)는 "이단들 중에는 바로 이단이라고 생각되지 않는 이단들이 있다. 허무맹랑한 주장을 하지 않고 기성교회 성도들이 생각지 못한 교리적인 오류 때문에 이단으로 결의된 곳들도 있기 때문이다. 바로 이런 특징을 가진 이단이 지방교회"라고 쓰고 있다. 지방교회는 교회 이름으로 쉽게 분별할 수 있다. 안디옥교회, 고린도교회, 에베소교회와 같이 서울에 있는 교회는 서울교회, 광주에 있는 교회는 광주교회로 이름을 짓는다. 한 지역에 한 교회가 있는 것을 원칙으로 하며, 서울지역에는 서울교회 외에 모이는 집회 장소가 있다. 서울교회 남대문 집회소, 서울교회 연희동 집회소 등과 같이 집회소라는 간판을 보면 그곳이 지방교회라는 사실을 바로 알 수 있다.

이단들의 특징 중의 하나는 자기들은 이단이 아니라고 주장한다는 것이다. 지금도 지방교회는 이단전문가 해너그래프와 풀러신학교 교수들이 자기들을 정통으로 인정해주었기 때문에, 즉 Living Stream Ministry를 미국복음주의출판협회(ECPA)에서 정회원으로 받아주었기 때문에 자기들은 이단이 아니라고 주장하고 있다. 문제는 미국의 어떤 교단도 지방교회를 정통교단으로 인정해주지 않았다는 것이고, 대부분의 신학대학교 총장들이 지방교회에게 그 핵심교리를 철회하라고 요구하고 있다는 것이다.

순진한 기성교회 신자들이 지방교회에 빠져드는 이유는 그들의 성경해석에 매력을 느끼기 때문이다. 그들은 성경을 지나치게 영해(靈解)하여 가르치는 경향이 있다. 미혹된 신자들의 입장에서 보면 기성교회에서는 듣지 못하던 소리를 듣는 것이다. 그러나 그 영해 속에 바로 이단적인 요소가 숨어 있는 것이다. 겉으로는 비슷하지만 본질은 완전히 다른 사이비종교이다.

기존 정통교회는 삼위일체 하나님을 믿는다. 하지만 지방교회는 삼일의 하나님(Triune God)을 믿는다. 하나님이 예수님이 되고, 예수님이 성령님이 되었다는 양태론을 믿는다. 세 분의 관계적인 측면을 부정하는 양태론은 지방교회의 대표적인 이단 교리라 할 수 있다.

신인합일사상을 주장하는 지방교회를 주목해야 한다. "하나님이 사람을 창조하신 목적이 하나님 자신을 사람 속에 넣어서 사람과 연합하여 하나님과 같이 되게 하기 위해서였다"(『내주 하시는 그리스도』). "하나님 자신을 대량으로 생산할 것을 계획" "자신을 제품으로 생산하는 것"(『하나님의 경륜』)이라며 사람이 하나님이 될 수 있다고 믿는다. 지방교회에서 부르는 찬송 중에는 "하나님, 사람 되신 목적은 우리를 하나님이 되게 하신 것일세"라는 가사도 있다.

천주교와 개신교와 유대교를 전적으로 사단의 도구라고 매도하며 지방교회만이 참 회복교회라는 사상은 자기애적이고 반사회적이며 과대망상적인 거짓 선지자나 할 수 있는 배타적이고 독선적인 주장이 아닐 수 없다.

1980년대 중반부터 한국복음서원은 하나님의 경륜, 생명 되신 그리스도, 지방 입장, 새 예루살렘 등의 '진리'를 담은 Nee와 Lee의 책자들을 대량으로 번역 소개하고 있다. 문서를 보급해 포교하는 것이다. 기성교회와는 다르게 『결정성경』이나 『회복역』이라는 성경을 사용하고 있다. 뿐만 아니라 한국복음서원에서는 매주 월요일 목회자들을 위한 〈라이프-스터디 세미나〉를 열고 있다. 세미나 참가비는 무료이며 중식을 제공하는 것으로 안다. 지방교회 측은 〈라이프-스터디〉는 Lee가 90세 되던 해인 1994년에 완성한 걸작으로 주석 중의 주석이요 강해 중의 강해라고 자평하고 있다.

Nee와 Lee를 비롯한 대표자들의 이름과 출판사 이름은 지방교회를 분별하는 방법이다. 대부분의 기독교서점에서는 한국복음서원에서 나오는 책이 이단 서적임을 알고 취급하지 않고 있는 것으로 안다. 그러나 서점에서 Lee의 책을 보게 되더라도 내용만 대충 훑어보고 구입하는 일은 삼가야 하겠다. 복음서원에서 나오는 책들은 반기독교적인 이단 사상을 담고 있기 때문이다.

신앙에 있어서는 너무 사소한 것들에 사로잡히지 말고 중요한 것들(건전한 복음과 진리)에 집중해야 한다(마 23:23). 이신칭의는 기독교 교리의 토대이다. 죄인이 자신의 죄를 회개하고 예수 그리스도를 믿고 의지할 때에 영원히 칭의(의롭다 여김)된다는 진리는 수정되거나 변개된 적이 없다. 칭의는 즉각적으로 일어나는 단번의 사건이며 영원한 효력을 가진다. 한 번 칭의된 자는 영원히 칭의된 것이며, 한 번 칭의된 자의 구원은 영원히 보장된다(정성욱, 2019).

어거스틴이 말한 것처럼, 본질(essentials)에서는 일치를 추구하고, 비본질(nonessentials)에 있어서는 자유를 주어야 하며, 모든 이에게는 자비로워야 한다는 말을 되새겨 볼 필요가 있다. 지방교회는 사소한 실행뿐만 아니라, 삼위일체, 기독론, 구원론, 교회론, 종말론 등 본질에서 벗어나 있는 게 분명하다. 필자는 Lee의 삼분설에 기초한 교리가 어떻게 전통적 정통신학을 탈선하고 있는지 충분히 제시하였다고 본다.

유사기독교상담소의 연구위원인 김득진(2001) 목사는 '교리신학적'으로 이단을 분별하는 기준을

(1) '오직 성경'의 원리를 거부한다;

(2) '오직 은혜'의 교리를 거부한다;

(3) '다른 예수'를 전파한다;

(4) '배타적인 교회관'을 주장한다;

(5) '왜곡된 종말론'을 강조한다고 지적한 적이 있다.

이단 전문가들은 이단 집단이 일정한 사회적, 윤리적 열매를 드러낸다고 지적하고 있다:

(1) 강력하고 카리스마적이며 권위주의적인 지도력

(2) 성경 이외의 경전(지방교회에는 Lee가 사역한 결정성경 회복역이 있음)
(3) 직통계시를 주장하고 교주를 신격화하며 절대적 진리를 독점하고 있다는 태도
(4) 이중적인 언어체계: 성경의 용어를 기존 교회와 다른 의미로 사용함
(5) 믿음으로 구원받는다는 이신칭의 교리를 신학적으로 부정하며 공허하고 일관성 없는 메시지
(6) 선민의식과 배타주의
(7) 중앙집권적 체제와 엄격한 통제
(8) 자신들에게만 구원이 있다고 주장하며 정통교회의 교리와 전통으로부터의 탈선과 비난
(9) 개인이나 가정보다 교회 중심적 생활을 유도함
(10) 체계적인 신학교육과 기존 성직제도의 무시 성향(Burrell, 1981). 영국 이단 전문가의 모리스 버렐(Maurice Burrell)의 지적이다. 이러한 특징들 가운데 어떤 것이 지방교회에 적용되는지는 독자들이 더 잘 분별할 수 있으리라 믿는다.

이단 또는 사이비종교는
(1) 추종자들에게 거짓된 구원의 확신을 심어주고,
(2) 가출, 이혼, 학업중단, 직장포기 등으로 가정을 무너뜨리며,
(3) 하나님의 교회를 분열시키고 있다.

예수님 말씀대로, 도둑질하고 죽이고 멸망시킨다(요 10:10). 지방교회가 순진한 양들을 대상으로 이런 작용을 하고 있다.

복음은 "어느 곳에서나 항상, 모든 사람에 의해서" 믿어진 바 된 바른 교훈이다(Brown, 1984). 이단은 한 분파나 종파의 거짓된 가르침(다른 교훈)으로 정통교리(바른 교훈)에서 탈선한 무리이다. 당 짓는 것과 분리함과 이단은 육체의 일이다. 사도 바울은 일찍이 이단은 하나님 나라를 유업으로 받지 못한다고 선언하였다(갈 5:20).

개신교의 모든 교단에서 모범적인 목회자로 인정하고 있는 20세기의 가장 위대한 설교자 마틴 로이드 존스(Martyn Lloyd-Jones)는 아래와 같이 지적하였다. Lee와 같은 지도자가 아무리 좋은 의도로 '지방교회'를 창립했을지 몰라도, 자신도 모르는 사이에 이처럼 될 수 있음을 생각해봐야 한다.

"일반적으로 교회사에 나타난 이단들은 매우 선하고 양심적인 사람들을 통해서 일어났었다는 것을 알아야 한다. 역사는 이 모든 이단들이 얼마나 교활하며, 믿음의 균형을 잃은 많은 사람들이 전체적인 메시지의 여러 부분이 지니는 상관관계와 믿음 사이의 평형을 유지하지 못한 나머지, 마귀에게 압력을 받아 한 가지 특정한 측면을 지나치게 강조하게 되었으며, 계속 몰리게 되면 결국에 가서 진리와 모순되는 얘기를 하는 입장까지 도달하여 하나의 이단으로 전락하여 가는 과정을 잘 보여주고 있다"(로이드 존스, 1982, p. 129).

   신학자 김영한(1995)은 지방교회를 신비주의 계열의 이단으로 분류하면서, 이단은
- (1) 사도적 교회가 믿어온 참 신앙과 정통교리를 받지 않고 거짓 신앙과 거짓 교리를 주장하는 집단이며,
- (2) 삼위일체 교리를 부인하고,
- (3) 그리스도의 신성과 인성을 부인하거나 다른 그리스도를 주장하며,
- (4) 다른 제도적 교회를 부인하며,
- (5) 교주의 카리스마적 지도력에 맹목적인 복종을 요구한다고 진단한 바 있다.

이러한 이단의 특징이 어느 정도 지방교회에 해당하는지 독자들이 스스로 판단할 수 있으리라고 믿는다.

   전통적이고 신학적인 입장을 무시하는 성경해석은 사도 베드로가 경고한 것처럼 자신과 듣는 사람들을 망하게 한다. "...무식한 자들과 굳세지 못한 자들이 다른 성경과 같이 그것도 억지로 풀다가 스스로 멸망에 이르느니라"(벧후 3:16).

   합동신학교 조직신학 교수 이승구 박사(2014)는 "어떤 종교집단이 하나님을 이야기하고 예수님의 재림을 이야기하고 구원을 말하고 교회라는 말을 사용한다고 해서 이 집단이 기독교회의 한 부분이거나 교회인 것이 아니다. 이런 주장을 하는 집단에 속해 있으면 성경 가르침에서 날

로 멀어져 가는 것이기에 기독교에 속한 것이 아니며 따라서 끝까지 그렇게 하면 참으로 구원을 받지 못한다"고 경고했다.

정통교회 성도는 이단에 대해 어떤 태도로 접근해야 할까? 기독교철학자 손봉호(1987) 교수는 말했다.

> "이단들은 대개 매우 교활한 방법을 사용한다. 그들의 술책에 너무 쉽게 넘어가지 말아야 한다…이미 이단에 빠진 사람들을 구제하기는 매우 어렵다. 스스로 속았다는 것을 느끼지 전에는 빠져나오려 하지 않고, 그것을 느꼈을 때는 대부분 이단이 줄 수 있는 모든 물질적, 정신적 피해를 다 입은 뒤다. 어떤 특별한 방법이 있을 수 없다. 다만 그 가르침의 잘못과 그 이단의 배경과 여러 가지 비리를 지적함으로써 스스로 그에 대해 회의를 갖도록 하는 길밖에 없을 것이고, 항상 사랑으로 대해주어야 할 것이다. 그러나 그것은 어디까지나 방금 유혹을 당한 사람의 경우이고, 이미 깊이 빠져 들어가 오히려 역공을 취할 준비가 된 사람들은 이쪽에서 상당한 준비를 하지 않는 한 멀리하는 길 밖에 없을 것이다"(p. 104).

이단 사이비에 빠지는 원인은 교리에만 있지 않다. 오늘날 이단 사이비는 사람의 심리나 처한 상황과 환경을 잘 이용한다. 관계에 취약한 이들에게는 관계로, 가정에 문제가 있는 이들에게는 가정의 문제를 해결해줄 수 있는 존재로 다가간다. 관계든, 가정문제든, 권위적인 교주에 굴복했든, 사람이 이단 사이비에 빠지는 데는 교리 외에 다양한 이유가 존재한다. 엄한 부모 밑에 자라난 사람, 실망 경험이 있는 사람, 자존감이 낮은 사람, 학대 피해자 등이 특히 종교중독(이단)에 빠지기 쉽다. 문제는 이와 같이 교리 외에 다양한 이유에 반응해 미혹된 신도들이 이단 사이비에 점차 중독될 때 발생한다. 교주들은 점진적 세뇌를 통해 순진한 신도를 종교 중독으로 유도한다.

이단 전문가 조민음(2019) 목사는 교주가 신도들을 세뇌시켜 중독에 빠지게 만드는 과정을 '희소성 모델'로 설명한다. 희소성 모델은 물질(혹은 그 무엇)이 희소하여 모두가 골고루 나눌 수 없다는 전제에서부터 출발한다. 그 때문에 희소성은 집착을 낳고 집착은 중독을 낳는다. 사이비종교는 구원을 빌미로 희소성 모델을 작동한다. 예를 들어, 요한계시록에 기록된 144,000에 들어야 한다고 다그친다. 구원파도 지방교회도 신천지도, 하나님의 교회도 144,000을 행해 전 삶을 바치는 신도는 '자신이 관심을 가지는 한 가지 외에는 그 어떤 것도 보지 못하는' 터널비전 현상에 빠지게 된다.

이곳에만 구원이 있다고 세뇌당한 신도는 단체를 벗어나면 구원을 박탈당할까 두려워한다. 실제로 교주들은 이곳을 벗어나면 저주를 받는다고 가르친다. 사이비는 그 두려움을 보상독점구조로 해결해 신도들을 철저하게 자신의 사람으로 만들어놓는다.

필자도 구원파를 탈출할 때 '이 교회를 떠나면 구원을 상실한다는 두려움' 때문에 온갖 협박에도 불구하고 그 교회를 떠나지 않으려 발버둥 치다가 '순교할 각오가 되어 있느냐? 죽여 버리겠다'는 최후 통첩에 어쩔 수 없이 8년간을 집착했던 집단을 떠날 수 있었다.

지방교회가 당신에게 세뇌시킨 구원은 거짓된 구원이다. 그곳을 떠나도 저주받지 않는다. 결코 죽지 않는다. 여러 가지 이유로 그곳을 탈퇴한 선배들은 참 자유와 참 진리와 참된 구원을 누리고 있지 않은가! 이 책을 읽으며 객관적으로 자신이 종교중독에 빠져 있다는 것을 성찰할 수 있는 계기가 되었기를 바란다. 나와서 이단상담소를 찾으라. 과감하게 결단하고 역사적인 정통신앙으로 돌아오기를 촉구한다.

박광서 박사(2018)가 지적한 것처럼, "사상은 생각처럼 쉽게 변하지 않는다. 마치 이단에서 나온 사람이 기성교회에 적응 못하고 또 다른 유사집단으로 옮겨가며 계속해서 영적인 방황을 하듯" 종교적 사상은 쉽게 변하기 어렵다. 구원파에 실망한 사람들이 지방교회로 가고 지방교회에 실망한 사람들이 다시 구원파나 다락방과 같은 이단으로 옮겨가는 것을 우리는 목도하고 있다. 진리는 보편타당한 것이다. Lee의 지방교회는 '항상 모든 사람에 의해서 믿어진 바 된' 역사적 정통신앙으로부터의 탈선이다. 이단의 고정관념을 버리고 올바른 표준적 신앙에 마음을 열도록 하라.

하나님은 약속하셨다. "너희가 온 마음으로 나를 구하면 나를 찾을 것이요. 나를 만나리라"(렘 29:13). 구원파가 유병언과 박옥수, 이요한이라는 거짓 선지자들이 해석한 기독교라면, 지방교회는 중국계 거짓 선지자 Lee가 해석한 기독교다. 다락방은 류광수라는 거짓 선지자가 해석한 기독교다. 종교적 방황을 멈추고 보편타당한 진리로, 칼빈과 루터, 웨슬리가 해석한 역사적인 기독교로 돌아오도록 하라.

우리는 Lee의 지방교회에 대해 어떤 자세와 태도를 보여야 할까? 사도 바울의 권면을 따르는 것이 마땅하다고 생각한다.

"이단에 속한 사람을 한두 번 훈계한 후에 멀리하라. 이러한 사람은 네가 아는 바와 같이 부패하여서 스스로 정죄한 자로서 죄를 짓느니라"(딛 3:10-11).

"너희가 믿음에 있는가 너희 자신을 시험하고 너희 자신을 확증하라. 예수 그리스도께서 너희 안에 계신 줄을 너희가 스스로 알지 못하느냐? 그렇지 않으면 너희가 버리운 자니라"(고후 13:5).

"형제들아 내가 너희를 권하노니 너희 교훈을 거스려 분쟁을 일으키고 거치게 하는 자들을 살피고 저희에게서 떠나라. 이 같은 자들은 우리 주 그리스도를 섬기지 아니하고 다만 자기의 배만 섬기나니 공교하고 아첨하는 말로 순진한 자들의 마음을 미혹하느니라"(롬 16:17-18).

"형제들아, 우리 주 예수 그리스도의 이름으로 너희에게 명하노니 규모 없이 행하고 우리가 전하여준 유전(전통)대로 행하지 아니하는 모든 형제에게서 떠나라"(살후 3:6).

참고도서

고바울.『조유산과 동방번개의 실체』. 북소리, 2017.
게리 콜린스.『폴 투르니에의 기독교심리학』. 정동섭 역. IVP, 1998.
국제종교문제연구소.『한국의 종교단체 실태조사연구』. 국제종교문제연구소, 2000.
권성수.『생명사역』. 생명사역훈련원, 2018.
권신찬.『양심의 해방』. 일류사, 1977.
_____.『서로 사랑하라』. 중동문화사, 1962.
_____.『신령한 젖을 사모하라』. 기독교복음침례회 출판부, 1996.
권호덕. "교회갱신의 한 방안으로서 이신칭의에 대한 새로운 인식에 대하여,"『기독신학저널』2008년 봄호(제14권).
기독교대한감리회.『감리교회 입장에서 본 이단문제』. 기독교대한감리회, 2014.

김경직(교회성장신문 편집부). 『지방교회들 보도 편람』. Korean Church Growth News, 2009.

김경천. 『거짓을 이기는 믿음』. 기독교포털뉴스, 2019.

김광석. 『이단의 정체 그리고 대책』. 기독신문, 2017.

김득진. "이단을 분별하는 방법," 『바른 신앙』. 5호. (고신)유사기독교상담소, 2001.

김기동. 『마귀론 상』. 도서출판 베뢰아, 1985.

김남준. 『구원과 하나님의 계획』. 부흥과개혁사, 2004.

김득진. "이단을 분별하는 방법," 『바른 신앙』 제5호, 유사기독교상담소, 대한예수교장로회고신총회, 2001.

김성한. "지방교회, 워치만 니의 삼분설," 『종교와 진리』. 2018년 1월호.

김승진. "신앙고백과 신조," 『침례신문』. 2019. 2. 2.

김영근. 『전인치유: 내적 치유, 인격치유, 관계치유, 영적 치유』. 목양미디어, 2013.

김영무 · 김구철. 『차트로 본 이단과 사이비』. 아가페출판사, 2004.

김영민. 『진리가 너희를 자유케 하리라』. 길벗교회, 2008.

김영한. "사이비이단과 정통의 표준," 『한국기독교와 사이비이단운동』. 숭실대학교출판부, 1995.

김온유. 『전인상담총론』. 국제전인목회상담연구원, 2015.

김용복. 『침례교신학』. 침례신학대학교출판부, 2009.

김용태. 『기독교 상담학』. 학지사, 2006.

김정수. "지방교회 대처 노하우,"『현대종교』. 2010년 9월호.

_____. "교주사망과 이단의 흥망성쇠,"『현대종교』. 2019. 9월호.

김지호.『비교종교학』. 중국인신학교 강의안, 2018.

김형국.『제자훈련, 기독교의 생존방식』. 비아토르, 2017.

김호성.『진리는 질리지 않는다』. 선한청지기, 2016.

김홍기. "삼위가 일한 때는 일위가 된다는 양태론 교리," 지방교회와의 지상논쟁, 2017.

나용화.『신학사상 검증보고서』. 기독교문서선교회(CLC), 2016.

노승수.『핵심감정』. 세움북스, 2018.

달라스 윌라드.『마음의 혁신』. 윤종석 역. 복있는 사람, 2003.

대로우 밀러.『생각은 결과를 낳는다』. 예수전도단, 1999.

대한예수교장로회연합회.『정통과 이단 종합연구서』. 대한예수교장로회연합회 이단사이비대책위원회, 2004.

데이비드 오스버거.『문화를 초월하는 목회상담』. 임헌만 역. 그리심, 2005.

매컬리 레날드ㆍ제람 바즈.『인간 하나님의 형상』. 홍치모 역. 생명의말씀사, 1992.

라은성.『정통과 이단 上』. 그리심, 2008.

_____.『정통과 이단 下』. 그리심, 2010.

레스 패로트 3세.『청소년이 고민하는 30가지 상담가이드』. 이유정 역. 요단출판사, 2008.

로날드 엔로드 외.『신흥종교와 이단들』. 생명의말씀사, 1988.

로저 허딩.『성경과 상담』. 문희경 역. UCN, 2003.

로이 클라우저.『종교적 중립성의 신화』. 홍병룡 역. 아바서원, 2017.

마틴 로이드 존스.『목사와 설교』. 서문강(역). 예수교문서선교회, 1982.

박경희.『지방교회 신학포럼』.교회성장신문사, 2007.

박광서.『시대의 징조를 분별하라』. 출판사 누가, 2018.

박봉배. "한국감리교회의 이단대책에 관한 역사적 고찰,"『감리교회의 입장에서 본 이단문제』. 기독교대한감리회 이단대책위원회, 2006.

박옥수.『회개와 믿음』. 기쁜소식사, 2006.

박영돈. "개혁주의 구원론,"『바른 신앙』22호. (고신)총회이단대책위원회, 2018.

박용규.『한국기독교회사 III. 1960-2010』. 한국기독교사연구소, 2018.

박진규.『다락방 류광수 왜 이단이라 하는가』. 경향문화사, 1997.

박형룡.『교의신학』 제3권. 백합서원, 1968.

박호근.『주요이단대책종합자료집』. 대한예수교장로회총회(합동), 2008.

방지일.『중국선교를 회고하며』. 도서출판 선교문화사, 1996.

배본철.『이단을 보는 눈』. 도서출판 영성네트워크, 2016.

변상규.『정서적으로 건강한 신앙』. 킹덤북스, 2018.

빌리 그래함.『하나님과의 평화』. 정동섭 역. 생명의말씀사, 1979.

사단법인 한국교회연합.『바른 신앙을 위한 이단·사이비예방백서 종합자료(1)』. (주)원더풀, 2014.

서단단.『중국 도시교회 조직기구의 새로운 모델탐색 연구: 워치만 니의 '교회론'을 중심으로』. 평택대학교 피어선신학전문대학원 석사논문, 2012.

서창원. 『개혁교회는 무엇을 믿는가』. 진리의 깃발, 2019.

서철원. "교리의 현대적 의의," 『신학지남』. 2006년 봄호/통권 제286호. 총신대학교 신학대학원.

성기호. 『교회와 신학논쟁』. 성광문화사, 1995.

손봉호. "이단에 어떻게 대처할 것인가," 『빛과 소금』. 1987년 3월호.

손희영. 『구원이란 무엇인가』. 복 있는 사람, 2011.

_____. 『인간이란 무엇인가』. 복 있는 사람, 2014.

송기상. 『종교는 시스템간의 전쟁이다』. 창조과학선교회, 2017.

송요한. 『알기 쉬운 이단감별법』. 갈렙, 2010.

_____. "중국이 규정한 사교단체," 『현대종교』. 2018, 11월호.

송인규. 『영성에의 추구』(소책자시리즈 51번). 한국기독학생회출판부, 1990.

_____. "삼분설에 대한 비판적 고찰 I & II," 『신학정론』. 2002. 20권 2호.

스탠리 그렌츠. 『누구나 쉽게 배우는 신학』. CUP, 2000.

스탠톤 존스 & 리차드 버트만. 『현대 심리치료와 기독교적 평가』. 이관직 역. 대서, 2009.

신성종. 『성경이 꿀맛이다』. 도서출판 하나, 1996.

심수명. 『인격치료』. 학지사, 2004.

심창섭. "구원파, 어떤 집단이고 무엇이 문제인가?", 대한예수교장로회총회교육진흥국, 2014.

심창섭 외 3인. 『기독교의 이단들』. 대한예수교장로회총회, 1997.

양형주. "내가 믿고 고백하는 삼위일체 하나님," [크리스천투데이]. 2019. 5. 28.

_____. "사람 영·혼·육으로 나누면...이단적 주장에 취약해져," [크리스천투데이]. 2019. 6. 6.

양희송. 『세계관 수업』. 복있는 사람, 2018.

앨리스터 맥그래스. 『그들은 어떻게 이단이 되었는가?』. 포이에마, 2011.

예영수. 『한국교회, 이단논쟁 그 실체를 밝힌다』. 사단법인 한국기독교총연합, 2007.

예장(통합). 『교리교육지침서』. 한국장로교출판사, 1933.

오명옥. "양촌치유센터 김종주 원장, 혼합주의적 이단성 짙은 전인치유," 『종교와 진리』. 2018. 12.

워치만 니. 『영에 속한 사람 1, 2, 3권』. 정동섭 역. 생명의말씀사, 1987.

_____. 『자아가 죽을 때』. 문창수 역. 청암출판사, 1969.

_____. 『교회의 정통』. 대만복음서적, 1967.

_____. 『다시 생각하는 사역』. 대만복음서적, 1979.

_____. 『창조의 신비』. 윤무길. 역. 기문선교회, 1985.

_____. 『사역의 재고』. 한국복음서원, 1988.

_____. 『생명의 체험(1)』. 한국복음서원, 1987.

_____. 『생명의 체험(2)』. 한국복음서원, 1987.

_____. 『새 언약의 비밀』. 한국복음서원, 1983.

_____. 『열두 광주리 가득히 1-12』. 한국복음서원, 1986.

_____. 『교회의 정통』. 한국복음서원, 1987.

_____. 『기도의 비결』. 남지우 (역). 한국복음서원, 1981.

_____. 『사역의 재고』. 한국복음서원, 1988.

_____. 『교회의 기도사역』. 한국복음서원, 1989.

_____. 『그리스도인 필수과정 1』. 한국복음서원, 1989.

_____. 『하나님의 이기는 자들』. 한국복음서원, 1989.

_____. 『교회의 사무』. 한국복음서원, 1988.

_____. 『정상적인 그리스도인의 믿음. 1-4권』. 한국복음서원, 1986.

_____. 『정상적인 교회생활』. 한국복음서원, 1986.

_____. 『영에 속한 사람 1,2,3권』. 정동섭(역). 생명의 말씀사, 1978.

_____. 『교회의 길』. 한국복음서원, 1990.

_____. 『거룩하고 흠이 없어라』. 한국복음서원, 1990.

_____. 『산 제물』. 김진선, 이인화 공역. 생명의말씀사, 1994.

_____. 『정상적인 그리스도인의 생활』. 생명의말씀사, 1995.

_____. 『혼의 잠재력』. 강귀봉 역. 생명의말씀사, 2000.

_____. 『50일 필수과정 1권』. 한국복음서원, 1990.

_____. 『50일 필수과정 2권』. 한국복음서원, 1990.

_____. 『50일 필수과정 3권』. 한국복음서원, 1990.

_____. 『50일 필수과정 5권』. 한국복음서원, 1990.

_____. 『사람의 영』『사람의 영』『사람의 영』

원세호. 『지방교회 주장과 성경적 변증서』. 기독교이단사이비연구대책협의회, 2002.

월터 마틴. 『뉴 에이지 이단운동』. 박영호 역. 기독교문서선교회, 1992.

위고 슈탐. 『사이비 종교』. 송순섭 역. 홍성사, 1997.

위트니스 리. 『성경의 주제별 연구』. 서울: 한국복음서원, 1985.

____. 『사람의 영』. 한국복음서원, 1987.

____. 『하나님의 경륜』. 한국복음서원, 1987.

____. 『그리스도냐? 종교냐?』. 한국복음서원. 1990.

____. 『내주하는 그리스도』. 한국복음서원, 1991.

____. 『그 영과 몸』. 한국복음서원, 1985.

____. 『성경의 핵심』. 한국복음서원, 1990.

____. 『주의 회복에 관하여』. 한국복음서원, 1990.

____. 『사람의 영』. 한국복음서원, 1986.

____. 『일곱 영』. 한국복음서원, 1986.

____. 『금세기 신성한 계시의 선견자 워치만 니』. 한국복음서원, 1992.

____. 『성경의 다섯 가지 큰 비밀』. 한국복음서원, 1993.

____. 『잠언 · 전도서 · 아가서』. 한국복음서원, 2008.

____. 『하나님의 경륜』. 한국복음서원, 1983.

____. 『만유를 포함한 그리스도』. 한국복음서원, 1983.

____. 『그 영과 몸』. 한국복음서원, 1985.

____. 『그리스도냐 종교냐』. 한국복음서원, 1987.

____. 『라이프-스터디 1-17권』. 한국복음서원, 1987.

____. 『위트니스 리 주해(회복역 성경)』: 마태복음, 사도행전, 요한서신, 로마서, 요한계시록, 갈라디아서, 에베소서, 빌립보서, 골로새서, 고린도전후서,

데살로니가전후서, 디모데전후서, 디도서, 빌레몬서, 히브리서 등, 한국복음서원, 1985-.

_____. 『사람의 영』. 한국복음서원, 1985.

_____. 『사람의 영안에서 봉사함』. 한국복음서원, 1987.

_____. 『참 하나의 입장』. 한국복음서원, 1983.

_____. 『성경에 나타난 교회』. 한국복음서원, 1982.

_____. 『진리공과 1-4권』. 한국복음서원, 1986.

_____. 『생명공과 1-4권』. 한국복음서원, 1987.

_____. 『생명의 체험(상,하)』. 한국복음서원, 1986.

_____. 『생명의 인식』. 한국복음서원, 1988.

_____. 『하나님의 신약경륜』. 한국복음서원, 1987.

_____. 『성격』. 한국복음서원, 1987.

_____. 『성경요도(성경의 주제별 연구) 1-6권』. 한국복음서원, 1986.

_____. 『제사장 직분』. 한국복음서원, 1989.

_____. 『교회집회에서 체험하는 제물이신 그리스도』. 한국복음서원, 1985.

_____. 『예수 그리스도의 족보』. 한국복음서원, 1988.

_____. 『아가서 강해』. 한국복음서원, 1988.

_____. 『시편강해』. 한국복음서원, 1989.

_____. 『창세기 라이프스터디』, 『출애굽기 라이프스터디』 등 구약의 라이프스터디 등

_____. 『1984 겨울 훈련집회 메시지 요약사도행전』. 한국복음서원, 1985.

_____.『새 생명의 교육과정 1-7권』. 한국복음서원, 1986

_____. 소책자『주님의 이름을 부르자, 말씀이 육신이 되심, 교회의 이상, 인생의 비밀, 인생의 비밀 사용법, 거듭남이란 무엇인가. 성경적 삼위일체, 주님의 재림, 의롭다하심, 의롭다하심(예), 인자이신 예수, 이같이 큰 구원, 예수 그리스도란 어떤 분인가?, 만찬, 침례, 주님의 재림, 믿는 이들의 휴거 등등』. 한국복음서원, 1986.

_____.『가정집회에 관하여』. 한국복음서원, 1987.

_____.『소그룹집회를 건축하기 위해 필요한 생활』. 한국복음서원, 1986

_____.『교회의 증가와 확장을 수행해 나가는 새 길』. 한국복음서원, 1987.

_____.『주의 회복에 관하여』. 한국복음서원, 1990.

_____.『그리스도를 체험하는 비결』. 한국복음서원, 1990.

_____.『정하신 길의 훈련과 실행』. 한국복음서원, 1990.

_____.『성경을 해석하는 원리』. 한국복음서원, 1991.

_____.『성경의 핵심』. 한국복음서원, 1991.

_____.『금세기 신성한 계시의 선견자 워치만 니』. 한국복음서원, 1992.

_____.『삼일 하나님』. 한국복음서원, 1993.

_____.『그 영』. 한국복음서원, 1993.

_____.『이상의 최고봉과 그리스도의 몸의 실제』. 한국복음서원, 1994.

_____.『섞임에 관한 실제적인 요점들』. 한국복음서원, 1994.

_____.『사람 안에서의 하나님의 움직이심』. 한국복음서원, 1995.

_____.『진리의 변호와 확증』. 한국복음서원, 1996.

_____. 『그리스도를 주관적 체험』. 한국복음서원, 1996.

_____. 『일곱 영』. 한국복음서원, 1996.

_____. 『그리스도께서 영화롭게 되신 결과』. 한국복음서원, 1996.

_____. 『그 책임을 이행하는가』. 한국복음서원, 1996.

_____. 『하나님의 경륜 안에서의 율법과 은혜』. 한국복음서원, 1996.

_____. 『하나님-사람의 생활』. 한국복음서원, 1996.

_____. 『하나님의 구원의 유기적인 방면』. 한국복음서원, 1997.

_____. 『교회 그 영의 복사판』. 한국복음서원, 1998.

_____. 『하나님의 경륜』. 한국복음서원, 1998.

_____. 『그리스도의 기묘한』. 한국복음서원, 1998.

_____. 『교회의 역사와 지방교회들』. 한국복음서원, 1999.

_____. 『생명의 메시지』. 한국복음서원, 1999.

_____. 『참 하나의 입장』. 한국복음서원, 1998.

_____. 『신약의 개관』. 한국복음서원, 2000.

_____. 『하나님께서 정하신 길』. 한국복음서원, 2002.

_____. 『하나님의 경륜과 분배하심』. 한국복음서원, 1997.

_____. 『미니스트리』 한국복음서원, 2006.

_____. 『사람의 영』

위트니스 리와 최삼경. 『누가 이단인가?』. 도서출판 생명나무, 1999.

유동근. "워치만 니와 위트니스 리의 교리에 대한 고찰," [아레오바고 사람들 88차 세미나 자료], 2019.

유사종교연구위원회.『이단 및 불건전 집단』. (고신)총회출판국, 1994.

유영권.『기독(목회)상담학: 영역 및 증상별 접근』. 학지사, 2008.

유해무.『우리는 무엇을 믿는가』. 복있는 사람, 2018.

윤인규.『목회 왕도의 길』하이미션, 2017.

_____.『핵심말씀』. 하이미션, 2017.

이관직.『기독교 심리학』. 대한예수교장로회총회, 2003.

_____.『개혁주의 목회상담학』. 대서, 2007.

이단사이비대책위원회.『이단사이비를 경계하라』. 기독교대한성결교회, 2015.

이단피해대책조사연구위원회.『구원파, 어떤 집단이고 무엇이 문제인가?』. 대한예수교장로회총회교육진흥국, 2014.

이명범.『경건생활을 위한 출발』. 나침반사, 1990.

이바울.『한 눈에 보는 기독교이단』. 감추인 보화, 2008.

이병길. "워치만 니와 '형제'용어 사용,"『바른 신앙 1집』고신측 총회 이단대책연구소, 1990.

이수환.『진화하는 이단종교』. CLC, 2019.

이승구. "이승구 교수의 구원파 비판,"『구원파 비판 세미나』. 기독교100주년기념관, 2014.

이승원.『누가 이단인가: 위트니스 측과 최삼경 목사와의 연속 12회 진리논쟁』. 도서출판 생명나무, 1999.

이영호. "계시의 최고봉,"『제68차 아레오바고사람들 연구세미나』. 아레오바고 사람들, 2016.

_____. "세칭 구원파 - 이요한과 그의 동류들,"『아레오바고사람들 논문 4집』. 대림문화사, 2012.

이원열. 『베뢰아 이단연구』. 국제기독교이단연구학회, 1991.

이인규. "위치만 니/위트니스 리; 지방교회의 양태론 정체,"『이단들의 최근동향 1』. 도서출판 리폼드, 2003.

_____.『다른 예수, 다른 영, 다른 복음』. 대장간, 2015.

_____.『이단의 정체와 분별』. 대림문화사, 2017.

_____. "지방교회의 이단성,"『이단연구논문집 제1집』. 아레오바고사람들, 2010.

_____.『평신도들이 혼동하기 쉬운 성경 50』. 카리스, 2014.

이한수.『복음은 구원을 주시는 하나님의 능력』. 이레서원, 2008.

이희득.『지방교회의 신앙과 생활』. 한국복음서원, 1982.

자슈아 리.『위트니스 리와 지방교회; 무엇이 문제인가』. 전도출판사, 2000.

장관섭.『이단들의 최근 동향』. 도서출판 리폼드, 2003.

장세학 (역)『위트니스 리와 지방교회 신-인』. SCP, 1994

장신목회상담학회.『일반상담과 목회상담』. 예영커뮤니케이션, 2003.

장유함.『하나님은 계시는가』. 한국복음서원, 2000.

전용복.『지방교회의 정체』. 교회교육원, 1990.

_____. "지방교회의 정체,"『유사종교연구2집』, 1991.

정기영.『중국 조선족 교회의 시대적 사명』. 연합선교신학원출판부, 2017.

정기화.『모두가 알아야 할 성경적 종말론』. 생명의말씀사, 2016.

정동섭.『구원파(기독교복음침례회)와 남침례회의 비교연구』. 침례신학대학원,

　　　　1984.

_____. 『이단과 정통: 무엇이 다른가』. 침례신학대학교출판부, 1993.

_____. 『구원파와 지방교회: 그것이 궁금하다』. 도서출판 하나, 1994.

_____. "구원파와 지방교회," 『한국기독교와 사이비이단운동』. 숭실대학교출판부, 1995.

_____. 『구원파를 왜 이단이라 하는가』. 죠이선교회, 2010.

_____. 『한국의 종교단체 실태조사연구』. 국제종교문제연구소, 2001.

_____. "신흥종교 교주 및 신도들에 대한 심리학적 분석," 『교회와 신앙』, 2013. 6. 29.

_____. 『구원개념 바로잡기』. 새물결플러스, 2015.

_____. 『행복의 심리학』. 학지사, 2016.

정윤석. 『우리 주변의 이단사이비 문제단체들』. 기독교포털뉴스, 2017.

정은심. 『정신건강과 기독교상담』. 도서출판 대서, 2015.

정성욱. 『한국교회, 이렇게 변해야 산다』. 큐리오스북스, 2019.

정이신. "성경이 말하는 인간," 『JMS 교리비판 강의안』. 그루터기, 2019.

정행업. 『세계교회사에 나타난 이단논쟁』. 한국장로교출판사, 2000.

제닝스, 티머시. 『마음, 하나님 설계의 비밀』. 윤종석 역. CUP, 2019.

제이 고든 멜튼. 『지방교회, 위트니스 리, 그리고 〈하나님-사람〉의 논쟁에 대한 공개서한』. 한국복음서원, 1995.

조덕영. "워치만 니의 창조론은 영국 회중파 신학의 산물," 『바른 믿음』. 2019. 6. 21.

조민음. 『이단백서』. 바른미디어, 2019.

조용묵. "나는 어떤 영적 상태에 있는가," 주간 『은혜와 진리 소식』. 은혜와진리교회, 2019. 2. 24.

조현삼. 『구원 설명서』. 생명의말씀사, 2014.

『주요이단대책 종합자료집: 신천지, 박옥수, JMS, 안상홍증인회』 대한예수교장로회, 2008.

『지방교회 신학포럼』. Korean Church Growth News, 교회성장신문사, 2007.

최훈배. 『로이드 존스의 구원론』. CLC, 2016.

켄 해링톤. 『고통스러운 기억의 치유』. 송동호 · 정동섭 공역. 요단, 2018.

크레이그 키너. 『성경배경주석』 정옥배 외 역. IVP, 1998.

크리서천 리서치 저널. 『세대주의란 무엇인가?』. 제32권 제6호 특집판, 2009.

클라런스 베스. 『세대주의란 무엇인가?』. 황영철 역. 생명의 말씀사. 1993

차준희. 『교회 다니면서 십계명도 몰라?』. 국제제자훈련원, 2012.

폴 브랜드. 『오묘한 육체』. 생명의 말씀사, 1986.

피영민. 『십계명』. 검과 흙손, 2007.

____. 『신약개론』. 검과 흙손, 2015.

____. 『1689 런던침례교 신앙고백서해설』. 요단, 2018.

피터 스카지로. 『정서적으로 건강한 영성』. 조계광 역. 생명의말씀사, 2008.

피터 제프리. 『그리스도인의 첫걸음 내딛기』. 정동섭 역. 두란노, 2000.

현문근. "중국교회의 이단들," 『제68차 연구보고서』. 아레오바고사람들, 2016.

찰스 라이리. 『세대주의의 바른 이해』. 정병은 역. 전도출판사, 1993.

천사무엘. "구약과 외경에 나오는 하나님의 영 이해,"『한국기독교신학논총 106
집』. 한국기독교학회, 2017.

최병규.『이단 진단과 대응』. 은혜출판사, 2004.

최홍순.『철학과 인간의 이해』. 도서출판 영일, 2015.

콜린스, 게리.『기독교상담의 성경적 기초』. 안보현 역. 생명의말씀사, 1996.

탁명환. "워치만 니 동역자 위트니스 리와 지방교회의 이상과 주장,"『현대종교』,
1989년 6월호, pp. 180-197.

탁지일.『이단』. 두란노, 2014.

폴 워셔.『확신: 참된 확신 vs 거짓 확신: 나의 구원확신은 진짜인가』. 조계광 역.
생명의말씀사, 2014.

폴 투르니에.『폴 투르니에의 치유』. 정동섭 · 정지훈 역. CUP, 2007.

한국기독교총연합회 이단사이비문제상담소.『이단 사이비 종합자료 2004』. 한
국기독교총연회, 2004.

한국침례회 교회진흥원.『침례교회』. 침례회출판사, 1981.

한기총 이단사이비대책위원회.『한국교회, 이단논쟁 그 실체를 밝힌다』. 한국교
회이단사이비대책위원회, 2007.

한국복음서원.『진리 변증: 전능하신 하나님 교회: 이단을 인식함:』. 한국복음서
원, 2013.

합신이단사이비대책상담소.『이단사이비자료집 II』. 대한예수교장로회(합신) 총
회 이단사이비대책위원회, 2008.

홍치모. "미국에 있어서 근본주의 신앙운동의 역사적 전개와 세대주의와의 관계,"

『신학지남』. 2006년 봄호/통권 제286. 총신대학교 신학대학원.

현대종교 편집부. 『이단 바로알기』. 월간 현대종교, 2010.

현문근. "중국교회의 이단들," 『아레오바고사람들 논문6집』. 아레오바고사람들, 2014.

현문근. "전능신교" 『제1회 이단대책 세미나: 이단을 바로 알자』. 인천보수교단 총연합회, 2016.

허호익. 『이단은 왜 이단인가: 이단기독교 바로 알기』. 동연, 2016.

후쿠마, 안토니. 『개혁주의 인간론』. 유호준 역. 기독교문서선교회, 1990.

DCP Korea 편집부. 『재평가된 지방교회』. DCP Korea 출판사, 2011.

IVP 성경사전. 한국기독학생회출판부, 1992.

Allen, David, Lewis Bird & Robert Herrmann. *Whole-Person Medicine*. IVP, 1980.

Anderson, Neil. *Christ-Centered Therapy*. Zondervan, 2000.

Beck, James. *The Psychology of Paul*. Kregel Academic & Professional, 2002.

Beisner, Cal., Robert & Gretchen Passantino. *The Teachings of Witness Lee and the Local Church*. Christian Research Institute, 1978.

Berkokhof, Louis. *Systematic Theology*. The Banner of Truth Trust, 1958.

Boa, Kenneth. *Augustine to Freud*. Broadman & Holman Publishers, 2004.

Brandon, Owen. Heart in *Baker's Dictionary of Psychology*. ed. E.F. Harrison, Grand Rapids, Baker, 1966.

Brown, Harold. *Heresies: The Image of Christ in the Mirror of Heresy and*

Orthodoxy from the Apostles to the Present. Doubleday & Co, 1984.

Burrell, Maurice. *The Challenge of the Cults*. IVP, 1981.

Chan, Stephen, C.T. *My Uncle Watchman Nee*. China Alliance Press, 1970.

Clinebell, Howard. *Well-being: A Personal Plan for Exploring and Enriching the Seven Dimensions of Life*. Harper/Collins Publishers, 1992.

Collins, Gary. *Man in Motion: the Psychology of Human Motivation*. Creation House, 1973.

Collins, Gary. *The Biblical Basis of Christian Counseling for People Helpers*. Navpress, 1993.

Dobson, James. *The Plan of Salvation*. Focus on the Family, 1982.

Duddy, Neil T. & the SCP. *The God-Men: An Inquiry into Witness Lee and the Local Church*. IVP, 1980.

Durst, Rodrick K. *Reordering the Trinity*. Kregel Publications, 2015.

Elwell, Walter A(ed). *Evangelical Dictionary of Theology*. Baker Book House, 1984.

Erickson, Millard. *Christian Theology*. Grand Rapids, Michigan: Baker, 1985.

Fickett, Harold. *Peter's Principles*. G/L Publications, 1974.

Freeman, Bill. *The Testimony of Church History Regarding the Mystery of the Triune God*. The Stream Publishers, 1976.

Geisler, Norman & Ron Rhodes. *When Cults Ask*. Baker Books, 1997.

Gomes, Allan. *Unmasking the Cults*. Zondervan, 1995, 7.

Hanegraaff, Hank. *We were wrong*. Christian Research Journal. Christian Research Institute, 2009.

Harrington, Ken & Jeanne. *Deliverance from Toxic Memories*. Destiny Image, 2013.

Hart, Archibald. Me, Myself and I. Servant Publications, 1992.

Havner, Vance. *The Vance Havner Quote Book*. Baker, 1986.

Hoekema, Anthony. *Created in God's Image*. William Eerdmans, 1989.

Isitt, Stephen. *Hiding History in the Nee and Lee Eras of the Lord's Recovery(Coming Back to the Vision at the Beginning of the Lord's Recovery)* (Volume 1). December 10, 2014

Keller, Tim. *Encounters with Jesus: Unexpected Answers to Life's Biggest Questions*. Penguin, 2015.

King, Shirley Ann. *The Life of Watchman Nee*. 2018.

King, Jeffrey R. *An Historical Inquiry into the Influences Which Contributed to the Development of Watchman Nee's Theology of Sanctification*. An unpublished paper submitted for the course of Christian Nurture at Trinity Evangelical Divinity School, September 23, 1986.

Kinnear, Angus. *Against the Tide: the Story of Watchman Nee*. Christian Literature Crusade, 1973.

Kirwan, William T. *Biblical Concepts for Christian Counseling*. Baker Book House, 1984.

Larrimore, Walt. *God's Design for the Highly Healthy Person?* Zondervan, 20103.

LA국제신학심포지움.『하나님의 나라』. Korean Church Growth News, 2008.

Lee, B. *Watchman Nee's ecclesiology.* Unpublished thesis. Wheaton College, 1972.

Lee, Witness. *The Holy Bible: Recovery Version.* Living Stream Ministry, 2003.

Lee, Witness. *The Basic Revelation in the Holy Scriptures.* Anaheim: Living Stream Ministry, 1984.

_____. The *economy of God.* Living Stream Ministry, 1968.

_____. "*The Vision of the Church.*" Los Angeles: Stream, no date.

_____. "*Satan's Strategy Against the Church.*" Los Angeles:Stream, no date.

_____. *The Vision of Ezekiel.* Anaheim: Living Stream Ministry, 1980.

_____. *The Practical Expression of the Church.* Anaheim: The Stream Publishers, 1974.

_____. *The Recovery Version of Revelation.* Anaheim: The Stream Publishers, 1976.

Lloyd-Jones, Martin. *Healing and the Scriptures.* Thomas Nelson, 1988.

_____. *The Cross: God's Way of Salvation.* 2015.

Martin, Walter. T*he Kingdom of the Cults.* Bethany House Publishers, 1985.

_____. T*he new cults.* Regal Books, 1980.

McDonald, H. *The Christian view of Man.* Westchester, Il: Crossway, 1982.

McDowell, Josh & Don Stewart. *Handbook of Today's Religions*. Here's Life Publishers, 1983.

Nee, Watchman. *The Spiritual Man*, 3 vols. (translated by Stephen Kaung). Christian Fellowship Publishers, 1968.

_____. *Normal Christian Life*. Christian Literature Crusade, 1961.

_____. *The Release of the Spirit*. Premium Literature, 1965.

_____. *The Normal Christian Church Life*. Christian Fellowship Publishers, 1968.

_____. *The Orthodoxy of the Church*. The Stream Publishers, 1970.

_____. *The Ministry of God's Word*. Christian Fellowship Publishers, 1971.

_____. *The Latent Power of the Soul*. Christian Fellowship Publishers, 1972.

_____. *Spiritual Knowledge*. Christian Fellowship Publishers, 1973.

_____. *Ye Search the Scriptures*. Christian Fellowship Publishers, 1974.

_____. *Do All to the Glory of God*. Christian Fellowship Publishers, 1974.

_____. *Further Talks on the Church Life*. Stream Publishers, 1974.

_____. *A Balanced Christian Life*. Christian Fellowship Publishers, 1981.

_____. *The Character of God's Workman*, Christian Fellowship Publishers, 1988.

Oden, Thomas. *Pastoral Theology*. Harper & Row, 1983.

Pentecost, Edward C. *Issues in Missiology: An Introduction*. Baker Book House, 1982.

Rhodes, Ron. *The Culting of America*. Harvest House Publishers, 1994.

Roberts, Dana. *Understanding Watchman Nee*. Logos International, 1980.

_____. *Secrets of Watchman Nee. His Life, His Teachings, His Influence*. Bridge-Logos, 2005.

Rutledge, Don. *Hiding History in the Nee and Lee Eras of the Lord's Recovery*. U.S.A. 2014.

Saucy. Robert L. *Minding the Heart*. Kregel, 2013.

Schaeffer, Francis. *True Spirituality*. Tyndale, 1971.

Solomon, Charles. *The Rejection Syndrome*. Tyndale House, 1982.

_____. *Handbook on Happiness*. Tyndale House, 1999.

Sparks, Jack. *The Mind-benders*. Thomas Nelson, 1977.

Stacey, W. David. *The Pauline View of Man*: London: Macmillan, 1956.

Tournier, Paul. *A Place for You*. Harper & Row, 1968.

Towle, Dan. *Modalism, Tritheism or the Pure Revelation of the Triune God according to the Bible*. Living Stream Ministry, 1976.

The Holy Bible: Recovery Version. Living Stream Ministry, 2003.

Willard, Dallas. *Renovation of the Heart*. NavPress, 2002.

_____. *Revolution of Character*. NavPress, 2005.

_____. *The Great Omission*. HarperCollins Publishers, 2006.

Yu, Timothy. *Answers to the questions of one brother from the Local Church*. Overseas Ministry Press, 2009.